JN448399

공동서신 강해

야고보서
베드로전서
베드로후서
요한일서
요한이서
요한삼서
유다서

A COMMENTARY ON THE CATHOLIC EPISTLES

BY

DR. YONGGI CHO

Printed in Republic of Korea
Seoul Logos Co., Inc.

공동서신 강해

야고보서
베드로전서
베드로후서
요한일서
요한이서
요한삼서
유다서

조용기 목사 지음

서울말씀사

공동서신 강해

조용기 목사 지음

초판 1쇄 발행 2008년 5월 2일
초판 4쇄 발행 2018년 10월 30일

사무국장 심병호
발 행 처 서울말씀사

출판등록 제2016-000172호
주 소 서울시 영등포구 은행로 55, 나동 9층
전 화 02-846-9222
팩 스 02-846-9225

본서의 저작권과 판권은
서울말씀사 소유이며 무단 전재, 복제를 금합니다.

머리말
Foreword

공동서신이란 야고보서, 베드로전서, 베드로후서, 요한일서, 요한이서, 요한삼서, 유다서 등의 일곱 편의 서신을 말하며 일반서신이라 부르기도 합니다. 여기서 '공동'이란 말은 보편적 또는 일반적이라는 뜻으로 어떤 특정한 교회와 개인을 대상으로 기록한 서신이 아니라 교회 일반에 보내어진 서신이라는 뜻입니다.

야고보서는 신앙생활의 믿음과 행함의 문제를 다루고 있습니다. 많은 그리스도인들이 '어디까지가 믿음의 행위이고, 어디까지가 외식인가?'라는 문제를 놓고 갈등하고 있는데, 야고보서는 "영혼 없는 몸이 죽은 것 같이 행함이 없는 믿음은 죽은 것이니라"(2:26)고 말씀하고 있습니다. 이것은 그리스도인들이 가져야 할 진정한 '행함 있는 믿음'이 무엇인지를 우리에게 깨닫게 해 줍니다. 저는 1982년에 수요일마다 야고보서 강해 설교를 하였으며, 본 서는 그 당시 강해 설교했던 내용을 정리하여 수정,

보완한 것입니다.

공동서신의 하나인 베드로전·후서는 극심한 환난 가운데 있는 그리스도인들에게 다시 오실 예수 그리스도에 대한 소망을 주고 있으며 또한 이단과 거짓 선생들에 대한 경고를 하고 있습니다. 이것은 오늘날과 같이 주님의 재림이 가까운 때에 택함 받은 성도가 가져야 할 마음의 자세와 신앙을 다시 점검하게 하고 새롭게 한다는 점에서 큰 의의가 있습니다. 베드로전·후서는 제가 1982년 12월부터 1983년 2월 초까지 약 2개월간 강해 설교한 내용을 엮은 것입니다.

요한서신(요한일·이·삼서)과 유다서는 공동서신에 속한다는 점과 전반적으로 이단을 경계하는 내용이라는 점에서 공통점이 있습니다.

초대 교회가 점차 성장하면서 그 기반을 확고히 하자 이를 흔들어 놓기 위해 내외적으로 많은 시련이 다가오기 시작했습니다. 외적으로는 박해로, 내적으로는 이단의 출현과 미혹으로 나타나 하나님의 교회를 어지럽히고 성도들을 실족하게 하며 구원 사역을 방해하였습니다. 그러나 하나님께서는 그러한 훼방을 물리치시고 끝까지 교회를 지켜 주셨으며 급기야 오늘날에는 전 세계에 교회가 세워지도록 역사하셨습니다. 초대 교회 당시 교회를 수호하는 과정에서 결정적인 역할을 했던 서신들이 바로 요한서신과 유다서입니다. 이 서신들은 초대 교회에 스며든 초기 영지주의와 거짓 선생들 그리고 교회의 질서를 어지럽히는 무리들을 드러내어 단호히 배격함으로써 하나님의 놀라운 구원의 은총이 막힘이 없도록 하여 교회를 지켜 주었던 것입니다.

초대 교회를 위협했던 흑암의 세력은 오늘날에도 교회와 성도들에게 미혹의 손짓을 합니다. 이러한 시대에 요한서신과 유다서가 갖는 의미는 초대 교회 당시와 마찬가지로 매우 중요합니다. 그것은 이 서신들이 교회를 지키고 성도들을 보호하여 하나님께서 그 백성들을 위해 예비하신 복을 누리게 하는 안전한 방파제 역할을 하기 때문입니다. 요한서신과 유다서는 제가 1983년에 강해 설교한 내용을 엮은 것입니다.

아무쪼록 본 공동서신 강해서를 읽는 성도님들이 이 책을 통해 참으로 '행함 있는 그리스도인' 이 되며, 굳건한 믿음의 바탕 위에서 거짓을 분별하고 진리를 수호하는 하나님의 놀라운 지혜와 은총을 지니게 되시기를 기원합니다.

2008. 5.

여의도순복음교회

당회장 목사 조용기

목 차

C o n t e n t s

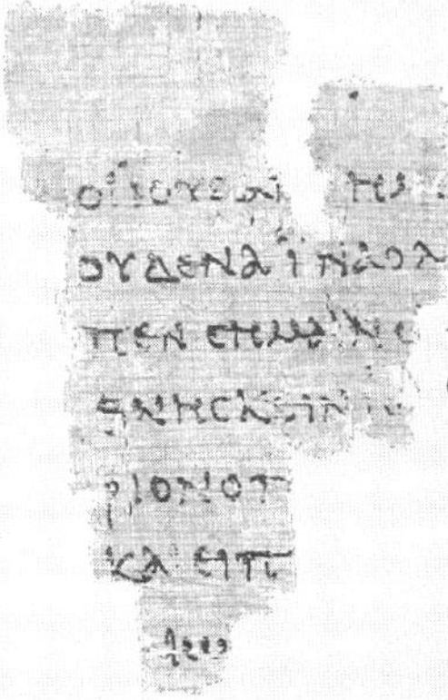

A COMMENTARY ON THE
CATHOLIC EPISTLES

베드로전서

베드로후서

요한일서

유다서

1 믿음을 위한 선한 싸움

A COMMENTARY ON THE

CATHOLIC EPISTLES

야고보서

베드로전서

베드로후서

요한일서

요한이서

요한삼서

유다서

A Commentary on the Epistle of James

야고보서

제1장　시험과 그 밖의 신앙생활에 관한 교훈

제2장　믿음과 행함

제3장　행함의 기초가 되는 말과 지혜

제4장　선을 알고도 행하지 아니하면 죄가 된다

제5장　여러 가지 교훈들

서론 | 야고보서

Preface

1. 주제 및 기록 목적

야고보서는 '기독교 윤리학의 교과서' 라고 불릴 정도로 그리스도인들의 일상생활 문제들을 자세히 다루고 있습니다. 그러나 윤리적인 책이라고 해서 그저 외형적인 행위만을 강조한 교리적인 책은 결코 아닙니다. 오히려 본 서는 외형적인 것보다는 내면적인 것, 이를테면 제사보다는 순종을 강조하고 있습니다.

본 서의 전체 내용을 한 마디로 요약할 수 있는 성경 구절은 2장 26절 말씀입니다. "영혼 없는 몸이 죽은 것같이 행함이 없는 믿음은 죽은 것이니라".

본 서는 초대 교회 당시 사도 바울의 이신득의(以信得義)의 메시지를 오해함으로써 육신의 행위를 무시한 채 방종한 생활을 하고 있는 사람들을 바로 교훈하기 위하여 씌어졌습니다. 즉, 본 서는 예수 그리스도를 믿음으로 의롭게 되었을지라도 이 세상에 사는 동안에 거룩한 성령의 열매를 많이 맺어야 한다고 교훈하고 있습니다.

2. 기록자 및 수신자

본 서를 기록한 사람은 예수 그리스도의 동생 야고보입니다. 야고보는 예수님의 전도 사역을 중지하도록 설득했을 뿐만 아니라 예수님께서 부활하시기 전까지는 예수님을 믿지 않았던 사람이었습니다. 그러나 부활하신 예수 그리스도를 목격함으로써(고전 15:7) 다메섹 도상에서 변화 받았던 바울과 같이 획기적으로 회심하였습니다.

그 후 다른 사도들이 이방 지역으로 나가 선교에 주력할 때, 야고보는 예루살렘에 머물러 있으면서 예루살렘 교회의 실질적인 지도자가 되었습니다. 이러한 사실은 사도 바울이 회심한 지 3년째 되던 해에 예루살렘 교회를 방문한 기사에 잘 나타나 있습니다(갈 1:18-19).

본 서의 수신자는 바울 서신의 수신자와 같이 특정한 성격을 지닌 개인이나 단체가 아니라 '흩어져 있는 열두 지파' (1:1), 즉 전 세계에 흩어진 영적 유대인인 그리스도인들입니다.

3. 기록 연대 및 기록 장소

야고보는 주후 62년에 돌에 맞아 순교하였기 때문에 본 서의 기록 연대는 자연히 62년 이전이 됩니다. 정확한 기록 연대를 밝히기는 어려우나 본 서의 내용을 분석해 보면 대략 주후 50년경으로 추정할 수 있습니다.

기록 장소는 야고보가 예루살렘 교회의 감독이었음을 고려해 볼 때 예루살렘임이 확실시되고 있습니다.

4. 특징

본 서는 로마서나 갈라디아서와 같은 교리적인 책도 아니고 디모데전·후서나 디도서와 같은 목회 행정적인 책도 아닙니다. 또한 서신(書信)의 형식을 취하고 있으면서도 바울 서신과는 달리 서신적 요소가 거의 없어 1장 1절을 제외하고는 서신서임을 알 수 있는 자료가 거의 없습니다.

본 서의 특징은 첫째로, 그 내용이 윤리적이면서도 근본적인 것을 잃지 않고 있다는 것입니다. 윤리적인 책이라고 하면 외형적인 규범에 치우쳐 그것의 본래 의미를 퇴색시키는 것이 보통인데, 본 서는 윤리적 생활의 근본을 하나님과 예수 그리스도를 향한 믿음에 둠으로써 무의미한 경건, 외식적인 선행으로 번질 위험성을 배제하였습니다.

둘째로, 본 서는 사도 바울의 '이신득의'(以信得義)의 교리를 보완해 주고 있습니다. 흔히 행함을 강조하는 야고보의 교훈은 믿음을 강조하는 사도 바울의 교훈과 대립된다고 말하지만, 실제로는 양자가 하나님의 진리를 설명해 주고 있습니다. 즉, 사도 바울이 무의미한 행위, 하나님 중심이 아닌 인간 중심의 행함을 구원의 문제에서 배제시킨 데 비해, 야고보는 그리스도 안에서의 자유를 잘못 이해하여 방종으로 흐른 잘못된 믿음을 구원의 문제에서 배제시킨 것에 지나지 않습니다. 그러므로 결국 야고보의 교훈과 사도 바울의 교훈은 서로 보완해 주고 있는 것입니다.

셋째로, 본 서는 연약한 자들을 위한 서신입니다. 본 서는 소수의 특권층에게만 적용될 수 있는 고상한 윤리 규범을 제공해 준 서신이 아닙니다. 오히려 지혜가 부족한 자(1:5), 낮은 형제(1:9), 시험을 참는 자(1:12), 고아와 과부(1:27), 가난한 사람(2:2), 고난당하는 자(5:13), 병든 자(5:14)들을 위한 교훈과 위로의 말씀으로 가득 차 있습니다.

5. 공동서신에 대하여

공동서신은 신약 성경 중에서 사복음서, 사도행전, 바울서신, 히브리서와 요한계시록을 제외한 일곱 권의 책, 즉 야고보서, 베드로전·후서, 요한일·이·삼서, 유다서를 묶어서 일컫는 말입니다.

공동서신이라는 용어에서 '공동' 이라는 말은 영어로 '가톨릭' (Catholic)입니다. 이 단어는 '일반적', '보편적' 이라는 뜻을 가지고 있습니다. 그러므로 공동서신이란 '전 세계에 일반적으로 적용할 수 있는 말씀', '모든 인류에게 보편타당한 말씀' 을 가리킵니다.

또한 바울서신이 특정한 수신자를 지정한 데 반해서 공동서신은 특정한 수신자를 지정하지 않고 교회 내에서 낭독되거나 회람의 목적으로 기록되었습니다. 그래서 '공동서신' 은 '회람서신' 또는 '보통서신' 이라고도 불립니다.

제 1 장

시험과 그 밖의 신앙생활에 관한 교훈

A COMMENTARY
ON THE EPISTLE OF
JAMES

본 장에서 야고보는 흩어져 있는 그리스도인들에게 문안한 다음 시험에 관한 교훈을 말하고 있습니다. 그리고 시험을 이기기 위한 방법으로 하나님께 지혜를 구하라고 권면하고 있으며, 자칫 잘못하면 실족할 수 있는 문제인 낮은 자와 부한 자의 생활 태도를 가르쳐 주고 있습니다. 또한 야고보는 하나님께서는 친히 아무도 시험하지 않으신다는 말씀을 통해 커다란 힘을 주고 있으며, 마지막으로 성도들의 신앙생활에 대한 여러 교훈을 주는 것으로 본 장을 마치고 있습니다.

1. 인사와 시험의 의미에 관한 교훈(1:1-4)

1. 하나님과 주 예수 그리스도의 종 야고보는 흩어져 있는 열두 지파에게 문안하노라 2. 내 형제들아 너희가 여러 가지 시험을 당하거든 온전히 기쁘게 여기라 3. 이는 너희 믿음의 시련이 인내를 만들어 내는 줄 너희가 앎이라 4. 인내를 온전히 이루라 이는 너희로 온전하고 구비하여 조금도 부족함이 없게 하려 함이라

1절 하나님과 주 예수 그리스도의 종 야고보는 흩어져 있는 열두 지파에게 문안하노라

"하나님과 주 예수 그리스도의 종 야고보는". 야고보는 본 서의 첫 구절에서 자기 자신을 하나님과 주 예수 그리스도의 종이라고 소개하고 있습니다. 야고보는 예수 그리스도의 동생이었습니다. 그럼에도 불구하고 이와 같은 고백을 담대히 했다는 사실을 미루어 볼 때, 야고보는 하나님

께 완전히 사로잡힌 사람이었다는 것을 알 수 있습니다. 하나님의 사역자라면 누구를 막론하고 이와 같은 소명감이 있어야 합니다. 왜냐하면 이와 같은 확신이 있을 때 비로소 하나님의 명령을 따라 살기도 하고 죽기도 할 수 있기 때문입니다. 그렇기 때문에 우리 하나님께서는 지금 이 시간에도 야고보와 같이 사람들 앞에서는 담대하게, 하나님 앞에서는 겸손하게 자신을 주의 종이라고 고백하는 사람들을 찾고 계십니다.

"흩어져 있는 열두 지파에게 문안하노라". 본 서는 서신의 형식을 취하고 있기 때문에 발신자와 수신자가 분명히 명시되어 있습니다. 그런데 본 서는 바울서신과는 달리 책 이름이 수신자를 가리키는 것이 아니고 발신자를 가리키고 있습니다. 따라서 발신자는 말할 필요 없이 야고보이고, 수신자는 '흩어져 있는 열두 지파' 입니다. '흩어져 있는 열두 지파'란 문자적으로는 전 세계로 뿔뿔이 흩어진 유대 민족 중에서 예수 그리스도를 구주로 믿는 사람, 즉 기독교인이 된 유대인들을 지칭하는 말입니다. 그러나 오늘날 누구든지 예수 그리스도를 구주로 영접하기만 하면 하나님의 자녀, 즉 영적 유대인이 되기 때문에 이 말의 의미를 영적으로 조명해 보면 세계 각처에서 불신자들과 함께 살고 있는 그리스도인들을 가리키는 것이라고 볼 수 있습니다. 이와 비슷한 구절로 "무릇 표면적 유대인이 유대인이 아니요 표면적 육신의 할례가 할례가 아니니라 오직 이면적 유대인이 유대인이며 할례는 마음에 할지니 영에 있고, 율법 조문에 있지 아니한 것이라"(롬 2:28-29)는 사도 바울의 말이 있습니다. 그러므로 본 서에 기록된 모든 내용은 초대 교회 당시의 유대인 기독교인들뿐만 아니라 오늘날 주님을 믿는 모든 성도에게도 동일하게 주시는 하나님의 말씀인 것입니다.

2절 내 형제들아 너희가 여러 가지 시험을 당하거든 온전히 기쁘게 여기라

"내 형제들아". 야고보는 앞 절에서 본 서의 수신자들을 일컬었던 '흩어져 있는 열두 지파'라는 표현 대신에 이번에는 '형제'라는 칭호를 사용하고 있습니다. 이 말은 우리에게 매우 중요한 것을 가르쳐 줍니다. 즉, 모든 그리스도인들은 국적이 다르고 피부색이 다르고 언어가 다르고 사회·정치·문화적 배경이 다를지라도 그리스도 안에서 모두 한 형제자매라는 것입니다. 이러한 사실은 요한복음 1장 12절의 "영접하는 자 곧 그 이름을 믿는 자들에게는 하나님의 자녀가 되는 권세를 주셨으니"라는 말씀으로 강력하게 뒷받침되고 있습니다.

"너희가 여러 가지 시험을 당하거든". 다른 서신의 기자들은 자기소개를 마친 후에 수신자들에게 문안의 글을 쓰는 경우가 보통인데, 야고보는 간단하게 인사를 끝내고 곧바로 시험에 관한 교훈으로 들어가고 있습니다. 그 정도로 시험에 관한 문제는 그리스도인들과 밀접한 관계를 맺고 있는 것입니다.

이 세상을 살아가면서 시험을 치러 보지 못한 사람은 거의 없을 것입니다. 우리 주변에는 학교 시험, 입학 시험, 자격 시험, 면허 시험 등 수없이 많은 시험들이 있습니다. 그런데 만일 이러한 시험이 귀찮다고 해서 그것을 피해 간다면 그 사람은 사회의 낙오자가 될 수밖에 없을 것입니다. 그런데 시험에는 이와 같이 세상적인 시험만 있는 것이 아니라 영적인 시험도 있습니다. 그러므로 우리의 인생은 온갖 종류의 시험이 뒤범벅이 되어 있습니다. 가정 문제, 자녀 문제, 사업 문제, 질병의 문제, 물질

문제, 신앙의 문제와 같은 영, 혼, 육 전반에 걸친 문제들이 바로 그것입니다.

그런데 성경에서 말하고 있는 시험에는 두 가지 종류가 있습니다. 그 하나는 하나님께서 주시는 시험이고, 다른 하나는 마귀가 주는 시험입니다. 하나님께서 주시는 시험은 마치 입학 시험과 같아서 막상 시험을 치를 때는 괴롭고 쓰리지만, 일단 시험을 치러서 합격하고 나면 큰 축복을 받게 됩니다. 그러나 마귀가 주는 시험은 사람들을 도둑질하고 죽이고 멸망시키려는 시험이기 때문에 그것을 이기지 못하면 신앙생활에 치명상을 입게 됩니다.

"온전히 기쁘게 여기라". 우리 인생길에는 쓰디쓴 시험과 고통의 문제가 많이 있습니다. 그러나 야고보는 수없이 많은 시험을 당할지라도 온전히 기쁘게 여기라고 말했습니다. 그 때문에 우리는 시험을 당할 때 기뻐해야 합니다. 그런데 우리가 건성으로 기뻐하는 것은 아무런 의미가 없습니다. 마음속 깊은 곳으로부터 우러나오는 온전한 기쁨이 되어야 합니다. 여러 가지 시험을 만날 때 기뻐하는 태도는 우리 그리스도인들이 취할 자세인 것입니다.

시험이 다가올 때, 부정적인 생각과 절망감에 사로잡혀 '이제 더 이상 아무것도 할 수 없다.' 라는 사고방식을 가지면 그 시험을 결코 이길 수 없게 됩니다. 물론 불같은 시험과 고통의 밤에 부딪치면 삶의 의욕과 용기를 상실할 수도 있습니다. 전후좌우 어느 쪽을 보더라도 호전될 가망성이라고는 전혀 보이지 않을 경우에도 용기를 잃지 않는 사람은 거의 없을 것입니다. 그러나 야고보는 시험만을 보지 않았기 때문에 시험을 만나거든 온전히 기쁘게 여기라고 말한 것입니다.

3절 이는 너희 믿음의 시련이 인내를 만들어 내는 줄 너희가 앎이라

본 절은 2절에 대한 근거가 되는 구절입니다. 즉, 시련을 통해 강인한 인내력이 배양되기 때문에 시험을 만나게 되어도 온전히 기쁘게 여기라는 것입니다.

사람의 믿음의 강도는 시험을 당했을 때 그것을 견디어 낼 수 있는 인내력이 강하냐, 약하냐에 따라 좌우됩니다.

우리의 팔에 단단한 근육이 생겨나도록 하려면, 그만큼 우리의 팔을 훈련시켜야 합니다. 예를 들어 무거운 역기를 들어 올리는 운동을 한다든지, 아령을 한다든지, 아니면 팔굽혀펴기를 함으로써 팔을 훈련시켜야 하는 것입니다. 또한 다리의 근육을 발달시키고 폐활량을 크게 하려면 뛰어다니는 훈련을 해야만 합니다. 이와 같이 우리의 육체가 훈련을 통해서 튼튼해지고 지구력이 생기고 인내력이 길러지는 것처럼, 우리의 신앙도 시험을 통해야 비로소 영적 인내력이 배양되는 것입니다. 로마서 5장 3절부터 4절을 보면 "우리가 환난 중에도 즐거워하나니 이는 환난은 인내를, 인내는 연단을, 연단은 소망을 이루는 줄 앎이로다"라고 기록되어 있습니다. 그러므로 '인내'는 '연단'과 '소망'이라는 아름다운 열매를 맺게 되는 것입니다.

우리가 집을 지을 때, 먼저 땅을 깊이 파서 기초 공사를 튼튼히 한 후에야 그 위에 집을 지을 수 있듯이 하나님께서도 우리를 당신의 뜻대로 사용하시기 위해서 먼저 시험을 주신 후 인내가 우리 속에 생성되면 그것을 기초로 해서 더욱 큰 사명을 얹어 주시는 것입니다.

그러므로 우리는 "하나님, 저에게 복을 내려 주옵소서."라는 기도가 얼마나 깊이 생각해야 할 기도인지를 분명히 알아야 합니다. 왜냐하면

이러한 기도는 "하나님, 저에게 시험을 보내 주옵소서."라고 하는 기도와 마찬가지이기 때문입니다. 하나님께서는 우리가 축복을 구한다고 해서 곧장 축복을 주시는 것이 아니라, 축복에 앞서 시험을 보내셔서 우리가 축복을 잘 감당할 수 있도록 단련시킨 후에야 우리에게 축복을 주십니다. 그러므로 우리는 시험이 다가올 때 시험만 보고 두려워하며 절망하지 말고 야고보가 말한 것처럼 그 시험 뒤에 맺어질 인내의 열매를 바라보고 온전히 기뻐해야 합니다.

4절 인내를 온전히 이루라 이는 너희로 온전하고 구비하여 조금도 부족함이 없게 하려 함이라

본 절은 3절에 대한 부연 설명으로 우리가 인내하되 처음부터 끝까지 인내해야 함을 가르쳐 주고 있습니다. 예수님께서도 "손에 쟁기를 잡고 뒤를 돌아보는 자는 하나님의 나라에 합당하지 아니하니라"(눅 9:62)고 말씀하셨습니다. 우리가 시험과 환난 가운데 처한다 할지라도 낙심하지 않고 '처음 사랑'을 지켜 인내를 온전히 이룰 때, 하나님께서는 우리를 온전하게 하시고, 범사에 부족함이 없게 해 주십니다. 아무리 어리석은 사람이라 할지라도 기초 공사를 제대로 하지 않은 채 집을 짓지는 않을 것입니다. 우리가 신앙의 집을 멋있게 지으려고 계획한다 할지라도 믿음의 기초가 부실하다면 모든 계획은 수포로 돌아가고 말 것입니다. 그러므로 우리는 시험을 당할때 그것이 우리의 신앙생활의 기초 공사를 하는 것임을 깨달아야 합니다. 이와 같은 믿음이 있을 때, 우리는 불같은 시험도 넉넉히 이겨낼 수 있고, 더 나아가서 하나님의 귀한 사역을 감당할 수 있게 되는 것입니다.

2. 믿음으로 구하는 지혜(1:5-8)

5. 너희 중에 누구든지 지혜가 부족하거든 모든 사람에게 후히 주시
고 꾸짖지 아니하시는 하나님께 구하라 그리하면 주시리라 6. 오직
믿음으로 구하고 조금도 의심하지 말라 의심하는 자는 마치 바람에
밀려 요동하는 바다 물결 같으니 7. 이런 사람은 무엇이든지 주께
얻기를 생각하지 말라 8. 두 마음을 품어 모든 일에 정함이 없는 자
로다

5절 너희 중에 누구든지 지혜가 부족하거든 모든 사람에게 후히 주시고 꾸짖지 아니하시는 하나님께 구하라 그리하면 주시리라

시험의 의미에 대해서 설명하던 야고보는 잠시 화제를 바꾸어 지혜에 관하여 말하고 있습니다. 인생을 살아가다 보면 여러 가지 결정할 문제들이 많이 생기게 됩니다. 어느 곳으로 이사를 해야 할지, 어떤 사람과 결혼을 해야 할지, 어떤 사업을 시작하고, 어떤 직업을 가져야 할지, 아니면 무엇을 먹고 무엇을 입고 무엇을 마셔야 할지를 끊임없이 선택해 나가야 합니다. 그런데 그것이 중요하던 중요하지 않던 간에 어떠한 문제를 결정한다는 것은 여간 어려운 일이 아닙니다. 그러므로 우리의 인생을 성공으로 이끌려면 선택할 것을 잘 결정하는 것이 무엇보다도 중요합니다. 바로 이와 같은 선택의 문제가 닥칠 때 올바른 판단력을 갖게 하는

데 결정적인 도움을 주는 것이 지혜입니다.

그런데 이러한 지혜는 지식과 달라서 아무리 공부를 많이 해서 여러 분야의 학위를 취득했다고 할지라도 쉽게 얻을 수가 없습니다. 지식이 사물의 이치를 바로 깨달아 아는 것이라면, 지혜는 그 지식을 잘 활용해서 여러 가지 어려운 문제들을 해결할 수 있게 하는 원동력이 됩니다. 그러면 이러한 지혜는 어떻게 얻을 수 있을까요? 지혜는 선천적으로 타고 나거나 아니면 오랜 인생의 경험을 통해 축적해 갈 수 있습니다. 그러나 선천적으로 지혜를 타고 나지 못했다고 해서 우리의 처지를 한탄하며 자포자기만 하고 있을 필요는 없습니다. 왜냐하면 하나님께서는 우리에게 지혜가 부족하거든 구하라고 말씀하셨기 때문입니다.

"모든 사람에게 후히 주시고 꾸짖지 아니하시는". 세상 사람들은 자기 마음에 드는 사람들에게만 선물을 주지만, 하나님께서는 지혜가 부족한 사람이 지혜를 구하면 남녀노소, 빈부귀천을 가리지 않고 풍성히 주십니다. 또한 세상 사람들은 소유 중에서 무엇을 다른 사람에게 줄 때, 크게 생색을 내거나 받는 사람이 무안을 느낄 정도로 무시하면서 주는 데 반해서 하나님께서는 꾸짖지 않으시며 기분 좋게 주십니다. 그러므로 우리는 '하나님께 이것을 구해도 하나님께서 화내지 않으실까?' 라고 미리 겁먹고 구하지 못하는 어리석음을 범하지 말아야 합니다.

"하나님께 구하라 그리하면 주시리라". 하나님께서는 믿는 자들에게 수많은 약속들을 주셨습니다. 그런데 그중에서 참으로 중요한 약속 중의 하나가 바로 "구하라 그리하면 너희에게 주실 것이요 찾으라 그리하면 찾아낼 것이요 문을 두드리라 그리하면 너희에게 열릴 것이니"(마 7:7)라는 말씀입니다. 그리스도인들이 인생에서 성공하는 이유가 바로 여기에 있습니다. 불신자들은 곤고한 문제를 당할 때 절망할 수밖에 없지만, 우리 그리스도인들은 하나님께로부터 인간의 상상을 초월한 지혜를 공급받기 때문에 아무리 어려운 문제가 닥친다고 해도 쉽게 처리할 수 있는 것입니다.

현대 사회는 아이디어의 경쟁 사회입니다. 자원이 부족하거나 지식이 부족해서 부강한 나라가 될 수 없는 것이 아니라, 자원과 지식을 활용해서 멋진 기적을 창출해 내는 아이디어가 빈곤하기 때문에 부강한 나라가 되지 못하는 것입니다.

우리들의 가정도 마찬가지입니다. 아무리 많은 재산과 권력을 가지고 있다 할지라도 막상 그 집안을 이끌어 가는 가장에게 지혜가 부족하다면 그 가정은 행복한 미래를 꿈꿀 수 없을 것입니다. 그 때문에 하나님께서는 한 가정의 가장을 도울 수 있도록 아내를 주신 것입니다. 하나님께서는 아내를 '돕는 배필' 이라고 말씀하셨습니다(창 2:18). 일반적으로 남자들은 이론적이며 깊이 생각하는 '사고형' 이지만, 여자들은 '사고형' 이라기보다는 반짝이는 지혜로 다른 사람들에게 도움을 주는 '참모형' 입니다. 그러므로 남편들은 어떤 일을 결정하기 전에 반드시 아내와 상의해야 합니다.

그러나 이러한 부인의 지혜에도 한계가 있습니다. 이러한 사실을 모르고 아내가 하자는 대로 따라하다가 커다란 실패를 당했던 사람이 바로 아담입니다. 그러므로 일단 문제가 생기면 아내의 내조를 받되, 그 문제를 놓고 하나님께 기도하는 것이 가장 현명한 방법입니다. 우리가 이처럼 인간적으로 깊이 생각한 후에 하나님께 겸손히 지혜를 구할 때, 하나님께서는 우리가 상상조차 할 수 없는 지혜를 주십니다.

6절 오직 믿음으로 구하고 조금도 의심하지 말라 의심하는 자는 마치 바람에 밀려 요동하는 바다 물결 같으니

하나님께 일단 구했으면 그 후에는 조금이라도 의심해서는 안 됩니다.

하나님과 우리의 관계는 믿음으로 맺어진 관계입니다. 그러면 하나님과 우리를 맺어 주는 믿음은 무엇을 근거로 할까요? 그것은 바로 하나님의 말씀을 근거로 합니다. 그런데 하나님께서는 말씀을 통해 우리가 지혜가 부족해서 하나님께 구하면 언제든지 주시겠다고 약속하셨으므로 우리는 이 말씀에 굳게 서서 흔들리지 않고 구하기만 하면 받을 수 있는 것입니다.

"의심하는 자는 마치 바람에 밀려 요동하는 바다 물결 같으니". 의심하는 마음은 마치 고요하던 바다가 거센 폭풍에 못 이겨 이리저리 밀려갔다 밀려오는 상태와 같다는 말씀입니다. 이처럼 불안한 상태에 빠진 사람을 신뢰할 사람은 이 세상 어느 곳에도 없을 것입니다. 또한 하나님께서도 이러한 자들을 신뢰하지 않으십니다.

7절 이런 사람은 무엇이든지 주께 얻기를 생각하지 말라

모든 사람들은 두 종류의 감각에 의존하면서 살아갑니다. 어떤 사람은 '육체적 감각' 을 의지하며 살아가고, 또 어떤 사람은 '영적 감각' 을 의지하며 살아갑니다.

'육체적 감각' 을 좇는 생활은 바로 육신의 정욕, 안목의 정욕, 이 세상의 자랑을 좇는 생활을 말합니다. 이렇게 '육체적 감각' 에 의지하여 살다 보면 마치 바람에 바다 물결이 요동하는 것처럼 한없이 흔들리기 마련입니다. 왜냐하면 우리들의 인생길이란 즐거움과 행복으로만 가득 찬 길이

아니기 때문입니다. 시련의 밤을 지나가기도 하고 고난의 가시밭길을 걸어가기도 합니다. 이렇게 변화무쌍한 인생의 여정에서 환경을 바라보고, 육체적 감각을 의지하며 살아간다면 하루에도 수십 번씩 기쁨과 슬픔 사이에서 왔다 갔다 해야만 할 것입니다. 이러한 사람들에게 하나님께서 응답을 주실 리가 만무합니다.

그러나 '영적 감각' 에 의지하는 사람은 결코 환경에 의해 좌우되지 않습니다. 왜냐하면 그가 의지하는 것은 저 하늘이 무너지고 이 땅이 꺼져도 일점일획도 변하지 않는 하나님의 말씀이기 때문입니다. 그런데 이와 같은 믿음은 결코 인간적인 노력이나 도덕적인 수양에 의해 배양되는 것이 아닙니다. 그것은 성경에 "믿음은 들음에서 나며 들음은 그리스도의 말씀으로 말미암았느니라"(롬 10:17)고 기록된 것과 같이 그리스도의 말씀 위에 설 때 비로소 배양되는 것입니다.

8절 두 마음을 품어 모든 일에 정함이 없는 자로다

하나님께서는 두 마음을 품는 사람을 결코 기뻐하지 않으십니다. 그렇기 때문에 예수님께서 "네가 차든지 뜨겁든지 하기를 원하노라 네가 이같이 미지근하여 뜨겁지도 아니하고 차지도 아니하니 내 입에서 너를 토하여 버리리라"(계 3:15-16)고 말씀하신 것입니다. 그러므로 두 마음을 품는 자, 즉 기도한 후에 의심하는 자는 모든 일에 안정되어 있지 않기 때문에 아무것도 하나님께로부터 받을 수 없을 뿐만 아니라 아무 일도 성취할 수 없습니다.

3. 낮은 자와 부한 자의 생활 태도(1:9-11)

9. 낮은 형제는 자기의 높음을 자랑하고 10. 부한 자는 자기의 낮아짐을 자랑할지니 이는 그가 풀의 꽃과 같이 지나감이라 11. 해가 돋고 뜨거운 바람이 불어 풀을 말리면 꽃이 떨어져 그 모양의 아름다움이 없어지나니 부한 자도 그 행하는 일에 이와 같이 쇠잔하리라

9절 낮은 형제는 자기의 높음을 자랑하고

여기에서 '낮은 형제' 란 가난하고 지위가 낮고 권세가 없는 약한 자를 지칭하는 말입니다. 일반적으로 '낮은 형제' 는 열등의식과 좌절감에 빠진 나머지 자신의 존엄성을 잃어버린 채 비천한 일생을 살아가기 쉽습니다. 그런데 세상에서 멸시받고 천대받는 사람이라 할지라도 예수 그리스도를 구주로 영접하기만 하면 그 즉시로 하나님의 자녀가 됩니다(요 1:12).

하나님의 자녀가 되면 아무리 비천한 사람이라 할지라도 '택하신 족속이요, 왕 같은 제사장들이요, 거룩한 나라요, 그의 소유된 백성' 이 됩니다(벧전 2:9). 이와 같이 우리 그리스도인들은 이 세상에서 살고 있지만 모두 천국의 시민권을 가지고 있으므로(빌 3:20), 이 세상에서 아무리 멸시받고 소외된다고 해도 그것이 우리와 아무런 상관이 없습니다. 그렇기 때문에 야고보는 낮은 형제는 자기의 높음, 곧 하나님의 자녀 된 높은 신분을 자랑하라고 권면하고 있는 것입니다.

10절 부한 자는 자기의 낮아짐을 자랑할지니 이는 그가 풀의 꽃과 같이 지나감이라

낮은 형제는 자기의 높음을 자랑할 것이지만 부한 형제는 자기의 낮아짐을 자랑하라고 했습니다. 여기에서 '자랑하다'라는 말은 자만하다는 뜻이 아닙니다. 그것은 물질에 상관없이 기뻐하라는 뜻입니다. 이와 같은 태도는 그리스도인들이 필수적으로 가져야 할 태도입니다. 왜냐하면 물질이란 우리가 생각하는 것처럼 영원한 것이 아니기 때문입니다.

오늘날 적지 않은 그리스도인들이 축복받은 후에 하나님을 떠나는 이유가 바로 이와 같은 사실을 제대로 알지 못한 데 있습니다. 생활이 어려울 때에는 전심을 다해 하나님만 의지하지만, 축복을 받아 생활의 여유가 생긴 후에는 그만 자기를 축복해 주신 하나님을 잊어버리고 자기 교만에 빠져 물질을 의지하며 하나님을 등지고 마는 것입니다. 만일 축복을 받은 후에 하나님을 떠나 버린다면, 그 축복은 오히려 그의 신앙에 있어서 걸림돌이 되는 것입니다.

그러므로 우리 그리스도인들은 물질이 있을 때나 없을 때나 그것에 좌우되지 말고 오직 '믿음의 주요 또 온전하게 하시는 이인 예수 그리스도'를 바라보는 생활을 해야 합니다(히 12:2). 우리가 물질에 대해 이러한 태도를 가져야 하는 이유가 바로 다음에 기록되어 있습니다.

"이는 그가 풀의 꽃과 같이 지나감이라". 이 세상의 부(富)는 일시적입니다. 그것이 풀의 꽃과 같이 피어날 때는 아름답고 사랑스럽지만 얼마 있지 않아 그 꽃이 시들고 나면 허탈감만이 가득 남게 됩니다. 그렇기 때

문에 예로부터 이 세상의 부귀영화는 하나의 '뜬구름'에 불과하다고 하는 것입니다. 야고보는 재물의 덧없음을 계속해서 다음과 같이 이야기하고 있습니다.

11절 해가 돋고 뜨거운 바람이 불어 풀을 말리면 꽃이 떨어져 그 모양의 아름다움이 없어지나니 부한 자도 그 행하는 일에 이와 같이 쇠잔하리라

우리가 잘 알다시피 중동(Middle East) 지방에는 사막이 많은데, 사막에서 뜨겁고 건조한 바람이 불어와 풀을 말리기도 합니다. 바로 '부귀'라는 꽃이 이렇다는 말입니다. 우리 인간은 눈으로 볼 수 있는 영화와 손으로 만질 수 있는 공명에 연연하지만, 예기치 않았던 인생의 거센 바람이 불면 아무것도 남지 않은 채 고스란히 사라지고 맙니다. 그러므로 예수님께서도 "너희를 위하여 보물을 하늘에 쌓아 두라 거기는 좀이나 동록이 해하지 못하며 도둑이 구멍을 뚫지도 못하고 도둑질도 못하느니라"(마 6:20)고 말씀하신 것입니다.

보이는 것은 잠깐이지만 보이지 않은 것은 영원합니다(고후 4:18). 그러므로 사도 바울과 같이 어떠한 형편에 처할지라도 자족함을 누리는 것을 배워야 합니다(빌 4:11). 바로 이러한 믿음이 있어야 환경이 우리에게 절망과 고통을 가져다주고 슬픔을 가져다줄지라도 결코 흔들리지 않고 하나님 중심의 신앙의 소유자가 되는 것입니다.

4. 하나님께서는 아무도 시험하시지 않는다(1:12-18)

12. 시험을 참는 자는 복이 있나니 이는 시련을 견디어 낸 자가 주께
서 자기를 사랑하는 자들에게 약속하신 생명의 면류관을 얻을 것이
기 때문이라 13. 사람이 시험을 받을 때에 내가 하나님께 시험을 받
는다 하지 말지니 하나님은 악에게 시험을 받지도 아니하시고 친히
아무도 시험하지 아니하시느니라 14. 오직 각 사람이 시험을 받는
것은 자기 욕심에 끌려 미혹됨이니 15. 욕심이 잉태한즉 죄를 낳고
죄가 장성한즉 사망을 낳느니라 16. 내 사랑하는 형제들아 속지 말
라 17. 온갖 좋은 은사와 온전한 선물이 다 위로부터 빛들의 아버지
께로부터 내려오나니 그는 변함도 없으시고 회전하는 그림자도 없
으시니라 18. 그가 그 피조물 중에 우리로 한 첫 열매가 되게 하시려
고 자기의 뜻을 따라 진리의 말씀으로 우리를 낳으셨느니라

12절 시험을 참는 자는 복이 있나니 이는 시련을 견디어 낸 자가 주께서 자기를 사랑하는 자들에게 약속하신 생명의 면류관을 얻을 것이기 때문이라

야고보는 1장의 첫째 부분(1:2-4)에서 시험에 관한 교훈을 한 다음, 둘째 부분(1:5-8)에서는 그 시험을 이길 수 있는 원동력인 지혜를 믿음으로 구하라고 하였습니다. 더 나아가 셋째 부분(1:9-11)에서는 그리스도인들

이 자칫 잘못하면 넘어지기 쉬운 물질 문제에 대한 태도를 이야기하였습니다. 야고보는 이렇게 시험에 대한 교훈의 메시지를 선포하고 나서 이제부터는 이러한 시험이 도대체 어디로부터 오는가 하는 문제에 대해 언급하고 있습니다.

앞에서 언급한 바와 같이 시험에는 두 가지가 있습니다. 하나는 헬라어로 '도키마조' (δοκιμάζω)라고 하는데, 이것은 하나님께서 우리들에게 상을 받게 하기 위해 시험하시는 것을 말합니다. 즉, 하나님께서 우리에게 연단을 통과하게 함으로써 하나님의 자녀로서의 자격을 인정하여 더 큰 축복을 받도록 해 주시기 위해 시험하시는 것입니다.

또 다른 시험은 '페이라조' (πειράζω)라고 하며 이는 마귀가 가져오는 것으로서 시련과 고난과 환난을 가져오는 시험을 말합니다. 마귀는 언제나 우리를 도둑질하고 죽이고 멸망시키기 위하여 시련에 빠지고 고난을 당하고 절망에 처하도록 페이라조의 시험을 합니다. 이 '페이라조' 시험은 거의 대부분 외부로부터 다가오는 시험이라기보다는 내부로부터 솟아오르는 정욕의 시험입니다.

본 절의 '시험을 참는 자' 에서 '시험' 은 바로 '페이라조' 의 시험을 말합니다. 이 시험을 다른 말로 바꾸어 써보면, '유혹' (temptation)이라는 단어로 해석됩니다. 이러한 유혹의 시험을 통해 '곡식' 과 '가라지' 가 확연하게 구별됩니다(마 13:30). '곡식' 인 사람들은 절대로 넘어가지 않는 사람들입니다. 그러나 '가라지' 인 사람들은 육신의 정욕, 안목의 정욕, 이생의 자랑에 끌려 자기도 모르는 사이에 믿음을 상실해 버리고 맙니다. 그렇기 때문에 야고보는 이러한 시험이 다가올 때 참으라고 교훈한 것입니다.

"이는 시련을 견디어 낸 자가 주께서 자기를 사랑하는 자들에게 약속하신 생명의 면류관을 얻을 것이기 때문이라". 본 절의 상반절에서 야고보는 시험을 참는 자는 복이 있다고 했는데 이 말에 대한 근거가 여기에 제시되어 있습니다. 그것은 바로 시험이란 영속적으로 지속되는 것이 아니라는 사실 때문입니다. 실제로 우리가 시험과 환난의 폭풍우 속을 지나다 보면 뼛속까지 스미는 고통이 결코 종식되지 않을 것처럼 생각되기도 합니다. 그러나 우리를 파멸시킬 것 같던 그 시험이 지나고 나면 영육 간에 더 큰 축복을 받게 된다는 사실을 우리 그리스도인들은 체험을 통해서 깨달을 수 있습니다.

시험은 이와 같이 유한한 것입니다. 왜냐하면 그 사람이 옳으냐, 그르냐 하는 문제가 명확하게 밝혀진 이상 그 사람의 진위(眞僞)를 구별하기 위한 시험이 계속될 이유가 없기 때문입니다. 우리가 모진 시험을 통해 하나님께로부터 '옳다' 인정함을 받게 되면 이에 대한 증표로 생명의 면류관을 받게 됩니다.

13절 사람이 시험을 받을 때에 내가 하나님께 시험을 받는다 하지 말지니 하나님은 악에게 시험을 받지도 아니하시고 친히 아무도 시험하지 아니하시느니라

여기에서 말하는 시험도 '페이라조' 시험, 즉 인간의 내부에서 발생하는 죄의 유혹을 가리키는 것입니다. 이와 같은 시험은 하나님께서 주시는 시험이 아닙니다. 하나님께서는 결코 악의를 가지고 인간을 시험하시거나 친히 악에게 시험을 받는 분이 아니시기 때문입니다. 하나님께서는 '의(義)의 하나님' 이시며, '거룩한 하나님' 이십니다. 이러한 하

나님의 속성으로 미루어 볼 때 인간을 죄악으로 떨어뜨리기 위해 시험하신다는 것은 상상조차 할 수 없는 일입니다.

유혹의 시험은 마귀가 주는 것입니다. 그러므로 우리 그리스도인들은 세상적인 유혹의 손길이 뻗쳐 올 때 그것을 하나님께서 주신 시험이라고 오해하지 말아야 하며, 굳센 믿음으로 그 유혹의 세력을 단호히 물리쳐야 합니다.

14절 오직 각 사람이 시험을 받는 것은 자기 욕심에 끌려 미혹됨이니

야고보는 13절에서 하나님은 친히 아무도 시험하지 않으신다고 했는데, 그렇다면 '도대체 시험은 무엇으로부터 비롯되는가?' 라는 의문이 제기될 수 있습니다. 야고보는 이에 대한 해답을 제시하는 것을 잊지 않았습니다. "시험의 근원은 무엇인가?" 그것은 바로 각 사람들의 마음속에 있는 '욕심' 이라는 것입니다. 만일 아무런 욕심이 없는 사람이 있다면 그는 어떠한 유혹이 다가온다고 할지라도 미혹되지 않을 것입니다.

15절 욕심이 잉태한즉 죄를 낳고 죄가 장성한즉 사망을 낳느니라

이 세상을 살다 보면 때때로 마음속에 여러 가지 욕심이 생겨날 수 있습니다. 그러므로 문제는 마음속에 어떠한 욕심도 자리 잡지 못하도록 노력하는 데 있는 것이 아니라 마음속에서 부지불식간에 생겨나는 욕심을 그때그때 회개하고 없애 버리는 데 있는 것입니다. 만일 욕심이 생겼을 때 즉각 제거해 버리지 않고 마음속에 품고 있으면 잉태된 아기가 어머니 배 속에서 자라듯 욕심도 마음속에서 커져 가는 것입니다. 그러다가는 결국 '죄' 를 낳게 됩니다.

이렇게 되면 통제력은 더욱 마비되어 죄의 쇠사슬에서 헤어나지 못한 채 파멸의 구렁텅이로 내리닫을 수밖에 없습니다. 죄는 헬라어로 '하마르티아'(ἁμαρτία)라고 하는데 '과녁에서 빗나가다'라는 의미를 지니고 있습니다. 그러므로 한번 바른길에서 벗어나기 시작하면 걷잡을 수 없을 정도로 벗어나는 것이 죄의 특성입니다. 이렇게 죄가 장성하게 되면 종국에 가서는 사망을 낳고, 개인, 가정, 사업, 생활은 물론 영혼도 죽어 버리고 맙니다.

우리는 이처럼 엄청난 파멸을 초래하는 원인이 사소한 욕심이라는 사실을 결코 잊어서는 안 됩니다. 분수에 맞게 믿음의 분량대로 지혜롭게 생각하는 것이 가장 현명한 일입니다. 속담에 "뱁새가 황새를 좇아가면 가랑이가 찢어진다."라는 말이 있듯이 믿음의 분량을 넘어서 탐욕의 포로가 되면 반드시 처참한 파멸을 맛볼 수밖에 없습니다.

믿음의 분량대로 생각하라고 해서 믿음의 꿈을 버리라는 말은 결코 아닙니다. 우리가 믿음의 분량대로 생각하면서 하나님 앞에서 올바르고 성실하고 근면한 삶을 살면 하나님께서 우리의 믿음을 자라게 해 주셔서 믿음의 분량도 커지게 해 주십니다.

16절 내 사랑하는 형제들아 속지 말라

지금까지 '시험은 하나님께서 주시는 것이 아니라 인간의 욕심에서 기인한 것이다.'라는 논지로 설명해 오던 야고보는 결론적으로 '속지 말라'는 권면의 말을 하고 있습니다. 이는 인간 스스로 욕심에 끌려 파멸을 자초하고 나서 하나님께서 이와 같은 환경을 만드셨다고 잘못 생각하지 말라는 것입니다. 마귀는 계속해서 우리에게 임한 모든 고통과 환난의 책임을 하나님께 돌리라고 유혹하지만, 그것에 속지 않고 회개하면 하나님께서는 우리를 용서하시고 모든 어둠의 세력이 우리에게서 물러가도록 하십니다.

17절 온갖 좋은 은사와 온전한 선물이 다 위로부터 빛들의 아버지께로부터 내려오나니 그는 변함도 없으시고 회전하는 그림자도 없으시니라

하나님은 우리를 시험하시는 분이 아니라, 여러 가지 좋은 은사와 온전한 선물을 주시는 분이십니다. 여기에서 '은사' 라는 말은 헬라어로 '도시스' (δόσις)라고 하는데 그 뜻은 '능동적으로 주는 행동' 을 나타내는 말이고, '선물' 이란 말은 헬라어로 '도레마' (δώρημα)라고 하며 그 뜻은 '수동적으로 받는 것' 을 표현하는 말입니다. 이와 같이 하나님께서는 우리에게 시험을 보내시기는커녕 가장 좋은 것과 조금도 부족하지 않은 완전한 선물을 주시는 '좋으신 하나님' 이십니다.

이처럼 좋으신 하나님께서는 또한 빛들의 아버지가 되십니다. 달빛이 아무리 밝다고 해도 태양 빛과는 비교할 수가 없습니다. 그런데 그 태양 빛도 하나님의 말씀으로 말미암아 창조되었습니다. 그러므로 이 세상의 모든 빛은 우리 하나님께로부터 말미암은 것입니다.

빛은 어둠을 밝히는 성질이 있습니다. 사망을 초래하는 죄, 또 그 죄를 낳는 욕심은 모두 흑암 속에 가려진 세력들입니다. 온 세상이 어둠으로만 가득 찬다면 이러한 흑암의 세력들은 영원히 맹위를 떨칠 것입니다. 그러나 우리 하나님께서는 빛들의 아버지이시므로 하나님이 계신 곳에는 흑암의 세력이 사라집니다. 또한 우리는 빛의 자녀이므로(엡 5:8) 빛 안

에 거하기만 하면 영원히 흑암의 세력에 침식되지 않을 것입니다.

"그는 변함도 없으시고 회전하는 그림자도 없으시니라". 이 세상에서 가장 밝은 빛으로 생각되는 태양 빛도 저녁이 되면 서산 너머로 자취를 감춥니다. 이처럼 우리가 볼 수 있는 세상의 빛은 조석(朝夕)으로 변하기 마련입니다. 그러나 빛들의 아버지이신 우리 하나님은 환경이 변한다고 해서 덩달아 변하는 분이 아니십니다. 성경에 기록되었듯이 하나님은 어제나 오늘이나 영원토록 변함없으신 분입니다(히 13:8).

또한 하나님께서는 회전하는 그림자도 없으신 분입니다. '회전하는 그림자' 도 없다는 말은 곧 미쁘신 하나님, 성실하신 하나님을 보여 줍니다. 그러므로 우리는 이 말씀을 통해 하나님을 굳세게 의지할 수 있는 근거를 얻을 수 있습니다.

이처럼 좋으시고 변함이 없으신 하나님께서 어떻게 악의를 가지고 인간에게 유혹의 시험을 주실 수 있겠습니까? 이러한 문제에 대해 의심을 하는 것은 바로 마귀가 가져다주는 생각이므로 우리는 단호히 물리쳐야만 합니다.

18절 그가 그 피조물 중에 우리로 한 첫 열매가 되게 하시려고 자기의 뜻을 따라 진리의 말씀으로 우리를 낳으셨느니라

앞 절에 기록된 '온갖 좋은 은사와 온전한 선물' 중에서 가장 중요한 것은 우리들로 하여금 첫 열매가 되도록 하신 것입니다. 첫 열매를 소중히 여기는 것은 이스라엘 민족의 독특한 사상입니다. 이러한 '만물 사상' 은 하나님께서 첫 열매를 구별해서 하나님께 바치라고 명하신 데서 비롯됩니다(출 22:29; 레 23:10; 민 18:12-13). 그러므로 첫 열매는 하나님께 바쳐지는 제물을 말하는 것입니다. 따라서 '첫 열매' 를 영적으로 해석하면 먼저 믿은 우리 그리스도인들을 가리키는 것입니다.

"자기의 뜻을 따라 진리의 말씀으로 우리를 낳으셨느니라". 우리가 첫 열매가 되려면 옛 사람을 버리고 새사람으로 다시 태어나야 하는데 그러면 어떠한 부모를 통해 다시 태어나야 하는가 하는 문제가 제기됩니다. 이에 대해 야고보는 하나님께서 당신의 뜻을 따라 진리의 말씀으로 우리를 낳으셨다고 말하고 있습니다. 그러므로 새사람을 입은 우리는 하나님을 아버지로 모시고 세상에 태어난 존재입니다.

하나님께서는 직접 우리를 낳으신 아버지이므로 우리 그리스도인들 중에 하나님께서 사랑하시지 않는 사람은 한 사람도 없습니다. 이러한 부자관계는 어느 누구도, 또 이 세상의 어떤 것으로도 결코 끊을 수 없는 것입니다(롬 8:38-39).

5. 성도의 신앙생활에 대한 일반적인 교훈 (1:19-27)

19. 내 사랑하는 형제들아 너희가 알지니 사람마다 듣기는 속히 하고
말하기는 더디 하며 성내기도 더디 하라 20. 사람이 성내는 것이 하
나님의 의를 이루지 못함이라 21. 그러므로 모든 더러운 것과 넘치
는 악을 내버리고 너희 영혼을 능히 구원할바 마음에 심어진 말씀을

온유함으로 받으라 22. 너희는 말씀을 행하는 자가 되고 듣기만 하여 자신을 속이는 자가 되지 말라 23. 누구든지 말씀을 듣고 행하지 아니하면 그는 거울로 자기의 생긴 얼굴을 보는 사람과 같아서 24. 제 자신을 보고 가서 그 모습이 어떠했는지를 곧 잊어버리거니와 25. 자유롭게 하는 온전한 율법을 들여다보고 있는 자는 듣고 잊어버리는 자가 아니요 실천하는 자니 이 사람은 그 행하는 일에 복을 받으리라 26. 누구든지 스스로 경건하다 생각하며 자기 혀를 재갈 물리지 아니하고 자기 마음을 속이면 이 사람의 경건은 헛것이라 27. 하나님 아버지 앞에서 정결하고 더러움이 없는 경건은 곧 고아와 과부를 그 환난 중에 돌보고 또 자기를 지켜 세속에 물들지 아니하는 그것이니라

19절 내 사랑하는 형제들아 너희가 알지니 사람마다 듣기는 속히 하고 말하기는 더디 하며 성내기도 더디 하라

우리는 지금까지 1장 1절부터 18절까지의 말씀을 통해 시험에 관한 교훈의 말씀을 살펴보았습니다. 그러면 이제부터는 성도의 신앙생활 중에서 흔히 일어나는 문제들에 대한 교훈을 살펴보기로 하겠습니다.

일반적인 교훈의 말씀을 선포하는 데에 있어서 듣는 것과 말하는 것에 관한 교훈이 제일 먼저 언급되었다는 사실은 우리들에게 매우 중요한 것을 시사해 주고 있습니다. 유명한 격언 중에 "웅변은 은이고, 침묵은 금이다."라는 말도 있듯이, 말조심하는 것이 너무나 중요합니다. 실제로 금실이 좋았던 부부들이 갈라서게 되는 것도, 사이가 좋았던 친구들이 하루아침에 원수로 돌변하는 것도 알고 보면 사소한 말에 대한 오해에서 비롯된 것일 때가 많습니다. 그러므로 가장 중요한 것은 잘 듣는 태도를

취하는 것입니다. 좋은 인간관계를 맺으려면 상대방이 말할 때 주의를 집중해서 하나도 빠뜨리지 않고 잘 들어야 합니다. 이처럼 상대방의 말을 경청했음에도 불구하고 오해가 생길 수 있는데 하물며 상대방의 말을 가로챌 경우에는 더욱 커다란 오해를 불러 일으킬 것입니다.

그다음으로 중요한 것은 말을 적게 하는 것입니다. 아무리 상대방의 말을 잘 들었다 할지라도 그가 말한 것 이상으로 과장하거나 왜곡할 가능성이 있다는 것입니다. 유대인들의 생활 지침서인 '탈무드' 에 보면 귀는 둘인데 입은 하나인 이유를 다음과 같이 설명하고 있습니다. 즉, '귀가 입의 두 배만큼 있으므로 듣는 것은 말하는 것의 두 배가 되어야 한다.' 는 것입니다. 물론 이 말은 재담(才談) 중의 하나이지만 어느 정도 일리가 있는 말입니다.

또한 성내지 않는 것도 중요합니다. 일순간의 감정에 이끌려 자제력을 잃고 감정을 있는 그대로 폭발시키면 그 순간에는 속이 시원할지 모르지만 얼마 있지 않아 걷잡을 수 없는 수치감에 휘말리게 됩니다. 뿐만 아니라 경우에 따라서는 다른 사람들의 경멸의 대상이 되기도 합니다. 그러므로 시험이 다가올 때는 온전히 인내해야 하는 것처럼 분노가 치밀어 오를 때는 흔들리지 말고 차분한 신앙의 자제력으로 이겨 내야 합니다.

20절 사람이 성내는 것이 하나님의 의를 이루지 못함이라

앞 절에서는 성내는 것의 인간적인 손해를 말했는데 여기서는 성내는 것의 영적 손해를 말하고 있습니다. 일단 성을 내면 그것이 '하나님의 의' 와 상반되므로 절대로 하나님과 교제할 수 없게 됩니다. 그러므로 성을 잘 내는 사람은 그것을 성격적인 결함 중의 하나라고 정당화시키지 말

고, 그때그때 곧장 하나님께 회개해야 합니다. 왜냐하면 성내는 것은 하나님의 의를 이루지 못하는 것이요, 하나님의 의를 이루지 못하는 것은 죄이기 때문입니다.

인간적인 손해와 영적 손해를 함께 발생시키는 성내는 버릇이 없어지지 않을 때는 본 절의 말씀을 계속해서 묵상해야 합니다. 그렇게 해서라도 성내는 버릇을 없애야만 개인 생활과 가정생활, 나아가서는 사회생활 속에 젖과 꿀이 흘러넘치는 축복을 받게 되는 것입니다.

21절 그러므로 모든 더러운 것과 넘치는 악을 내버리고 너희 영혼을 능히 구원할바 마음에 심어진 말씀을 온유함으로 받으라

성내지 말아야 할 이유를 이야기 해 오던 야고보는 계속해서 단번에 성내는 버릇을 완전히 없앨 수 있는 길을 본 절에서 제시해 주고 있습니다. 먼저 '모든 더러운 것', 즉 도덕적인 불의를 내버리라고 말합니다. 겉으로는 그럴듯하게 위장해 놓았지만 속은 온갖 더러움으로 가득 차 있는 바리새인과 같은 성품을 버릴 때, 성내는 습관이 없어집니다.

또한 '넘치는 악', 즉 마음속에 있던 죄의 요소가 가득 차 밖으로 흘러넘치게 된 결과로 짓게 되는 죄악을 버리라고 말합니다. 창세기 4장 7절의 하반절을 보면 하나님께서는 가인에게 다음과 같은 경계의 말씀을 주셨습니다. "죄가 너를 원하나 너는 죄를 다스릴지니라". 그러나 가인은 이러한 경계의 말씀을 받았음에도 불구하고 분노를 제어하지 못하고 끝내는 자기 동생인 아벨을 쳐 죽이고 말았습니다(창 4:8). 우리는 가인의 살인 사건을 통해서 분노가 얼마나 무서운가를 다시 한번 깨달을 수 있습니다.

"너희 영혼을 능히 구원할바 마음에 심어진 말씀을 온유함으로 받으라". '화내지 말아야겠다' 고 결심한다 해서, 화내는 성품이 일조일석(一朝一夕)에 사라지는 것은 아닙니다. 앞에서 언급했듯이 모든 더러운 것과 넘치는 악을 제거함으로써 화내게 하는 죄의 속성을 뿌리 뽑는 것이 그에 대한 지름길입니다. 그런데 이것만으로는 부족합니다. 우리 마음속에 있는 죄악의 뿌리를 제거한 후에는 반드시 죄의 세력보다 더욱 새롭고 강력한 것으로 채워야만 합니다. 우리 마음의 그릇에 성령님으로 충만히 채워야만 합니다.

야고보는 우리의 영혼을 능히 구원할 수 있는 '마음에 심어진 말씀' 을 온유함으로 받으라고 권면하고 있습니다. 여기에서 '마음에 심어진 말씀' 이란 예수 그리스도의 말씀을 의미합니다. 예수 그리스도의 말씀을 듣고, 읽고, 연구하고, 암기하고, 묵상하는 것이 화내는 성품뿐만 아니라 죄의 모든 세력들이 감히 우리를 넘볼 수 없게 만드는 초고성능 무기인 것입니다.

또한 말씀을 대할 때는 '겸손한 태도' 로 임해야 합니다. 그래야만 우리의 마음 밭이 옥토가 되고 그 말씀이 심어져서 30배, 60배, 100배의 결실을 맺게 되는 것입니다.

22절 너희는 말씀을 행하는 자가 되고 듣기만 하여 자신을 속이는 자가 되지 말라

하나님의 말씀을 듣기만 하면 아무런 소용이 없습니다. 이것은 마치 로봇을 만들 수 있는 지식을 가졌다고 할지라도 그 지식을 바탕으로 로봇을 만들지 않는다면 아무런 소용이 없는 것과 마찬가지입니다. 그런데

오늘날 우리는 수많은 그리스도인들이 듣는 데만 열심을 내는 것을 목도(目睹)할 수 있습니다. 부흥회다, 세미나다, 철야 예배다 하며 이곳저곳을 기웃거리며 이 말씀, 저 말씀을 듣는 데는 일등인데, 막상 들은 그 말씀을 행하는 데는 꼴찌인 경우가 많습니다. 이렇게 해서는 참된 그리스도인이라 할 수 없습니다. 바울도 로마서에서 "하나님 앞에서는 율법을 듣는 자가 의인이 아니요 오직 율법을 행하는 자라야 의롭다 하심을 얻으리니"(롬 2:13)라고 말했습니다.

말씀을 듣고 행하지 않는 자는 스스로 자신을 속이는 자입니다. 왜냐하면 이런 사람들은 자신이 들은 '말씀'을 행동으로 옮기지 않는 것을 그릇된 논리로 합리화시켜 나가기 때문입니다. 이웃을 탓하고 환경을 탓하면서 교묘하게 '말씀'이 요구하는 행동을 피해 가는 자는 바로 이중인격자요, 사기꾼입니다.

23-24절 **누구든지 말씀을 듣고 행하지 아니하면 그는 거울로 자기의 생긴 얼굴을 보는 사람과 같아서 제 자신을 보고 가서 그 모습이 어떠했는지를 곧 잊어버리거니와**

말씀을 듣기만 하고 행하지 않는 사람을 비유해서 설명한 구절입니다. 거울은 있는 그대로 비춰 줍니다. 하나님의 말씀은 우리의 신앙생활이 정상적인지, 아니면 때묻고 병들었는지를 정확하게 비추어 주는 거울의 역할을 합니다. 우리는 거울에 비친 우리의 얼굴에 때가 묻었다면 곧 얼굴을 씻습니다. 그런데 말씀을 듣고도 행하지 않는 사람은 분명히 자기 얼굴에 때가 묻어 있는 것을 보고도 씻지 않은 채 그것을 곧 잊어버리는 사람과 같습니다. 이러므로 이러한 사람들에게는 거울이 필요 없는 것입니다.

25절 자유롭게 하는 온전한 율법을 들여다보고 있는 자는 듣고 잊어 버리는 자가 아니요 실천하는 자니 이 사람은 그 행하는 일에 복을 받으리라

말씀을 듣고도 실행하지 않는 사람과는 달리 실행하는 사람은 자유롭게 하는 온전한 율법을 들여다봅니다. 율법은 죄를 깨닫게 합니다. 율법은 마치 거울처럼 있는 모습 그대로 비추어 줄 뿐입니다. 그 때문에 사도 바울은 "모든 사람이 죄를 범하였으매 하나님의 영광에 이르지 못하더니"(롬 3:23)라고 말한 것입니다. 율법으로는 죄를 지어 마귀의 종이 된 인류를 사탄의 세력으로부터 자유롭게 할 수 없습니다. 그렇기 때문에 이러한 율법 대신 은혜가 오게 된 것입니다. 그것은 바로 예수 그리스도로 인한 은혜입니다. 과거에는 율법으로 자유를 얻을 수 없었지만 이제부터는 '온전한 율법', 즉 예수 그리스도의 복음으로 자유를 누릴 수 있게 되었습니다.

또한 말씀을 듣고 실행하는 사람은 자유뿐만 아니라 축복도 누릴 수 있게 됩니다. 하나님의 말씀을 듣고, 읽고, 묵상해서 진리대로 깨달은 다음, 그것을 바탕으로 해서 믿음으로 기도하고 전진해 나가면 영혼이 잘되고 범사가 잘되며 강건하게 되는 축복이 하나님의 은혜 안에서 풍성히 넘쳐 나게 되는 것입니다.

복음은 하나의 사조(思潮)나 의식이나 인간의 지식이 아닙니다. 그것은 시대가 변함에 따라 탈색되거나 변색되지 않는 만고불변(萬古不變)의 진리입니다. 그렇기 때문에 복음은 우리의 삶을 변화시키고 축복을 주는

하나님의 능력이 되는 것입니다.

26절 누구든지 스스로 경건하다 생각하며 자기 혀를 재갈 물리지 아니하고 자기 마음을 속이면 이 사람의 경건은 헛것이라

야고보는 성내는 문제와 실천하는 믿음을 논하고 나서, 다시 말하는 문제로 돌아가고 있습니다. 왜냐하면 사람의 경건을 파괴하는 가장 무서운 무기가 바로 말이기 때문입니다. 아무리 화내기를 더디 하고, 말씀을 듣고 실행하는 사람이라 할지라도 말을 많이 하면 반드시 실수하기 마련입니다. 야고보는 이러한 사람을 가리켜 '혀를 재갈 물리지 않은 사람' 이라고 하였습니다. 재갈은 말의 입에 씌우는 것으로 말을 탄 사람의 뜻대로 이끌기 위한 통제의 수단으로 사용되는 것입니다. 만일 우리의 혀에 재갈을 물리지 않으면 우리가 의도한 것과는 다른 말을 하게 되는 경우가 있습니다. 이러한 사람의 경건은 아무런 의미가 없는 거짓 경건입니다. 그저 모이기만 하면 남의 흉을 보고 헐뜯고 말을 이리저리 옮기다 보면, 본의 아니게 오해가 생기고 다른 사람과 벽을 쌓게 되고 하나님의 영광을 가리게 됩니다.

27절 하나님 아버지 앞에서 정결하고 더러움이 없는 경건은 곧 고아와 과부를 그 환난 중에 돌보고 또 자기를 지켜 세속에 물들지 아니하는 그것이니라

본 장을 끝맺으면서 야고보는 '참된 경건이란 무엇인가?' 라는 문제에 대한 해답을 명쾌하게 제시해 주고 있습니다. 그것은 바로 고아와 과부를 돌보아 주고 자기를 지켜 세속에 물들지 않는 것입니다.

야고보는 참된 경건의 첫 번째 조건은 '고아와 과부를 돌보아 주는 것' 이라고 했습니다. 고아와 과부는 불쌍한 자들에 대한 대명사로 쓰이는 단어입니다. 모세오경을 자세히 보면 하나님께서 불쌍한 사람들, 특히 객(客)과 과부들 그리고 고아들의 편의를 돌보아 주신 사실을 여러 곳에서 찾아볼 수 있습니다(신 24:19-22). 그 당시에는 여인이 남편을 잃고 나면 자력으로 생계를 꾸려 갈 수 없었습니다. 그러므로 과부가 된 여인은 하는 수 없이 추수가 끝난 논밭이나 과수원을 찾아다니면서 땅에 떨어져 있는 이삭이나 열매를 줍는 것으로 생계를 꾸려 나갈 수밖에 없었습니다. 우리는 이에 대한 단적인 예를 룻기에서 찾아볼 수 있습니다(룻 2:1-9). 그렇기 때문에 하나님께서는 이스라엘 백성들에게 추수할 때 땅에 떨어진 이삭을 줍지 말라고 명하셨던 것입니다. 또한 고아의 형편도 과부와 마찬가지였습니다.

그러므로 현대적인 의미에서 볼 때 '고아와 과부' 는 바로 불쌍한 사람들을 가리키는 말입니다. "기쁨을 나누면 배가 되고, 슬픔을 나누면 반이 된다."는 말이 있듯이 자기보다 약한 사람, 어려운 사람, 불행한 사람을 찾아가 위로해 주고 자기의 것을 나누어 줄 때, 비로소 그 사람의 삶이 경건한 삶이 되는 것입니다. 이 세상에는 아직도 우리의 도움을 필요로 하는 사람이 수없이 많습니다. 신명기 15장 11절을 보면, "땅에는 언제든지 가난한 자가 그치지 아니하겠으므로 내가 네게 명령하여 이르노니 너는 반드시 네 땅 안에 네 형제 중 곤란한 자와 궁핍한 자에게 네 손을 펼지니라" 고 기록되어 있습니다. 그러므로 우리 그리스도인들은 최선을 다해 많은 불행한 이웃들을 구제해야 합니다.

야고보가 말한 참된 경건의 두 번째 조건은 '자기를 지켜 세속에 물들지 아니하는 것' 입니다. 인류 문명이 과학화되고 첨예화됨에 따라 수천년에 걸쳐 내려오던 가치관과 생활 규범에 무자비할 정도로 심한 와해가 일어나게 되었습니다. 그리하여 수많은 현대인들이 '물질만능주의', '쾌락주의' 에 사로잡혀서 하나님께서 부여하신 인권을 하나의 상품으로 전락시키고 있습니다. 또한 절대시 해 왔던 도덕이나 종교적 요구가 상대화되어, '상황 윤리' 라는 명목 아래 타협적인 윤리들이 곳곳에서 발호하고 있습니다. 이러한 상황에서 그리스도인들은 과연 어떠한 생활을 해야 할까요?

바로 이에 대한 해답으로 야고보가 우리에게 준 것이 "자기를 지켜 세속에 물들지 않도록 하라."는 권면의 말씀입니다. 잠언을 보면 "모든 지킬 만한 것 중에 더욱 네 마음을 지키라 생명의 근원이 이에서 남이니라" (잠 4:23)고 기록되어 있으며, 로마서 12장 1절부터 2절에는 "그러므로 형제들아 내가 하나님의 모든 자비하심으로 너희를 권하노니 너희 몸을 하나님이 기뻐하시는 거룩한 산 제물로 드리라 이는 너희가 드릴 영적 예배니라 너희는 이 세대를 본받지 말고 오직 마음을 새롭게 함으로 변화를 받아 하나님의 선하시고 기뻐하시고 온전하신 뜻이 무엇인지 분별하도록 하라" 고 말씀하고 있습니다.

자기를 지키는 가장 좋은 방법은 항상 '자유롭게 하는 온전한 율법' 을 들여다보아 조금이라도 자기에게 이상이 있으면 즉시 회개하여 죄 씻음을 받는 것입니다.

우리가 혀에 재갈을 물려 말을 조심하고 고아와 과부를 돌아보고 자기를 지킬 때, 우리는 하나님 앞에서 정결하고 더러움이 없는 경건한 사람이 될 수 있습니다.

제 2 장

믿음과 행함

A COMMENTARY
ON THE EPISTLE OF
JAMES

본 장에서 야고보는 가난한 자와 부한 자를 차별하지 말라고 교훈하고 나서 그것이 하나님의 뜻에 어떻게 어긋나는지를 율법과 연결시켜 설명하고 있습니다. 그다음 '믿음과 행함'의 문제를 근본적으로 다루다가 '행함이 없는 믿음은 죽은 것'이라는 결론을 내리고 있습니다.

1. 인간 차별에 대한 경고(2:1-13)

1. 내 형제들아 영광의 주 곧 우리 주 예수 그리스도에 대한 믿음을 너희가 가졌으니 사람을 차별하여 대하지 말라 2. 만일 너희 회당에 금가락지를 끼고 아름다운 옷을 입은 사람이 들어오고 또 남루한 옷을 입은 가난한 사람이 들어올 때에 3. 너희가 아름다운 옷을 입은 자를 눈여겨보고 말하되 여기 좋은 자리에 앉으소서 하고 또 가난한 자에게 말하되 너는 거기 서 있든지 내 발등상 아래에 앉으라 하면 4. 너희끼리 서로 차별하며 악한 생각으로 판단하는 자가 되는 것이 아니냐 5. 내 사랑하는 형제들아 들을지어다 하나님이 세상에서 가난한 자를 택하사 믿음에 부요하게 하시고 또 자기를 사랑하는 자들에게 약속하신 나라를 상속으로 받게 하지 아니하셨느냐 6. 너희는 도리어 가난한 자를 업신여겼도다 부자는 너희를 억압하며 법정으로 끌고 가지 아니하느냐 7. 그들은 너희에게 대하여 일컫는바 그 아름다운 이름을 비방하지 아니하느냐 8. 너희가 만일 성경에 기록된 대로 네 이웃 사랑하기를 네 몸과 같이 하라 하신 최고의 법을 지키면 잘하는 것이거니와 9. 만일 너희가 사람을 차별하여 대하면 죄

를 짓는 것이니 율법이 너희를 범법자로 정죄하리라 10. 누구든지 온 율법을 지키다가 그 하나를 범하면 모두 범한 자가 되나니 11. 간음하지 말라 하신 이가 또한 살인하지 말라 하셨은즉 네가 비록 간음하지 아니하여도 살인하면 율법을 범한 자가 되느니라 12. 너희는 자유의 율법대로 심판받을 자처럼 말도 하고 행하기도 하라 13. 긍휼을 행하지 아니하는 자에게는 긍휼 없는 심판이 있으리라 긍휼은 심판을 이기고 자랑하느니라

1절 내 형제들아 영광의 주 곧 우리 주 예수 그리스도에 대한 믿음을 너희가 가졌으니 사람을 차별하여 대하지 말라

앞 장에서 시험과 일반적인 문제들에 관한 교훈의 말씀을 증거했던 야고보는 본 장에서는 믿는 형제들 사이에서 종종 일어나는 '차별' 의 문제와 '믿음과 행함' 의 문제를 거론하고 있습니다.

앞 장에서와 마찬가지로 새로운 교훈을 시작하기에 앞서 야고보가 '내 형제들아' 라는 구절을 사용했다는 사실은 우리들에게 매우 중요한 것을 시사해 주고 있습니다. 즉, 이 말은 예수 그리스도를 믿는 사람들은 모두 한 형제자매이기 때문에 믿는 사람끼리 서로 차별한다는 것은 있을 수 없는 일이라는 것입니다.

하나님의 아들 예수 그리스도는 친히 인간이 되시어 인류의 모든 죄와 저주, 질병과 절망, 죽음과 고통을 짊어지셨습니다. 그럼에도 불구하고 그 당시의 이스라엘 백성들은 예수님께서 그들의 구주시라는 사실을 전혀 모르고 있었습니다. 그렇기 때문에 예수님께서 그토록 극심한 고통을 받으시는 것은 그가 하나님께 죄를 지어 징벌을 받는 것이라고 생각했습

니다(사 53:4). 그러나 예수님께서 죽은 지 사흘 만에 인간의 모든 죗값을 청산하시고 사망 권세를 폐하시고 부활하시어 마귀를 이기시자, 사람들은 비로소 그들이 못 박아 죽였던 예수님이 '영광의 주' 라는 사실을 깨닫게 되었습니다. 이와 같이 '영광의 주' 예수 그리스도를 믿는 믿음은 우리 스스로가 취한 것이 결코 아닙니다. 그것은 하나님께서 주권적으로 주신 선물인 것입니다.

믿음은 인간 스스로 만들어 낼 수 없습니다. 그렇기 때문에 성경은 "성령으로 아니하고는 누구든지 예수를 주시라 할 수 없느니라"(고전 12:3)고 말씀하고 있습니다. 성령 없이는 예수를 구주로 믿고 구원받는 은혜를 입을 수 없고, 위대한 부흥도 일어날 수 없습니다. 그러므로 성령 없는 신앙, 성령 없는 신자, 성령 없는 교회는 알맹이가 빠져 버린 껍데기에 지나지 않는 것입니다.

그리스도인들은 남녀노소, 빈부귀천을 가릴 것 없이 모두 공평하게 성령을 받았고, 공평하게 영생을 얻었고, 공평하게 천국 백성이 되었습니다. 그러므로 믿는 형제자매들 사이에는 아무런 차별이 없는 것입니다.

2-3절 만일 너희 회당에 금가락지를 끼고 아름다운 옷을 입은 사람이 들어오고 또 남루한 옷을 입은 가난한 사람이 들어올 때에 너희가 아름다운 옷을 입은 자를 눈여겨보고 말하되 여기 좋은 자리에 앉으소서 하고 또 가난한 자에게 말하되 너는 거기 서 있든지 내 발등상 아래에 앉으라 하면

앞 절에서 "사람을 차별하여 대하지 말라" 고 경계한 야고보는 본문에서 사람의 외모를 보고 차별하는 실례를 보여 주고 있습니다.

여기에서 '회당' 이라는 말이 나오는데, 원래 '회당' 은 남 왕국 유다가 바벨론에게 멸망당한 후 많은 유다 백성들이 바벨론으로 끌려가서 그곳에 하나님께 예배드릴 장소로 만든 것이었습니다. 회당은 포로기의 암울했던 유대인들의 정신적, 문화적 지주가 되어 왔던 곳입니다. 그렇기 때문에 본토로 귀환한 후에도 없어지지 않고 성전과 함께 종교의 구심점이 되었습니다.

회당에는 수많은 사람들이 드나들었고 각기 사람마다 지위가 다르고 재산 소유 정도도 달랐습니다. 그에 따라 자연히 옷차림과 장식품에 의해 사람을 평가하는 풍조가 생기게 되었습니다.

오늘날에도 교회에서 값비싼 옷을 입은 사람이 교회에 들어오면 귀빈대우를 하고 행색이 남루한 사람이 들어오면 무시하는 경우가 있습니다. 그런데 하나님의 뜻은 외모로 사람을 판단하는 데 있지 않습니다. 몸을 감싼 옷이 비단 옷이냐, 더러운 옷이냐가 중요한 것이 아니라 속에 있는 영혼이 살아 있느냐, 죽어 있느냐가 중요한 것입니다. 황금 덩어리를 신문지로 포장한다고 해서 그 황금 덩어리의 가치가 떨어지는 것은 아니기 때문입니다.

누가복음 16장 19절부터 31절을 보면 이에 대한 예가 기록되어 있습니다. 부자는 자색 옷을 입고 밤낮으로 향연을 베풀며 살았지만 거지 나사로는 그 부자의 대문가에서 다 떨어진 걸레 같은 옷을 입고 병든 몸으로 개들과 함께 상에서 떨어지는 찌꺼기를 먹으며 살았습니다. 그러나 세월이 흘러 부자와 나사로가 죽자, 상황은 완전히 달라지고 말았습니다. 부자는 영원히 타오르는 음부의 불 가운데로 떨어졌지만, 나사로는 낙원에 올라가 아브라함의 품에 안기게 되었습니다.

이와 같이 아무리 이 땅에서 호의호식하며 살아도 그 속에 있는 영혼이 구원받지 못하면 그는 버림받을 수밖에 없는 것입니다. 그러므로 외모가 돋보이는 사람이라고 해서 그를 우대하는 것은 어리석은 일인 것입니다.

4절 너희끼리 서로 차별하며 악한 생각으로 판단하는 자가 되는 것이 아니냐

1절 말씀대로 하나님께서 영광의 주를 우리에게 보내셔서 모든 인류를 평등하게 하셨음에도 불구하고 사람들끼리 서로 차별하여 부자는 극진히 대접하고 빈곤한 자는 무시한다면 하나님께서 내리신 은혜를 욕되게 하는 것이 되고 맙니다. 그뿐 아니라 차별하는 악한 생각으로 판단하는 것이기 때문에 죄에 해당합니다. 로마서 14장 4절에서 사도 바울은 "남의 하인을 비판하는 너는 누구냐 그가 서 있는 것이나 넘어지는 것이 자기 주인에게 있으매 그가 세움을 받으리니 이는 그를 세우시는 권능이 주께 있음이라" 고 말하고 있습니다. 그러므로 사람을 차별하는 것은 하나님의 권위에 대한 도전인 것입니다.

5절 내 사랑하는 형제들아 들을지어다 하나님이 세상에서 가난한 자를 택하사 믿음에 부요하게 하시고 또 자기를 사랑하는 자들에게 약속하신 나라를 상속으로 받게 하지 아니하셨느냐

본 절은 지금까지 야고보가 권면한 말씀, 곧 가난한 자와 부자를 차별하지 말아야 한다는 말씀에 대한 결정적인 근거가 되는 구절입니다. 하나님께서는 가난한 자들에게 믿음을 풍성하게 부어 주십니다. 그러므로 비록 행인과 나그넷길을 가는 이 세상에서는 주리고 목마르고 시련을 당

하며 살지라도 하나님께서 믿음을 부요하게 하시기 때문에 낙심하지 않고 모든 어려움을 극복하며 육신의 장막을 벗는 날 영원한 나라를 유업으로 받게 되는 것입니다.

사도 바울은 이러한 하나님의 섭리에 대해 "형제들아 너희를 부르심을 보라 육체를 따라 지혜로운 자가 많지 아니하며 능한 자가 많지 아니하며 문벌 좋은 자가 많지 아니하도다 그러나 하나님께서 세상의 미련한 것들을 택하사 지혜 있는 자들을 부끄럽게 하려 하시고 세상의 약한 것들을 택하사 강한 것들을 부끄럽게 하려 하시며 하나님께서 세상의 천한 것들과 멸시받는 것들과 없는 것들을 택하사 있는 것들을 폐하려 하시나니 이는 아무 육체도 하나님 앞에서 자랑하지 못하게 하려 하심이라"(고전 1:26-29)고 말한 바 있습니다.

하나님께서는 마음이 가난하거나 생활이 가난하여 하나님만 의지하는 자를 믿음으로 부요하게 해 주십니다. 하나님께서 이처럼 가난한 자를 사랑하시기 때문에 우리는 가난한 자를 무시하거나 박대해서는 안 됩니다.

6절 너희는 도리어 가난한 자를 업신여겼도다 부자는 너희를 억압하며 법정으로 끌고 가지 아니하느냐

여기서 말하는 '부자' 는 믿지 않는 부자를 말합니다. 그 당시 예수 그리스도의 복음을 먼저 받아들인 사람들은 대부분 가난한 사람들이었습니다. 유대교를 믿는 부자들은 제사장과 바리새인과 사두개인들과 손을 잡고 예수 믿는 가난한 사람들을 압제하며 법정으로 끌고 가고 감옥에 가두고 죽이기도 했습니다.

7절 그들은 너희에게 대하여 일컫는바 그 아름다운 이름을 비방하지 아니하느냐

'아름다운 이름' 은 예수 그리스도의 이름을 가리킵니다. 본문은 믿지 않는 부자들이 성도들을 박해하는 것을 말합니다.

8절 너희가 만일 성경에 기록된 대로 네 이웃 사랑하기를 네 몸과 같이 하라 하신 최고의 법을 지키면 잘하는 것이거니와

1절부터 7절에 이르기까지 부한 자와 가난한 자의 차별 문제를 거론한 야고보는 본 절부터 이를 종합하여 그의 논지를 '최고의 법' 을 준행해야 한다는 것에 초점을 맞추고 있습니다. 여기서 '최고의 법' 이란 "원수를 갚지 말며 동포를 원망하지 말며 네 이웃 사랑하기를 네 자신과 같이 사랑하라" (레 19:18)는 말씀을 가리키는 것입니다.

사람은 본능적으로 좋은 것을 갖고 싶어 하고, 좋은 대우를 받고 싶어 하며, 할 수만 있으면 자신의 건강에 좋은 음식을 먹고자 합니다. 그러나 이처럼 자기 자신만 생각하고 다른 사람의 처지에 대해서는 전혀 무관심한 사람은 철저한 이기주의자입니다. 하나님께서 원하시는 이웃 사랑은 바로 이웃을 내 몸같이 사랑하는 수준에 이르는 것입니다. 내가 병에 걸리면 아프듯이 남도 병에 걸리면 아픈 것입니다.

기독교 윤리가 요구하고 있는 것을 한 마디로 표현한 것이 '사랑' 입니다. 그렇기 때문에 우리가 아무리 천사의 말을 하고 사람의 방언을 말할지라도 사랑이 없으면 소리 나는 구리와 울리는 꽹과리에 지나지 않는 것입니다. 그러므로 자기 자신이 귀한 만큼 가난한 자나 부자나 차별하지 말고 모든 사람을 귀한 존재로 여겨야 합니다. 사람을 차별하지 않고

공평하게 사랑하는 태도를 하나님께서 기뻐하십니다.

9절 만일 너희가 사람을 차별하여 대하면 죄를 짓는 것이니 율법이 너희를 범법자로 정죄하리라

하나님의 최고의 법은 사랑인데, 우리가 다른 사람을 사랑하지 않고 외모를 보고 판단한다면 하나님께서 주신 지상 명령을 어기는 것이 되고 맙니다. 그러므로 우리가 사람을 차별할 때에 범죄자라는 낙인이 찍히게 되는 것입니다.

10절 누구든지 온 율법을 지키다가 그 하나를 범하면 모두 범한 자가 되나니

이스라엘에 주어진 하나님의 율법은 문서로 기록된 것이 대략 613가지라고 합니다. 그런데 그중에서 248가지는 '무엇을 하라' 는 율법이고, 그 나머지 365가지는 '무엇을 하지 말라' 는 율법입니다. 그런데 만일 어떤 사람이 613가지의 율법 중에서 612가지는 지켰지만 마지막 한 가지를 지키지 못했다면, 그가 지킨 612가지의 율법은 모두 수포로 돌아가고 그는 하나님 앞에서 범죄자가 될 수밖에 없습니다. 율법은 이처럼 완전한 것을 요구합니다. 그러므로 인간은 어느 누구도 율법을 온전히 지키지 못했습니다. 이러한 상황에 대해 사도 바울은 "모든 사람이 죄를 범하였으매 하나님의 영광에 이르지 못하더니"(롬 3:23)라고 기록하고 있습니다.

11절 간음하지 말라 하신 이가 또한 살인하지 말라 하셨은즉 네가 비록 간음하지 아니하여도 살인하면 율법을 범한 자가 되느니라

본 절은 앞 절 말씀에 대한 보기 중의 하나입니다. 십계명 중 7계명인 '간음하지 말라' 는 율법을 지켰더라도 6계명인 '살인하지 말라' 는 율법을 범하였으면 그는 죄인이 됩니다. 물론 그 반대의 경우일지라도 마찬가지입니다. 이처럼 행위로 말미암아 구원받을 수 있는 사람은 한 사람도 없고 모든 사람이 죄인이기 때문에 하나님께서는 인류를 구원하시기 위해 위대한 '구속사' 를 계획하셨던 것입니다.

12절 너희는 자유의 율법대로 심판받을 자처럼 말도 하고 행하기도 하라

율법 아래 있는 사람들은 자기가 율법을 지킨 만큼 남에게 지킬 것을 요구하고 남의 행위에 대해 심판을 가합니다. 그러므로 이런 사람들은 비판적인 사람이 되기 때문에 다른 사람들과 원수가 될 수밖에 없습니다. 그렇지만 어느 누구도 율법으로 완전해질 수 없으므로 모든 인간들은 죄인인 것입니다. 그러나 자유의 율법, 즉 예수 그리스도의 은혜 안에 있는 사람은 자신이 더럽고 추악하고 못나서 버림받아야 마땅함에도 불구하고 십자가의 보혈로 구원받았기 때문에 남을 대할 때 긍휼과 은혜로 대접해야 한다는 것입니다.

성경은 "주의 영이 계신 곳에는 자유가 있느니라"(고후 3:17), "진리를 알지니 진리가 너희를 자유롭게 하리라"(요 8:32)고 말씀하고 있습니다. 이처럼 신앙생활은 예수 그리스도의 십자가 안에서 자유로운 생활이지, 결코 '혹시 멸망 받지는 않을까?' 하며 노심초사하는 생활이 아닙니다.

그런데 '자유의 율법' 이라고 해서 마냥 자유롭게 행동하라는 것은 아닙니다. 자유에는 언제나 책임이 뒤따르기 때문입니다. 이에 대해 베드

로는 "너희는 자유가 있으나 그 자유로 악을 가리는 데 쓰지 말고 오직 하나님의 종과 같이 하라"(벧전 2:16)고 권면하였습니다. 또한 사도 바울은 "모든 것이 내게 가하나 다 유익한 것이 아니요"(고전 6:12)라고 말하였습니다. 그러므로 하나님의 영광을 가리지 않는 범위 내에서 자유를 누리는 것이 그리스도인들에게 베풀어진 은혜인 것입니다.

13절 **긍휼을 행하지 아니하는 자에게는 긍휼 없는 심판이 있으리라 긍휼은 심판을 이기고 자랑하느니라**

우리가 남을 긍휼히 여기지 아니하고 비판하면 하나님께서도 우리를 긍휼히 여기지 아니하시기 때문에 영벌을 받을 수밖에 없습니다. 그러므로 우리는 남을 대할 때 용서하는 마음과 긍휼히 여기는 마음을 가져야 합니다. 옛말에 "되로 주고 말로 받는다"는 말이 있듯이, 내가 남을 비판하면 남도 나를 비판하기 마련입니다. 그러나 이와 반대로 내가 남을 용서하면 나도 용서받을 수 있고, 내가 남을 사랑하면 나도 사랑받을 수 있는 것입니다.

마태복음 18장 21절부터 35절을 보면 한 배은망덕한 종에 관한 이야기가 나옵니다. 어떤 임금님에게 만 달란트의 빚을 진 종이 있었는데 그 종이 빚을 갚지 못하자 임금님은 그의 몸과 처자식, 모든 소유를 팔아서라도 갚으라고 명령하였습니다. 그러자 그 종은 엎드려 절하며 조금만 더 참아 주면 갚겠노라고 간청했습니다. 애타게 호소하는 종이 불쌍해서 그 임금님은 은혜를 베풀어 그의 빚을 탕감해 주었습니다.

뛸 듯이 기쁜 마음으로 길을 가던 그 종은 자기에게 백 데나리온 빚진 사람과 마주쳤습니다. 그러자 그는 다짜고짜로 빚진 사람의 멱살을 잡고 돈을 내놓으라고 호통을 쳤습니다. 그리고 빚진 사람이 조금만 참아 달라고 사정하는데도 인정사정없이 옥에 가두었습니다.

이 이야기는 "형제가 내게 죄를 범하면 몇 번이나 용서하여 주리이까?"(마 18:21)라는 베드로의 질문에 대한 답으로 말씀하신 예수님의 비유입니다. 만일 우리가 우리의 이웃에게 긍휼히 행하지 아니하면 만 달란트나 되는 엄청난 빚을 탕감받고도 백 데나리온 빚진 자를 탕감해 주지 않은 종과 다름이 없습니다. 그러므로 우리 그리스도인들은 하나님의 은혜와 긍휼로 말미암아 용서받은 것을 항상 하나님께 감사드려야 합니다. 그리고 더 나아가 모든 이웃에게 하나님의 사랑과 긍휼을 나누어 주어야겠습니다.

2. 믿음과 행함에 관한 교훈(2:14-26)

14. 내 형제들아 만일 사람이 믿음이 있노라 하고 행함이 없으면 무슨 유익이 있으리요 그 믿음이 능히 자기를 구원하겠느냐 15. 만일 형제나 자매가 헐벗고 일용할 양식이 없는데 16. 너희 중에 누구든지 그에게 이르되 평안히 가라, 덥게 하라, 배부르게 하라 하며 그 몸에 쓸 것을 주지 아니하면 무슨 유익이 있으리요 17. 이와 같이 행함이 없는 믿음은 그 자체가 죽은 것이라 18. 어떤 사람은 말하기를 너는 믿음이 있고 나는 행함이 있으니 행함이 없는 네 믿음을 내게 보

이라 나는 행함으로 내 믿음을 네게 보이리라 하리라 19. 네가 하나
님은 한 분이신 줄을 믿느냐 잘하는도다 귀신들도 믿고 떠느니라
20. 아아 허탄한 사람아 행함이 없는 믿음이 헛것인 줄을 알고자 하
느냐 21. 우리 조상 아브라함이 그 아들 이삭을 제단에 바칠 때에 행
함으로 의롭다 하심을 받은 것이 아니냐 22. 네가 보거니와 믿음이
그의 행함과 함께 일하고 행함으로 믿음이 온전하게 되었느니라 23.
이에 성경에 이른바 아브라함이 하나님을 믿으니 이것을 의로 여기
셨다는 말씀이 이루어졌고 그는 하나님의 벗이라 칭함을 받았나니
24. 이로 보건대 사람이 행함으로 의롭다 하심을 받고 믿음으로만은
아니니라 25. 또 이와 같이 기생 라합이 사자들을 접대하여 다른 길
로 나가게 할 때에 행함으로 의롭다 하심을 받은 것이 아니냐 26. 영
혼 없는 몸이 죽은 것같이 행함이 없는 믿음은 죽은 것이니라

14절 내 형제들아 만일 사람이 믿음이 있노라 하고 행함이 없으면 무슨 유익이 있으리요 그 믿음이 능히 자기를 구원하겠느냐

흔히 야고보를 '행함의 사도' 라고 부릅니다. 그만큼 야고보는 기독교인의 믿음에 있어서 행함이 차지하는 비중을 높이 평가했습니다. 이러한 야고보의 신앙관을 살펴보면 바울의 신앙관, 즉 '행위로 말미암지 않고 오직 믿음으로만 의롭다 함을 받는다' 는 이신득의(以信得義)의 교리와 어긋나는 것처럼 보입니다. 그러나 바울과 야고보의 신앙관을 자세히 연구해 보면 두 사람의 신앙관, 구원관이 결코 상반되는 것이 아니라는 사실을 알 수 있습니다.

바울의 구원관은 행위가 철저히 배제된 상태에서 믿음으로만 가능하

다는 것인데 여기에서의 행위는 자신의 의를 드러내기 위해 외식하며 율법주의에 빠지는 바리새적인 행위를 가리키는 것입니다. 반면에 야고보가 강조하는 '행함' 은 예수 그리스도를 구주로 모시고 하나님의 자녀가 될 때 당연히 그에 뒤따라야 하는 열매로서의 행함을 가리키는 것입니다. 그러므로 우리는 행함에는 두 종류가 있음을 알 수 있습니다. 그것은 '버려야 할 행함' 과 '버리지 말아야 할 행함' 입니다. 버려야 할 행함은 공로 의식에 사로잡힌 형식적인 행위이고, 버리지 말아야 할 행함은 매일매일의 신앙생활에서 우리 몸을 하나님이 기뻐하시는 거룩한 산 제물로 드리는 행위입니다. 따라서 바울의 복음과 야고보의 복음은 결코 상반된 것이 아니라 상호 보완적인 것입니다.

야고보는 본 절에서 충격적인 말씀을 선포하는데, 그것은 곧 행함이 없는 믿음에는 구원이 없기 때문에 아무런 유익이 없다는 것입니다. 다시 말하면, 예수 그리스도를 구주로 영접했다고 말하면서도 술 취하고 음란한 생활을 하고 온갖 방탕한 짓을 다 저지르고 거짓말하고 남을 모함하는 죄악을 버리지 않고 답습한다면 입으로 시인한 믿음을 행위로 부인한 결과가 되어 끝내는 구원받지 못한다는 것입니다.

성경에는 "무릇 내게 붙어 있어 열매를 맺지 아니하는 가지는 아버지께서 그것을 제거해 버리시고 무릇 열매를 맺는 가지는 더 열매를 맺게 하려 하여 그것을 깨끗하게 하시느니라" (요 15:2)고 기록되어 있습니다. 열매 맺지 않는 가지는 꺾일 수밖에 없습니다. 로마서 11장에 기록되었듯이 참감람나무이신 예수님에게 붙어 있던 참감람나무 가지인 유대인들이 예수님의 은혜를 받아들이지 않았기 때문에 이를 꺾어 버리시고 돌감람나무인 이방인들을 접붙이신 것도 이에 대한 좋은 예입니다.

그러므로 중생을 체험한 그리스도인들은 매일매일의 삶을 거룩한 신앙의 열매로 가득 채워야 합니다. 다시 말해서 성화(聖化)의 삶을 살아야 하는 것입니다.

15-16절 만일 형제나 자매가 헐벗고 일용할 양식이 없는데 너희 중에 누구든지 그에게 이르되 평안히 가라, 덥게 하라, 배부르게 하라 하며 그 몸에 쓸 것을 주지 아니하면 무슨 유익이 있으리요

야고보는 행함 없는 믿음에 관한 실례를 의식주가 결핍된 형제나 자매를 대하는 태도로 설명하고 있습니다. 옷이 없어서 추위에 떨며 양식이 없어 굶주리고 있는 사람에게 "옷을 입어 따뜻하게 하고, 음식물을 먹어 배부르게 하라." 고 말한다고 해서 그의 헐벗음과 배고픔이 해결될 리가 없습니다. 이웃이 헐벗어서 떨고 있으면 입던 옷이라도 나누어 주어야 하고 굶주린 사람에게는 먹던 밥이라도 나누어 주면서 "따뜻하게 입고 배불리 먹으라." 고 말해야만 그에게 도움이 됩니다.

그러므로 말로만 하는 사랑은 아무 소용이 없습니다. "주님! 다리 밑의 걸인들을 사랑합니다. 복역 중인 죄수들을 사랑하고, 부모 잃은 고아들을 사랑합니다. 저는 이처럼 주의 사랑으로 가득 차 있습니다." 이와 같은 말은 누구나 할 수 있습니다. 이론적인 사랑은 노력이나 희생이나 비용이 들지 않기 때문에 누구나 할 수 있습니다.

그러나 그 사랑을 구체적으로 베풀 때는 엄청난 희생과 비용과 수고가 뒤따릅니다. 예수 그리스도는 '사랑하라' 는 계명을 주시는 것으로만 그치지 않고 몸소 그것을 실천하셨습니다. 친히 십자가에서 피 흘려 돌아가심으로 우리에 대한 사랑을 확증하셨습니다(롬 5:8). 이처럼 우리의 믿음

도 행위가 뒤따라야만 참믿음이 되는 것입니다.

17절 이와 같이 행함이 없는 믿음은 그 자체가 죽은 것이라

앞에서 언급한 말뿐인 구제 행위가 아무런 소용이 없음과 같이 행함이 없는 믿음은 생명이 없는 죽은 것에 불과합니다. 이웃을 사랑한다고 하면서 사람을 차별하고, 하나님을 경배한다고 하면서 하나님께 대한 의무는 잊어버리고 하나님께로부터 받을 권리만 생각하고, 거룩한 삶을 산다고 하면서 온갖 더러운 마음을 품고 가증한 행위를 계속 한다면, 그가 교회 내에서 아무리 지위가 높은 직분을 맡고 있고, 아무리 성경에 대해 많이 알고 있고, 아무리 오랫동안 믿어 왔다 할지라도 그의 믿음은 죽은 것입니다. 살아서 움직이는 신앙은 몸으로 실천하는 신앙이지 말로만 하는 신앙이 아니기 때문입니다.

18절 어떤 사람은 말하기를 너는 믿음이 있고 나는 행함이 있으니 행함이 없는 네 믿음을 내게 보이라 나는 행함으로 내 믿음을 네게 보이리라 하리라

이 구절은 야고보의 신앙관에 반발하는 사람들에 대한 변론의 성격이 짙습니다. 반발하는 사람들은 "신앙에는 한 가지만 있는 것이 아니라 행함을 강조하는 신앙과 믿음을 강조하는 신앙이 병존한다."고 주장합니다. 그래야 행함이 없는 자신들이 정당화될 수 있기 때문입니다. 이러한 궤변에 대해 야고보는 단호하게 응수합니다. "너는 믿음만 있다고 말했으니 행함 없는 믿음을 내게 보여 봐라. 나는 행함 있는 믿음을 네게 보이겠다." 이 말은 믿음과 행함은 결코 분리해서 생각할 수 없다는 사실을

보여 주고 있습니다.

행함이 없는 믿음과 행함이 뒤따르는 믿음에는 분명한 차이가 있습니다. 바로 죽음과 생명의 차이입니다. 전자는 생명 없는 껍데기뿐인 신앙이고, 후자는 박진감 있고 힘찬 추진력이 있으며 생명력 있는 신앙입니다. 복음서에 기록된 예수 그리스도의 치료 사역을 보면 신유의 기적은 항상 병자가 그의 믿음을 예수님께 보였을 때 일어났습니다. 열두 해 동안 혈루증으로 앓던 여인이 그러했으며, 친구들에 의해 지붕에서 내리워진 중풍 병자가 그러했습니다. 그러므로 예수님께서 "네 믿음대로 될지어다."라고 우리에게 말씀하시도록 하려면 먼저 예수님을 구주로 영접한다고 입으로 고백하고 죄를 회개하고 과거의 습관, 즉 음란하고 방탕하고 세상적인 구습을 버려야만 합니다.

19절 네가 하나님은 한 분이신 줄을 믿느냐 잘하는도다 귀신들도 믿고 떠느니라

본 절은 1장 22절의 "너희는 말씀을 행하는 자가 되고 듣기만 하여 자신을 속이는 자가 되지 말라"는 말씀과 연결되는 말씀으로 믿음을 가지되 행함이 따라야 함을 강조하고 있습니다.

행함이 없는 믿음을 가진 사람들은 다음과 같이 이야기합니다. "나는 살아 계시고 한 분이신 하나님을 믿노라. 이와 같은 믿음을 가졌으면 되었지 더 이상 무엇이 필요하다는 말인가?" 어떻게 보면 이 말은 당연한 것 같습니다. 그러나 자세히 살펴보면 이 말이 믿음에 대한 완전한 설명이 되기 위해서는 무엇인가가 더 필요하다는 것을 알 수 있습니다. 왜냐하면 귀신들도 한 분이신 하나님을 믿고 떨기 때문입니다.

그런데 귀신은 하나님을 믿지만 하나님께 대해 반역하고 불순종하므로 귀신의 믿음은 아무런 소용이 없습니다. 그러므로 믿는다고 하면서 그 믿음대로 실천하지 않는다면 그것은 귀신의 믿음과 다를 바가 없는 것입니다.

20절 아아 허탄한 사람아 행함이 없는 믿음이 헛것인 줄을 알고자 하느냐

허탄한 사람은 말로만 구제하는 사람, 믿음만으로 구원받을 수 있다는 비실천적인 사람을 가리킵니다. 본 절은 이러한 사람들에게 14절부터 19절까지의 말씀을 통해 행함 없는 믿음이 헛것임을 가르쳤는데 더 이상 무슨 설명이 필요한가를 반문한 것입니다.

21절 우리 조상 아브라함이 그 아들 이삭을 제단에 바칠 때에 행함으로 의롭다 하심을 받은 것이 아니냐

앞에서 행함 없는 믿음의 소유자를 책망한 야고보는 본 절에서 논법을 바꾸어 행함 있는 신앙인에 대한 예로 구약 성경에 나타난 위대한 믿음의 조상들을 들고 있습니다. 이러한 방식은 사도 바울이 로마서 4장에서 믿음으로 말미암아 의롭다 함을 받은 인물에 대한 예로 아브라함을 들었던 사실과 좋은 대조를 이루고 있습니다.

본 절의 기사는 창세기 22장에 기록된 내용입니다. 하나님께서는 아브라함의 믿음을 보시려고 그의 독자 이삭을 제물로 바치라고 명하셨습니다. 이 얼마나 청천벽력과 같은 일입니까? 100세 때 얻은 외아들을 제

물로 바친다는 것은 아브라함에게는 뼈를 깎는 고통이었을 것입니다. 그러나 아브라함은 "네 자손이라 칭할 자는 이삭으로 말미암으리라."는 하나님의 말씀을 굳게 믿었기 때문에 하나님의 말씀에 순종하였습니다.

만일 그때 아브라함이 이삭을 제물로 바치지 않았더라면 그가 아무리 하나님을 믿는다고 해도 그 믿음은 헛것에 지나지 않았을 것입니다. 그러나 아브라함은 단호하게 자신의 믿음을 실행에 옮겼습니다. 이런 행함을 보신 하나님께서 "네가 네 아들 네 독자까지도 내게 아끼지 아니하였으니 내가 이제야 네가 하나님을 경외하는 줄을 아노라"(창 22:12)고 인정하셨던 것입니다.

믿음에는 증명이 뒤따라야 합니다. 아무리 입으로 믿는다고 해도 행위로 나타나지 않으면 그 믿음은 가짜입니다. 부부 간에 사랑한다고 말하면서 그 사랑이 일상생활에 구체적으로 나타나지 않고 늘 싸우기만 한다면 참사랑이 아닌 것입니다. 마찬가지로 하나님을 사랑한다고 하면서 주일을 범하고 십일조를 범하고 세상에 나가서 빛과 소금의 역할을 하기는커녕 오히려 하나님의 영광을 가리는 생활을 한다면 하나님을 사랑하는 사람이 아닙니다. 믿음이 있는 사람은 아브라함과 같이 자신의 믿음을 행동으로 나타내야 합니다.

22절 네가 보거니와 믿음이 그의 행함과 함께 일하고 행함으로 믿음이 온전하게 되었느니라

아브라함은 추상적인 믿음만을 가진 사람이 아니라 구체적인 행함까지도 겸비한 사람이었습니다. 믿음과 행함이 하나가 되었을 때 아브라함의 믿음은 하나님 앞에서 온전하게 되었습니다. 아브라함과 같이 믿음과

행함이 일치될 때 비로소 우리의 믿음은 하나님 앞에서 온전하여 질 수 있습니다. 하나님께서는 우리에게 "나는 전능한 하나님이라 너는 내 앞에서 행하여 완전하라"(창 17:1)고 요구하십니다.

23절 이에 성경에 이른바 아브라함이 하나님을 믿으니 이것을 의로 여기셨다는 말씀이 이루어졌고 그는 하나님의 벗이라 칭함을 받았나니

여기에서 '성경에 이른바' 란 창세기 15장 6절 말씀을 말하는 것입니다. 하나님께서는 아브라함에게 자식이 하나도 없었을 때 그를 밖으로 인도하셔서 밤하늘의 뭇별을 보게 하신 후 그의 자손이 뭇별과 같이 많을 것이라고 약속하셨는데, 이때 아브라함이 이를 믿음으로 받아들였으므로 '의' 로 여기셨다는 말씀입니다. 이처럼 이미 아브라함은 믿음으로 말미암아 의인이 되었지만 하나님의 명령을 따라 이삭을 하나님께 바침으로써 그의 믿음을 행함으로 확증해 보였습니다. 이처럼 행함은 믿음의 진위를 가리는 훌륭한 시금석이 됩니다.

여기서 더 나아가 아브라함은 '하나님의 벗' 이라 칭함을 받는 영광을 누리게 되었습니다. 하나님과 친구 관계에 있다는 사실, 그것도 하나님께서 인정하시는 친구가 된다는 사실은 엄청난 은혜가 아닐 수 없습니다.

예수님께서는 "내 계명은 곧 내가 너희를 사랑한 것같이 너희도 서로 사랑하라 하는 이것이니라……너희는 내가 명하는 대로 행하면 곧 나의 친구라 이제부터는 너희를 종이라 하지 아니하리니 종은 주인이 하는 것을 알지 못함이라 너희를 친구라 하였노니 내가 내 아버지께 들은 것을

다 너희에게 알게 하였음이라"(요 15:12-15)고 말씀하셨습니다.

'친구' 란 비밀이 없는 사이를 말합니다. 하나님과 우리가 친구가 되면 하나님께서는 우리의 사정을 속속들이 파악하셔서 우리의 필요한 것을 채워 주시고, 우리는 하나님의 뜻을 잘 헤아려 하나님의 뜻대로 살아갈 수 있게 됩니다.

24절 이로 보건대 사람이 행함으로 의롭다 하심을 받고 믿음으로만 은 아니니라

21절부터 23절까지에서 설명한 아브라함의 예를 종합해 볼 때 우리는 믿음과 행함이 일치되어야 비로소 의롭다 함을 받는다는 사실을 알 수 있습니다. 그런데 이것은 앞에서 언급한 바와 같이 사도 바울의 구원관과 다른 것처럼 보이기도 합니다. 그러나 우리가 여기에서 분명히 알아야 할 사실은 야고보가 말한 '믿음', '행위' 와 사도 바울이 말한 '믿음', '행위' 가 다르다는 것입니다.

사도 바울이 말한 '행위' 란 하나님과의 관계보다는 인간과의 관계에서 다른 사람들에게 나타내고자 하는 의미 없는 행동을 가리키며, 야고보가 말한 '행함' 이란 하나님과의 관계를 성숙시키는 데 있어서 필수적인 행동을 가리키는 것입니다. 그러므로 엄밀한 의미에서 야고보의 구원관과 사도 바울의 구원관은 아무런 모순 없이 서로 조화되는 것입니다.

25절 또 이와 같이 기생 라합이 사자들을 접대하여 다른 길로 나가게 할 때에 행함으로 의롭다 하심을 받은 것이 아니냐

야고보는 행함 있는 신앙인에 관한 예로 아브라함에 이어 기생 라합을

소개하고 있습니다.

아브라함이 대족장이며 믿음의 조상이라 칭함을 받을 정도로 위대했던 인물이라면, 라합은 이방인이며 천한 기생의 신분이었습니다. 이처럼 아브라함과 라합은 극단적인 대조를 이루고 있는 인물입니다. 야고보는 바로 최상류층과 최하류층 두 인물을 예로 들어서 모든 사람에게 공히 적용되는 '믿음과 행함의 법칙'을 설명하고 있습니다.

라합에 관한 이야기는 여호수아 2장에 기록된 것으로, 이스라엘 백성이 요단 강을 건너서 싯딤이라는 곳에 정착한 후 여호수아가 여리고 성에 두 사람의 정탐꾼을 파견한 것으로부터 시작됩니다. 두 정탐꾼이 여리고 성에 잠입하여 라합의 집에 유숙하며 정탐을 하다가 발각되어 쫓길 때 라합은 그들을 지붕 위에 숨겨 두고 추격대를 따돌렸습니다. 그러고 나서 라합은 두 정탐꾼에게 여리고 성을 점령하는 날 자기 가족을 살려 줄 것을 부탁하고 그들을 무사히 도피시켰습니다.

라합은 두 정탐꾼에게 고백했듯이 하나님께서 살아 계셔서 이스라엘 백성들을 인도하심을 분명히 믿었습니다(수 2:9-11). 이같이 라합은 머리로만 믿은 것이 아니라 정탐꾼을 안전하게 도피시킴으로써 그 믿음을 행함으로 보였습니다. 그리하여 여리고 성이 무너지던 날 라합과 그의 가족들은 죽임을 당하지 않았으며, 예수 그리스도의 족보에 그 이름이 기록되는 영광을 누리게 되었습니다.

아브라함과 라합의 예를 통해 어떤 위치에 있는 사람이라 할지라도 자신의 믿음을 행함으로 보일 수 있다는 교훈을 얻을 수 있습니다. 재산이 없음을 탓하지 말고 오직 말씀 위에 굳게 서서 하나님께서 원하시는 대로 할 수 있는 최소의 것부터 실행에 옮기는 삶, 이것이 바로 그리스도인들이 걸어야 할 '성화' 의 길입니다.

26절 영혼 없는 몸이 죽은 것같이 행함이 없는 믿음은 죽은 것이니라

이 말씀은 지금까지 계속해 온 '믿음과 행함' 의 문제에 대한 결론입니다.

창세기 2장 7절을 보면 "야훼 하나님이 땅의 흙으로 사람을 지으시고 생기를 그 코에 불어넣으시니 사람이 생령이 되니라" 고 기록되어 있습니다. 그러므로 영혼이 없는 몸은 죽은 몸입니다. 야고보는 이러한 비유를 '믿음과 행함' 의 원칙에 적용시켰습니다. 즉, 행함이 없는 믿음은 죽은 믿음이라는 것입니다.

'믿음과 행함', 이것이 야고보가 본 장을 통해 우리에게 주고자 한 메시지요, 하나님께서 주시는 메시지입니다.

제 3 장

행함의 기초가 되는 **말과 지혜**

말을 주의하라 3:1-12

위로부터 난 지혜와 세상적인 지혜 3:13-18

A COMMENTARY
ON THE EPISTLE OF
JAMES

본 장에서 야고보는 몸 전체와 비교해 볼 때 보잘것없어 보이는 혀가 온몸을 좌우하기 때문에 무엇보다도 말을 주의하는 것이 가장 중요하다는 사실을 지적하고 있습니다. 그런 다음 두 종류의 지혜, 즉 위로부터 난 지혜와 세상적인 지혜를 구분하고 그리스도인들이 가져야 할 지혜는 어떠한 열매를 맺어야 하는지를 설명하고 있습니다.

1. 말을 주의하라(3:1-12)

1. 내 형제들아 너희는 선생 된 우리가 더 큰 심판을 받을 줄 알고 선
생이 많이 되지 말라 2. 우리가 다 실수가 많으니 만일 말에 실수가
없는 자라면 곧 온전한 사람이라 능히 온몸도 굴레 씌우리라 3. 우
리가 말들의 입에 재갈 물리는 것은 우리에게 순종하게 하려고 그 온
몸을 제어하는 것이라 4. 또 배를 보라 그렇게 크고 광풍에 밀려가
는 것들을 지극히 작은 키로써 사공의 뜻대로 운행하나니 5. 이와
같이 혀도 작은 지체로되 큰 것을 자랑하도다 보라 얼마나 작은 불이
얼마나 많은 나무를 태우는가 6. 혀는 곧 불이요 불의의 세계라 혀
는 우리 지체 중에서 온몸을 더럽히고 삶의 수레바퀴를 불사르나니
그 사르는 것이 지옥 불에서 나느니라 7. 여러 종류의 짐승과 새와
벌레와 바다의 생물은 다 사람이 길들일 수 있고 길들여 왔거니와 8.
혀는 능히 길들일 사람이 없나니 쉬지 아니하는 악이요 죽이는 독이
가득한 것이라 9. 이것으로 우리가 주 아버지를 찬송하고 또 이것으
로 하나님의 형상대로 지음을 받은 사람을 저주하나니 10. 한 입에
서 찬송과 저주가 나오는도다 내 형제들아 이것이 마땅하지 아니하

니라 11. 샘이 한 구멍으로 어찌 단물과 쓴물을 내겠느냐 12. 내 형제들아 어찌 무화과나무가 감람 열매를, 포도나무가 무화과를 맺겠느냐 이와 같이 짠물이 단물을 내지 못하느니라

1절 내 형제들아 너희는 선생 된 우리가 더 큰 심판을 받을 줄 알고 선생이 많이 되지 말라

앞 장에서 행함을 강조했던 야고보는 본 장에서는 '말조심' 을 강조하고 있습니다. 행함에 관한 교훈에 이어 말조심에 관한 교훈이 뒤따른 이유는 우리의 언행이 일치될 때 비로소 우리의 믿음이 하나님을 기쁘시게 할 수 있기 때문입니다. 우리가 이미 살펴본 바와 같이 야고보는 새로운 교훈을 시작할 때마다 '내 형제들아' 라는 말을 사용하는데, 이러한 사실을 통해 우리도 남을 가르칠 때 배우는 사람들과 우리 자신을 한 형제로 생각해야 한다는 교훈을 받을 수 있습니다.

대개의 경우 사람들은 선생의 위치에 오래 있게 되면 차츰 겸허한 자세를 망각하게 되고 급기야 자신에게 배우는 사람들 위에 군림하는 경우가 많습니다. 이렇게 되면 자신도 모르는 사이에 자기도취에 빠져 부단한 연구를 하지 않고, 교조주의적이고 폐쇄적인 선생이 되고 마는 것입니다.

그러므로 말조심에 관한 교훈을 "선생이 많이 되지 말라" 는 권면으로 시작했다는 사실은 매우 의미심장합니다. 아무것도 몰랐을 때는 말없이 조용히 지내지만 무엇이라도 조금 아는 것 같으면 다른 사람들에게 말하지 않고는 못 견디는 것이 우리 인간의 본능입니다. 그렇기 때문에 선생

이 될 때 말실수를 저지를 위험이 많아집니다.

야고보서가 기록된 초대 교회 시대에는 성도들 중에서 하나님의 말씀을 먼저 깨달은 사람이면 누구든지 그것을 대중 앞에서 가르칠 수 있었습니다. 이러한 상황을 잘 묘사하고 있는 것이 고린도전서 14장입니다. 그런데 이러한 상황에서 너도나도 우후죽순 격으로 선생이 되다 보니 예배 분위기가 점차 무질서하게 흐트러지게 되었습니다. 그러므로 이와 같은 혼란한 예배 분위기를 바로잡기 위해 사도 바울은 "하나님은 무질서의 하나님이 아니시요 오직 화평의 하나님이시니라"(고전 14:33)고 말하면서 순서를 따라 가르치고 예언하라고 권고했었습니다.

자기가 올바로 깨달은 것을 전한다면 아무런 문제가 없습니다. 하지만 잘못 깨달은 것을 올바로 깨달은 것이라 하여 가르친다면 그에 따르는 영향은 이만저만한 것이 아닙니다. 그렇기 때문에 만에 하나라도 가르침이 잘못될 경우 선생이 져야 할 책임은 배우는 사람들이 져야 할 책임보다 훨씬 크고 무겁게 되는 것입니다. 그래서 야고보는 "선생이 많이 되지 말라" 고 강력하게 권면한 것입니다.

오늘날에도 우리 주위에는 선생이 되고자 하는 사람들이 많이 있습니다. 그렇지만 선생이 되려면 일정한 자격을 구비해야만 합니다. 이를테면 학교 선생이 되기 위해서는 교육대학이나 사범대학을 졸업해야 하고 대학교수가 되려면 소정의 학위를 취득해야 합니다. 이처럼 세상 학문을 가르치는 데도 일정한 자격이 필요한데 하물며 하늘나라의 비밀을 가르치는 데 있어서는 오죽하겠습니까? 그러면 하늘나라에 대하여 가르치는 선생은 어떤 자격을 가진 사람이어야 할까요?

하나님의 말씀을 가르치는 선생은 하나님에 의해서만 선택됩니다. 그러므로 하나님께서 부르시지도 않았는데 자원하여 선생이 되었다가는 예기치 않은 실수 때문에 더 큰 심판을 받게 될 수도 있으므로 주의해야 합니다.

선생이 저지를 수 있는 실수 중에서 가장 치명적인 것이 바로 말실수입니다. 예로부터 내려오는 속담처럼, 말 한 마디 잘해서 천 냥 빚을 갚을 수도 있지만 말 한 마디 잘못해서 철천지원수가 될 수도 있습니다. 그러므로 교회에서 선생의 위치에 있는 사람들, 즉 주의 종이나 장로, 권사, 집사, 지역장, 구역장, 교사 등은 특별히 언행에 주의해야 합니다.

2절 우리가 다 실수가 많으니 만일 말에 실수가 없는 자라면 곧 온전한 사람이라 능히 온몸도 굴레 씌우리라

우리는 매사에 실수가 많지만 그 많은 실수 중에서 가장 쉽게 저지르는 것이 바로 말의 실수입니다. 남을 모함하고 비방하고 시기하고 무시하고 조롱하는 것뿐만 아니라 자기를 자랑하고 과장하고 거짓말하는 것 등이 모두 말로써 저지르는 실수입니다. 또한 우리의 일상생활에는 항상 즐거운 일만 있는 것이 아니라 때로는 괴로운 일, 억울한 일도 있습니다. 그러다 보면 쉽게 흥분해서 격한 말을 하기도 합니다. 그렇기 때문에 야고보는 '말에 실수가 없는 자라면 곧 온전한 사람' 이라고 말하고 있습니다. 말에 실수가 없으려면 될 수 있는 대로 말을 적게 하는 것이 상책입니다. 말을 많이 하다 보면 자기도 모르게 실수를 저지르기 쉽습니다. 그렇기 때문에 "웅변은 은이요, 침묵은 금이다."라는 격언도 있는 것입니다.

말에 실수가 없는 사람은 온전한 사람이며 능히 온몸도 굴레 씌울 수 있습니다. '굴레 씌운다' 는 말은 말(馬)에게 재갈을 물리고 고삐를 씌운

다는 말입니다. 길들여지지 않은 말일지라도 재갈과 고삐가 씌워지면 기수가 하라는 대로 합니다. 말에 실수가 없는 사람은 이와 같이 자신의 온몸에 굴레를 씌운 것과 같아서 온몸을 자유자재로 통제할 수 있게 된다는 말입니다.

3절 우리가 말들의 입에 재갈 물리는 것은 우리에게 순종하게 하려고 그 온몸을 제어하는 것이라

본 절은 앞 절에 나오는 '굴레 씌운다'는 말(言)의 구체적인 묘사입니다. 말(馬)은 길들이기가 쉽지 않은 동물입니다. 그러나 일단 그 입에 재갈을 물리기만 하면 고삐를 쥔 사람이 잡아당기는 방향으로 달리게 됩니다. 이와 같이 재갈 하나로 말의 큰 몸을 제어할 수 있다는 사실은 우리에게 귀중한 교훈을 줍니다. 그것은 바로 우리의 작은 혀로 우리의 온몸을 강력하게 제어할 수 있다는 것입니다.

4절 또 배를 보라 그렇게 크고 광풍에 밀려가는 것들을 지극히 작은 키로써 사공의 뜻대로 운행하나니

앞 절에서 말(言)의 힘이 얼마나 큰가를 말(馬)에 재갈 물리는 것으로 비유한 데 이어 본 절에서는 말을 큰 배를 조종하는 작은 키에 비유했습니다.

바다가 고요할 때는 배를 운행하기가 쉽지만 광풍이 몰아쳐 오고 집채만 한 파도가 삼킬 듯이 덮쳐 오면 배의 항로는 순탄하지 못하게 됩니다. 그러나 이러한 때에도 사공은 작은 키로 배의 방향을 자유자재로 조종할 수 있습니다. 이와 마찬가지로 우리가 혀를 제어할 수 있으면 자기가 원하는 방향으로 삶을 이끌어 갈 수 있습니다. 다시 말하면 말(馬)이 재갈을 당기는 곳으로 움직이고, 배는 키를 조종하는 곳으로 운행하듯이 우리의 삶의 방향은 혀가 움직이는 대로 이끌려 간다는 것입니다.

확실히 우리의 삶은 혀가 움직이는 대로 바뀝니다. 늘 "할 수 없다. 끝장났다."라고 말하면 아무리 좋던 환경도 순식간에 나빠지고 말 그대로 아무것도 할 수 없는 상태가 되어 버립니다. 반면에 눈에는 아무 증거 안 보이고 손에는 잡히는 것 없고 귀에는 아무 소리 아니 들려도 "할 수 있다. 하면 된다. 해 보자."라고 말하는 사람은 얼마 있지 않아서 환경에 변화를 가져오는 기적을 체험하게 되는 것입니다.

5절 이와 같이 혀도 작은 지체로되 큰 것을 자랑하도다 보라 얼마나 작은 불이 얼마나 많은 나무를 태우는가

말과 재갈의 관계, 배와 키의 관계를 예로 들어서 사람과 혀의 관계를 묘사한 야고보는 혀는 표면적으로는 작은 기관이지만 그 이면에 숨어 있는 영향력은 지대하기 이를 데 없다는 결론을 내리고 있습니다.

"보라 얼마나 작은 불이 얼마나 많은 나무를 태우는가". 이 말도 혀가 미치는 영향이 지대하다는 사실을 설명해 주는 예화로서 말(馬)과 배의 예보다 혀의 중요성을 더욱 강조한 것입니다. 말(馬)은 재갈로, 배는 키로 제어할 수 있습니다. 그러나 산불은 지극히 작은 불씨로 인해 일어나지만 일단 크게 번져 나가면 끄기 힘듭니다. 이는 통제를 벗어난 혀가 얼마나 무서운 결과를 초래하는가를 보여 주고 있습니다.

마태복음 27장을 보면, 예수님이 빌라도에게 재판을 받는 장면이 나옵니다. 이때 빌라도는 예수님을 풀어 주고 싶었지만 유대인들은 예수님을 십자가에 못 박아야 한다고 외쳤습니다. 그리고 그들은 한 술 더 떠 예수님을 죽인 죄를 자신들과 자신들의 자손에게 돌리라고 말했습니다. 이 말대로 유대인들은 주후 70년 예루살렘이 멸망한 이후 끝없는 유랑 생활을 하였으며 제이 차 세계 대전 당시 6백만 명이 학살당하는 등 자자손손 고통을 받았습니다.

이처럼 함부로 내뱉는 말 한마디가 자신의 생사 및 후손들의 생사를 결정하는 것입니다. 그렇기 때문에 성경은 "네 입의 말로 네가 얽혔으며 네 입의 말로 인하여 잡히게 되었느니라"(잠 6:2), "너희 말이 내 귀에 들린 대로 내가 너희에게 행하리니"(민 14:28)라고 말씀하고 있는 것입니다.

뿐만 아니라 말의 힘은 기적을 산출하는 데 있어서도 위력을 발휘합니다. 마가복음 11장 23절을 보면 "누구든지 이 산더러 들리어 바다에 던져지라 하며 그 말하는 것이 이루어질 줄 믿고 마음에 의심하지 아니하면 그대로 되리라"고 기록되어 있습니다. 우리가 믿는 것을 입으로 시인하면, 입으로 시인한 대로 하나님께서 역사하십니다.

이와 같이 혀에 의해, 우리가 선포한 말에 의해, 이 세상 살아가는 동안 하나님의 축복을 받느냐 못 받느냐가 결정되므로 혀를 제어하는 것은 참으로 중요합니다. 그러므로 우리는 반드시 혀를 성령으로 그리고 하나님의 말씀으로 제어해야 합니다.

6절 혀는 곧 불이요 불의의 세계라 혀는 우리 지체 중에서 온몸을 더럽히고 삶의 수레바퀴를 불사르나니 그 사르는 것이 지옥 불에서 나느니라 본문은 '혀는 불이요 불의의 세계' 라고 말합니다. 그렇기 때문에 혀를 잘못 사용하면 온몸을 더럽히고 맙니다. 이를테면 혀로 계속해서 음란한 말을 하면 온몸도 음란에 빠지게 되고, 계속해서 살인하는 말을 하면 온몸도 살인하는 데 끌려 들어가게 됩니다.

혀는 더 나아가서 삶의 수레바퀴를 불사릅니다. 바퀴는 굴러가는 기구입니다. 그러므로 삶의 수레바퀴란 인간의 일생을 말합니다. 잘못 사용된 혀는 인생을 무참하게 태워 버리는 것입니다.

우리가 열심히 기도하여 성령으로 충만해지면 우리의 혀는 성령의 불에 의해 새 방언을 말하고 아름답고 유익한 말만 하게 됩니다. 그러나 우리가 성령을 인정하지 않고 환영하지 않고 모셔 들이지 않고 의지하지 않으면 우리의 혀는 성령의 불과 연결되지 않고 지옥의 불과 연결되어 온몸을 더럽히고 삶의 수레바퀴를 불태워 버리게 되는 것입니다.

7절 여러 종류의 짐승과 새와 벌레와 바다의 생물은 다 사람이 길들일 수 있고 길들여 왔거니와

선사시대 이래로 사람들은 야생동물을 길들여 자신의 생활을 편리하게 만들어 왔습니다. 그 결과 소, 말, 돼지, 개, 닭 등은 인간과 떼어 놓을 수 없는 가축들이 되었습니다. 사람들은 여기서 더 나아가 비둘기나 앵무새와 같은 새들을 길들였으며, 나중에는 곤충과 바다 속의 돌고래나 물개들까지 길들였습니다.

8절 혀는 능히 길들일 사람이 없나니 쉬지 아니하는 악이요 죽이는 독이 가득한 것이라

인간은 짐승과 새와 곤충과 바다의 생물은 길들였으나 혀는 길들이지 못했습니다. 혀는 쉬지 않고 악을 뿜어내고 자신과 남을 죽이는 독을 뿌립니다. 사람들은 거짓말, 사기, 공갈, 협박, 저주, 중상모략, 거짓 증언, 배반하는 말을 교묘하고 능수능란하게 토해 냅니다. 혀는 쉬지 않고 악한 말로 이웃을 욕하고 중상모략하고 죽입니다. 이와 같은 혀의 악함에 대해 사도 바울도 "그들의 목구멍은 열린 무덤이요 그 혀로는 속임을 일삼으며 그 입술에는 독사의 독이 있고 그 입에는 저주와 악독이 가득하고"(롬 3:13-14)라고 말했습니다.

9절 이것으로 우리가 주 아버지를 찬송하고 또 이것으로 하나님의 형상대로 지음을 받은 사람을 저주하나니

본 절은 혀의 이중성을 보여 주고 있습니다. 사람들은 혀를 가지고 주 하나님 아버지를 찬양하기도 하고 또한 다른 사람을 저주하기도 합니다. 그런데 사람은 하나님의 모양과 형상대로 지음을 받았으므로 사람을 저주하는 것은 하나님을 저주하는 것과 같습니다. 결국 한 입으로 하나님을 찬송하기도 하고 사람을 저주하기도 한다는 말은 한 입으로 하나님을 찬송했다가 한 입으로 하나님을 저주한다는 말입니다.

10절 한 입에서 찬송과 저주가 나오는도다 내 형제들아 이것이 마땅하지 아니하니라

앞 절에서 언급한 바와 같이 한 입으로 어떤 때는 찬송하다가 어떤 때는 저주한다면 이는 하나님 보시기에 가증한 것입니다. 물론 구약의 선지자들의 경우와 같이 하나님께서 저주를 선포하라고 명하실 때도 있습

니다. 그러나 대부분의 보통 사람들에게는 다른 사람을 저주할 권리를 주시지 않았습니다. 그러므로 그리스도인들이 다른 사람을 저주하는 것은 하나님의 뜻에 합당하지 않다는 사실을 알 수 있습니다.

11절 샘이 한 구멍으로 어찌 단물과 쓴물을 내겠느냐

본 절과 다음 절은 앞 절, 즉 한 입에서 찬송과 저주가 함께 나오는 것이 마땅치 않다는 구절을 비유로 설명한 말씀입니다.

일반적으로 물은 사람이 마실 수 있는 물과 마실 수 없는 물로 구분됩니다. 마실 수 있는 물과 마실 수 없는 물은 각각 다른 샘에서 나옵니다. 다시 말하자면 단물이면 단물 샘에서, 쓴물이면 쓴물 샘에서 각각 따로 나오지 한 샘에서 동시에 두 가지의 물이 나올 수는 없습니다.

우리가 한 입으로 축복과 저주를 말한다는 것은 한 샘이 쓴물과 단물을 내는 것과 다를 바가 없습니다. 이러한 일은 자연계에서 일어날 수가 없습니다. 그러므로 본 절은 찬송하는 입으로 결코 저주를 해서는 안 된다는 것을 역설적으로 표현한 것입니다.

12절 내 형제들아 어찌 무화과나무가 감람 열매를, 포도나무가 무화과를 맺겠느냐 이와 같이 짠물이 단물을 내지 못하느니라

본 절은 혀의 이중성이 부당하다는 10절 말씀에 대한 두 번째의 비유입니다. 감람나무와 무화과나무와 포도나무는 엄연히 서로 다른 나무들입니다. 그렇기 때문에 무화과나무가 감람 열매를 맺을 수 없고, 포도나무가 무화과를 맺을 수 없습니다. 우리 속담에도 "콩 심은 데 콩 나고 팥 심은 데 팥 난다"는 말이 있습니다. 이 말은 한 나무는 한 종류의 열매만 맺을 수밖에 없다는 사실을 확증시켜 줍니다.

마찬가지로 우리 그리스도인들은 그리스도 예수 안에 거함으로 옛 사람을 벗어 버리고 새사람이 되었기 때문에 결코 옛 사람의 열매를 맺을 수 없는 것입니다. 그럼에도 불구하고 새사람이 된 후에도 계속 옛 사람의 열매를 맺는다면 콩이 팥을 내는 것과 같습니다.

야고보는 11절과 12절의 두 비유를 통해 우리의 입으로 두 종류의 말을 하는 것은 마치 한 샘에서 쓴물과 단물을 내고, 무화과나무가 포도를, 포도나무가 무화과를 맺는 것과 같다고 이야기하고 있습니다. 그러므로 우리 그리스도인들은 마음과 뜻과 정성을 다해 우리 주 하나님을 섬기고 찬양하는 동시에 하나님의 형상대로 지음 받은 우리의 이웃을 내 몸과 같이 사랑하고 함부로 저주하지 말아야 하겠습니다.

2. 위로부터 난 지혜와 세상적인 지혜(3:13-18)

13. 너희 중에 지혜와 총명이 있는 자가 누구냐 그는 선행으로 말미암아 지혜의 온유함으로 그 행함을 보일지니라 14. 그러나 너희 마음속에 독한 시기와 다툼이 있으면 자랑하지 말라 진리를 거슬러 거짓말하지 말라 15. 이러한 지혜는 위로부터 내려온 것이 아니요 땅 위의 것이요 정욕의 것이요 귀신의 것이니 16. 시기와 다툼이 있는 곳에는 혼란과 모든 악한 일이 있음이라 17. 오직 위로부터 난 지혜

는 첫째 성결하고 다음에 화평하고 관용하고 양순하며 긍휼과 선한 열매가 가득하고 편견과 거짓이 없나니 18. 화평하게 하는 자들은 화평으로 심어 의의 열매를 거두느니라

13절 너희 중에 지혜와 총명이 있는 자가 누구냐 그는 선행으로 말미암아 지혜의 온유함으로 그 행함을 보일지니라

야고보는 지혜에 대해 언급하면서 지혜를 두 종류로 구분합니다. 하나는 위로부터 난 하나님의 지혜이고, 다른 하나는 땅으로부터 난 세상적인 지혜입니다.

야고보는 지혜에 관한 교훈의 서두를 "너희 중에 지혜와 총명이 있는 자가 누구냐?"는 질문을 던지는 것으로 시작하고 있습니다. 이 질문은 우리를 겸허한 자세로 되돌아보게 합니다. 즉, '나는 지혜 있는 사람인가, 아니면 지혜 없는 사람인가?' 하는 자기 성찰의 단계로 우리를 인도합니다. 세상적으로 지혜가 있고 총명이 있는 것같이 보이는 자들에게 야고보는 "너희 중에 지혜와 총명이 있는 자가 누구냐?"라고 질문함으로 세상적인 지혜가 참지혜가 아니라는 것과 그들에게 지혜가 없다는 것을 깨닫게 해 주고 있습니다.

"그는 선행으로 말미암아 지혜의 온유함으로 그 행함을 보일지니라". 2장에서 '믿음을 행함으로 보이라' 고 권면한 야고보는 이번에는 '지혜를 행함으로 보이라' 고 권면하고 있습니다. 이처럼 야고보에게 있어서 믿음과 행함과 지혜는 불가분의 관계에 있습니다.

지혜는 두 가지 측면으로 나타납니다. '선한 행위' 와 '온유함' 이 바로

그것입니다. 지혜 있는 사람은 선을 행합니다. 또한 지혜의 있고 없음을 알 수 있는 다른 척도는 온유함입니다. 온유함이란 따뜻하고 부드러운 성품을 뜻합니다. 그러므로 화가 치민다고 해서 그것을 그대로 표현하는 사람은 결코 지혜로운 사람이라고 볼 수 없습니다.

우리는 구약 성경의 인물 중에서 지혜가 없었기 때문에 파멸을 자초한 인물을 쉽게 찾아볼 수 있습니다. 그 대표적인 사람이 바로 솔로몬의 아들인 르호보암입니다. 솔로몬 왕은 영토를 확장하고 하나님의 성전을 건축하고 무역을 장려하는 등 이스라엘의 황금시대를 구축한 반면, 한편으로는 이방 종교를 무분별하게 받아들이고 백성들에게 지나치게 강제 노역을 시키는 등 뼈아픈 실책을 저질렀습니다.

이러한 솔로몬 왕이 죽자 나이 많은 신하들은 그 뒤를 이은 솔로몬의 아들 르호보암에게 백성들의 짐을 덜어 줄 것을 충언하였습니다. 그럼에도 불구하고 어리석은 르호보암이 노련한 신하들의 충언을 무시하고 혈기 왕성한 자기 또래의 심복들의 말을 들었기 때문에 결국 이스라엘은 남북으로 분단되고 말았습니다(왕상 12장).

만일 르호보암이 지혜로운 사람이었다면 경험이 풍부하고 지혜가 많은 나이 많은 신하들의 말을 따랐을 것입니다. 그러나 그는 "내 아버지는 너희의 멍에를 무겁게 하였으나 나는 너희의 멍에를 더욱 무겁게 할지라 내 아버지는 채찍으로 너희를 징계하였으나 나는 전갈 채찍으로 너희를 징치하리라"(왕상 12:14)는 포학무도한 말로 답했던 것입니다.

이 얼마나 선행이나 온유함과는 거리가 먼 말입니까?

그러므로 자신이 지혜로운 사람이 되기를 원한다면 선하고 온유한 행위를 끊임없이 보여야 합니다. 행함이 없는 믿음은 죽은 믿음인 것과 같이, 선함이나 온유함이 뒤따르지 않는 지혜는 죽은 지혜입니다. 뿐만 아니라 그것은 독선이요, 자기기만이요, 극단적인 교만입니다.

14절 그러나 너희 마음속에 독한 시기와 다툼이 있으면 자랑하지 말라 진리를 거슬러 거짓말하지 말라

본 절은 스스로 지혜 있다고 자처하는 사람들에게 주는 교훈으로서, 마음속에 있어야 할 온유함 대신 독한 시기심과 호전적 성품으로 가득 찬 사람은 결코 지혜 있는 사람이 아니라는 것입니다. 그 이유는 앞 절에 잘 나타나 있습니다.

본 절은 3장 1절의 "선생이 많이 되지 말라"는 교훈과도 관련지을 수 있습니다. 선생이 되면 조금 무엇을 안다고 해서 자신의 견해와 조금이라도 다른 것이 있다면 무조건 그것에 반대하고 논쟁을 벌이기 쉽습니다. 그 때문에 어떤 선생이 아무리 고도의 지식을 가지고 있다 할지라도 온유하지 못하고 다른 선생을 시기하고 다툼을 일삼는다면 그를 '지혜 있는 자'라고 부를 수 없습니다. 그러므로 자신의 마음속에 독한 시기와 다툼이 있는 자는 스스로 지혜 있다고 자랑해서는 안 됩니다. 마음속에 독한 시기심과 다툼이 있으면서도 지혜가 있다고 자랑한다면 이것은 진리를 거스르고 복음에 위배되는 행위를 하는 것입니다.

15절 이러한 지혜는 위로부터 내려온 것이 아니요 땅 위의 것이요 정욕의 것이요 귀신의 것이니

'이러한 지혜'란 앞서 말한 온유함이 아닌 온갖 시기와 다툼으로 가득 찬 지혜를 말합니다. 야고보는 이러한 지혜는 위로부터 내려온 것이 아

니라고 했습니다. 즉, 그것은 하나님께로부터 비롯된 것이 아니라는 것입니다.

잠언 9장 10절을 보면 "야훼를 경외하는 것이 지혜의 근본이요 거룩하신 자를 아는 것이 명철이니라" 고 기록되어 있습니다. 지혜의 근본은 야훼를 경외하는 것입니다. '경외한다' 는 말은 '두렵고 떨리는 마음으로 공경한다' 는 뜻입니다. 진실로 하나님을 경외하는 사람이라면 다른 사람들을 무시하거나 시기하지 않고 인격적으로 대할 것입니다.

요약하자면, 지혜 있는 자는 하나님을 경외하고 또한 사람들을 사랑하는 사람입니다. 그런데 지혜 있다 하면서 다른 사람을 시기하고 교묘하게 싸움을 걸어 상대방을 넘어뜨리려 한다면 그러한 지혜는 위로부터 내려온 것이 아니라 땅 위의 것이요, 정욕의 것이요, 귀신의 것이라는 말입니다.

'땅 위의 것' 이라는 말은 하나님의 나라와 상반되는 개념으로 하나님과 반대되는 것에서 비롯되는 지혜를 말하고, '정욕의 것' 이라는 말은 하나님을 경외함으로써 얻을 수 있는 지혜가 아니라 육신의 정욕, 안목의 정욕, 이생의 자랑을 좇으면서 생긴 얄팍한 두뇌 회전을 가리키며, '귀신의 것' 이라는 말은 이러한 지혜의 근본이 귀신이라는 것으로, 이 세 단어는 모두 마귀로부터 비롯된 것입니다. 똑같은 칼도 의사의 손에 쥐어지면 환자의 환부를 도려내는 수술용 메스가 되고 도둑의 손에 쥐어지면 사람의 목숨을 위협하는 범죄 도구가 되는 것처럼, 똑같은 지혜일지라도 그것의 근원과 동기가 위로부터 온 것이냐, 세상에서 비롯된 것이냐에 따라 엄청난 차이가 있는 것입니다.

16절 시기와 다툼이 있는 곳에는 혼란과 모든 악한 일이 있음이라

야고보서 1장 15절에 "욕심이 잉태한즉 죄를 낳고 죄가 장성한즉 사망을 낳느니라"는 말씀이 있듯이 죄의 세력은 항상 눈덩이처럼 불어납니다. 시기와 다툼이 있는 곳에는 더 큰 시기와 다툼이 끊이지 않고 꼬리를 뭅니다. 그렇게 점점 커지다가 요란한 상태로 번지고 더 나아가서 온갖 악한 일이 창궐하게 되는 것입니다.

성경에는 시기와 다툼 때문에 패망한 사람들의 이야기가 많이 있습니다. 이스라엘 백성들을 돌려보내지 않으려는 바로와 애굽 백성들, 가나안 땅으로 향하는 이스라엘 백성들의 길을 가로막는 헤스본 왕 시혼과 바산 왕 옥, 이스라엘 민족 형성기부터 패망 후까지 끈질기게 괴롭혀 온 에서의 후손 에돔 족속 등 수없이 많은 사람들이 시기와 다툼으로 인해 멸망해 갔습니다. 이러한 사람들 중에 대표적인 인물이 바로 유대인 포로들을 시기했던 하만입니다.

바사 왕 아하수에로는 그의 통치 제3년에 180일 동안이나 계속되는 큰 잔치를 벌였습니다. 그 기간 중 특별히 7일간을 택하여 수도 수사 주민 전체를 위한 잔치를 벌였는데, 그 마지막 날에 그의 왕비 와스디의 아름다움을 손님들 앞에서 자랑하려고 불렀습니다. 그런데 와스디가 이를 거절하였다가 왕비의 자리에서 폐위되고 말았습니다.

그 후 와스디 대신 유대인 처녀 에스더가 바사의 왕후로 책봉되었습니다. 에스더는 부모가 없었기 때문에 일찍부터 사촌 모르드개에 의해 양육되었습니다. 모르드개는 대궐 문지기가 되어 아하수에로 왕 암살 계획을 사전에 탐지하여 커다란 공을 세우기도 했습니다.

이 당시 바사 왕 아하수에로는 아각 사람 하만을 모든 신하 중에서 제

일 높은 자리로 높여 주었습니다. 그리하여 수많은 문무백관들이 하만에게 머리를 조아리며 경의를 표했는데 유독 모르드개만이 경의를 표하지 않았습니다.

그러자 화가 난 하만은 아하수에로 왕을 충동하여 그해 12월 13일에 모르드개와 모든 유대인들을 몰살시키는 조서를 내리도록 했습니다. 모르드개를 통해 이러한 사실을 안 에스더는 목숨을 걸고 왕을 알현하여 자신이 베푸는 연회에 하만과 함께 참석해 줄 것을 간청했습니다. 그 사이 하만은 또 모르드개를 50규빗이나 되는 높다란 장대 끝에 매달아 죽일 계획을 세웠습니다. 그러나 에스더가 베푼 연회에 참석하였다가 하만의 흉계를 낱낱이 알게 된 왕은 상황을 역전시켜서 모르드개를 매달려던 장대에 하만을 달도록 명했습니다.

이 모르드개와 하만의 이야기는 우리들에게 매우 중요한 것을 시사해 줍니다. 그것은 바로 '자기가 판 함정에 자기가 빠진다' 는 것입니다. 이처럼 시기와 다툼이 있는 곳에는 요란과 악함이 있습니다. 그러나 종국에 가서는 그 모든 요란과 악함이 사라지고 오직 하나님의 지혜만이 승리하는 것입니다.

17절 오직 위로부터 난 지혜는 첫째 성결하고 다음에 화평하고 관용하고 양순하며 긍휼과 선한 열매가 가득하고 편견과 거짓이 없나니

야고보는 13절에서 '지혜 있는 자는 선행과 지혜의 온유함으로 행한다' 는 말로 지혜 있는 자에 대한 일반적인 정의를 내린 후, 14절부터 16에서는 지혜 있는 자가 아닌 경우, 즉 세상적인 지혜의 소유자에 관해 언

급하였습니다. 그리고 본 절에서는 위로부터 난 지혜에 관해 자세히 설명하고 있습니다.

"첫째 성결하고". 위로부터 난 지혜는 첫째로 성결입니다. '성결하다'는 말은 헬라어로 '순수하다, 깨끗하다'는 뜻을 가지고 있습니다. 그러므로 위로부터 난 지혜는 언제나 맑고 깨끗하며 흠 없고 점 없는 삶을 살도록 해 줍니다.

"다음에 화평하고". 또한 위로부터 난 지혜는 모든 사람과 화평하게 합니다. 지혜의 근본이신 하나님께서는 그의 외아들 예수 그리스도를 이 땅에 보내셔서 하나님과 인류를 화평케 하셨습니다. 그러므로 사람과 사람 사이를 이간시키고 싸움이나 붙이는 사람은 결코 지혜로운 사람이 아닌 것입니다.

"관용하고". 이 말은 다른 사람의 잘못과 결점을 용서해 주고 널리 포용해 주며 그 사람의 장점을 키워 준다는 의미입니다. 그러므로 관용 있는 사람은 쉽게 남을 판단하지 않고 끝까지 참습니다. 지혜 있는 사람은 이처럼 온유하고 관용을 베푸는 사람인 것입니다.

"양순하며". 이 말의 원뜻은 '남이 시키는 대로 하며' 또는 '고분고분하며'입니다. 이것은 지혜 있는 자의 듣는 태도를 말하는 것입니다. 상대방의 이야기가 자신의 의견과 다르다고 해서 즉시 반박하거나 아예 듣지 않는 것이 아니라 끝까지 고분고분하게 듣는 태도를 가리키는 것입니다.

"긍휼과 선한 열매가 가득하고". '긍휼'은 '가엾게 여기는 것'을 말합니다. 또한 지혜는 선한 열매가 가득합니다. 사랑과 희락과 화평과 오래 참음과 자비와 양선과 충성과 온유와 절제의 온갖 아름다운 열매를 맺게 됩니다.

"편견과 거짓이 없나니". '편견' 의 헬라어 원뜻은 '불확실성' 또는 '변하기 쉬움' 입니다. 그러므로 '한쪽만 고수한다' 라는 뜻보다는 '이리저리 흔들리며 의심한다' 라고 해석하는 것이 원뜻에 더 가깝습니다. 지혜 있는 자는 모든 것을 잘 분별하기 때문에 자신이 취할 태도와 입장을 분명히 한다는 말입니다.

또한 위로부터 난 지혜는 거짓이 없습니다. 자신의 모습을 위장하지 않고 있는 그대로를 보여 줍니다.

18절 화평하게 하는 자들은 화평으로 심어 의의 열매를 거두느니라

본 절은 3장 전체에 대한 결론의 말씀입니다. 야고보는 3장의 첫 부분(1-12절)에서 행함의 1차 요소인 말조심에 관해 이야기한 후, 둘째 부분(13-17절)에서는 행함의 문제를 더 깊이 다루어 혀를 제어할 수 있는 궁극적인 원동력이 되는 지혜에 관해 이야기했습니다. 그러고 나서 결론으로 말한 것이 바로 본 절입니다.

위로부터 난 지혜의 첫 번째 요소인 화평으로 심으면 의의 열매를 거둡니다. 이처럼 화평과 의는 서로 떼어 놓을 수 없는 관계에 있습니다.

야고보서 3장을 통해서 우리는 혀의 중요성을 깨달았고 두 종류의 지혜, 곧 하늘에서 내려온 지혜와 세상적인 지혜를 구분해서 살펴보았습니다. 그러므로 이제부터 우리 말이 우리의 삶을 좌우한다는 것을 명심해서 혀를 잘 제어해야 할 것입니다. 그리고 늘 하늘에서 내려온 지혜로 우리의 삶을 살아야 할 것입니다.

제 4 장

선을 알고도 행하지 아니하면 죄가 된다

A COMMENTARY
ON THE EPISTLE OF
JAMES

본 장에서 야고보는 '믿음과 행함으로 말미암는 의' 와 관련하여 죄의 개념을 설명합니다. 먼저 하나님과 세상 중에서 하나님을 저버리고 세상을 선택하는 것이 죄라고 정의합니다. 이를테면 지체 속에 있는 두 가지의 상반된 마음, 즉 하나님을 향하는 마음과 세상을 향하는 마음 중에서 세상의 정욕을 택하는 것이 죄이고, 세상과 벗되는 것이 죄이고, 하나님의 자리에 올라 이웃을 비방하는 것이 죄이고, 하나님의 뜻에 관계없이 인간 스스로 계획하고 일을 추진해 나가는 것이 죄라고 말합니다. 그러고 나서 마지막으로 야고보는 선인 줄 알고도 행하지 않는 것을 죄라고 선포함으로써 4장 전체의 말씀을 마무리 짓고 있습니다.

1. 싸움과 다툼의 원인(4:1-3)

1. 너희 중에 싸움이 어디로부터 다툼이 어디로부터 나느냐 너희 지체 중에서 싸우는 정욕으로부터 나는 것이 아니냐 2. 너희는 욕심을 내어도 얻지 못하여 살인하며 시기하여도 능히 취하지 못하므로 다투고 싸우는도다 너희가 얻지 못함은 구하지 아니하기 때문이요 3. 구하여도 받지 못함은 정욕으로 쓰려고 잘못 구하기 때문이라

1절 너희 중에 싸움이 어디로부터 다툼이 어디로부터 나느냐 너희 지체 중에서 싸우는 정욕으로부터 나는 것이 아니냐

1장부터 3장까지의 말씀을 통해서 신앙의 외적인 면과 내적인 면을 골고루 강조했던 야고보는 이제 좁게는 성도들 사이에서, 넓게는 이 세상의 믿지 않는 이방인들 사이에서 종종 일어나는 '싸움' 과 '다툼' 의 문제를 다루고 있습니다.

야고보는 결코 싸움과 다툼의 문제를 피상적으로 다루지 않습니다. 다시 말하면 '싸움을 하지 말라' 또는 '다투지 말라' 와 같은 미봉책을 제시하는 수준에 머물러 있지 않다는 것입니다. 야고보는 이미 '시험과 행함의 문제' 를 '혀와 지혜의 문제' 로 심화시켰던 것처럼, '싸움과 다툼' 의 문제 또한 그 심층부를 파헤쳐 들어가고 있습니다.

야고보가 던진 질문은 바로 '싸움과 다툼의 근본적인 원인은 무엇인가?' 라는 것이었습니다. 마치 교통사고를 당한 환자가 병원에 실려 왔을 때 의사가 응급처치하는 데서 그치지 않고 종합 진단을 받도록 하는 것처럼, 야고보는 '싸움과 다툼' 이라는 문제의 근본적인 원인을 진단합니다. '싸움' 과 '다툼' 은 공히 '화평한 상태를 깨뜨리는 분쟁 상태' 를 말하지만, 원어를 살펴보면 전자는 대규모의 분쟁을, 후자는 소규모의 분쟁을 각각 의미합니다.

"너희 지체 중에서 싸우는 정욕으로부터 나는 것이 아니냐". 이것이 바로 야고보가 밝혀낸 싸움과 다툼의 근본적인 원인입니다. 사도 바울이 지적한 것처럼 우리 지체 속에는 두 가지의 법이 있습니다(롬 7:21-23). 하나는 선을 행하기 원하는 법이고, 다른 하나는 악을 행하기 원하는 법입니다. 그런데 선을 행하기 원하는 법으로 악을 행하기 원하는 법을 제어하면 별 문제가 없지만 그렇지 못할 때는 커다란 문제가 발생하게 됩니다. 그렇기 때문에 하나님께서는 가인이 아벨을 죽이기 직전에 가인에게 "죄가 너를 원하나 너는 죄를 다스릴지니라"(창 4:7)고 말씀하셨던 것입니다. 이처럼 우리 지체 속에 있는 악의 세력, 즉 정욕이 불 일듯 일어날 때 우리는 다른 사람들과 파괴적인 인간관계를 맺게 됩니다.

그러므로 이제 싸움과 다툼의 근본적인 원인은 명백해졌습니다. 다른 사람을 무시한 채 자신만을 위해서 이익과 쾌락을 추구하는 정욕이 바로 모든 싸움과 다툼과 분열과 대립과 갈등의 원인인 것입니다.

오늘날 우리 주변을 살펴보면, 싸움과 다툼이 너무나 흔하게 일어나고 있습니다. 작게는 부모 자식 간에서부터 크게는 나라와 나라 사이에 이르기까지 서로 물고 뜯고 할퀴고 윽박지르고 속이고 속고 하는 싸움이 그칠 날이 없이 계속되고 있습니다. 하나님의 모양과 형상대로 지음 받은 우리 인간이 어찌해서 하나님의 선하신 계획을 따라 창조된 이 세계에 이와 같은 처참한 파괴를 자초한 것일까요? 그 이유는 바로 모든 사람들의 마음속에 육신의 정욕, 안목의 정욕, 이생의 자랑이 자리 잡고 있기 때문입니다. 그러므로 우리는 먼저 우리 마음속에 있는 탐욕을 없애야 합니다. '탐심은 우상 숭배' 라고 성경은 말씀하고 있습니다(골 3:5).

2절 너희는 욕심을 내어도 얻지 못하여 살인하며 시기하여도 능히 취하지 못하므로 다투고 싸우는도다 너희가 얻지 못함은 구하지 아니하기 때문이요

'다다익선' (多多益善)이라는 말이 있듯이 사람에게는 무엇이든지 많이 가지려고 하는 본능이 있습니다. 우리는 이러한 본능을 가리켜 '소유욕' 이라고 합니다. 그런데 건전한 소유욕은 오히려 매일매일의 삶을 규모 있게 해 주기도 하며, 더 나아가서 인류 사회에 커다란 공헌을 하는데 있어서 훌륭한 밑거름이 되기도 합니다. 그러므로 문제는 소유욕 자체에 있는 것이 아니라 도를 넘어선 소유욕에 있는 것입니다. 왜냐하면 도를 넘어선 소유욕이 바로 탐욕이기 때문입니다.

탐욕은 앞 절에서 언급한 바와 같이 싸움과 다툼을 일으킵니다. 그 결

과 소유하기를 바랐던 것을 얻기는커녕 오히려 인간관계만 악화됩니다.

탐욕이 점점 커지다 보면 종국에 가서는 살인을 저지르는 지경에까지 이르기도 합니다. 싸움은 더 큰 싸움을 일으키고, 다툼은 더 큰 다툼을 일으킬 뿐 문제 해결에는 아무런 도움이 되지 않습니다. 그렇기 때문에 3장 후반부에서 야고보는 선행과 온유함으로 지혜 있음을 보이라고 권면했던 것입니다.

"너희가 얻지 못함은 구하지 아니하기 때문이요". 때로는 '나는 이 말씀대로 욕심을 내지도 않고, 살인하거나 시기하지도 않았는데 어찌하여 하나님께로부터 아무것도 얻지 못하고 있을까?' 라는 의문이 생겨날 수 있습니다. 이러한 의문에 대해 야고보는 구하지 않았기 때문에 얻지 못한 것이라고 말하고 있습니다.

우리 하나님께서는 모든 것을 다 가지고 계시기 때문에 우리들의 복의 근원이 되시며 삶의 무한한 자원이 되십니다. 그러므로 아무리 이 세상이 인플레이션(Inflation)이다, 디플레이션(Deflation)이다 하면서 불경기의 늪으로 치닫는다고 할지라도 우리 믿는 사람들은 이 세상의 환경에 따라 요동할 필요가 없습니다. 성경 어느 곳을 찾아보아도 이스라엘 백성들이 광야에서 굶주려 죽었다는 이야기는 없습니다. 400여 년 동안이나 타민족의 땅에서 종살이했던 이스라엘 백성이 손에 가진 것이 과연 얼마나 되었겠습니까? 하나님께서 만나를 내려 주지 않으시고 메추라기를 보내 주지 않으셨다면 이스라엘 백성들은 황량한 광야에서 떼죽음을 당하고 말았을 것입니다. 우리 하나님 아버지는 당신을 의지하는 사람들의 필요를 채워 주십니다. 그러므로 우리 믿는 성도들은 세상을 의지하지 말고, 전능하신 하나님을 의지해야 합니다.

그러면 전능하신 하나님을 전적으로 의지하는 방법은 무엇일까요? 그것은 바로 무한한 자원이 되시는 하나님께서 우리에게 필요한 모든 것을 풍성히 채워 주신다는 믿음을 가지고 하나님께 담대히 구하는 것입니다.

예수님께서는 "구하라 그리하면 너희에게 주실 것이요 찾으라 그리하면 찾아낼 것이요 문을 두드리라 그리하면 너희에게 열릴 것이니 구하는 이마다 받을 것이요 찾는 이는 찾아낼 것이요 두드리는 이에게는 열릴 것이니라"(마 7:7-8)고 말씀하셨습니다. 또한 예레미야 33장 3절에는 "너는 내게 부르짖으라 내가 네게 응답하겠고 네가 알지 못하는 크고 은밀한 일을 네게 보이리라"는 말씀이 기록되어 있습니다. 그러므로 우리에게는 말씀에 의지하여 힘써 구하는 일만 남아 있습니다.

의술로는 도저히 고칠 수 없다고 사형선고를 받은 사람들이 인간적인 모든 방법을 포기하고 기도원에 올라가 병을 고침 받기 위해 간절히 금식하며 기도하여 깨끗이 고침 받는 것을 나는 수없이 목격해 왔습니다. 이와 같이 인간적인 눈으로 볼 때는 전혀 불가능한 것처럼 보일지라도 말씀에 의지하여 하나님의 뜻대로 구하기만 하면 능히 얻게 되는 것이 믿음의 법칙인 것입니다.

3절 구하여도 받지 못함은 정욕으로 쓰려고 잘못 구하기 때문이라

그런데 앞 절의 말씀대로 구하였는데도 얻지 못하는 경우가 있습니다. 이러한 경우는 구하기는 구하였지만 잘못 구했을 때입니다. 자신에게 있는 믿음의 분량을 넘어서 이기적인 탐심을 가지고 기도할 때 하나님께서 듣지 않으십니다. 이러한 사람은 하나님의 영광을 위하기보다는 자신의 구복(口腹)을 채우기 위해 기도하는 사람입니다. 그러므로 하나님께 무엇을 구한 다음 아무리 기다려도 응답이 오지 않을 때는 '혹시 내가 나의 분량을 넘어서서 탐욕으로 잘못 구한 것은 아닌가?' 하고 자신의 신앙 상태를 되돌아보아야 합니다.

우리 하나님은 질서의 하나님이십니다. 그렇기 때문에 믿음과 물질과 건강과 그밖에 필요한 모든 것을 각 사람의 분량에 맞게 주십니다. 이것은 하나님의 섭리입니다. 그럼에도 불구하고 자신의 분량을 뛰어넘어 하나님께 마구 떼를 쓴다면 그것은 하나님의 질서를 파괴하는 행위가 되는 것입니다.

예수님께서 "한 사람이 두 주인을 섬기지 못할 것이니 혹 이를 미워하고 저를 사랑하거나 혹 이를 중히 여기고 저를 경히 여김이라 너희가 하나님과 재물을 겸하여 섬기지 못하느니라"(마 6:24)고 말씀하셨습니다. 하나님의 것과 세상의 것은 본질적으로 병존할 수 없습니다. 그러므로 우리는 둘 중에 하나를 선택해야 합니다. 하나님이면 하나님, 세상이면 세상을 섬겨야지 하나님과 세상을 겸하여 섬길 수는 없는 것입니다.

물론 이 세상을 살아가기 위해서는 어느 정도의 물질이 필요합니다. 그러나 물질이 필요하다고 해서 그것을 섬기는 위치에 올려놓고 신격화해서는 안 됩니다. 물질은 엄연히 하나님의 피조물인데 어떻게 창조주를 대신할 수 있겠습니까? 이러한 문제에 대해 예수님께서는 "내 이름을 위하여 집이나 형제나 자매나 부모나 자식이나 전토를 버린 자마다 여러 배를 받고 또 영생을 상속하리라"(마 19:29)고 말씀하셨습니다.

하나님을 믿는 신앙은 바알 신앙이나 샤머니즘과 같은 종교와는 근본적으로 다릅니다. 대개 세상적인 거짓 종교나 이단 사설들은 신도들에게 신앙생활에 대해 어떠한 요구도 하지 않습니다. 그저 금품을 내고 복을 빌면 그대로 복을 받을 것이라는 지극히 물질적인 기복 신앙의 수준에 머물러 있을 뿐입니다. 우리가 하나님께 구할 때 정욕으로 쓰려고 잘못 구하면 우리 자신이 성결하지 못한 상태에서 이기적인 탐심으로 복을 구하는 것이 됩니다. 그렇기 때문에 하나님께서는 이러한 사람의 기도를 들어주시지 않습니다. 그것은 하나님께서 그 사람을 미워해서가 아니라 그의 잘못된 신앙을 바로잡아 주시기 위해서입니다.

2. 세상과 벗 되면 하나님과 원수 된다(4:4-10)

4. 간음한 여인들아 세상과 벗 된 것이 하나님과 원수 됨을 알지 못하느냐 그런즉 누구든지 세상과 벗이 되고자 하는 자는 스스로 하나님과 원수 되는 것이니라
5. 너희는 하나님이 우리 속에 거하게 하신 성령이 시기하기까지 사모한다 하신 말씀을 헛된 줄로 생각하느냐
6. 그러나 더욱 큰 은혜를 주시나니 그러므로 일렀으되 하나님이 교만한 자를 물리치시고 겸손한 자에게 은혜를 주신다 하였느니라
7. 그런즉 너희는 하나님께 복종할지어다 마귀를 대적하라 그리하면 너희를 피하리라
8. 하나님을 가까이하라 그리하면 너희를 가까이하시리라 죄인들아 손을 깨끗이 하라 두 마음을 품은 자들아 마음을 성결하게 하라
9. 슬퍼하며 애통하며 울지어다 너희 웃음을 애통으로, 너희 즐거움을 근심으로 바꿀지어다
10. 주 앞에서 낮추라 그리하면 주께서 너희를 높이시리라

4절 간음한 여인들아 세상과 벗 된 것이 하나님과 원수 됨을 알지 못하느냐 그런즉 누구든지 세상과 벗이 되고자 하는 자는 스스로 하나님과 원수 되는 것이니라

"간음한 여인들아". 이 말은 문자적으로 해석하는 것보다 영적으로 해석해야 자연스럽습니다. 구약 성경의 여러 곳에서 하나님과 이스라엘 백성 사이의 관계를 부부 관계로 묘사하고 있습니다. 이에 대한 단적인 예로 우리는 호세아 선지자를 들 수 있습니다. 하나님께서는 호세아에게 음란한 아내를 취하여 음란한 자식들을 낳으라고 명령하셨습니다(호 1:2). 그래서 호세아는 음란한 여인 고멜과 결혼해서 이스르엘('하나님께서 심으신 것을 흩으셨다' 는 뜻), 로루하마('긍휼히 여김을 받지 못하는 자' 라는 뜻), 로암미('내 백성이 아니다' 라는 뜻)라는 세 자녀를 두었습니다. 그런데 얼마 있지 않아 고멜은 집을 뛰쳐나가 온갖 부정한 일을 다 저지르고 말았습니다. 그럼에도 불구하고 호세아는 아내를 사랑하는 마음에서 값을 치르고 고멜을 다시 집으로 데려왔습니다.

하나님께서 호세아에게 이처럼 고통스러운 환경을 주신 이유는 이스라엘의 영적 상태를 깨우쳐 주시기 위함이었습니다. 하나님은 남편이시고 이스라엘은 아내인데, 아내인 이스라엘이 남편인 하나님을 떠나 다른 남자인 이방신, 즉 바알과 아세라를 섬김으로 배신했던 것입니다. 이스라엘이 고멜처럼 남편인 하나님을 배신하고 음행을 범했을지라도 하나님께서는 변함없이 이스라엘을 사랑하셨고, 바로 이러한 사실을 깨닫게 하시기 위해 호세아에게 고통을 주셨던 것입니다.

그러므로 본 절의 앞부분에 나오는 '간음하는 여인들' 은 하나님을 떠나 세상과 어울리는 그리스도인들을 가리키는 말입니다. 인간 세상에서

도 부부 중 어느 한쪽이 간음하면 그 가정이 파탄에 이르게 되듯이, 우리 그리스도인들이 영적으로 간음하면 하나님과 우리의 관계도 여지없이 깨어지게 되는 것입니다.

환난 중에 빠졌을 때는 하나님 중심으로 살다가도 환난을 지나 축복을 받게 되면 다시 세상 중심으로 전환하는 사람들이 많습니다. 이러한 사람은 아무리 오랫동안 하나님을 믿어 왔고, 아무리 주의 일을 많이 했다 하더라도 자기의 정욕에 이끌려 신랑을 마음대로 바꾸는 간음하는 여자와 다를 바가 없습니다.

"세상과 벗 된 것이 하나님과 원수 됨을 알지 못하느냐 그런즉 누구든지 세상과 벗이 되고자 하는 자는 스스로 하나님과 원수 되는 것이니라". 이미 언급한 것처럼 하나님의 아내인 우리 그리스도인들이 하나님의 품을 떠나 세상으로 향한다면 간부(姦婦)가 될 뿐만 아니라 하나님과 원수가 되고 맙니다. 고린도후서 6장 14절부터 16절까지에는 "의와 불법이 어찌 함께하며 빛과 어두움이 어찌 사귀며 그리스도와 벨리알이 어찌 조화되며 믿는 자와 믿지 않는 자가 어찌 상관하며 하나님의 성전과 우상이 어찌 일치가 되리요 우리는 살아 계신 하나님의 성전이라" 고 기록되어 있습니다.

이 말씀으로 비추어 볼 때, 하나님과 마귀는 본질적으로 같이 있을 수 없다는 사실을 알 수 있습니다. 마귀는 하나님을 반역한 천사입니다. 빛의 세력이 어찌 어둠의 세력과 같이 있을 수 있겠습니까? 어떻게 사람이 하나님의 친구인 동시에 세상의 친구가 될 수 있겠습니까? 빛과 어두움이 한데 섞일 수 없고 물과 기름이 한데 섞일 수 없듯이 하나님과 세상은 한데 섞일 수 없습니다. 이것은 본 서 3장 11절부터 12절에 기록된 말씀과 일맥상통하는 것입니다.

샘이 한 구멍으로 쓴물과 단물을 한꺼번에 낼 수 없고 포도나무가 무화과를 맺을 수 없는 것처럼 한 사람이 하나님과 세상을 동시에 사랑할 수 없습니다. 그렇기 때문에 세상과 벗이 되었다는 말은 그 즉시로 하나님과 원수가 되었다는 것을 의미합니다. 세상 열락, 세상 쾌락, 세상 지위, 세상 명예, 세상 권세를 따라 사는 삶은 외관상 아무리 아름답다 할지라도 하나님을 등지는 삶입니다. 그렇기 때문에 우리 그리스도인들은 믿음의 주요, 또 온전하게 하시는 이인 예수님을 바라보며(히 12:2) 하나님과 벗 되는 삶을 살아야 하겠습니다.

5절 너희는 하나님이 우리 속에 거하게 하신 성령이 시기하기까지 사모한다 하신 말씀을 헛된 줄로 생각하느냐

하나님께서는 예수님께서 부활 승천하신 후 성령님을 우리들에게 보내 주셨습니다(행 2:1-4). 그래서 죄인이 하나님 앞에 나아와 자기의 죄를 회개하고 예수 그리스도를 구주로 영접하기만 하면 그때로부터 성령님께서 그 사람 안에 내주하시는 것입니다.

그런데 하나님께서는 우리를 얼마나 사랑하시는지 우리 속에 계시는 성령님께서 시기할 정도로 사랑하신다고 말씀하고 있습니다. 물론 성령님은 하나님의 영이시기 때문에 하나님께서 우리를 지극히 사랑하신다면 더 없이 기뻐하실 것입니다. 그럼에도 불구하고 성령님이 시기하신다고 표현한 것은 그만큼 하나님께서 우리를 사랑하신다는 것을 강조한 것입니다.

그렇기 때문에 어떤 시인은 "하늘을 두루마리로 삼고, 온 바닷물을 잉

크로 삼고, 온 세상의 날짐승의 깃털을 펜으로 삼아서 하나님의 사랑에 대해 기록한다 해도 하늘과 바닷물과 날짐승의 깃털이 부족해서 다 기록할 수 없을 것이다." 라고 노래하기도 하였습니다.

뿐만 아니라 사도 바울도 "누가 우리를 그리스도의 사랑에서 끊으리요 환난이나 곤고나 박해나 기근이나 적신이나 위험이나 칼이랴…… 내가 확신하노니 사망이나 생명이나 천사들이나 권세자들이나 현재 일이나 장래 일이나 능력이나 높음이나 깊음이나 다른 어떤 피조물이라도 우리를 우리 주 그리스도 예수 안에 있는 하나님의 사랑에서 끊을 수 없으리라"(롬 8:35-39)고 고백했습니다.

하나님께서 우리를 이토록 사랑하시기 때문에 우리는 담대한 믿음을 가지고 우리의 영과 혼과 육, 우리의 과거와 현재와 미래를 온전히 하나님께 맡길 수 있는 것입니다. 하나님의 사랑은 결코 형이상학적이거나 추상적인 개념이 아닙니다. 그것은 오늘날 기계 문명의 틈바구니 속에서 인간성을 상실하고 비참하게 소외된 모든 현대인의 얼어붙은 마음을 녹일 수 있는 실제적이며 구체적인 것입니다.

그렇기 때문에 세상과 벗이 되어 스스로 하나님과 원수가 되는 사람은 실로 비참하기 짝이 없는 존재입니다. 왜냐하면 그는 영원한 사랑의 근원이시며, 복의 근원이신 하나님을 저버리고 고통과 절망, 번민과 죽음의 근원인 마귀를 택했기 때문입니다.

하나님은 지금도 세상과 벗이 되어 집을 나간 아들이 돌아오기를 기다리고 계십니다. 사랑과 축복이 가득한 아버지의 품을 떠나간 탕자를 기다리는 아버지와 같이 하나님께서는 세상과 벗 된 자들이 그들의 길을 돌이켜 다시 하나님의 품으로 돌아오기를 학수고대(鶴首苦待)하고 계십니다. 당신을 배반하여 뛰쳐나간 사람조차 다시 돌아오기를 기다리시는 하나님의 사랑, 이 사랑이 너무나도 크기에 야고보는 성령께서 시기하실 정도라고 표현한 것입니다.

6절 그러나 더욱 큰 은혜를 주시나니 그러므로 일렀으되 하나님이 교만한 자를 물리치시고 겸손한 자에게 은혜를 주신다 하였느니라

우리를 지극히 사랑하시는 하나님께서는 우리에게 큰 은혜를 주십니다. 물론 하나님의 사랑이 조건에 기초한 사랑은 아니지만 하나님의 큰 은혜를 받기 위해서는 겸손이라는 조건을 갖추어야 합니다. 그렇기 때문에 야고보는 하나님께서 교만한 자를 물리치시고 겸손한 자에게 은혜를 주신다고 말하고 있습니다. 이 말씀은 잠언 3장 34절의 말씀을 인용한 것인데, 잠언 3장 34절부터 35절을 보면 다음과 같이 말씀하고 있습니다. "진실로 그는 거만한 자를 비웃으시며 겸손한 자에게 은혜를 베푸시나니 지혜로운 자는 영광을 기업으로 받거니와 미련한 자의 영달함은 수치가 되느니라".

인류 역사를 되돌아볼 때 우리는 모든 죄악의 뿌리에 교만이 자리 잡고 있다는 것을 알 수 있습니다. 천사장이었던 루시퍼가 이에 대한 좋은 예입니다. 본래 루시퍼는 가브리엘, 미가엘과 함께 하늘나라의 천사장이었습니다. 그의 임무는 하나님의 영광을 찬양하는 것이었습니다. 그런데 하나님의 영광을 찬양하다가 교만해져서 하나님의 보좌를 찬탈하려고 반역을 일으키고 말았습니다(사 14:13-15). 그 결과 루시퍼는 하나님의 심판을 받아 마귀가 되어 영원한 불못에 빠질 운명에 놓이게 된 것입니다.

이러한 루시퍼의 뒤를 이어 수많은 사람들이 교만으로 인해 멸망을 자초했습니다. 이에 대한 예로 우리는 이스라엘의 초대 왕 사울을 들 수 있습니다. 이스라엘 백성들이 가나안에 정착하게 되자 그곳에 거주하던 이민족들이 큰 위협을 느껴 시시때때로 이스라엘을 침략해 왔습니다. 그러나 그때마다 이스라엘에는 하나님께서 보내신 사사들이 나타나 외적의 침입을 봉쇄하였습니다. 그럼에도 불구하고 이민족들의 침략이 날로 심해지자 이에 시달리던 이스라엘 백성들은 급기야는 사무엘에게 왕을 요구하기에 이르렀습니다.

이와 같은 배경하에서 왕이 된 사람이 베냐민 지파 출신의 사울이었습니다. 사무엘이 사울을 찾아가 왕이 될 것을 말하자 사울은 스스로 '가장 작은 자' 라며 왕위에 오를 것을 사양하였습니다(삼상 9:21). 이처럼 겸손한 마음으로 출발했던 사울은 나이가 들고 권력이 강화되고 부귀영화가 축적되자 젊은 시절 처음 왕위에 올랐을 때의 겸손함을 버리고 하나님을 등지기 시작했습니다. 제사장이 드려야 할 제사를 자신이 직접 드렸으며(삼상 13:8-15), 아말렉 사람과 그들의 소유를 진멸하라고 명하신 하나님의 명령을 거역했습니다(삼상 15:9). 나중에는 사무엘이 죽자 엔돌이라는 곳에 있는 신접한 여인을 찾아가는 잘못을 저지르기까지 하였습니다(삼상 28:8-19). 그 결과 사울은 길보아 산의 전투에서 블레셋 군대와 싸우다가 요나단을 비롯한 그의 아들들과 함께 죽고 말았던 것입니다(삼상 31:6).

사울과 같은 운명에 처할 수 있는 소지는 인간이라면 누구에게나 있습니다. 하나님과 우리와의 관계는 처음부터 마지막까지 모두 중요합니다. 그렇기 때문에 예수님은 요한계시록에서 에베소 교회를 향하여 '처음 사랑' 을 버렸다고 책망했던 것입니다(계 2:4). 또한 성경은 "교만은 패망의 선봉이요 거만한 마음은 넘어짐의 앞잡이니라"(잠 16:18)고 말씀합니다. 우리는 환난과 곤고 가운데 있을 때에도, 하나님의 축복을 받아 평안하게 되었을 때에도 주님만 바라보아야 합니다. 주님이 모든 것의 중심이 되어야 우리가 환경이나 형편에 상관없이 믿음을 지킴으로 하나님의 마음에 맞는 자가 되는 것입니다.

하나님의 독생자 예수 그리스도로 말미암아 중생한 우리들은 항상 넘어지지 않도록 조심해야 합니다. 교만이라는 지뢰는 우리의 신앙생활 도처에 묻혀 있습니다. 자칫 잘못하여 그것을 조금이라도 건드리는 날에는 그때까지 잘 쌓아 올렸던 신앙의 집이 처참하게 무너지고 맙니다.

그러나 겸손한 사람은 하나님의 풍성한 은혜를 받아 누립니다. 하나님 앞에서 가식 없는 생활, 꾸밈없는 삶을 사는 사람이 겸손한 사람입니다. 재난이 일어나 하루아침에 모든 재산과 자녀를 잃은 욥이 하나님 앞에 고백한 말을 통해 우리는 겸손이 무엇인가를 배울 수 있습니다. "내가 모태에서 알몸으로 나왔사온즉 또한 알몸이 그리로 돌아가올지라 주신 이도 야훼시요 거두신 이도 야훼시오니 야훼의 이름이 찬송을 받으실지니이다"(욥 1:21). 이 얼마나 겸손한 신앙 고백입니까? 욥은 이처럼 겸손한 신앙을 끝까지 간직했기에 고난을 극복할 수 있었던 것입니다.

더 나아가서 사도 바울은 겸손에 대한 결정적인 모범으로 예수 그리스도를 우리에게 제시하고 있습니다. "너희 안에 이 마음을 품으라 곧 그리스도 예수의 마음이니 그는 근본 하나님의 본체시나 하나님과 동등됨을 취할 것으로 여기지 아니하시고 오히려 자기를 비워 종의 형체를 가지사 사람들과 같이 되셨고 사람의 모양으로 나타나사 자기를 낮추시고 죽기까지 복종하셨으니 곧 십자가에 죽으심이라"(빌 2:5-8).

우리들의 왕이신 예수 그리스도께서 겸손의 본을 보여 주셨는데 우리가 어떻게 교만할 수 있겠습니까? 그러므로 우리 그리스도인들은 거룩하신 하나님 앞에서 죄인임을 고백하고 겸손한 자가 되어 하나님의 은혜가 임하기를 기다려야 할 것입니다.

7절 그런즉 너희는 하나님께 복종할지어다 마귀를 대적하라 그리하면 너희를 피하리라

마귀를 대적하려면 우선적으로 하나님께 복종해야 합니다. 하나님께 복종하지 않으면 마귀가 틈타기 때문에 마귀를 물리칠 수 없습니다. 그러나 하나님께 전적으로 복종하면 마귀가 틈탈 수 없고, 마귀를 대적하면 마귀가 쫓겨가게 됩니다. 이러므로 우리가 먼저 하나님께 복종하는 삶을 살아야 마귀를 물리칠 수 있는 것입니다.

8절 하나님을 가까이하라 그리하면 너희를 가까이하시리라 죄인들아 손을 깨끗이 하라 두 마음을 품은 자들아 마음을 성결하게 하라

"하나님을 가까이하라 그리하면 너희를 가까이하시리라". 본 절은 전절과 좋은 대조를 이루는 구절입니다. 마귀를 대적하면 마귀가 우리를 피하지만, 우리가 그 상태에만 머물러 있으면 또다시 마귀에게 점령당하기 쉽습니다. 그러므로 우리는 하나님을 가까이해야 합니다. 우리가 하나님을 가까이하면 하나님께서도 우리를 가까이하십니다.

"죄인들아 손을 깨끗이 하라 두 마음을 품은 자들아 마음을 성결하게

하라". 야고보는 결코 추상적인 내용만을 무책임하게 늘어놓지 않았습니다. 그는 책임감을 가지고 구체적인 실천 사항까지 제시하고 있습니다. 본 절의 하반절은 바로 '하나님께 가까이 가는 생활' 의 구체적인 실천 사항을 말한 것입니다. 야고보는 '하나님께 가까이 가는 방법' 으로 본 절에 기록된 두 가지 사항을 비롯해서 9절의 두 가지, 10절의 한 가지를 합쳐 모두 다섯 가지를 제시하였습니다.

먼저 야고보는 죄인들에게 "손을 깨끗이 하라" 고 했습니다. 이 말씀은 "너희가 손을 펼 때에 내가 내 눈을 너희에게서 가리고 너희가 많이 기도할지라도 내가 듣지 아니하리니 이는 너희의 손에 피가 가득함이라" 는 이사야 1장 15절의 경고의 말씀이 생각나게 합니다.

우리가 아무리 하나님께 금식하고 철야하면서 기도한다 할지라도 탐욕으로 구하면 아무런 응답도 받을 수 없습니다. '손' 은 행위를 나타냅니다. 그렇기 때문에 구약 시대의 제사장들은 물두멍에 손을 씻은 후에야 하나님께 제사를 드릴 수 있었습니다. 이사야 1장 15절에 나오는 "손에 피가 가득함이라" 는 표현은 이웃을 해치는 온갖 죄악을 말하는 것입니다. 그러므로 죄인은 유대식으로 말하면 손이 더러운 사람입니다. 따라서 "죄인들아 손을 깨끗이 하라" 는 말은 더러운 죄악의 행실을 버리라는 말입니다. 왜냐하면 죄악의 열매, 죽음의 열매를 더 이상 맺지 말아야 하나님께 가까이 갈 수 있기 때문입니다.

그다음으로 야고보서는 두 마음을 품은 자들에게 "마음을 성결하게 하라" 고 말했습니다. 여기서 '두 마음을 품은 자' 는 우리가 이미 살펴본 바 있는 '의심하는 자' (1:5-8)를 말합니다.

하나님께 가까이 가는 첫 번째 방법인 손을 깨끗이 하라는 말은 외적 행동을 뜻하고, 두 번째 방법인 마음을 성결하게 하라는 말은 내면적인 상태를 뜻하는 것입니다. 의심하는 사람은 항상 마음이 두 가지로 분리되어 있어 하나님과 세상에 양다리를 걸쳐 놓습니다. "달면 삼키고 쓰면 뱉는다"는 속담이 있듯이, 하나님을 사랑하는 것이 이익이 되면 하나님 쪽으로 기울어지다가 손해가 생길 것 같으면 재빨리 하나님을 등지고 세상으로 향해 버립니다. 이런 사람은 마음을 성결하게 해야 합니다.

다른 말로 하면 포도원을 훼파시키는 작은 여우를 쫓아내야 하는 것입니다. 폭풍우 속에서 난파의 위기에 처한 배 밑창에서 자고 있는 요나를 몰아내야 합니다. 아이 성을 점령하는 데 패배 요인이 되었던 아간을 처치해야 합니다. 그렇지 않고서는 포도원이 훼파될 수밖에 없으며, 배가 파선될 수밖에 없고, 아이 성을 끝내 함락할 수 없게 됩니다. '깨끗한 행동'과 '거룩한 마음', 이것이야말로 하나님을 가까이하는 생활의 초석인 것입니다. 이것은 야고보가 1장에서부터 3장까지 일관성 있게 논술해 온 '참그리스도인들은 외면적인 행동과 내면적인 믿음이 일치되어야 한다.'는 주제와 깊은 연관을 가지고 있습니다.

9절 슬퍼하며 애통하며 울지어다 너희 웃음을 애통으로, 너희 즐거움을 근심으로 바꿀지어다

야고보는 하나님을 가까이하는 세 번째 방법으로 "슬퍼하며 애통하며 울지어다"라는 것을 제시했습니다. 이것은 죄를 회개할 때 가져야 할 심정을 말하는 것입니다. '회개'라는 말은 '죄악된 길에서 돌이킨다'는 뜻입니다. 하나님께는 죄를 용서해 달라고 기도하면서 같은 죄를 계속해서

범한다면 그의 회개는 부도 수표와 다를 바가 없습니다. 참된 회개는 변화를 수반합니다. 진실로 자신의 죄를 자각하는 사람이라면 추악하고 천하고 버림받아 마땅한 자신의 영혼의 비참한 상태를 보고 슬퍼할 줄 알아야 하고 애통할 줄 알아야 하며 울 줄도 알아야 합니다. 병의 원인을 확실히 알지 않고서는 어떤 명의도 병을 제대로 고칠 수 없듯이 자신의 죄악을 철저히 인식하지 못하는 상태에서 완전한 회개는 있을 수 없습니다.

우리는 끔찍한 살인을 저지른 후에도 법정에서 태연히 눈 하나 깜짝하지 않고 오히려 소란을 피우는 사람들을 종종 보게 됩니다. 그들은 현 사회의 도덕과 규범과 법률이 허용하는 한계를 크게 이탈했음에도 불구하고 그것에 대해 별다른 죄의식을 느끼지 않습니다. 흉악한 범죄 행위보다 죄의식을 느끼지 못하는 '상실한 마음' 이 더 무섭습니다. 그렇기 때문에 우리가 하나님 앞에서 회개할 때는 옷을 찢지 말고 마음을 찢으면서 자복해야 하는 것입니다(욜 2:13).

네 번째 방법으로는 웃음을 애통으로, 즐거움을 근심으로 바꾸라고 말합니다. 여기에서의 '웃음' 과 '즐거움' 은 하나님과 동행함으로 얻는 기쁨을 말하는 것이 아니라 이 세상의 정욕을 따라갈 때 느끼는 쾌락을 의미합니다. 그런데 세상의 쾌락에는 무서운 중독성이 있습니다. 그래서 순간적인 쾌락이 지나고 나면 무서운 공허감이 다가오게 되고, 그 공허감을 메우기 위해 또다시 쾌락을 추구합니다. 이러한 악순환을 되풀이하다 보면 결국에는 죄악과 저주와 파멸을 초래하게 됩니다. 그렇기 때문에 하나님을 가까이하려면 세상에서 얻는 웃음과 즐거움에 대해 깊은 죄의식을 가지고 웃음을 애통으로, 즐거움을 근심으로 바꾸어야 합니다. 이것은 본 절의 상반절과 같은 맥락을 이루고 있습니다. 즉, 8절 말씀이

'성결' 을 요구한다면, 본 절 말씀은 '진정한 회개' 를 요구하고 있는 것입니다.

10절 주 앞에서 낮추라 그리하면 주께서 너희를 높이시리라

본 절은 "겸손한 자에게 은혜를 주신다" 는 6절 말씀을 결론적으로 강조하고 있습니다. 우리가 하나님 앞에서 자신을 낮출 때 하나님께서는 우리를 높여 주십니다.

3. 형제를 비방하지 말라(4:11-12)

11. 형제들아 서로 비방하지 말라 형제를 비방하는 자나 형제를 판단하는 자는 곧 율법을 비방하고 율법을 판단하는 것이라 네가 만일 율법을 판단하면 율법의 준행자가 아니요 재판관이로다 12. 입법자와 재판관은 오직 한 분이시니 능히 구원하기도 하시며 멸하기도 하시느니라 너는 누구이기에 이웃을 판단하느냐

11절 형제들아 서로 비방하지 말라 형제를 비방하는 자나 형제를 판단하는 자는 곧 율법을 비방하고 율법을 판단하는 것이라 네가 만일 율법을 판단하면 율법의 준행자가 아니요 재판관이로다

1절부터 3절까지의 말씀을 통해 싸움과 다툼의 근본적인 원인을 설명

한 바 있는 야고보는 이제 폭을 좁혀서 교회 내의 가장 고질적인 문제인 '형제 비방 문제' 에 초점을 맞추고 있습니다.

'형제 비방' 은 우리 그리스도인들이 가장 범하기 쉬운 죄입니다. 사실 우리 그리스도인들 중에서 살인이나 간음이나 강도질 같은 엄청난 죄를 범할 사람은 거의 없을 것입니다. 모두 십자가에 달리신 예수 그리스도를 닮아가기를 원하기 때문에 아무리 연약하더라도 그와 같은 큰 죄를 범하지는 않을 것입니다. 그러나 우리 인간은 아직도 육신의 장막을 입고 있기 때문에 마음은 원이로되 육신이 약해 본의 아니게 여러 죄를 범하게 됩니다. 그중의 하나가 형제를 비방하는 것입니다. 여기서 말하는 '형제 비방' 은 상대방을 깨우쳐 주어 발전할 수 있도록 용기를 북돋아 주는 것이 아니라 순전히 상대방을 매장시키려고 정당한 방법을 무시하고 악의적으로 판단하는 것을 가리킵니다.

형제를 비방하거나 판단하는 것은 본 서 2장 8절부터 13절에 기록된 대로 "네 이웃 사랑하기를 네 몸과 같이 하라" 고 하신 최고(最高)의 법을 어기는 결과가 됩니다. 그렇기 때문에 사랑 없이 비방하고 판단하는 자는 당연히 율법의 범법자가 되고 마는 것입니다.

'율법을 판단한다' 는 말은 곧 율법을 지켜야 할 '사람의 신분' 을 넘어서 율법의 옳고 그름을 판정 내리는 '재판관의 위치' 까지 넘보는 것과 다름없다는 말입니다. 야고보는 이러한 태도가 옳지 않음을 계속해서 다음 절에서 우리들에게 설명해 주고 있습니다.

12절 입법자와 재판관은 오직 한 분이시니 능히 구원하기도 하시며 멸하기도 하시느니라 너는 누구이기에 이웃을 판단하느냐 앞 절의 하반절에 언급된 율법의 재판관의 위치를 넘보는 행위는 곧 하나님의 권위를 대적하는 것이 된다는 말씀입니다. 왜냐하면 율법을 만드신 분도 하나님이시요, 옳고 그름을 재판하시는 분도 하나님 한 분이시기 때문입니다.

오늘날 우리 주변에는 율법의 준행자라는 위치를 망각한 채 율법의 재판관이 되려는 사람들이 너무나 많이 있습니다. 하나님의 계명이 현대의 의식 구조에서는 적합하지 않다느니, 부분적인 수정이 불가피하다느니 하면서, 하나님의 계명 아래 순종하면서 살아야 할 인간들이 하나님의 위치까지 올라가려고 하고 있습니다. 이러한 사람들은 제아무리 논리적인 근거를 제시하고 화려한 말로써 자신들의 입장을 변호한다고 해도 하나님의 심판을 면할 수 없습니다.

하나님께서는 율법의 입법자인 동시에 재판관이시기 때문에 능히 인간을 구원하기도 하시며 멸하실 수도 있습니다. 그렇기 때문에 하나님께서 우리 인간에게 나타나실 때는 항상 두 가지 면을 보여 주십니다. 이사야 선지자는 이러한 하나님의 속성을 "그가 성소가 되시리라 그러나 이스라엘의 두 집에는 걸림돌과 걸려 넘어지는 반석이 되실 것이며 예루살렘 주민에게는 함정과 올무가 되시리니 많은 사람들이 그로 말미암아 걸려 넘어질 것이며 부러질 것이며 덫에 걸려 잡힐 것이니라"(사 8:14-15)고 했습니다. 즉, 하나님께서는 믿는 자에게는 '성소' 가 되시지만 믿지 않는 자에게는 걸려서 넘어질 '걸림돌' 이 되신다는 말씀입니다. 뿐만 아니라 구약 선지서 전반에 걸쳐서 언급된 '야훼의 날' 도 '구원' 과 '심판' 의 이중성을 띠고 있습니다.

이제 모든 인간은 심각한 선택의 기로에 놓여 있습니다. 그것은 '구원' 이냐 아니면 '멸망' 이냐 하는 것입니다. 이것은 전적으로 인간들이 어느 길을 선택하느냐에 달려 있습니다. 너무나도 확연한 양자택일의 기로에서 '구원' 의 길을 선택하려 한다면 형제를 비방하거나 판단하지 말고 율법을 준행함으로써 하나님 앞에서 피조물의 위치를 벗어나지 말아야만 하는 것입니다.

"너는 누구이기에 이웃을 판단하느냐". 이 말은 '하나님만이 율법의 재판관이시며 인간을 심판하실 수 있는 유일한 분이신데 인간이 다른 인간을 판단한다면, 도대체 그는 어떤 존재이기에 그리하는가?' 라고 반문한 것입니다. 판단은 오직 하나님만의 영역입니다. 자기 자신의 문제도 제대로 해결하지 못하는 유한하고 부족한 피조물인 인간이 감히 어떻게 창조주 하나님의 영역을 넘볼 수 있겠습니까? 우리는 '형제 판단' 문제를 자세히 다룬 말씀을 본 서 외에도 성경 여러 곳에서 찾아볼 수 있는데 그중 가장 대표적인 것이 로마서 14장 1절부터 4절까지의 말씀입니다. "믿음이 연약한 자를 너희가 받되 그의 의견을 비판하지 말라 어떤 사람은 모든 것을 먹을 만한 믿음이 있고 믿음이 연약한 자는 채소만 먹느니라 먹는 자는 먹지 않는 자를 업신여기지 말고 먹지 않는 자는 먹는 자를 비판하지 말라 이는 하나님이 그를 받으셨음이라 남의 하인을 비판하는 너는 누구냐 그가 서 있는 것이나 넘어지는 것이 자기 주인에게 있으매 그가 세움을 받으리니 이는 그를 세우시는 권능이 주께 있음이라".

그리스도인들은 모두 마귀의 종의 신분을 벗어 버리고 하나님의 종의 신분을 가지게 되었으므로 모두 한 주인이신 하나님만을 섬기고 있습니다. 그러므로 하인들을 비판하는 권한은 주인이신 하나님께만 있습니다. 그 때문에 형제를 비방하거나 이웃을 비판하는 것은 하인끼리 서로 잘했다, 잘못했다 하면서 싸우는 것과 다를 바가 없는 것입니다.

4. 허탄한 자랑을 삼가라(4:13-17)

**13. 들으라 너희 중에 말하기를 오늘이나 내일이나 우리가 어떤 도
시에 가서 거기서 일 년을 머물며 장사하여 이익을 보리라 하는 자들
아 14. 내일 일을 너희가 알지 못하는도다 너희 생명이 무엇이냐 너
희는 잠깐 보이다가 없어지는 안개니라 15. 너희가 도리어 말하기를
주의 뜻이면 우리가 살기도 하고 이것이나 저것을 하리라 할 것이거
늘 16. 이제도 너희가 허탄한 자랑을 하니 그러한 자랑은 다 악한 것
이라 17. 그러므로 사람이 선을 행할 줄 알고도 행하지 아니하면 죄
니라**

13절 들으라 너희 중에 말하기를 오늘이나 내일이나 우리가 어떤 도시에 가서 거기서 일 년을 머물며 장사하여 이익을 보리라 하는 자들아

본 장은 주로 하나님을 떠나 인간 스스로 인간의 일을 도모하는 것을 엄히 경계하는 말씀들로 이루어져 있습니다. 온유한 마음을 떠난 정욕의 문제(1-3절), 하나님을 배반하고 세상과 벗되는 문제(4-10절), 형제를

비방함으로써 하나님의 심판권을 침범하는 문제(11-12절), 그리고 이제부터 살펴볼 하나님을 제쳐둔 채 인간 스스로 계획하고 자랑하는 문제(13-17절) 등이 바로 그것입니다.

지금까지 하나의 교훈을 시작할 때마다 '형제들아' 라는 부드러운 말로 서두를 잡아 왔던 야고보는 본 절에서 갑자기 '들으라' 라는 강경한 어조를 사용했습니다. 본 절은 특별히 유대인들의 뛰어난 상술을 겨냥한 말씀입니다. 일반적으로 유대인들은 재리에 밝고 상술에 뛰어나다고 합니다. 그래서 셰익스피어의 '베니스의 상인' 이라는 희곡에 나오는 유명한 유대인 수전노 '샤일록' 을 비롯하여 수많은 문학 작품에 유대인 상인들이 등장하기도 합니다. 물론 장사를 하든지 사업을 하든지 일단 무엇을 시작하려면 먼저 치밀한 계획을 세워야 하고 또 그 계획을 철저하게 밀고 나가 이익을 남겨야만 합니다. 그러나 아무리 철두철미하게 계획하고 시행해 나간다 할지라도 정작 하나님을 생활과 사업의 중심에 모시지 않는다면 그 모든 과정은 헛된 일이 되고 맙니다.

시편을 보면 "어찌하여 이방 나라들이 분노하며 민족들이 헛된 일을 꾸미는가 세상의 군왕들이 나서며 관원들이 서로 꾀하여 야훼와 그의 기름 부음 받은 자를 대적하며 우리가 그들의 맨 것을 끊고 그의 결박을 벗어 버리자 하는도다 하늘에 계신 이가 웃으심이여 주께서 그들을 비웃으시리로다"(시 2:1-4)라고 기록되어 있습니다.

이 말씀대로 인간이 제아무리 자신의 지식과 경험과 지혜를 총동원하여 계획을 세운다 할지라도 하나님 중심에 서지 않으면 그 모든 것이 헛된 것이 될 수밖에 없습니다. 이것은 장사나 사업에만 국한된 문제가 아니라 한 나라의 정치, 경제, 군사, 문화, 교육 문제 등 실로 인간 세상에서 일어날 수 있는 모든 일에 적용되는 하나님의 역사의 방법입니다.

이 문제는 또한 야고보서 3장 13절부터 18절에 기록된 두 종류의 지혜와도 관련지어 생각해 볼 수 있습니다. 세상적인 지혜를 가지고 아무리 멋진 바벨탑을 쌓을지라도 그러한 공사는 하나님의 인준이 없는 공사이기 때문에 제대로 결실을 맺을 수 없습니다. 그렇지만 하나님께로부터 난 지혜로 기초 공사를 튼튼히 하면 성령님의 인도하심으로 한 계단, 한 계단 올라가 이 세상의 어떤 과학이나 문명이 감히 상상조차 못하는 기적을 이룰 수 있는 것입니다.

14절 내일 일을 너희가 알지 못하는도다 너희 생명이 무엇이냐 너희는 잠깐 보이다가 없어지는 안개니라

본 절은 앞 절에 묘사된 인간적인 계획의 수립자들에게 들려주는 충격적인 선언입니다. 열심히 머리를 짜내어 일 년 동안에 해야 할 일을 아무리 멋지게 계획했다고 할지라도 일 년은 고사하고 바로 내일 무슨 일이 일어날지 모르는 존재가 바로 인간이라는 것입니다. '영원' 이라는 무한한 시간 앞에서 인생은 한 점으로조차 나타나지 않는 유한한 존재입니다.

인간에게 있어서 변하지 않는 것은 하나도 없습니다. 이와 같은 사실은 우리의 육체에도 어김없이 적용됩니다. 우리 몸의 피부, 머리카락, 내장을 비롯한 여러 기관은 미세한 세포들이 결합하여 이루어졌는데, 하루 동안에도 수만 개의 세포들이 죽어서 떨어져 나가고 새로운 세포들이 생겨납니다. 또한 우리들이 살고 있는 지구도 비바람에 의해 이리저리 깎이고 지진이나 화산 폭발, 단층 운동 등에 의해 우리가 미처 알지 못하는

사이에 큰 변화를 일으켜 끊임없이 변동하고 있습니다.

그러므로 창조주이신 하나님 앞에서 고정된 존재라고는 하나도 없습니다. "그는 변함도 없으시고 회전하는 그림자도 없으시니라" 고 하신 본서 1장 17절 하반절 말씀은 이와 같은 맥락에서 볼 때 매우 의미심장한 것입니다.

이처럼 불완전한 인간의 미래, 아니 존재하지 않을지도 모르는 불확실한 인간의 미래를 야고보는 '잠깐 보이다가 없어지는 안개' 라고 묘사했습니다. 일반적으로 아침에 안개가 자욱하게 끼면 거리를 질주하는 자동차나 보행자들의 시야를 가리기 때문에 교통에 커다란 불편을 줍니다. 그러나 얼마 있지 않아서 해가 중천으로 올라갈 때쯤 되면 언제 안개가 끼었나 할 정도로 온데간데없이 말끔히 사라지고 맙니다. 인간의 생명이 바로 이와 같다는 것입니다.

이처럼 인간의 생명이란 허무하기 이를 데 없는 것이기 때문에 예로부터 수많은 사람들이 허무주의와 염세주의에 빠져 왔습니다. 전도자는 인생무상에 대해 "헛되고 헛되며 헛되고 헛되니 모든 것이 헛되도다"(전 1:2)라고 절규했으며, 모세도 "주의 목전에는 천 년이 지나간 어제 같으며 밤의 한 순간 같을 뿐임이니이다 주께서 그들을 홍수처럼 쓸어 가시나이다 그들은 잠깐 자는 것 같으며 아침에 돋는 풀 같으니이다 풀은 아침에 꽃이 피어 자라다가 저녁에는 시들어 마르나이다 우리는 주의 노에 소멸되며 주의 분 내심에 놀라나이다…… 주의 분노 중에 지나가며 우리의 평생이 순식간에 다하였나이다 우리의 연수가 칠십이요 강건하면 팔십이라도 그 연수의 자랑은 수고와 슬픔뿐이요 신속히 가니 우리가 날아가나이다"(시 90:4-10)라고 노래하였습니다.

그러면 이처럼 미약한 존재인 인간이 미래에 대해 취해야 할 바람직한 자세는 무엇일까요? 이에 대한 해답이 다음 절에 기록되어 있습니다.

15절 너희가 도리어 말하기를 주의 뜻이면 우리가 살기도 하고 이것이나 저것을 하리라 할 것이거늘

앞 절과 같은 절망적인 상황에 봉착하게 되면 인간들은 흔히 좌절하고 맙니다. 젊었을 때는 활력 있게 일을 추진했던 사람도 인생의 황혼기에 접어들어 자신이 늙었다는 사실을 실감하게 되면 쉽게 무너지고 맙니다. 사실 가능성이 희박한 미래, 죽음이 기다리고 있는 미래를 내다보면서도 태연자약(泰然自若)하게 노래를 부르고 있을 사람은 거의 없을 것입니다.

그러나 세상의 모든 사람들이 이처럼 자신의 운명을 직시하여 허무함에 굴복할지라도 하나님의 자녀인 그리스도인들은 아무도 빼앗을 수 없는 소망이 늘 용솟음치기에 항상 기쁨 가운데 살 수 있습니다. 왜냐하면 예수 그리스도께서 십자가에 못 박혀 돌아가셨다가 사흘 만에 부활하심으로 말미암아 우리 인간을 사로잡고 있던 모든 흑암과 저주와 좌절과 죽음의 권세를 파괴하시고 빛과 축복과 소망과 영생을 우리에게 주셨기 때문입니다.

세상에는 두 종류의 대열이 있습니다. 한 대열은 사망 권세 아래서 신음하고 좌절하고 고통받는 '죽음의 대열' 이고, 다른 하나는 부활의 복음 안에서 기뻐하고 찬양하며 하나님께 영광 돌리는 '생명의 대열' 입니다. '죽음의 대열' 에 속한 사람은 세상의 일을 도모하고 세상의 일을 자랑하지만 '생명의 대열' 에 속한 사람은 하나님의 일을 도모하고 하나님의 일

을 자랑합니다. 그러므로 우리는 전에는 세상의 뜻을 좇아 살았을지라도 구원받아 하나님의 자녀가 된 후로는 하나님의 뜻을 좇아 살아야 하는 것입니다. 그렇다고 해서 인생을 살아가면서 아무것도 계획하지 말라는 것이 아닙니다. 우리는 1년이 아니라 가능하다면 10년 이후까지라도 주도면밀하게 계획해야 합니다. 다만 전에는 세상 뜻대로, 자기 의지대로 계획하고 일을 했지만 이제는 하나님의 뜻을 따라 추진해야 합니다. 그렇기 때문에 사도 바울은 우리들에게 "너희가 먹든지 마시든지 무엇을 하든지 다 하나님의 영광을 위하여 하라"(고전 10:31)고 권면하고 있는 것입니다.

16절 이제도 너희가 허탄한 자랑을 하니 그러한 자랑은 다 악한 것이라

본 절은 13절부터 15절까지의 말씀에 대한 결론 부분입니다. 즉, 잠깐 보이다가 없어지고 마는 안개에 불과한 인생이 하나님을 제쳐두고 한 도시에 가서 일 년 동안 머물면서 장사를 해서 돈을 벌어야겠다고 계획한다 할지라도 그것은 자신의 운명을 알지 못하고 하는 소리라는 것입니다. 이처럼 하나님 앞에서 겁 없이 인간의 생각만 앞세우는 사람에 관한 이야기가 누가복음 12장 16절부터 21절에 기록되어 있습니다.

한 부자가 있었는데 밭의 소출이 너무 많았기 때문에 그 많은 곡식을 저장할 방도를 이리저리 생각하다가 곳간을 헐고 더 크게 증축하여 곡식들을 쌓아 두기로 하였습니다. 그러고 나서는 "여러 해 쓸 물건을 많이 쌓다 두었으니 평안히 쉬고 먹고 마시고 즐거워하자"라고 말하며 자기도취에 빠졌습니다. 그러나 이러한 부자를 보시고 하나님께서는 "어리석은 자여, 오늘 밤에 네 영혼을 도로 찾으리니 그러면 네 준비한 것이 누구의

것이 되겠느냐"라는 징책의 말씀을 하셨습니다.

이처럼 허탄한 자랑은 인간 세상에서 헛된 것으로만 그치지 않고 하나님 앞에서 저지르는 악이 되기까지 합니다. 왜냐하면 이것은 본 장 4절부터 10절에서 지적한 바와 같이 하나님과 원수 되고 세상과 벗이 되는 행위가 되기 때문입니다. 그러므로 우리 그리스도인들은 무슨 일을 하든지 주의 뜻을 따라 해야지 세상적인 뜻을 따라 해서는 안 되는 것입니다.

17절 그러므로 사람이 선을 행할 줄 알고도 행하지 아니하면 죄니라

본 절은 4장 전체를 요약해서 간결하게 표현한 것입니다. 지금까지 야고보는 정욕에 의해 비롯된 행위와 세상과 벗 되는 행위와 형제를 비방하는 행위와 하나님의 뜻을 좇지 않고 세상적으로 계획하는 행위가 죄라고 밝혔습니다. 이러한 것들은 눈에 보이는 명백한 죄입니다.

그런데 본 절의 말씀은 이에서 더 나아가 구체적인 범죄 행위가 드러나지 않는 것, 즉 선을 알고도 행하지 않는 것이 죄라고 폭탄선언을 하고 있습니다.

따라서 우리는 죄를 두 종류로 나누어서 정의할 수 있습니다. 그 하나는 일반적으로 우리가 말하는 죄, 즉 하나님의 계명을 어기는 것이고, 다른 하나는 그렇게 하는 것이 선인 것을 버젓이 알면서도 매정하게 고개를 돌려 방관하는 행위입니다. 전자를 '적극적인 죄'라고 한다면, 후자는 '소극적인 죄'라고 할 수 있습니다.

누가복음 10장에서 우리는 본 절에 대한 예를 쉽게 찾아볼 수 있습니다. 어떤 율법 교사가 예수님을 시험하려는 의도에서 "내가 무엇을 하여야 영생을 얻으리이까"(눅 10:25)라고 질문했을 때, 예수님께서는 대답 대신 율법에 무엇이라고 기록되었는가를 되물으셨습니다. 그래서 율법 교사가 신명기 6장 5절 이하에 기록된 말씀을 생각해 내어 "네 마음을 다하며 목숨을 다하며 힘을 다하며 뜻을 다하여 주 너의 하나님을 사랑하고 또한 네 이웃을 네 자신같이 사랑하라 하였나이다"(눅 10:27)라고 말하자, 예수님께서는 그대로 행하라고 말씀해 주셨습니다. 그러자 이 율법 교사는 자기를 옳게 보이려고 다시 예수님께 "그러면 내 이웃이 누구입니까?"라고 질문했습니다. 예수님께서는 이 질문에 대한 대답으로 선한 사마리아인을 비유로 말씀하셨습니다.

한 사람이 예루살렘을 떠나 여리고로 내려가다가 강도를 만나 모든 소유를 다 빼기고 구타당해 거의 죽을 지경에 처하였습니다. 누군가의 도움이 없이는 소생할 가능성이 전혀 없는 상황에서 한 제사장이 그곳을 지나게 되었습니다. 그 강도 만난 자는 가물거리는 의식을 가다듬어 처절하게 구조를 요청했을 것입니다.

그러나 하나님과 일대일로 만나는 특권을 가졌던 제사장은 걸음을 재촉하면서 그의 곁을 피해 가고 말았습니다.

얼마 있지 않아 이번에는 레위인이 지나가게 되었습니다. 그렇지만 레위인도 그를 한번 힐끔 쳐다보고는 아무런 조치도 취해 주지 않고 서둘러 피해 가고 말았습니다.

세 번째로 지나가게 된 사마리아인은 강도 만난 사람을 보고 불쌍히 여겨 가까이 가서 기름과 포도주를 상처에 붓고 붕대로 싸매어 준 후 자기 짐승에 태워 주막까지 데려다 주었습니다.

하나님의 율법에 대해서 말하라고 하면 그 누구도 제사장과 레위인을 당할 수 없을 것입니다. 그러므로 율법에 "네 이웃을 네 몸같이 사랑하라"는 말씀이 있다는 사실을 누구보다도 잘 알고 있는 그들이었습니다. 그럼에도 불구하고 죽어 가는 이웃의 구조 요청을 냉정하게 모른 척하고 지나갔다는 것은 바로 도와주고 구조해 주는 것이 선인 줄을 뻔히 알면서도 행하지 않은 것입니다. 본 절은 바로 이와 같은 방관 행위, 즉 '내가 당신에게 피해를 입히지 않았으니 당신 일에 내가 신경 쓰지 않아도 되지 않는가?'라는 생각에서 나온 무관심의 죄를 하나님께서 가중하게 여기신다는 사실을 분명히 밝히고 있습니다.

교회가 아무리 휘황찬란한 조명과 멋진 파이프 오르간과 잘 훈련된 성가대로 예배 분위기를 장엄하게 한다 할지라도 정작 사랑을 실천하는 일을 도외시한다면 강도 만난 자를 피해 간 제사장이나 레위인과 다를 바가 전혀 없는 것입니다. 참된 믿음은 하나님 사랑과 이웃 사랑으로 표현됩니다. 그것도 말로써만 그치는 사랑이 아니라 행동으로 실천하는 사랑입니다.

지식만으로는 부족합니다. 구체적인 실천이 있어야 합니다. 예수 그리스도가 하나님의 아들이며 인류의 죄를 사하시려고 이 땅에 오셨다는 사실을 아는 것으로만 그치면 아무런 소용이 없습니다. 이 사실을 알았으면 입으로 시인하고 마음으로 믿고 그 믿음을 행위로 보여 주어야 하는 것입니다.

그러므로 성령 충만 받은 우리 성도들은 사랑, 희락, 화평, 오래 참음, 자비, 양선, 충성, 온유, 절제의 열매를 맺는 생활을 끊임없이 해야 합니다. 이것이 선을 행하는 것이 됩니다. 하나님의 나라는 말에 있지 아니하고 오직 능력에 있다고 했습니다(고전 4:20). 아는 데 있지 않고 실천하는 데 있습니다. 야고보는 2장에서 '행함 없는 믿음은 죽은 믿음이라'고 한 후에 4장에서 '실천 없는 지식은 죽은 지식이요, 더 나아가 심판 받을 운명에 처한 죄' 라고 함으로 행함에 관하여 거듭 강조하고 있습니다.

그러므로 우리가 성경 말씀을 많이 배우면 배울수록 그만큼 우리에게 책임이 더욱 요구되는 것입니다. 왜냐하면 우리가 하나님의 뜻을 다른 사람들보다 더 많이 깨달아 알게 될수록 깨달은 바를 행해야만 하기 때문입니다. 그렇기 때문에 말씀을 많이 아는 성도일수록 겸손해지는 것입니다. 갈라디아서 1장 10절에 사도 바울은 "이제 내가 사람들에게 좋게 하랴 하나님께 좋게 하랴 사람들에게 기쁨을 구하랴 내가 지금까지 사람들의 기쁨을 구하였다면 그리스도의 종이 아니니라" 고 말했습니다. 이와 같이 하나님 앞에서 겸손하면서도 확신에 가득 찬 고백을 한 후에야 비로소 우리는 하나님을 기쁘시게 하는 신앙인이 될 수 있는 것입니다.

제 5 장

여러 가지 교훈들

A COMMENTARY
ON THE EPISTLE OF
JAMES

야고보는 본 장에서 다섯 가지의 교훈의 말씀을 줌으로써 본 서를 마무리 짓고 있습니다. 첫째로 악한 부자들의 횡포를 강한 어조로 경고하고, 둘째로 믿는 형제들에게 믿음을 잃지 말고 끝까지 참을 것을 권면하며, 셋째로 무엇에라도 맹세하지 말라고 교훈하고 있습니다. 그러고 나서 본 장의 대표적인 교훈인 병 고침을 받기 위해 믿음으로 기도하라는 교훈을 네 번째로 주고, 마지막으로 이단에 미혹한 자들을 하나님께 돌아오도록 하라는 교훈을 줌으로써 본 서 전체를 종결짓고 있습니다.

1. 부자들에 대한 경고(5:1-6)

1. 들으라 부한 자들아 너희에게 임할 고생으로 말미암아 울고 통곡
하라 2. 너희 재물은 썩었고 너희 옷은 좀먹었으며 3. 너희 금과 은
은 녹이 슬었으니 이 녹이 너희에게 증거가 되며 불같이 너희 살을
먹으리라 너희가 말세에 재물을 쌓았도다 4. 보라 너희 밭에서 추수
한 품군에게 주지 아니한 삯이 소리 지르며 그 추수한 자의 우는 소
리가 만군의 주의 귀에 들렸느니라 5. 너희가 땅에서 사치하고 방종
하여 살육의 날에 너희 마음을 살찌게 하였도다 6. 너희는 의인을
정죄하고 죽였으나 그는 너희에게 대항하지 아니하였느니라

1절 들으라 부한 자들아 너희에게 임할 고생으로 말미암아 울고 통곡하라

여기서 말하는 '부한 자'란 하나님을 믿지 않는 부자를 말합니다. 하

나님을 경외하지 않고 부(富)만 의지하면, 장차 심판을 받아 고생하게 되므로 울고 통곡하라고 했습니다. 이것은 부자들에게 회개하라고 권면하는 말씀입니다.

어떤 사람들은 이 말씀을 잘못 이해하여 부를 죄악시하고 부자가 되면 착실한 신앙인이 될 수 없다고 말하는데 이는 옳지 않습니다. 이 세상의 부는 모두 하나님께서 지으셨습니다. 하나님께서 "은도 내 것이요 금도 내 것이니라"(학 2:8)고 말씀하셨습니다. 그러므로 무조건 부를 죄악시해서는 안됩니다. 다만 부가 하나님보다 앞서거나 하나님 믿는 것을 방해할 때는 죄악시해야 합니다.

예수님께서 "재물이 있는 자는 하나님의 나라에 들어가기가 얼마나 어려운지 낙타가 바늘귀로 들어가는 것이 부자가 하나님의 나라에 들어가는 것보다 쉬우니라"(눅 18:24-25)고 말씀하셨습니다. 부자들은 돈을 하나님보다 더 섬기고 돈이면 무엇이든지 할 수 있다고 생각합니다. 예수님께서 이런 사람들은 천국 가기가 낙타가 바늘귀로 들어가는 것보다 어렵다고 말씀하신 것입니다.

천국에 들어가는 길은 예수 그리스도께서 십자가에서 흘리신 보혈을 의지하는 것뿐입니다. 그럼에도 불구하고 부자들은 자기가 가진 돈으로 천국에 갈 수 있다고 합니다. 이와 같이 하나님보다 돈을 앞세울 때 돈은 죄악시되는 것입니다.

하나님께서는 아브라함, 이삭, 야곱에게 물질의 복을 주셔서 거부가 되게 하셨습니다. 성경은 "하나님이 능히 모든 은혜를 너희에게 넘치게 하시나니 이는 너희로 모든 일에 항상 모든 것이 넉넉하여 모든 착한 일을 넘치게 하게 하려 하심이라"(고후 9:8)고 말씀하고 있습니다.

하나님께서는 오늘날에도 당신을 경외하는 사람들에게 물질 축복을 주셔서 누리게 하고, 또 하나님 사업을 위해 쓰기를 원하십니다. 그러므로 부를 무조건 나쁘다고 말하는 것은 잘못된 것입니다.

2-3절 너희 재물은 썩었고 너희 옷은 좀먹었으며 너희 금과 은은 녹이 슬었으니 이 녹이 너희에게 증거가 되며 불같이 너희 살을 먹으리라 너희가 말세에 재물을 쌓았도다

재물을 주의 사업에 쓰고 또 가난한 사람들을 위해 쓰면 그의 의가 영원히 있게 됩니다. 성경은 "그가 흩어 가난한 자들에게 주었으니 그의 의가 영원토록 있느니라"(고후 9:9)고 말씀하고 있습니다. 그러나 재물을 내 육신의 정욕과 안목의 정욕과 이 세상의 자랑을 위하여 쌓아 두면 썩은 재물이 되고 맙니다.

옷도 마찬가지입니다. 우리가 옷을 입어도 하나님의 영광을 나타내기 위해서 입으면 하나님의 영광의 빛이 나는 옷이 됩니다. 그러나 단지 정욕을 위해 입는다면 그 옷은 하나님 보시기에 좀먹은 옷이 되고 맙니다.

원래 금과 은은 녹슬지 않습니다. 그러면 성경은 왜 금과 은이 녹슬었다고 했을까요? 금과 은을 하나님의 영광이나 가난한 사람들을 위해 쓰지 않고 탐욕을 위해 쌓아 두면 그 금과 은은 하나님 보시기에 녹슨 것입니다. 즉 가치가 없다는 말씀입니다. 부자들은 재산을 하나님의 영광을 위해서 가난한 사람들을 위해 쓸 줄 모르고 자기의 정욕을 위해 쌓아 두기만 하기 때문에 아무 가치가 없다는 것입니다.

"이 녹이 너희에게 증거가 되며 불같이 너희 살을 먹으리라 너희가 말세에 재물을 쌓았도다". 이 말씀은 부귀영화가 하나님의 영광을 위한 것

이 되지 아니하면 자신을 파멸하게 하는 원인이 된다는 말씀입니다. 하나님을 잘 섬기지 않는 사람에게 재산이 많아지면 방탕한 생활을 하게 되고 이러한 사람의 종말은 멸망입니다. 소돔과 고모라 성이 멸망하게 된 것도 사람들이 음란하고 방탕했기 때문입니다. 부자가 재산을 쌓아 두기만 하면 결국 멸망하게 되므로 자기 살을 먹는 것과 다름이 없는 것입니다.

또한 말세에 회개하여 영혼이 구원받을 생각은 하지 않고 물질에 정신이 팔려서 재물을 쌓아 두려는 데만 전념한다면 참으로 어리석은 사람이 됩니다. 성경은 "너희 생명이 무엇이냐 너희는 잠깐 보이다가 없어지는 안개니라"(4:14)고 했습니다. 부귀영화, 공명을 다 갖추어도 자기 목숨을 잃으면 아무 소용이 없습니다. 물질이 생명을 보장해 주지는 않습니다. 그 때문에 말세에 재물 쌓기에만 혈안이 되지 말라는 것입니다.

4절 보라 너희 밭에서 추수한 품꾼에게 주지 아니한 삯이 소리 지르며 그 추수한 자의 우는 소리가 만군의 주의 귀에 들렸느니라

본 절은 부자들의 치부 방법 중 가장 대표적인 것입니다. 품꾼과 품삯에 대한 하나님의 뜻은 "곤궁하고 빈한한 품꾼은 너의 형제든지 네 땅 성문 안에 우거하는 객이든지 그를 학대하지 말며 그 품삯을 당일에 주고 해 진 후까지 미루지 말라 이는 그가 가난하므로 그 품삯을 간절히 바람이라 그가 너를 야훼께 호소하지 않게 하라 그렇지 않으면 그것이 네게 죄가 될 것임이라"(신 24:14-15)는 말씀에 잘 나타나 있습니다.

그런데 악한 부자들은 노동력을 제공한 품꾼들에게 정당한 품삯을 주지 않거나, 준다 해도 터무니없이 조금 줌으로써 자신의 재산을 대폭 증

식시켰습니다. 임금 착취는 보이지 않는 폭력입니다. 그것은 오히려 보이는 폭력보다 더욱 잔인합니다. 왜냐하면 위에서 인용한 신명기 24장의 말씀에 있듯이 품꾼들은 가난하기 때문에 품삯을 제대로 받지 못하면 생계를 꾸려 나갈 수 없기 때문입니다.

오늘날 우리 사회에서도 적지 않은 노사 분규가 일어나고 있는데 물론 사업이 잘 안되어 이윤이 없고 적자만을 기록할 때는 노사 간의 협의를 통해 노동자와 고용주가 서로 양보하면서 협력하여 어려움을 타개해 나가야 합니다. 그러나 자금이 원활하게 돌아가서 흑자를 기록하면서도 고용주가 노동자의 임금을 착취한다면 본 절에 기록된 악한 부자와 똑같은 사람이 되고 마는 것입니다.

아무리 이러한 사실을 교묘하게 위장하고 은폐한다고 할지라도 가인의 손에 의해 살해된 아벨의 피가 하나님께 호소했듯이(창 4:10) 그들의 착취된 삯이 하나님께 소리 지르고, 추수한 자들이 울 때 하나님께서는 들으십니다. 하나님 앞에서 그 누구도 감출 수 없습니다. 따라서 하나님께서 이와 같은 사실을 아실 때 그 부자의 운명이 어떻게 될 것인가 하는 것은 불을 보듯이 확실해지는 것입니다.

5절 **너희가 땅에서 사치하고 방종하여 살육의 날에 너희 마음을 살찌게 하였도다**

본 절은 부당하게 모은 재산을 부자들이 어떻게 소비하는가를 보여줍니다. 그들은 사치와 연락의 생활을 하는 데 그들의 재물을 소비합니다. 이와 같이 품꾼들의 고혈을 짜낸 돈으로 세상에서 온갖 호화스러운 부귀영화를 한 몸에 누리고 있으니 하나님께서 이와 같은 악한 부자를 그대로 두실 리가 만무합니다.

그렇기 때문에 그리스도인들은 자기 분수에 맞게 근검절약하는 생활을 해야 합니다. 어느 정도의 삶을 영위하는 데 필요한 것 외에 남는 재산은 하나님의 사업을 위해 사용해야 합니다. 사치와 연락은 바로 세상과 벗이 되는 행위이며 그것은 곧 하나님과 원수가 되는 행위인 것입니다(4:4).

악한 부자들은 육신의 정욕, 안목의 정욕, 이 세상의 자랑에 현혹되어 세상의 연락과 사치를 누리는 것이 참행복인 것처럼 느끼겠지만 그러한 행위는 마치 잔칫날에 잡아먹으려고 돼지를 살찌우는 것처럼 자신의 마음을 살찌게 하는 행위가 되는 것입니다. 아모스가 본 다섯 가지 환상 중에서 네 번째 환상인 잘 익은 여름 실과 한 광주리가 터질 것 같은 이스라엘의 죄악상을 의미하는 것같이(암 8:1-3), 부자들의 살찐 마음은 하나님의 심판 날에 임할 진노를 의미하는 것입니다.

6절 너희는 의인을 정죄하고 죽였으나 그는 너희에게 대항하지 아니하였느니라

4절에서는 부자가 부당하게 임금을 착취한 것에 대하여, 5절에서는 그런 방식으로 축적한 재물을 사치와 연락을 위해 낭비하는 것에 대하여 고발하였습니다. 그러나 이 정도까지는 있을 법한 일이라고 지나칠 수 있겠지만 본 절에서 지적하고 있는 죄악은 듣는 자로 하여금 경악을 금치 못하게 합니다. 이제 그들이 재산을 사용하는 범위는 자신의 쾌락을 얻는 데에만 그치지 않고, 자신을 정당화시키는 데까지 확장되어 죄 없는 자를 정죄하고 죽이기까지에 이르렀습니다. 부자들의 이러한 횡포는 동

서고금을 불문하고 널리 자행된 악습입니다.

부자들의 이러한 죄에 대해서는 구약의 많은 선지자들도 이미 지적한 바 있습니다. 이사야 선지자는 가난한 백성에게서 물건을 탈취하고 그들을 짓밟고 얼굴에 맷돌질하는 것을 통렬하게 꾸짖고(사 3:14-15), 뇌물을 받고 악인을 의롭다고 하고 의인을 악하다고 판결하는 자에게 화가 미칠 것이라고 예언한바 있습니다(사 5:23).

또한 아모스 선지자는 의인을 은(銀)으로 가난한 자를 신 한 켤레 값으로 사고파는 행위를 고발하고 나서 "너희가 힘없는 자를 밟고 그에게서 밀의 부당한 세를 거두었은즉 너희가 비록 다듬은 돌로 집을 건축하였으나 거기 거주하지 못할 것이요 아름다운 포도원을 가꾸었으나 그 포도주를 마시지 못하리라 너희의 허물이 많고 죄악이 무거움을 내가 아노라 너희는 의인을 학대하며 뇌물을 받고 성문에서 가난한 자를 억울하게 하는 자로다"(암 5:11-12)라고 분노에 가득 찬 심판의 말씀을 선포하였습니다.

부자들의 죄악상과 그들에게 임할 심판이 야고보서를 끝맺는 부분에 기록된 이유는 단순히 부자들의 각성을 촉구하려는 의도에만 있는 것이 아닙니다. 야고보는 이 말씀을 통해서 부자들뿐만 아니라 모든 사람들이 하나님과 물질의 관계를 바르게 이해할 수 있도록 하기 위해서 이와 같은 말씀을 기록한 것입니다.

다시 말해서 우리가 주님 중심의 생활을 할 때는 물질이 우리에게 커다란 유익이 되지만, 우리가 하나님을 떠난 생활을 할 때는 물질적인 부가 우리에게 유익을 가져다주기는커녕 오히려 무서운 심판만을 초래하고 만다는 것입니다.

2. 인내하는 신앙(5:7-11)

7. 그러므로 형제들아 주께서 강림하시기까지 길이 참으라 보라 농
부가 땅에서 나는 귀한 열매를 바라고 길이 참아 이른 비와 늦은 비를
기다리나니 8. 너희도 길이 참고 마음을 굳건하게 하라 주의 강림이
가까우니라 9. 형제들아 서로 원망하지 말라 그리하여야 심판을 면
하리라 보라 심판주가 문밖에 서 계시니라 10. 형제들아 주의 이름
으로 말한 선지자들을 고난과 오래 참음의 본으로 삼으라 11. 보라
인내하는 자를 우리가 복되다 하나니 너희가 욥의 인내를 들었고 주
께서 주신 결말을 보았거니와 주는 가장 자비하시고 긍휼히 여기시
는 이시니라

7절 그러므로 형제들아 주께서 강림하시기까지 길이 참으라 보라 농부가 땅에서 나는 귀한 열매를 바라고 길이 참아 이른 비와 늦은 비를 기다리나니

1절부터 6절까지에서 강력한 어조로 악한 부자들의 죄악상을 경고한 야고보는 이제 대상을 바꾸어 다시 믿음의 형제들에게 새로운 교훈을 주고 있습니다. 이 교훈은 앞의 부자에게 준 교훈과 대비되는 것으로, 악한 부자들이 세상 재물과 세상 법을 장악하고 수많은 사람들을 고통 가운데로 몰아넣는다고 해도 결코 낙심하거나 그들을 대항하여 싸우지 말고 주께서 다시 강림하실 때까지 길이 참으라는 것이 주된 내용입니다.

주께서 강림하시면 알곡과 가라지, 양과 염소, 선과 악, 진리와 거짓, 빛의 자녀와 어둠의 자녀가 확연하게 갈라져 의인은 영원히 빛나는 하나님의 나라의 백성이 되고 악인은 구더기도 죽지 않는 뜨거운 지옥 불 가운데로 떨어지게 됩니다. 하나님께서는 우리 그리스도인들이 주님의 이름 때문에 이 땅에서 겪어야 하는 고난과 박해를 결코 모른 체하시지 않습니다. 그러므로 우리는 아무리 우리가 억울한 일을 당한다 할지라도 직접 나서서 보복을 해서는 안 됩니다. 왜냐하면 원수 갚는 것은 오직 하나님께만 속한 것이기 때문입니다.

구약의 선지자 하박국이 하나님께 악인들은 번성하는데 의인들이 고난 가운데 사는 이유를 질문했을 때, 하나님께서는 "그 종말이 속히 이르겠고 결코 거짓되지 아니하리라 비록 더딜지라도 기다리라 지체되지 않고 반드시 응하리라"(합 2:3)고 말씀하셨습니다. 우리 인간의 관점에서 볼 때는 하나님의 심판이 한없이 더딘 것처럼 여겨지지만 하나님께는 하루가 천 년 같고 천 년이 하루와도 같기 때문에 모든 역사가 하나의 착오도 없이 하나님의 뜻대로 진행되어 가는 것입니다.

그러므로 우리 인간은 길이 참아야 합니다. 농부가 씨를 뿌린 후 곡식이 익기를 기다리는 심정으로 참아야 합니다.

농부에게 있어서 열매보다 귀중한 것은 없습니다. 열매를 거두기 위해 농부는 겨울 내내 종자 씨앗을 보관해 두고 이른 봄부터 논밭을 갈고 파종하여 김을 매고 잡초를 제거하고 비료를 뿌리고 농약을 뿌리는 수고를 아끼지 않습니다.

열매를 추수하는 시간은 잠깐이지만 그 열매를 기다리는 시간은 정말로 지루할 정도로 기나긴 것입니다. 이러한 농부의 심정이 가장 잘 나타난 사건이 바로 예수 그리스도의 부활 사건입니다. 천지 창조 이후 계속 타락의 길로 빠져 가는 인류를 불쌍히 여기신 하나님께서는 당신의 외아들 예수 그리스도를 세상에 심기로 작정하셨습니다. 그래서 동정녀 마리아를 통해 예수님을 이 땅에 보내시고 33년간의 세월을 기다리셨고 예수님께서 못 박히시면서 당하는 고통을 보시고도 묵묵히 참으셨던 것입니다.

그러나 예수님께서 땅에 떨어져 썩은 지 사흘 되던 날 부활하시자 하나님의 기나긴 기다림의 세월은 비로소 끝났습니다. 고린도전서 15장 20절 말씀은 이러한 상황을 "이제 그리스도께서 죽은 자 가운데서 다시 살아나사 잠자는 자들의 첫 열매가 되셨도다"라고 묘사하고 있습니다.

하나님께서도 천지를 창조하신 후 수천 년이 지나고 나서야 첫 열매를 거두셨는데 우리 인간이 주의 강림의 날을 기다리지 못할 이유가 어디에 있으며, 만약 기다리지 못하겠다면 인간 스스로 무엇을 어떻게 해 보겠다는 것입니까? 우리 인간은 하나님의 피조물이기 때문에 하나님의 은혜를 전적으로 기대할 수밖에 없습니다. 예수님께서는 "나는 알파와 오메가요 처음과 마지막이라"(계 21:6)고 말씀하셨습니다. 천지를 지으신 분도 하나님이시고, 천지를 심판하시는 분도 하나님이신 것입니다.

농부가 열매를 기다리면서 이른 비와 늦은 비를 기다리듯이 우리 그리스도인들은 주의 재림을 기다리면서 성령의 이른 비와 늦은 비를 기대해야 합니다. "말세에 내가 내 영을 모든 육체에 부어 주리니 너희의 자녀들은 예언할 것이요 너희의 젊은이들은 환상을 보고 너희의 늙은이들은 꿈을 꾸리라"(행 2:17)는 말씀은 바로 이를 두고 하신 말씀인 것입니다. 성령 충만한 삶, 하나님을 믿는 믿음 위에 굳건히 서는 생활만이 주의 재림을 고대하며 깨어 준비하는 생활이라는 것을 명심해야겠습니다.

8절 너희도 길이 참고 마음을 굳건하게 하라 주의 강림이 가까우니라

본 절은 앞 절과 중복되는 내용이지만 참는 것뿐만 아니라 한 걸음 더 나아가 마음을 굳게 하라고 권고하고 있습니다. 잠언 4장 23절에 "모든 지킬 만한 것 중에 더욱 네 마음을 지키라 생명의 근원이 이에서 남이니라"고 기록되어 있듯이 한 가지 마음, 요동하지 않고 의심하지 않는 마음이 우리 신앙생활에는 매우 중요합니다.

사도 바울은 "이기기를 다투는 자마다 모든 일에 절제하나니 그들은 썩을 승리자의 관을 얻고자 하되 우리는 썩지 아니할 것을 얻고자 하노라"(고전 9:25)고 말했습니다. 권투 선수가 시합 전에 체중을 조절하듯이, 또 마라톤 선수가 경기 전에 음식물을 조절하듯이, 영적 전투에 나가는 우리들은 절제하는 마음으로 매일매일의 삶을 살아가야 합니다.

9절 형제들아 서로 원망하지 말라 그리하여야 심판을 면하리라 보라 심판주가 문밖에 서 계시니라

여기에서 경고한 것은 4장에 언급된 형제 비방 문제와는 성질이 약간 다른 것입니다. 형제 비방은 악의를 가지고 적극적으로 비난하는 것이지만, 형제 원망은 소극적으로 불평하는 것입니다. 하나님께서는 비방하는 것뿐 아니라 원망하는 것도 기뻐하지 않으십니다.

원망했기 때문에 그 대가를 치른 사람들이 바로 광야의 이스라엘 백성들이었습니다. 그들은 종살이했던 애굽 땅에서 나와 하나님의 기적을 힘입어 홍해를 건너 가나안 땅을 향하여 시내 광야로 접어들었습니다.

처음에는 저마다 희망에 부푼 행진을 했습니다. 하지만 얼마 있지 않아 목마름과 배고픔 등 여러 가지의 어려움이 생기자 그들은 하나님을 원망하고 모세에게 불평하기 시작하였습니다. 심지어 어떤 사람은 차라리 애굽에서 종살이하던 시절에는 먹는 것은 마음대로 먹을 수 있었다고 말하기까지 하였습니다.

이처럼 이스라엘 백성들이 그들을 구출해 주신 하나님께 대하여 원망을 늘어놓자 하나님께서는 광야에 불 뱀과 여러 가지 어려움을 보내시고 급기야는 11일이면 갈 수 있는 가나안 땅에(신 1:2) 들어가는 데 무려 40년이라는 세월이 걸리도록 광야에서 방황하게 만드셨습니다. 죄를 범할 때는 항상 심판이 뒤따르는데 원망도 죄에 속하므로 하나님의 심판이 뒤따르는 것입니다.

그러므로 원망할 일이 생기면 스스로 절제하면서 하나님께 간절히 기도해야 합니다. 원망한다고 일이 잘되는 것은 아닙니다. 오히려 일이 더 꼬이게 되는 경우가 많습니다. 그러므로 사람 편에 서서 사람을 보고 원망할 것이 아니라 하나님 앞에 엎드려 억울한 문제를 놓고 기도하면 하나님께서 그를 불쌍히 여기시고 그 기도를 들어주십니다.

10절 형제들아 주의 이름으로 말한 선지자들을 고난과 오래 참음의 본으로 삼으라

역사는 우리들에게 여러 가지 교훈을 주며, 특히 우리의 앞길을 헤쳐나가는 데 있어서 더할 나위 없이 훌륭한 안내자가 됩니다. 이것은 믿음의 세계에서도 마찬가지입니다. 어려운 순간이 다가올 때 과거에 살았던 믿음의 선조들의 신앙생활을 돌이켜 보면 결코 외롭지 않다는 것을 느끼게 됩니다.

수많은 믿음의 선조들 중에서 우리는 엘리야를 통해 극한 고통 중에서도 끝내 쓰러지지 않은 예를 찾아볼 수 있습니다. 갈멜 산에서 450명의 바알 선지자와 400명의 아세라 선지자들과 겨루어 이긴 엘리야가 기손 시냇가에서 그들을 모두 죽이자 아합 왕의 왕비 이세벨이 엘리야를 죽이려고 사람을 풀었습니다. 이 사실을 안 엘리야는 광야로 도피해서 한 로뎀나무 아래 앉아 하나님께 죽기를 구했습니다. 엘리야는 자기 혼자만이 하나님을 섬긴다고 생각했기 때문에 더 이상 버틸 힘을 잃고 말았던 것입니다. 그러나 하나님께서는 엘리야에게 아직 바알에게 무릎을 꿇지 않은 7천 명의 사람을 남겨 두었다고 말씀하셨습니다. 그 결과 엘리야는 자신의 사명을 다 마치고 나중에는 죽음을 보지 않고 회리바람을 타고서 하늘나라로 올라갔습니다.

'오래 참음' 은 고린도전서 13장에 기록된 사랑의 속성 중에서 제일 처음에 나오는 것입니다. 이것은 우리가 사랑할 때 오래 참을 수 있다는 것을 보여 줍니다. 그러므로 이 세상을 살아가면서 오래 참을 수 있는 것은 하나님을 사랑하고 하나님께서 우리를 위해 준비하신 하늘나라를 바라볼 때 가능한 것입니다.

11절 보라 인내하는 자를 우리가 복되다 하나니 너희가 욥의 인내를 들었고 주께서 주신 결말을 보았거니와 주는 가장 자비하시고 긍휼히 여기시는 이시니라

인내에 대한 본(本) 중에서 가장 대표적인 것이 욥의 인내입니다. 욥은 온전하고 정직하여 하나님을 경외하며 악에서 떠난 자였습니다(욥 1:1).

그런데 이를 시기한 사탄이 하나님께로부터 허락을 받아 욥에게 어마어마한 시험을 보냈습니다. 하루아침에 전 재산을 잃고 일곱 명의 아들과 세 명의 딸까지 모두 잃었으며, 급기야는 온몸에 악창까지 났습니다. 설상가상으로 아내마저 그를 저주하며 도망갔으며, 가장 친한 친구들조차 욥을 제대로 이해해 주지 않았습니다.

그러나 욥은 "내가 모태에서 알몸으로 나왔사온즉 또한 알몸이 그리로 돌아가올지라 주신 이도 야훼시요 거두신 이도 야훼시오니 야훼의 이름이 찬송을 받으실지니이다"(욥 1:21)라는 위대한 신앙 고백을 할 뿐, 한 순간이라도 하나님을 원망하거나 저주하지 않았습니다. 이처럼 끝까지 하나님을 향한 열심이 식지 않은 욥에게 하나님께서는 이전보다 갑절의 축복을 부어 주셨던 것입니다(욥 42:10).

우리 하나님은 자비로우시며 긍휼히 여기기를 기뻐하시는 분이십니다. 또한 하나님께서는 육신의 고통, 생활의 어려움, 가정의 불화, 사업의 문제 등 우리 그리스도인들을 괴롭히는 모든 마귀의 시험을 결코 용납하지 않으십니다. 그렇기 때문에 잠시 환난이 다가온다 할지라도 낙심하지 않고 욥과 같이 길이 참으면 하나님의 축복을 받아 누리게 되는 것입니다.

우리 주님께서는 고난받는 서머나 교회에 대하여 "너는 장차 받을 고난을 두려워하지 말라 볼지어다 마귀가 장차 너희 가운데서 몇 사람을 옥에 던져 시험을 받게 하리니 너희가 십 일 동안 환난을 받으리라 네가 죽도록 충성하라 그리하면 내가 생명의 관을 네게 주리라"(계 2:10)는 말씀을 주셨습니다.

기독교 신앙은 신자들을 '무풍지대'(無風地帶)로 인도하는 것이 결코 아닙니다. 오히려 신앙이 깊어질수록 풍랑이 거세지고 폭풍이 휘몰아칩니다. 그러나 이러한 시험을 통해 자아를 완전히 하나님 앞에서 깨뜨리고 변화를 받아 신앙의 기초를 튼튼히 쌓기만 하면 하나님께서 말할 수 없는 축복으로 채워 주시는 것입니다. 이것이 하나님의 역사하시는 방법이요, 수많은 신앙의 선배들이 묵묵히 걸어간 길입니다.

3. 맹세하지 말라(5:12)

12. 내 형제들아 무엇보다도 맹세하지 말지니 하늘로나 땅으로나 아무 다른 것으로도 맹세하지 말고 오직 너희가 그렇다고 생각하는 것은 그렇다 하고 아니라고 생각하는 것은 아니라 하여 정죄 받음을 면하라

12절 내 형제들아 무엇보다도 맹세하지 말지니 하늘로나 땅으로나 아무 다른 것으로도 맹세하지 말고 오직 너희가 그렇다고 생각하는 것은 그렇다 하고 아니라고 생각하는 것은 아니라 하여 정죄 받음을 면하라

'맹세' 하는 문제는 3장에 언급된 '말실수' 와도 연결될 수 있는 것이지만 그것이 미치는 영향을 본다면 보통의 말실수와는 비교가 안 될 정도로 심각합니다.

여러 가지 맹세 중에서도 가장 중요시해야 되는 것이 바로 하나님과의

맹세입니다. '하나님과의 맹세' 는 우리가 잘 알고 있는 '서원 기도' 입니다. 우리가 서약을 할 때에는 자신이 그것을 지킬 수 있는가를 미리 신중하게 검토해 보는 것이 절대적으로 필요합니다.

성경의 인물 중에서 함부로 서원 기도를 했다가 큰 고통을 당한 사람이 사사 입다입니다. 암몬 족속이 이스라엘을 쳐들어 왔을 때 입다는 하나님께 "주께서 과연 암몬 자손을 내 손에 넘겨주시면 내가 암몬 자손에게서 평안히 돌아올 때에 누구든지 내 집 문에서 나와서 나를 영접하는 그는 야훼께 돌릴 것이니 내가 그를 번제물로 드리겠나이다"(삿 11:30-31)라고 서약했습니다. 그 후 입다는 암몬 족속과 싸울 때에 하나님께서 도와주셔서 무사히 이길 수 있었습니다.

그러나 의기양양해서 집으로 돌아오던 입다 장군은 문 앞에 나와 영접하는 사람을 보고는 그만 하늘이 무너지는 것 같은 절망을 느꼈습니다. 왜냐하면 제일 처음 문에서 나와 영접한 사람은 다름 아닌 그의 무남독녀 외딸이었기 때문이었습니다. 입다는 옷을 찢으며 슬퍼했지만 이미 하나님께 서약한 이상 어쩔 도리가 없었습니다. 이러한 입다의 사례를 통해 우리는 서원이 얼마나 무서운가 하는 사실을 깊이 깨달을 수 있습니다.

예수님께서는 맹세하지 말 것을 강조하셨습니다. "나는 너희에게 이르노니 도무지 맹세하지 말지니 하늘로도 하지 말라 이는 하나님의 보좌임이요 땅으로도 하지 말라 이는 하나님의 발등상임이요 예루살렘으로도 하지 말라 이는 큰 임금의 성임이요 네 머리로도 하지 말라 이는 네가 한 터럭도 희고 검게 할 수 없음이라 오직 너희 말은 옳다 옳다, 아니라 아니라 하라 이에서 지나는 것은 악으로부터 나느니라"(마 5:34-37). 하나님께 하는 서약이나 인간에게 하는 맹세는 무서운 결과를 초래하기 때문에 될 수 있으면 맹세하지 말고 옳다고 생각하는 것은 옳다, 틀리다고 생각하는 것은 틀리다고 하라는 것입니다. 이렇게 하면 설혹 틀린 경우가 발생한다 해도 큰 죄를 범하지 않게 됩니다. 그렇기 때문에 시편 기자는 "야훼여 내 입에 파수꾼을 세우시고 내 입술의 문을 지키소서 내 마음이 악한 일에 기울어 죄악을 행하는 자들과 함께 악을 행하지 말게 하시며 그들의 진수성찬을 먹지 말게 하소서"(시 141:3-4)라고 기도했던 것입니다.

4. 신유를 위한 기도(5:13-18)

13. 너희 중에 고난당하는 자가 있느냐 그는 기도할 것이요 즐거워
하는 자가 있느냐 그는 찬송할지니라 14. 너희 중에 병든 자가 있느
냐 그는 교회의 장로들을 청할 것이요 그들은 주의 이름으로 기름을
바르며 그를 위하여 기도할지니라 15. 믿음의 기도는 병든 자를 구
원하리니 주께서 그를 일으키시리라 혹시 죄를 범하였을지라도 사
하심을 받으리라 16. 그러므로 너희 죄를 서로 고백하며 병이 낫기
를 위하여 서로 기도하라 의인의 간구는 역사하는 힘이 큼이니라
17. 엘리야는 우리와 성정이 같은 사람이로되 그가 비가 오지 않기를
간절히 기도한즉 삼 년 육 개월 동안 땅에 비가 오지 아니하고 18.
다시 기도하니 하늘이 비를 주고 땅이 열매를 맺었느니라

13절 너희 중에 고난당하는 자가 있느냐 그는 기도할 것이요 즐거워 하는 자가 있느냐 그는 찬송할지니라

우리가 앞에서 살펴본 바와 같이 고난이 다가올 때는 하나님께서 연단하시는 때입니다. 그러므로 고난당할 때 인간의 힘만을 가지고 이겨 보려고 애쓰다가는 그만 그 고난의 구렁텅이에서 헤어나지 못하게 되고 맙니다. 그렇기 때문에 고난당할 때야말로 하나님의 능력이 절실히 요구되는 때입니다.

위대한 하나님의 능력이 고난에 처한 우리에게 임하게 하려면 우리는 어떻게 해야 할까요? 이에 대한 해답으로 제시된 것이 바로 본 절 말씀입니다. 즉, 하나님 앞에 나아와서 과거에 지은 모든 죄를 자복하고 회개하여 새로운 사람이 되고 나서 고난을 이길 수 있는 능력을 힘써 구해야만 하는 것입니다. 왜냐하면 하나님께서는 믿는 자들에게 고난을 이길 수 있는 힘을 공급해주시기 때문입니다. 이와 같은 믿음이 있었기 때문에 다윗은 시편 23편 4절에서 "내가 사망의 음침한 골짜기로 다닐지라도 해를 두려워하지 않을 것은 주께서 나와 함께하심이라 주의 지팡이와 막대기가 나를 안위하시나이다"라고 찬양했던 것입니다.

예수님께서도 고난의 밤이 다가왔을 때 밤이 새도록 겟세마네 동산에서 기도하셨습니다. 큰 물고기의 배 속에 갇힌 요나도 그곳에서 절망하지 않고 하나님께 기도했습니다. 이처럼 고통 중에 빠지게 될 때 낙심하지 않고 하나님께 기도하면 주께서는 모든 얼굴에서 눈물을 씻기시고 그 백성의 수치를 제하여 주십니다(사 25:8). 시편 40편 1절에 기록된 "내가 야훼를 기다리고 기다렸더니 귀를 기울이사 나의 부르짖음을 들으셨도다"라는 찬양은 바로 이와 같은 하나님의 섭리를 직접 목격한 사람의 신

앙 고백인 것입니다.

고난 중에서 간절히 기도하면 그 고난을 무사히 넘길 수 있을 뿐만 아니라 하나님께서 내리시는 축복도 풍성히 받아 즐거움이 넘치게 됩니다. 그러므로 찬송해야 합니다. 찬송은 감사와도 직결되는 것이며, 하나님께서 인간을 창조하신 목적도 찬송을 부르게 하려는 것이었습니다(사 43:21).

오늘날 많은 그리스도인들이 하나님께 간구하여 응답을 받고 나서도 그것을 주신 하나님께 감사하지 않으므로 보다 깊은 신앙생활로 들어가지 못하고 있습니다. 시편 50편 23절에는 "감사로 제사를 드리는 자가 나를 영화롭게 하나니 그의 행위를 옳게 하는 자에게 내가 하나님의 구원을 보이리라"는 말씀이 기록되어 있습니다.

감사하는 생활, 찬양하는 생활은 우리 그리스도인들이 하늘나라에 가기 전까지 끊임없이 계속해야 할 과제입니다. 그렇기 때문에 시편 150편 6절은 "호흡이 있는 자마다 야훼를 찬양할지어다"라고 말씀하고 있는 것입니다.

14절 너희 중에 병든 자가 있느냐 그는 교회의 장로들을 청할 것이요 그들은 주의 이름으로 기름을 바르며 그를 위하여 기도할지니라

앞 절부터 시작된 새로운 교훈에 나오는 세 부류, 즉 고난당하는 자와 즐거워하는 자와 병든 자 중에서 마지막 '병든 자'에 대한 교훈이 가장 긴 것(14-18절)을 보아 병 고침의 문제에 대한 하나님의 관심이 지대하다는 사실을 알 수 있습니다. 또한 병 고치는 문제가 앞 절의 '고난'과 독립

해서 다루어졌다는 사실 또한 주목할 만합니다.

어떤 사람이 병에 걸렸을 때는 우선 교회의 장로들을 청하라고 했습니다. 장로는 교회의 지도자를 말하며 오늘날의 목사나 전도사와 같은 주의 종을 지칭한다고 볼 수 있습니다. 여기에서 중요한 것은 병 고침을 위해 기도할 때 혼자 골방에서 기도하라고 말씀하지 않고 믿음의 선배들과 함께 합심해서 기도하라고 말씀하셨다는 것입니다.

병든 사람의 요청으로 장로가 그 집을 심방하게 되면 병든 자에게 기름을 바르며 병 낫기를 위해 기도하라고 하였습니다. 환자들에게 기름이나 포도주를 바르는 것은 그 당시 널리 유행하던 소독법이었는데, 특히 병 낫기를 위해 기도할 때 기름을 바르라고 말씀하신 것은 영적으로 크게 두 가지 의미를 내포하고 있습니다.

첫째로, 하나님께서 '성별(聖別)하신다' 는 의미가 있습니다. 구약 시대의 왕, 제사장, 선지자들은 기름 부음을 받음으로써 비로소 직무를 수행할 수 있었습니다. 기름 부음을 받음으로써 그들은 하나님 앞에서 거룩하게 구별되어 드린 바 되었던 것입니다. 그러므로 병 고침을 받기 위해서는 세상과 구별되어 하나님께 드린 바 되어야만 합니다. 세상과 구별된다는 것은 과거에 죄짓고 불의하고 추악한 삶을 살았던 것을 주님 앞에 모두 회개하고 다시는 그와 같은 생활을 하지 않는 것입니다.

둘때로, '성령 충만' 의 의미가 있습니다. 그러므로 장로가 병든 자에게 기름을 바를 때 성령의 치료하시는 권능이 함께하시기 때문에 모두 합심으로 기도하기만 하면 깨끗이 고침을 받게 되는 것입니다.

회개와 성령 충만, 이것이야말로 병 고침을 받는 데 있어서 필요 불가결한 요소입니다.

15절 믿음의 기도는 병든 자를 구원하리니 주께서 그를 일으키시리라 혹시 죄를 범하였을지라도 사하심을 받으리라

병 고치는 문제에 있어서 다른 것도 중요하지만 그중에서도 가장 중요한 것이 믿음의 기도입니다. 그렇기 때문에 아무리 주위 사람들이 기름을 바르고 병이 나을 것이라는 확신이 있어도 정작 병든 자가 병이 나을 것이라는 믿음을 갖고 있지 않으면 여간해서는 병 고침을 받을 수 없게 됩니다. 예수님께서 공생애 기간 동안 고치신 병자들은 모두 자기의 믿음으로 병 고침을 받았습니다. 그 때문에 예수님께서도 "네 믿음이 너를 구원하였느니라"(막 10:52; 눅 17:19)고 말씀하셨던 것입니다.

여기에서 '병든 자를 구원한다' 는 말은 병든 것을 고쳐 주신다는 말과 한가지입니다. 주님께서는 병든 자를 구원하시고 일으켜 주실 뿐만 아니라 그의 죄까지도 사하여 주십니다. 예수님께서 가버나움에 있는 어느 집에서 무리를 가르치실 때 한 중풍 병자를 네 명의 친구들이 그 집의 지붕을 뜯고 침상째 달아 내린 후 예수님께 고쳐 달라고 간구하자, 예수님께서 그들의 믿음을 보시고 "작은 자야 네 죄 사함을 받았느니라"(막 2:5)는 충격적인 선포를 하셨습니다. 예수님께서는 중풍 병자의 육신의 병을 고쳐 주시기 전에 영혼의 병을 고쳐 주셨던 것입니다. 그러므로 우리가 병 고침을 위해 기도할 때 병 나음은 물론 우리를 묶고 있던 모든 죄악의 사슬도 온데간데없이 사라지고 마는 것입니다.

16절 그러므로 너희 죄를 서로 고백하며 병이 낫기를 위하여 서로 기도하라 의인의 간구는 역사하는 힘이 큼이니라

앞 절의 말씀대로 믿음의 기도는 병든 자를 일으키고 죄 사함을 받게

하는 능력을 가지고 있으므로 먼저 자신이 범한 죄를 서로 고하는 것이 매우 중요합니다. 만일 우리가 우리의 죄를 자백하면 하나님께서는 미쁘시고 의로우시기 때문에 우리의 죄를 사하시며 모든 불의에서 우리를 깨끗하게 하십니다(요일 1:9).

그런데 죄를 서로 고하라는 말은 하나님께 드리는 회개의 기도만을 의미하는 것이 아니라 형제와 이웃 사이에 지은 죄를 서로 고백하고 용서해 주는 것까지 포함합니다. 그렇기 때문에 주님께서 기도를 가르쳐 주실 때에도 "우리가 우리에게 죄 지은 자를 사하여 준 것같이 우리 죄를 사하여 주시옵고"(마 6:12)라고 말씀하셨던 것입니다.

우리가 우리의 죄를 하나님과 형제들에게 고한 후 사죄함을 받으면 의인이 되어 죄를 한 번도 짓지 않은 것같이 됩니다. 이렇게 되면 하나님 앞에 부끄럼 없이 설 수 있게 되고 필요한 것을 간구할 때 하나님께서 응답해 주십니다. 그렇기 때문에 야고보는 의인의 간구는 역사하는 힘이 크다고 말하고 있는 것입니다. 의인의 간구가 응답된 예로 제시된 것이 다음 절에 나오는 엘리야의 기도입니다.

17절 엘리야는 우리와 성정이 같은 사람이로되 그가 비가 오지 않기를 간절히 기도한즉 삼 년 육 개월 동안 땅에 비가 오지 아니하고

앞서 밝힌 대로 본 절은 앞 절의 "의인의 간구는 역사하는 힘이 크다"는 말씀에 대한 예입니다. 그러므로 야고보가 본 절에서 강조하는 것은 엘리야의 위대한 선지자로서의 위치라기보다는 '우리와 성정이 같은 사람' 이라는 데 있습니다. 일반적으로 사람들은 성경에 기록된 특별한 인물, 이를테면 왕이나 제사장이나 선지자 같은 사람들은 보통 사람과는 아주 다른 사람이라고 생각하는 경향이 있습니다. 그러나 실제로는 본 절에 기록된 것과 같이 그들도 알고 보면 우리와 다를 바가 없는 인간이었습니다.

다만 본 절에서 소개하고 있는 엘리야가 보통 사람들과 다른 점이 있다면 그는 의인이었으며 기도의 사람이었다는 것입니다. 그래서 그가 기도했을 때 이스라엘 전역에 3년 6개월 동안이나 가뭄이 계속되었던 것입니다. 엘리야가 이러한 기도를 하나님께 드리게 된 동기는 이스라엘 백성들이 하나님을 배반하고 바알 신과 아세라 신을 섬긴 데 있었습니다. 시므리를 죽이고 왕이 된 오므리의 아들로서 북 왕국 이스라엘의 7대 왕이었던 아합은 시돈의 공주 이세벨을 아내로 맞아 우상 숭배의 길로 치달았습니다. 시돈은 이스라엘의 북방에 위치한 항구 도시 국가로서 여러 인종과 국민과 종교들이 혼합되어 우상 백화점과 같이 각종 우상으로 뒤덮여 있던 곳이었습니다. 아합은 불행히도 이러한 시돈 출신의 아내 이세벨의 영향을 받아 자기 백성들까지도 바알 숭배의 허망한 길로 내몰았던 것입니다. 그 결과 우상 숭배에 빠진 이스라엘 백성들은 모두 바알에게 무릎을 꿇었지만, 이러한 상황 가운데서도 끝까지 믿음을 지킨 엘리야는 찢어지는 심정을 억누르면서 조국의 산하에 가뭄을 내려 달라고 하나님께 간구했던 것입니다. 그래서 의인 엘리야의 기도를 들으신 하나님께서 엘리야의 기도대로 가뭄을 이스라엘 전역에 내리셨던 것입니다.

18절 다시 기도하니 하늘이 비를 주고 땅이 열매를 맺었느니라

가뭄이 3년 이상 계속되던 때, 엘리야는 아합 왕을 찾아가 갈멜 산 꼭

대기에서 바알 신과 아세라 신과 하나님 사이의 실력대결을 벌일 것을 제의했습니다. 그래서 갈멜 산에서 바알과 아세라의 선지자들과 엘리야 사이에 목숨을 건 제사 의식이 진행되었는데, 바알과 아세라 선지자들은 하루 종일 자기 몸을 칼로 찌르면서 부르짖었으나 아무런 응답이 없었습니다. 그러나 엘리야가 제물에 물을 흠뻑 부은 후 살아 계신 하나님께 "불로써 응답하소서!" 라고 외치자 하나님의 불이 번제물을 태우고 나무와 돌과 흙을 태우고 심지어는 도랑의 물까지도 다 핥았습니다(왕상 18:38).

모든 이방 선지자들을 죽이고 나서 엘리야는 가뭄을 그쳐 달라고 하나님께 간절히 기도했습니다. 그러자 바다 쪽에서 손바닥만 한 먹장구름이 생기더니 순식간에 온 하늘을 덮었습니다. 그리고 곧 3년 6개월의 가뭄을 깨고 큰 비가 쏟아져 내렸습니다. 바알 숭배자들은 자연현상을 바알이 주관하고 있다고 믿었기 때문에 농사지을 때는 풍요의 신인 바알을 섬겨 왔습니다. 그러므로 엘리야가 기도로써 가뭄이 들게 하고 또 기도로써 가뭄을 그치게 한 것은 이러한 바알 신앙을 무너뜨리는 계기가 되었다는 데 그 의의가 있습니다. 다시 말하자면 모든 자연현상까지도 창조주 하나님께서 주관하고 계시다는 사실을 만방에 알리는 계기가 되었던 것입니다.

이와 같이 엘리야의 기도를 들어주신 하나님께서는 오늘날도 우리가 죄를 회개하고 간구하면 그 기도에 응답해 주십니다.

5. 진리를 떠난 자를 회개시켜라(5:19-20)

19. 내 형제들아 너희 중에 미혹되어 진리를 떠난 자를 누가 돌아서게 하면 20. 너희가 알 것은 죄인을 미혹된 길에서 돌아서게 하는 자가 그의 영혼을 사망에서 구원할 것이며 허다한 죄를 덮을 것임이라

19절 내 형제들아 너희 중에 미혹되어 진리를 떠난 자를 누가 돌아서게 하면

본 서의 마지막 교훈은 이단에 대한 경계의 말씀입니다. 야고보는 지금까지 신앙생활에 있어서 너무나 중요한 주옥같은 교훈들을 성도들에게 주었습니다. 이 모든 교훈들은 그가 성령의 감동을 받아 기록한 것입니다. 그러므로 본 서의 모든 교훈은 야고보가 한 말이 아니라 시대를 초월하여 하나님께서 직접 우리 모든 그리스도인들에게 말씀하신 것입니다.

본 서는 "어느 것이 참이고, 어느 것이 거짓이냐?" 하는 문제에 대한 구분을 하고 있지는 않습니다. 단지 지금까지 계속 "이것이 참이다!"라고 말해 왔을 뿐입니다.

"지상의 교회는 전투하는 교회다."라고 사람들은 말합니다. 문자 그대로 주님의 몸 된 교회는 그 성립 초기부터 외부의 적, 내부의 적과 끊임없이 투쟁해 왔습니다. 외부의 적은 교회에 극심한 환난과 박해를 가해

왔고, 내부의 적은 거짓된 진리를 유포해 왔습니다. 박해에 의한 순교는 기독교인의 가장 커다란 영광이었지만 아편과 같은 이단 종파는 영의 눈을 멀게 하여 종국에 가서는 멸망에 이르게 하는 걸림돌이 되었습니다.

성경은 이단이 미치는 영향을 고려해서 여러 곳에서 이단을 경계하라는 말씀을 주고 있는데, 성경에서 이단에 대해 언급한 것을 살펴보면 '다른 교훈을 가르치는 자' (딤전 6:3), '하나님을 부인하며 예수께서 그리스도임을 부인하는 자' (요일 2:22), '참믿음에서 떠난 자' (딤전 4:1), '미혹하는 자' (요이 1:7) 등으로 요약할 수 있습니다.

이러한 이단의 꾐에 일단 빠지게 되면 돌이키기가 여간 어렵지 않습니다. 그러므로 이단에 빠진 사람들을 돌이키게 하려면 우선 말씀에 굳게 선 후 성령님께 의지하면서 긍휼히 여기는 마음을 가지고 조심스럽게 돌아오도록 권면해야 합니다. 이 모든 일을 하는 데에는 우리 안에 있는 아흔아홉 마리의 양보다 길을 잃은 한 마리 양을 찾아 온 들과 산을 헤매며 찾으려는 목자의 심정이 절대적으로 필요합니다.

20절 너희가 알 것은 죄인을 미혹된 길에서 돌아서게 하는 자가 그의 영혼을 사망에서 구원할 것이며 허다한 죄를 덮을 것임이라

예수님을 믿는 도를 떠난 자를 회개하도록 하여 돌이키게 하면 그 영혼을 사망에서 구할 뿐만 아니라 그의 수많은 죄도 덮이게 해 줍니다. 그러므로 우리는 예수님을 믿지 않는 사람에게만 전도할 것이 아니라 믿다가 타락한 사람들에게도 전도하여 구원하는 일에 열심을 다해야 할 것입니다.

여러분은 야고보서를 처음부터 마지막까지 다 공부했습니다. 이제 여러분 각자가 하나님께 새로운 신앙의 결단을 보여 드릴 차례입니다. 다음 질문을 깊이 생각해 보십시오. 그리고 주님께 결단의 기도를 드리십시오.

나는 믿음의 사람인가?

나는 행함의 사람인가?

나는 청지기적 삶을 살아가고 있는가?

나는 겸손한 신앙인인가?

나는 인내하는 신앙인인가?

나는 기도하는 신앙인인가?

여러분 모두 하나님의 말씀에 충실한 그리스도인이 되시기를 주님의 이름으로 축원합니다.

A Commentary on
the First Epistle of Peter

베드로전서

서론 | 베드로전서

Preface

1. 주제 및 기록 목적

본 서의 주제는 '극심한 환난 가운데서의 소망'으로 종교적 박해 때문에 곳곳에 흩어져 있던 그리스도인들에게 산 소망을 주기 위해 기록된 것입니다(1:1-5). 서신이 쓰인 당시는 로마에 의해 수많은 그리스도인들이 박해를 받고 환난에 처해 있었습니다. 이러한 상황에 처한 성도들에게 베드로는 이 세상의 썩어질 것에 소망을 두지 말고 항상 그들과 함께하시는 하나님을 바라보며 곧 다시 오실 예수 그리스도를 생각하라고 권면합니다. 아울러 성도들의 신앙과 생활 태도에 대해서도 이 책은 말하고 있습니다. 즉, 베드로는 성도들의 믿음이 날마다 장성하기를 기원하는 입장에서 아내와 남편, 장로와 젊은이들이 신앙생활은 물론 그 밖의 모든 가정생활에 이르기까지 거룩한 삶을 살 것을 권고하면서 동시에 튼튼한 기독교적 윤리를 제시하고 있습니다.

2. 기록자 및 수신자

베드로전서를 기록한 사람은 예수님의 수제자인 베드로입니다(1:1). 본 서의 저자에 대해서는 의견이 분분하지만 본문의 내용으로 볼 때 베드로의 신실한 형제였던 실루아노의 도움을 얻어 베드로가 기록한 것을 알 수 있습니다(5:12). 수신자는 소아시아에 흩어져 있던 그리스도인들입니다(1:1-2).

3. 기록 연대 및 집필 장소

본 서는 베드로가 순교하기 직전인 주후 64년경 네로 황제의 박해 시 기록되었습니다. 기록 장소는 5장 13절에 나타난 바와 같이 바벨론인데 이때의 바벨론이란 로마를 의미하는 것입니다.

4. 특징

본 서의 특징은 절망을 소망으로, 환난을 위로로 전환하고자 하는 데에 있습니다. 쓰여진 용어를 보더라도 고난이란 말이 16번이나 나오며 이중 6번은 그리스도의 고난과 관련되어 있습니다. 베드로는 본 서신에서 그 고난을 믿는 자들의 특권인 은혜와 소망에 연결시킴으로써 환난을 이길 수 있도록 격려하고 있습니다. 또한 구약의 인용 및 신약의 다른 책과의 연관점이 많은 것도 이 책의 또 다른 특징입니다.

5. 베드로에 대하여

시몬 베드로는 어부로서 고기를 낚다가 예수님의 제자로 부름을 받았습니다(막 1:16-18). 그의 원래 이름은 히브리 말로 시몬이었으나 예수님께서 베드로, 즉 반석이라는 뜻의 이름을 주셨습니다(마 16:18). 베드로는 주님의 능력을 힘입어 물 위를 걷기도 하였고(마 14:27-29), 변화산상의 체험도 하였으며(마 17:1-2), 주님을 그리스도시요 살아 계신 하나님의 아들이라고 고백하였습니다(마 16:16). 그러나 예수님께서 로마 군병들에게 잡히시던 밤에는 예수님을 저주하며 부인하기까지 했습니다.

이후 베드로는 오순절 날 성령 침례를 받은 후 변화되었습니다. 그가 자리를 박차고 나가 복음 전파에 힘쓰자 하루에 삼천 명, 오천 명이 회개하는 역사가 일어나기도 했습니다.

사도 바울이 이방인의 복음 전파에 힘썼다면 베드로는 유대 민족을 위한 복음 전파에 주력했습니다. 그러나 하나님께서 거룩하다 하신 것을 속되다 하지 말라고 하시는 환상을 본 후로 그는 고넬료를 비롯한 이방인들에게도 구원의 말씀을 전하였습니다(행 10장). 이와 같이 일생을 주님의 증인으로서 살았던 베드로는 주님께서 당신의 어린 양을 먹이라고 하신 명령에 순종하여(요 21:15-17) 죽는 순간까지 복음을 전하다 주후 67-68년경 네로 황제의 박해 시 십자가에 거꾸로 매달려 순교한 것으로 전해집니다.

제 1 장

구원과 산 소망의 신앙

인사 1:1-2
산 소망이 있게 하신 하나님 1:3-12
거룩한 자가 되라 1:13-25

A COMMENTARY ON THE FIRST EPISTLE OF PETER

베드로는 소아시아에 흩어져 있는 성도들에게 문안하고, 환난 가운데 있는 자들에게 산 소망이 있게 하신 하나님을 바라보도록 합니다. 예수님께서 오실 때까지 그리스도의 보배로운 피로 사신 우리의 몸을 거룩하게 지키며 피차 뜨겁게 사랑하라고 권면하고 있습니다. 나아가 거듭남의 기초가 항상 살아 계신 하나님의 말씀에 있음을 강조하며 세세토록 계신 주의 말씀을 찬양하고 있습니다.

1. 인사(1:1-2)

1. 예수 그리스도의 사도 베드로는 본도, 갈라디아, 갑바도기아, 아시아와 비두니아에 흩어진 나그네 2. 곧 하나님 아버지의 미리 아심을 따라 성령이 거룩하게 하심으로 순종함과 예수 그리스도의 피 뿌림을 얻기 위하여 택하심을 받은 자들에게 편지하노니 은혜와 평강이 너희에게 더욱 많을지어다

1절 예수 그리스도의 사도 베드로는 본도, 갈라디아, 갑바도기아, 아시아와 비두니아에 흩어진 나그네

'사도' 란 헬라어로 '아포스톨로스' (ἀπόστολος)라고 하는데 이는 '보내심을 받은 자' 란 뜻입니다. 즉 자기 마음대로 자원한 사람이 아니라 사명을 받고 보내심을 받은 사람입니다. 그러므로 예수 그리스도의 사도란 예수 그리스도의 보내심을 받아 예수 그리스도의 말씀을 전하는 사람입

니다. 베드로는 자신이 예수 그리스도의 사도라는 분명한 정체성을 가지고 있었습니다.

사도 베드로는 소아시아에 흩어져 있는 교회들에게 편지하고 있으며 그들을 흩어진 나그네라고 했습니다. 예수 그리스도를 믿지 않는 사람에게는 이 땅이 고향입니다. 이 땅에서 살다가 죽으면 그만이요, 아무런 희망이 없습니다. 그러나 예수 그리스도를 믿는 사람은 구원을 받음으로 지금 사는 이곳이 전부가 아니요, 우리의 본향은 천국이라는 것을 확실히 알게 되었습니다. 그리고 우리의 시민권은 하늘에 있고 우리의 국적도 하늘에 있으며 우리는 천국의 백성이 되어 있는 것을 확신하게 되었습니다. 이러므로 우리는 이 땅에 사는 동안 나그네의 삶을 살아가는 것입니다. 나그네란 행인과 같이 지나가는 사람을 말합니다.

그러므로 우리 그리스도인들은 언제나 나그네의 심정으로 살아야 됩니다. 언제라도 주님이 부르시면 이 땅에 있는 모든 것을 버려두고 갈 수 있는 마음의 준비를 하고 살아야만 되는 것입니다. 우리 그리스도인들은 영적인 나그네이기 때문에 이 땅에서 사는 동안에 어찌하든지 우리의 지위나 명예나 권세나 물질이나 청춘이나 무엇이든지 하나님의 뜻을 따라 하나님의 영광을 위해서 사용함으로 이 땅을 떠나갈 때에 아무런 후회가 없도록 해야 될 것입니다.

2절 곧 하나님 아버지의 미리 아심을 따라 성령이 거룩하게 하심으로 순종함과 예수 그리스도의 피 뿌림을 얻기 위하여 택하심을 받은 자들에게 편지하노니 은혜와 평강이 너희에게 더욱 많을지어다

“곧 하나님 아버지의 미리 아심을 따라”. 하나님 아버지께서 우리를 미리 아신다고 하는 의미는 하늘과 땅과 세계와 그 가운데 모든 것이 생기기 전인, 만세 전에 이미 우리를 알고 계셨다는 말씀인 것입니다. 하나님께서는 예레미야에게 “내가 너를 모태에 짓기 전에 너를 알았고 네가 배에서 나오기 전에 너를 성별하였고 너를 여러 나라의 선지자로 세웠노라”(렘 1:5)고 말씀하셨습니다. 이사야는 “야훼께서 태에서부터 나를 부르셨고 내 어머니의 복중에서부터 내 이름을 기억하셨다.”라고 말했으며(사 49:1), 사도 바울도 하나님께서 “내 어머니의 태로부터 나를 택정하시고 그의 은혜로 나를 부르셨다.”고 고백했습니다(갈 1:15). 이러므로 예수님을 구주로 모신 우리 그리스도인은 영원 전부터 이미 하나님께서 하나님의 백성으로 택하실 것을 예정하고 계셨습니다. 그리고 우리를 구원하신 하나님께서는 오늘날에도 우리의 모든 사정을 알고 계십니다. 하나님께서는 우리가 일어서고 앉는 것을 아시며 우리의 모든 것을 주관하시며 우리의 머리털까지 헤아리십니다. 그러므로 우리가 하나님을 전적으로 믿고 순종하기만 하면 하나님께서는 우리의 모든 삶을 책임져 주시고 이끌어 주시는 것입니다.

“성령이 거룩하게 하심으로 순종함과 예수 그리스도의 피 뿌림을 얻기 위하여 택하심을 받은 자들에게 편지하노니”. 우리들을 순종하게 하여 예수님을 믿게 하시는 분은 성령이십니다. 성령이 거룩하게 하신다는 말은 세상에서 우리를 분리하여 하나님께 순종하도록 만들어 주신다는 것입니다. 성령의 역사가 아니고는 예수를 주라고 고백할 수 없습니다(고전 12:3). 성령께서 우리에게 오시면 세상 것으로 꽉 들어찬 우리들의 마음을 세상에서 구별해 내어 하나님 편에 서도록 이끌어 주시는 것입니다. 우리가 성령이 충만하면 언제나 세상과 구별된 삶을 살 수 있지만 성령이 떠나가면 세상의 온갖 유혹이 마음속에 들어오게 됩니다.

물오리들을 보면 물 위에서 늘 헤엄치고 다니지만 물에서 나오면 자꾸 부리로 날개를 쓰다듬습니다. 이것은 날개가 젖지 않게 하기 위해 입에서 나오는 기름을 날개에 칠하는 것입니다. 날개가 젖으면 물오리들은 물에 가라앉아 버립니다. 그래서 계속해서 기름을 묻힙니다. 이와 마찬가지로 우리들도 계속해서 기도함으로 성령의 기름을 칠해야 세상에 가라앉지 않습니다. 만일 기도를 등한히 하면 성령의 기름이 충만하지 않아 그만 거룩함이 사라지고 이 세상의 유혹에 빠져 들고 마는 것입니다. 이 때문에 하나님께서는 우리들에게 성령을 보내셔서 우리를 세상과 구별되게 하시고 하나님의 말씀에 순종하게 하시며 예수 그리스도를 믿게 하셔서 구원받고 정결한 삶을 살게 해 주시는 것입니다. 구원이란 전적으로 하나님께서 마련하신 것입니다. 우리의 의로운 행위나 윤리와 도덕에 근거한 행위는 구원을 받고 난 이후에 더욱 그리스도의 형상을 닮기 위해서 실천하는 것이지, 결코 구원의 조건은 될 수 없습니다.

"은혜와 평강이 너희에게 더욱 많을지어다". 하나님께서 우리에게 주시는 심령의 복은 은혜와 평강입니다. 은혜를 받으면 하나님께서 살아계신 것을 뚜렷이 알게 되고 마음이 평안해집니다. 그러므로 예수님을 믿는 사람은 언제나 그 마음속에 은혜와 평강이 있습니다. 은혜가 사라지면 하나님과 한없이 멀어지지만 은혜를 받으면 하나님께서 내 안에, 내가 하나님 안에 있는 것을 알게 되고 그 결과로 마음 가운데 평강을 누리게 되는 것입니다.

2. 산 소망이 있게 하신 하나님(1:3-12)

3. 우리 주 예수 그리스도의 아버지 하나님을 찬송하리로다 그의 많
으신 긍휼대로 예수 그리스도를 죽은 자 가운데서 부활하게 하심으
로 말미암아 우리를 거듭나게 하사 산 소망이 있게 하시며 4. 썩지
않고 더럽지 않고 쇠하지 아니하는 유업을 잇게 하시나니 곧 너희를
위하여 하늘에 간직하신 것이라 5. 너희는 말세에 나타내기로 예비
하신 구원을 얻기 위하여 믿음으로 말미암아 하나님의 능력으로 보
호하심을 받았느니라 6. 그러므로 너희가 이제 여러 가지 시험으로
말미암아 잠깐 근심하게 되지 않을 수 없으나 오히려 크게 기뻐하는
도다 7. 너희 믿음의 확실함은 불로 연단하여도 없어질 금보다 더
귀하여 예수 그리스도께서 나타나실 때에 칭찬과 영광과 존귀를 얻
게 할 것이니라 8. 예수를 너희가 보지 못하였으나 사랑하는도다 이
제도 보지 못하나 믿고 말할 수 없는 영광스러운 즐거움으로 기뻐하
니 9. 믿음의 결국 곧 영혼의 구원을 받음이라 10. 이 구원에 대하여
는 너희에게 임할 은혜를 예언하던 선지자들이 연구하고 부지런히
살펴서 11. 자기 속에 계신 그리스도의 영이 그 받으실 고난과 후에
받으실 영광을 미리 증언하여 누구를 또는 어떠한 때를 지시하시는
지 상고하니라 12. 이 섬긴 바가 자기를 위한 것이 아니요 너희를 위
한 것임이 계시로 알게 되었으니 이것은 하늘로부터 보내신 성령을
힘입어 복음을 전하는 자들로 이제 너희에게 알린 것이요 천사들도
살펴보기를 원하는 것이니라

3절 우리 주 예수 그리스도의 아버지 하나님을 찬송하리로다 그의 많으신 긍휼대로 예수 그리스도를 죽은 자 가운데서 부활하게 하심으로 말미암아 우리를 거듭나게 하사 산 소망이 있게 하시며

"우리 주 예수 그리스도의 아버지 하나님을 찬송하리로다 그의 많으신 긍휼대로". 베드로는 예수 그리스도의 아버지 하나님께 찬송을 드리고 있습니다. 그 이유는 하나님께서 우리에게 베푸신 크신 긍휼 때문입니다. 우리는 하나님께서 하나님을 반역하고 죄를 짓는 사람들을 당장 심판하시지 않는 것에 대해 의문을 갖기 쉽습니다. 하지만 오늘날은 구원과 은혜의 시대이기 때문에 하나님께서 심판의 날까지 오래 참고 기다리신다는 것을 알아야 합니다. 이 구원의 시대가 끝나면 심판의 시대가 옵니다. 그때는 하나님의 긍휼과 은혜를 받아들이지 않은 사람은 심판을 받습니다. "보라 지금은 은혜 받을 만한 때요 보라 지금은 구원의 날이로다"(고후 6:2)라고 성경은 말씀하고 있습니다. 이와 같이 우리들은 하나님께서 한 영혼이라도 구원하시려는 은혜의 시대에 살고 있습니다.

"예수 그리스도를 죽은 자 가운데서 부활하게 하심으로 말미암아 우리를 거듭나게 하사 산 소망이 있게 하시며". 예수님께서는 우리의 죄를 청산하시기 위하여 십자가에 못 박혀 죽으셨습니다. 그리고 죽으신 지 사흘 만에 부활하심으로 하늘나라의 생명의 문을 우리에게 활짝 열어 놓으셨습니다. 그러므로 우리들이 구세주로 모셔 들이기만 하면 신령한 영으로 거듭나서 하나님을 아빠 아버지라 부르게 되는 것입니다. 우리에게 육의 아버지가 계신 것처럼 성령으로 거듭난 이후 하나님께서 우리의 영의 아버지가 되신 것입니다. 이 영의 아버지가 우리의 산 소망이 되십니다.

세상의 소망이란 한계가 있습니다. 세상 소망이 아무리 위대하다 해도 칠팔십 년이 지나면 육신의 죽음과 함께 그 소망은 사라지고 맙니다. 그러나 예수 그리스도 안에 있는 소망은 영원토록 있는 소망이기 때문에 산 소망이 되는 것입니다.

4절 썩지 않고 더럽지 않고 쇠하지 아니하는 유업을 잇게 하시나니 곧 너희를 위하여 하늘에 간직하신 것이라

아무리 아름답게 만들어진 가구라도 세월이 지나가면 썩고 낡아져서 못 쓰게 됩니다. 마찬가지로 아무리 이십 대의 젊음을 가지고 있는 사람이라 할지라도 세월이 지남에 따라 점점 쇠하여지고 맙니다. 아담의 범죄 이후로 이 세상에 있는 것은 쇠하지 않는 것이 없습니다. 그러나 장차 우리가 얻을 유업은 늘 새로울 것이며, 썩어지고 더러워지고 쇠하여지는 것은 없을 것입니다. 이것이 바로 우리의 소망입니다. 그러므로 우리 그리스도인들은 하나님께서 우리를 위해 썩지 않고 더럽지 않고 쇠하지 아니하는 유업을 하늘에 간직해 놓으셨다는 사실을 믿고 살아야만 합니다.

5절 너희는 말세에 나타내기로 예비하신 구원을 얻기 위하여 믿음으로 말미암아 하나님의 능력으로 보호하심을 받았느니라

"너희는 말세에 나타내기로 예비하신 구원을 얻기 위하여". 말세에 때가 되어 주께서 호령과 천사장의 소리와 하나님의 나팔로 친히 하늘로 좇아 강림하실 때 우리의 약한 몸이 강한 몸으로, 추한 몸이 영화로운 몸으로, 썩을 몸이 썩지 아니할 몸으로, 육의 몸이 신령한 몸으로 변화되고 새 하늘과 새 땅과 새 예루살렘과 영원무궁한 세계가 나타나는 것입니다.

"믿음으로 말미암아 하나님의 능력으로 보호하심을 받았느니라". 하나님은 전지하시고 전능하시며 무소부재하십니다. 하나님께서는 그 능력으로 우리를 보호하시므로 하나님의 보호는 절대적인 보호입니다. 하나님의 보호는 하나님을 의심하지 않고 믿는 자에게 말세에 나타날 구원을 얻게 하기 위해 있는 것입니다. 하나님은 우리의 영뿐만 아니라 마음과 몸과 생활 전체를 보호하십니다. 그런데 문제는 사람들이 믿지 않는데 있습니다. 우리들이 인간적으로 계산하며 하나님께 전적으로 내어 맡겨 의지하지 않기 때문에 하나님의 능력이 우리 곁에 와 있어도 보호를 받을 수 없는 것입니다.

이는 욥기를 살펴보면 잘 알 수 있습니다. 욥이 하나님을 믿을 때 그 믿음이 욥 주위에 울타리가 되어서 사탄이 아무리 들어오려 해도 그 울타리를 뚫고 들어오지 못했습니다. 그러나 욥이 그 신앙을 포기했을 때 마귀는 욥을 도둑질하고 죽이고 멸망시킬 수가 있었던 것입니다. 오늘날도 하나님 앞에 전적으로 믿고 순종하고 나아가면 우리의 믿음과 순종으로 말미암아 하나님께서 우리 주위에 능력의 울타리가 되어 보호하여 주시는 것입니다.

6절 그러므로 너희가 이제 여러 가지 시험으로 말미암아 잠깐 근심하게 되지 않을 수 없으나 오히려 크게 기뻐하는도다

예수 믿는 사람들은 이 세상에 살면서 여러 가지 시험과 환난을 만납니다. 시험과 환난에는 우리 자신의 불순종과 불신앙 때문에 다가오는 것이 있고, 마귀가 우리를 도둑질하고 죽이고 멸망시키기 위해 가져오는 것도 있으며, 하나님께서 우리의 신앙을 장성하게 하기 위하여 연단으로 보내는 시험과 환난이 있습니다. 하나님께서는 이 시험과 환난을 통하여 우리들을 성장하게 하십니다. "환난 날에 나를 부르라 내가 너를 건지리니 네가 나를 영화롭게 하리로다"(시 50:15)라고 성경은 말씀하고 있습니다. 예수 믿는 사람의 큰 자랑은 시험과 환난을 순종과 믿음으로 감당하면 그 결과가 더 나은 유익으로 변화된다는 사실입니다. 시험과 환난으로 우리들은 잠시 마음에 근심하게 되기도 하지만 결국에는 이를 통해 인격이 성장하고 환경이 변화되는 체험을 가질 수 있는 것입니다.

독일의 심리학자들이 연구 발표한 통계에 의하면 유럽의 부부들 가운데 외아들, 외딸로 자란 사람들에게서 이혼율이 제일 높게 나타난다고 합니다. 그 이유는 부모의 과잉보호로 말미암아 어릴 때부터 무엇이든지 자기 마음대로 하다가 장성하여 결혼을 한 후 배우자에게도 과거에 부모가 해준 것과 똑같이 해 줄 것을 요구하기 때문입니다. 그런데 형제가 두 사람 이상인 가정에서 자란 사람은 형제들 간에 계속 부딪쳐 가며 성장하기 때문에 자기를 양보하고 상대를 배려할 줄도 알게 되는 것입니다. 인생이 마음먹은 대로 되는 것이 아니라는 것을 스스로 깨닫고, 서로 양보할 것은 양보하며, 다른 사람을 설득하기도 하며 더불어 살아가는 법을 배우는 것입니다.

우리의 신앙생활도 이와 같습니다. 우리가 시험과 환난을 많이 통과하면 별수 없이 아집이 깨어집니다. 물과 불과 같은 시험을 통과할 때에 불순종과 불신앙이 깨어지고 믿음과 순종이 생겨나게 되는 것입니다.

7절 **너희 믿음의 확실함은 불로 연단하여도 없어질 금보다 더 귀하여 예수 그리스도께서 나타나실 때에 칭찬과 영광과 존귀를 얻**

게 할 것이니라

불로 연단해서 만든 금이라도 세월이 지나면 닳아서 없어집니다. 그러나 연단받은 믿음은 금보다 귀해서 예수 그리스도께서 강림하실 때 칭찬과 영광과 존귀를 받게 됩니다. 지금은 육신의 장막에 덮여서 안 보인다 할지라도, 이 세상에서 많은 시험과 연단을 받아서 금이나 은이나 보석같이 된 사람은 주님께서 강림하시는 날에는 순식간에 태양같이 빛나게 될 것입니다. 연단받은 정도에 따라 어떤 사람은 해와 같이, 어떤 사람은 달과 같이, 또는 별과 같이 빛날 것입니다.

오늘날 많은 그리스도인들이 작은 어려움 앞에서도 세상과 쉽게 타협해 버리는 것을 보게 됩니다. 물론 그러한 사람이라 할지라도 마지막 때에 천국에는 들어 가게 되겠지만 주님께서 예비하신 상급을 받을 수는 없는 것입니다. 그러나 비바람이 불고 눈보라가 치는 어려운 환경 가운데에서도 끝까지 인내하여 연단받은 그리스도인은 주님 앞에 설 때 영광 가운데 주님께서 예비하신 상급을 받게 됩니다.

8절 예수를 너희가 보지 못하였으나 사랑하는도다 이제도 보지 못하나 믿고 말할 수 없는 영광스러운 즐거움으로 기뻐하니

2천 년 전에 팔레스타인 지방에 살았던 예수님의 열두 제자는 예수님을 직접 보고 느끼고 체험할 수 있었습니다. 그러나 오늘날 우리가 가진 감각만으로는 예수님을 볼 수도, 느낄 수도 없습니다. 그럼에도 불구하고 예수 그리스도께서 우리 속에 와 계신 것을 성령께서 믿음으로 깨닫게 해 주시기 때문에 우리는 예수님을 사랑할 수 있습니다. 성령님을 통해 우리 마음에 그리스도의 은혜와 사랑이 부은바 되면 주님을 보지 않고도

뜨겁고 열렬하게 사랑하게 되는 것입니다. 또한 말할 수 없이 영광스러운 즐거움으로 기뻐하게 됩니다. 진정한 기쁨은 예수님을 믿고 성령이 우리의 마음속에 충만할 때 나타납니다. 그 이외의 기쁨은 잠시 있다 사라지는 안개와 같은 것입니다.

9절 믿음의 결국 곧 영혼의 구원을 받음이라

그리스도 안에서 사는 삶이 그토록 기쁜 것은, 우리가 어디서 와서 무엇 때문에 살며 어디로 가는지를 깨닫고, 이 땅에 사는 이유가 하나님께 영광 돌리기 위해서라는 인생의 궁극적인 목적을 알았기 때문입니다. 그러므로 우리가 행인과 나그네의 길을 가면서도 우리의 삶은 가치가 있는 것입니다. 결국 우리 영혼이 구원받아 눈물과 근심, 탄식과 죽음, 앓는 것과 곡하는 것, 이별하는 것이 없는 천국에 가서 살 소망이 있기 때문에 오늘도 우리는 말할 수 없는 기쁨으로 살 수 있습니다.

10-11절 이 구원에 대하여는 너희에게 임할 은혜를 예언하던 선지자들이 연구하고 부지런히 살펴서 자기 속에 계신 그리스도의 영이 그 받으실 고난과 후에 받으실 영광을 미리 증언하여 누구를 또는 어떠한 때를 지시하시는지 상고하니라

우리가 소유하고 있는 구원의 복된 소식에 대해서는 이미 예수님이 오시기 전에 하나님께서 많은 선지자, 제사장, 왕들을 통해서 예수 그리스도의 영, 성령의 능력으로 예언하셨습니다. 구약 성경에 무려 300번 이상 예언하고 있습니다. 구약의 왕이나 선지자, 제사장들은 이 예언을 기초로 예수님께서 언제 오실 것인가에 대해 알아보기 위해 수많은 시간을

내어 연구하고 애를 썼습니다. 그러나 대부분 예수님께서 오시는 것을 보지 못하고 세상을 떠났습니다. 그 후 예수님께서는 지금으로부터 약 2천 년 전에 이 땅에 오셔서 십자가에 못 박혀 죽으시고 부활하심으로 우리 죄를 대속하셔서 예수 그리스도를 믿는 우리들에게 썩지 않고 더럽지 않고 쇠하지 않는 소망을 주셨던 것입니다.

12절 이 섬긴 바가 자기를 위한 것이 아니요 너희를 위한 것임이 계시로 알게 되었으니 이것은 하늘로부터 보내신 성령을 힘입어 복음을 전하는 자들로 이제 너희에게 알린 것이요 천사들도 살펴보기를 원하는 것이니라

"이 섬긴 바가 자기를 위한 것이 아니요 너희를 위한 것임이 계시로 알게 되었으니". 우리는 구약의 선진들의 모든 가르침과 예언을 통해서 예수님께서 참되신 우리의 구주가 되신 것을 깨달을 수 있습니다. 예수님께서 오시기 전부터 이미 오실 것을 구약을 통하여 말씀하셨고 그 말씀대로 예수님께서 오셔서 십자가에서 죽으시고 부활하심으로 참된 구주이심을 확증하셨습니다. 그러므로 이는 구약의 선진들을 위함이 아니요 신약 시대를 살고 있는 우리를 섬기기 위함인 것입니다. 우리가 조금의 흔들림이나 의심 없이 마음의 깊은 평안을 가지고 믿음에 거할 수 있는 것은 그들의 수고와 노력에 의한 것이니 감사하지 않을 수 없습니다.

"이것은 하늘로부터 보내신 성령을 힘입어 복음을 전하는 자들로 이제 너희에게 알린 것이요 천사들도 살펴보기를 원하는 것이니라". 하나님께서는 예수님이 강림하실 때와 시기에 대하여 천사들에게도 알려 주시지 않았습니다. 구약의 예언자들도 이에 대하여 예언만 하였기 때문에

'주님의 강림' 에 대하여 매우 흥미 있어 하고 진지하게 관심을 쏟았습니다. 그럼에도 불구하고 그들은 결국을 보지 못하고 이 세상을 떠났으나 우리에게는 모든 것을 보여 주셨습니다. 하나님의 아들 예수 그리스도와, 십자가의 구속의 도리와, 영원무궁한 신천신지(新天新地)의 세계도 우리에게 보여 주셨습니다. 그러므로 이 은혜의 시대를 살아가는 우리들은 항상 하나님께 감사하는 생활을 해야 하는 것입니다.

3. 거룩한 자가 되라(1:13-25)

**13. 그러므로 너희 마음의 허리를 동이고 근신하여 예수 그리스도께
서 나타나실 때에 너희에게 가져다주실 은혜를 온전히 바랄지어다
14. 너희가 순종하는 자식처럼 전에 알지 못할 때에 따르던 너희 사
욕을 본받지 말고 15. 오직 너희를 부르신 거룩한 이처럼 너희도 모
든 행실에 거룩한 자가 되라 16. 기록되었으되 내가 거룩하니 너희
도 거룩할지어다 하셨느니라 17. 외모로 보시지 않고 각 사람의 행
위대로 심판하시는 이를 너희가 아버지라 부른즉 너희가 나그네로
있을 때를 두려움으로 지내라 18. 너희가 알거니와 너희 조상이 물
려준 헛된 행실에서 대속함을 받은 것은 은이나 금같이 없어질 것으
로 된 것이 아니요 19. 오직 흠 없고 점 없는 어린 양 같은 그리스도
의 보배로운 피로 된 것이니라 20. 그는 창세전부터 미리 알린바 되
신 이나 이 말세에 너희를 위하여 나타내신바 되었으니 21. 너희는**

그를 죽은 자 가운데서 살리시고 영광을 주신 하나님을 그리스도로
말미암아 믿는 자니 너희 믿음과 소망이 하나님께 있게 하셨느니라
22. 너희가 진리를 순종함으로 너희 영혼을 깨끗하게 하여 거짓이 없
이 형제를 사랑하기에 이르렀으니 마음으로 뜨겁게 서로 사랑하라
23. 너희가 거듭난 것은 썩어질 씨로 된 것이 아니요 썩지 아니할 씨
로 된 것이니 살아 있고 항상 있는 하나님의 말씀으로 되었느니라
24. 그러므로 모든 육체는 풀과 같고 그 모든 영광은 풀의 꽃과 같으
니 풀은 마르고 꽃은 떨어지되 25. 오직 주의 말씀은 세세토록 있도
다 하였으니 너희에게 전한 복음이 곧 이 말씀이니라

13절 그러므로 너희 마음의 허리를 동이고 근신하여 예수 그리스도께서 나타나실 때에 너희에게 가져다주실 은혜를 온전히 바랄지어다

"그러므로 너희 마음의 허리를 동이고". 여기서 '동이고' 는 헬라어로 '아나조누미' (ἀναζώννυμι)로 급한 일을 당할 때 취하는 태도(출 12:11; 눅 12:35)를 말합니다. 이는 목표를 향해 매진하는 자세를 가리킵니다. 옛날에 유대인들은 긴 두루마기 형태의 옷을 입었는데 걸어 다닐 때 거추장스럽기 때문에 언제나 허리를 띠로 묶고 다녔습니다. 우리나라에서도 주부들이 김장을 하든지 부엌에서 일을 할 때는 치마를 올려 끈으로 묶는 것을 볼 수 있습니다. 이렇게 옷을 정돈하여 간편한 복장으로 일에 전념하는 것입니다. 마찬가지로 우리들도 이 세상에서 여러 가지 육신의 정욕, 안목의 정욕, 이생의 자랑들을 주렁주렁 달고 다니면 자꾸 걸려서 실족하여 넘어지기 쉽습니다.

그러나 그리스도인들은 비록 이 세상에 살지라도 온전한 구원의 성취

를 소망하는 가운데, 세상의 욕심을 벗어버리고 하나님을 향하여 순수하고 온전한 마음을 품고 긴장된 자세로 인내하며 주님을 기다리는 삶을 살아야 합니다.

"근신하여 예수 그리스도께서 나타나실 때에 너희에게 가져다주실 은혜를 온전히 바랄지어다". 모든 그리스도인들은 마지막 때, 즉 예수님께서 영광 중에 나타나실 때에 주님의 영광에 참여할 은혜를 주실 것이라는 사실을 믿고 그것을 온전한 마음으로 바라보며 살아야 합니다. 만약 주님 중심으로 살지 않고 형식적으로 믿으며 세상 중심으로 탐욕에 얽매여 산다면 그는 주님 오시는 날에 주님의 영광에 참여하지 못하고 혼자 이 땅에 남게 될 것입니다. 그때는 후회해도 아무 소용 없습니다. 그러므로 우리는 늘 주님 중심으로 살면서 주님이 주실 은혜를 온전히 바라는 자들이 되어야겠습니다.

14절 너희가 순종하는 자식처럼 전에 알지 못할 때에 따르던 너희 사욕을 본받지 말고

순종하는 자녀처럼 부모에게 귀엽고 대견스러운 자녀는 없습니다. 그러나 자녀가 자꾸 부모의 말씀을 거역하고 하지 말라는 것만 하면 그것처럼 부모에게 상처 주는 일은 없을 것입니다. 우리는 예수 그리스도 안에서 하나님의 자녀가 되었습니다. 그러므로 우리가 하나님의 말씀에 순종하는 자녀가 될 때에 하나님은 기뻐하십니다. 이전에 하나님을 몰랐을 때는 이 세상에서 음란과 방탕과 탐심을 따라 살았지만 이제는 이전에 따르던 자신의 사욕이 마귀와 육신의 것으로서, 썩어지고 없어질 것이라는 사실을 안 이상 과감하게 그것을 벗어 버려야 합니다.

바디매오가 예수님께 나아올 때 거지의 겉옷을 던져 버리고 빈손 들고 뛰어 온 것처럼(막 10:46-52) 우리들도 세상의 모든 욕심과 탐심을 던져 버리고 믿음과 순종으로 주님께 나와야 합니다.

15-16절 오직 너희를 부르신 거룩한 이처럼 너희도 모든 행실에 거룩한 자가 되라 기록되었으되 내가 거룩하니 너희도 거룩할지어다 하셨느니라

우리를 부르신 하나님은 거룩하신 분입니다. '거룩' 이란 '분리하다' 라는 뜻으로 세속에 물들지 않는 것을 말합니다. 우리를 부르시고 거듭나게 하신 하나님께서 거룩하시기 때문에 우리 그리스도인들은 하나님의 자녀로서 마땅히 세상을 살아갈 때 생각이 거룩하고 말이 거룩하며 행실이 거룩해야 합니다. 그런데 이 거룩한 삶은 인간의 수양과 노력으로 되는 것이 아니라 주의 말씀과 성령의 능력으로 되는 것입니다. 그러므로 하나님께 자신을 끊임없이 맡기면서 거룩해지는 기쁨을 맛보며 살아가야겠습니다.

17절 외모로 보시지 않고 각 사람의 행위대로 심판하시는 이를 너희가 아버지라 부른즉 너희가 나그네로 있을 때를 두려움으로 지내라

우리 인간은 다른 사람을 대할 때 상대방의 외모를 보고 쉽게 그 사람을 판단합니다. 그래서 우리들은 일상생활에서 지나칠 정도로 외모에 신경을 씁니다.

그러나 우리 하나님께서는 사람을 외모로 판단하시지 않습니다. 하나

님께서는 오직 심중을 헤아려 살피십니다. 우리가 아무리 외모를 꾸민다 해도 하나님께서는 그 꾸민 것을 꿰뚫고 마음 중심을 들여다보시는 것입니다. 이러므로 우리는 하나님 앞에서 항상 두렵고 떨리는 마음으로 정직하고 숨김없이 투명한 삶을 살아야 합니다.

18절 너희가 알거니와 너희 조상이 물려준 헛된 행실에서 대속함을 받은 것은 은이나 금같이 없어질 것으로 된 것이 아니요

이 세상은 죄로 꽉 들어찼습니다. 따라서 모든 사람들은 이 세상을 살아가되 죄가 주는 영향력 가운데서 살아갑니다. 그러나 그리스도인들이 세상 풍습과 유전을 따르며 살 수는 없습니다. 지금까지 조상으로부터 유전되어 온 헛된 행실의 영향력에서 벗어나 거룩한 삶을 살아야 합니다. 그러기 위해서는 구주 예수님만 의지해야 합니다. 왜냐하면 그 헛된 행실에서 구속받을 수 있는 것은, 금이나 은으로 가능한 것이 아니라 하나님의 은혜로만 가능하기 때문입니다. 하나님께서는 예수님을 통하여 우리의 죄를 대속해 주셨습니다. 우리가 대속함을 받은 것은 금이나 은이 아닌 어린양, 예수 그리스도의 핏값으로 된 것입니다.

19절 오직 흠 없고 점 없는 어린 양 같은 그리스도의 보배로운 피로 된 것이니라

우리는 하나님의 아들 예수 그리스도께서 십자가에서 흘리신 보배로운 피로 죄의 대가를 다 치르고 성령으로 인 침을 받은 존재입니다. 이와 같이 예수 그리스도의 보혈로 구원받은 사람에게는 주님께서 성령으로 인을 쳐 구원의 보증이 되게 하시고 하나님을 아빠 아버지라고 부르게

하십니다. 그러므로 예수의 보배로운 피로 사신바 된 우리는 자신을 사랑하며 그 은혜에 늘 감격하며 살아야 되는 것입니다.

20-21절 그는 창세전부터 미리 알린바 되신 이나 이 말세에 너희를 위하여 나타내신바 되었으니 너희는 그를 죽은 자 가운데서 살리시고 영광을 주신 하나님을 그리스도로 말미암아 믿는 자니 너희 믿음과 소망이 하나님께 있게 하셨느니라

하나님께서는 창세전부터 예수님을 택하시고 말세, 즉 지금부터 2천년 전에 우리를 위해 예수님을 이 땅에 보내셔서 십자가에 못 박혀 죽게 하시고 3일 만에 부활하게 하시며 영광을 주셨습니다. 그리고 누구든지 예수 그리스도를 믿는 사람은 모든 죄를 사해 주시고, 영생을 주시고, 성령으로 인을 쳐주시고, 천국을 주시며, 하나님을 믿고 아빠 아버지라 부르게 해 주셨습니다. 이같이 하신 하나님을 우리가 전적으로 믿고 소망하며 살아가는 것입니다.

22절 너희가 진리를 순종함으로 너희 영혼을 깨끗하게 하여 거짓이 없이 형제를 사랑하기에 이르렀으니 마음으로 뜨겁게 서로 사랑하라

"너희가 진리를 순종함으로 너희 영혼을 깨끗하게 하여 거짓이 없이 형제를 사랑하기에 이르렀으니". 진리이신 예수 그리스도를 믿고 그분께 순종함으로써 우리 영혼은 깨끗하게 될 수 있습니다. 예수님께서는 예수님께서 일러 준 말로 우리가 이미 깨끗함을 얻었다고 말씀하셨습니다(요 15:3).

우리 그리스도인들은 예수 그리스도를 믿음으로 구원을 받은 후, 죄악 된 세상에서 매일 찬송과 기도와 말씀을 읽는 가운데 성령의 능력으로 영혼이 깨끗해지는 것을 경험하게 됩니다. 이와 같이 하나님께서는 말씀과 성령과 보혈을 통해서 우리를 정결하게 해 주시는 것입니다.

어떤 분은 교회에서 설교를 듣고 난 후, 나오기가 바쁘게 잊어버리는데 구태여 교회에 가서 앉아 있을 필요가 있느냐고 말하는 사람이 있습니다. 그러나 우리들은 예배에 참석하여 말씀을 듣는 동안에 그리스도의 보혈과 성령의 능력과 말씀으로 영적인 정결함을 얻게 됩니다. 그래서 집에 돌아와서도 무언지 모르게 신앙이 더 새로워져 있다는 것을 발견할 수 있게 됩니다. 그래서 더 기도하고 싶어지고, 더 찬송하고 싶어지고, 더 열심히 믿고 싶어지며, 옛날에 좋아하던 세상 것이 신통치 않게 보이게 됩니다. 마치 콩나물 키우기와 같은 원리인데 콩나물에 물을 주면 물은 밑으로 다 빠져 버리지만 콩나물은 무럭무럭 자라는 것과 같은 이치입니다. 이러므로 우리는 예수 그리스도 안에서 모이기를 게을리 하지 말아야 합니다. 우리 그리스도인들이 예수 이름으로 모여서 열심히 기도하고 찬송하고 말씀을 듣는 가운데 믿음과 소망이 새로워지고 이웃을 내 몸같이 사랑하는 생활을 할 수 있게 되는 것입니다.

"마음으로 뜨겁게 서로 사랑하라". 복음의 가장 최종적인 목표는 사랑의 실천입니다. 우리 그리스도인들은 거룩함과 의로움과 진리를 따르는 생활을 해야 하지만 이 모든 것은 결국 사랑을 실천하기 위해서 하는 것입니다. 우리 모두가 진리를 깨닫고 의롭고 거룩한 삶을 살 수 있는 것은 하나님께서 예수 그리스도를 통하여 우리를 사랑하셔서 우리로 하여금 그러한 삶을 살 수 있는 길을 열어 놓으셨기 때문입니다. 웅변을 아무리 잘하고 방언을 잘한다 할지라도 사랑이 없으면 울리는 꽹과리에 불과하며, 믿음이 있어 산을 옮긴다 해도 사랑이 없으면 아무 유익이 없습니다. 이러므로 성경은 마음으로 뜨겁게 사랑하라고 말씀하시는 것입니다. 우리가 다른 것을 다 잃어버려도 사랑만큼은 잃어버려서는 안 됩니다. 우리 그리스도인들은 무엇을 하든지 사랑에 기초해서 감당해야 합니다. 이러므로 사람에 대해 파괴적인 행위를 하는 것은 하나님께 대해서 파괴적인 행위를 하는 것입니다. 왜냐하면 하나님은 사랑이시기 때문입니다.

그런데 우리가 사랑을 실천할 때는 의지적인 노력이 있어야 합니다. 가정에서도 부부 간에, 부모와 자식 간에 사랑하기 위해 노력해야 합니다. 서로가 침묵을 지키고 가만히 있으면 절대로 사랑이 성장하지 않습니다. 사랑을 훈련할 수 있는 제일 좋은 곳은 바로 가정입니다. 그리고 교회에 와서도 성도 간에, 구역식구 간에도 사랑하려고 노력해야 합니다.

만약 막연히 사랑이 마음속에 솟아오르기만 기다린다면 사랑이 발전될 수 없습니다. 사랑이란 감정이 아닙니다. 사람이 마음에 사랑하겠다고 결심을 하고 그것을 실천할 때 사랑의 역사가 일어나게 되는 것입니다.

23절 너희가 거듭난 것은 썩어질 씨로 된 것이 아니요 썩지 아니할 씨로 된 것이니 살아 있고 항상 있는 하나님의 말씀으로 되었느니라

우리는 하나님의 말씀을 듣고 예수를 믿어 거듭났습니다. 이 세상의 모든 씨앗은 뿌린 후에 땅에 묻혀 있다가 오랫동안 비가 안 오든지 물이 너무 많든지 하면 썩어 버립니다. 그러나 하나님의 말씀은 썩지 않고 살아 있는 씨앗입니다. 우리가 믿음으로 이 씨앗을 받아들이고 순종하면 씨앗은 반드시 열매를 맺게 되는 것입니다. 성경 말씀에는 무려 7천여 가

지의 약속의 씨앗들이 있습니다. 우리의 영혼과 범사가 잘되고 강건하게 만드는 귀한 씨앗들입니다. 하나님께서 약속하신 말씀의 씨앗은 절대로 썩지 않으며, 저 하늘이 무너지고 이 땅이 꺼져도 일점일획도 변하지 않습니다. 그러므로 우리들은 말씀을 많이 읽고, 듣고, 공부하고, 나아가 실천해야 합니다. 예수님께서 "너희가 내 안에 거하고 내 말이 너희 안에 거하면 무엇이든지 원하는 대로 구하라 그리하면 이루리라"(요 15:7)고 밝히 말씀하십니다. 우리가 말씀을 듣고 그 말씀이 마음속에 믿어질 때 이 말씀을 붙들고 믿음으로 기도하면 그대로 이루어지는 것입니다. 우리가 구원을 받게 된 것도 복음의 말씀을 듣고 믿음으로 받아들임으로 된 것입니다.

24-25절 그러므로 모든 육체는 풀과 같고 그 모든 영광은 풀의 꽃과 같으니 풀은 마르고 꽃은 떨어지되 오직 주의 말씀은 세세토록 있도다 하였으니 너희에게 전한 복음이 곧 이 말씀이니라

우리의 육체는 세월이 감에 따라 모두 노쇠해지며, 사는 날 동안 누리는 영광도 아름답게 보이지만 결국 풀의 꽃같이 곧 시들어 떨어지고 마는 것입니다. 그러나 하나님의 말씀을 받고 그 위에 굳게 선 사람은 비록 육신은 노쇠하고 인생의 영화가 꽃같이 떨어진다 해도 그의 생명은 세세무궁토록 계속되는 것입니다.

이러므로 세상에서 가장 귀한 것이 하나님의 말씀입니다. 이는 세상의 그 어떠한 부귀영화, 공명보다도 귀합니다. 어느 누구든지 하나님의 말씀을 받으면 그 안에 영생이 있을 뿐 아니라 말씀 안에 하나님의 복이 있는 것입니다. 하나님의 말씀은 곧 하나님이시기 때문입니다. 이와 같

이 우리가 들은 이 예수 그리스도의 복음이 바로 영원무궁토록 있는 생명의 말씀인 것입니다. 이 말씀 안에서 영혼이 잘됨같이 범사에 잘되고 강건한 복이 넘치게 되며 내세가 천국의 영광으로 빛나게 되는 것입니다.

제 2 장

성도의 특권과 순종의 도

A COMMENTARY
ON THE FIRST EPISTLE OF
PETER

본 장에서는 순전하고 신령한 말씀을 통하여 구원에 이르도록 성장하라고 권면하고 있습니다. 그리고 성도는 택하신 족속이요, 왕 같은 제사장이요, 거룩한 나라요, 그의 소유된 백성으로서 하나님의 아름다운 덕을 선포하게 하려고 어두운 데서 불러낸 자라고 강조하고 있습니다. 또한 인간에게 세운 모든 제도에 순종하되 예수 그리스도의 본을 따라 인내하고 순종하라고 가르치고 있습니다.

1. 구원에 이를 때까지 장성하라(2:1-10)

1. 그러므로 모든 악독과 모든 기만과 외식과 시기와 모든 비방하는
말을 버리고 2. 갓난아기들같이 순전하고 신령한 젖을 사모하라 이
는 그로 말미암아 너희로 구원에 이르도록 자라게 하려 함이라 3.
너희가 주의 인자하심을 맛보았으면 그리하라 4. 사람에게는 버린
바가 되었으나 하나님께는 택하심을 입은 보배로운 산 돌이신 예수
께 나아가 5. 너희도 산 돌같이 신령한 집으로 세워지고 예수 그리
스도로 말미암아 하나님이 기쁘게 받으실 신령한 제사를 드릴 거룩
한 제사장이 될지니라 6. 성경에 기록되었으되 보라 내가 택한 보배
로운 모퉁잇돌을 시온에 두노니 그를 믿는 자는 부끄러움을 당하지
아니하리라 하였으니 7. 그러므로 믿는 너희에게는 보배이나 믿지
아니하는 자에게는 건축자들이 버린 그 돌이 모퉁이의 머릿돌이 되
고 8. 또한 부딪치는 돌과 걸려 넘어지게 하는 바위가 되었다 하였
느니라 그들이 말씀을 순종하지 아니하므로 넘어지나니 이는 그들
을 이렇게 정하신 것이라 9. 그러나 너희는 택하신 족속이요 왕 같
은 제사장들이요 거룩한 나라요 그의 소유가 된 백성이니 이는 너희

를 어두운 데서 불러내어 그의 기이한 빛에 들어가게 하신 이의 아름다운 덕을 선포하게 하려 하심이라 10. 너희가 전에는 백성이 아니더니 이제는 하나님의 백성이요 전에는 긍휼을 얻지 못하였더니 이제는 긍휼을 얻은 자니라

1절 그러므로 모든 악독과 모든 기만과 외식과 시기와 모든 비방하는 말을 버리고

우리는 주 예수 그리스도 앞에 나올 때 십자가를 통해서 옛사람을 벗고 새사람을 입어야 합니다. 옛 습관을 버리지 아니하고 그대로 가지고 있으면 이것이 성령의 역사를 막아버리고 우리 신앙을 파괴하며 하나님께 가까이 나갈 수 없게 만들어 버립니다. 우리가 버려야 할 옛 습관에는 몇 가지가 있습니다.

첫째로, 모든 악독을 버려야 합니다. 우리가 예수를 믿으면 선하게 되어야 하는데 그 이유는 하나님의 성령은 선한 영이시며 성부, 성자, 성령 삼위일체 하나님은 선한 하나님이시기 때문입니다. 선한 영이 우리 가운데 역사하려면 먼저 악독을 버려야 합니다. 사람의 마음이 악독으로 꽉 들어찬 상태에서는 하나님의 성령께서 거하실 수가 없습니다. 그러므로 우리는 악독을 버려야 합니다. 먼저 가정에서 남편은 아내와 자식들에게, 아내는 남편에게 악독을 품어서는 안 됩니다. 우리 이웃과의 사이에서도 마찬가지입니다. 만약 우리 그리스도인들이 악독을 버리지 못한다면 믿지 않는 자들에게 덕이 되지 않을 것입니다. 이러므로 우리는 어떤 형태의 악독이든지 회개하여 던져 버려야 합니다.

둘째로, 모든 기만을 버려야 합니다. 기만이란 겉 다르고 속 다른 것을 말합니다. 권모술수를 쓰고 음흉하고 흉측하여 마음속에 순진함과 정직함이 전혀 없는 것을 말합니다. 겉으로는 평화를 외치나 속으로는 흑심을 품고 어찌하든지 기회만 있으면 자신의 목적을 위해 상대방을 도둑질하고 죽이고 멸망시키려는 사람은 기만이 가득한 사람입니다. 마귀는 거짓의 아비입니다. 겉으로는 웃으면서 속으로는 망하게 할 계획을 가지고 미혹시키는 간사한 영입니다. 그러므로 우리들은 악한 마귀에게 속지 않기 위하여 우리의 기만적인 요소를 다 회개하여 진실하고 순전한 사람이 되어야겠습니다.

셋째로, 외식을 버려야 합니다. 외식이란 겉으로 가장하는 것, 즉 선하지 않으면서 선한 척, 거룩한 척, 부자인 척하는 것 등을 말합니다.

사람은 있는 그대로를 감추지 않는 순박함이 있어야 합니다. 하나님은 외식하는 자를 가장 싫어하십니다. 그러므로 우리 그리스도인들은 하나님 앞과 사람 앞에서 모든 외식을 벗어 버리고 진실한 생활을 해야 합니다.

넷째로, 시기와 비방하는 말을 버려야 합니다. 시기란 남이 잘되는 것을 배 아파하는 것이며, 비방이란 거짓말로 남을 헐뜯고 끌어내리는 것을 말합니다. 이러한 성품은 타락한 옛 성품이며 마귀와 연결된 성품이기 때문에 우리의 마음에서 단호하게 제거해야 합니다. 시기와 비방의 말은 잡초와 같아서 우리의 구원받은 속사람을 억눌러 성숙한 신앙인으로 자라지 못하게 만듭니다. 우리에게서 이러한 성품을 제거할 때 비로소 우리 자신도 살고, 남도 살릴 수 있는 것입니다. 그런데 이러한 성품들을 제거하기 위해서는 무엇보다도 회개해야 합니다. 예수님께서도 "회개하라 천국이 가까이 왔느니라"(마 4:17)고 말씀하고 계십니다. 우리 스스로 철저하게 마음을 찢고 회개할 때 천국은 우리 안에 임하는 것입니다.

2절 갓난아기들같이 순전하고 신령한 젖을 사모하라 이는 그로 말미암아 너희로 구원에 이르도록 자라게 하려 함이라

"갓난아기들같이 순전하고 신령한 젖을 사모하라". 갓난아기는 순전하고 신선한 젖을 먹어야지 갓난아기에게 떡이나 고기나 밥을 먹이면 소화를 시키지 못하여 고통을 당하고 심하면 죽기까지 합니다. 마찬가지로 예수를 믿고 거듭난 사람들은 순전하고 신령한 젖인 하나님의 말씀을 사모해야 하는 것입니다. 창세기부터 요한계시록까지의 말씀을 사모하여 늘 듣고 읽고 공부함으로 당 짓는 것, 시기와 분쟁, 종교적인 의식과 형식만 있는 껍데기 신앙을 버리고 순전하고 생명력이 넘치는 신앙으로 성장하라는 말입니다.

"이는 그로 말미암아 너희로 구원에 이르도록 자라게 하려 함이라". 구원에 이른다는 것은 육신의 몸을 벗고 영화로운 몸이 되는 것을 말합니다. 물론 우리가 예수 그리스도를 믿음으로 구원받았지만, 구원이 완성되는 것은 천국에 들어갈 때이므로 그때까지 계속해서 성장해야 합니다. 어린아이가 지혜와 총명과 키가 자라는 것처럼 우리의 속사람도 날로 자라고 새로워져야 하는 것입니다. 만약 예수를 믿는 사람이 계속해서 자라지 않고 그 자리에 머물러 있으면 병든 신앙이 되고 맙니다. 우리의 신앙이 믿음과 소망과 사랑 안에서 인격과 전도와 봉사와 헌신에 있어서 날이 갈수록 자라가야 되는 것입니다. 이렇게 자라날 때 구원에 이르는 날에 부끄럼 없이 하나님 앞에 설 수 있으며 영광으로 가득 찬 상급을 얻게 되는 것입니다.

3절 너희가 주의 인자하심을 맛보았으면 그리하라

우리는 다 불의하고 추악해서 버림을 받아야 마땅한 자들로서 주님께서 만일 율법으로 우리를 다스리셨다면 어느 누구도 죽음을 면할 자가 없었을 것입니다. 그러나 주님께서 그 무한하신 긍휼과 자비와 인자하심과 오래 참으심으로 말미암아 우리를 죄와 불의에서 구원과 의로움으로, 저주와 죽음에서 축복과 생명으로 인도하여 내신 것입니다.

그러므로 우리가 주의 인자하심을 맛보아 아는 이상 그 사랑에 보답하는 생활을 해야 합니다. 또한 신령한 젖과 같은 그분의 말씀을 사모해야 합니다. 마치 자녀가 부모에게 효도하듯이 우리들이 하나님 아버지의 마음을 기쁘시게 해 드리려면 항상 우리의 입에서 감사와 찬양이 끊이지 않도록 해야겠습니다.

4절 사람에게는 버린 바가 되었으나 하나님께는 택하심을 입은 보배로운 산 돌이신 예수께 나아가

예수님께서는 유대 사람들로부터 버림을 받으셨습니다. 로마 사람들과, 제사장들과, 바리새인들과, 백성들에게까지 버림받으셨습니다. 이같이 세상은 예수님을 죽이고 버렸지만 하나님께서는 예수님을 메시아로 택하셨던 것입니다. 그 결과 예수님께서는 하나님의 능력으로 죽음을 이기고 부활하셔서 보배로운 산 돌이 되셨습니다. 그러므로 산 돌 되신 예수님께서 천국 모퉁이의 머릿돌이 되시고, 우리는 예수님의 토대 위에 집을 짓게 되고, 그 안에 하나님의 성령이 거하시는 전이 되어 가는 것입니다. 이와 같이 우리는 산 돌 되신 예수님께만 나아가야 합니다. 그리고 예수님 위에 견고하게 신앙의 집을 지을 때 의미 있고 가치 있는 삶을 살 수 있는 것입니다.

5절 너희도 산 돌같이 신령한 집으로 세워지고 예수 그리스도로 말미암아 하나님이 기쁘게 받으실 신령한 제사를 드릴 거룩한 제사장이 될지니라

구약 시대에는 하나님께서 레위 지파의 사람들을 택하셔서 제사장을 삼았지만, 신약 시대에는 우리들이 하나님의 백성이 될 뿐만 아니라 하나님 앞에 찬송과 기도와 예물을 드리는 거룩한 제사장이 되게 하셨습니다. 우리 개개인이 제사장이므로 직접 하나님께 나아가서 기도와 찬송과 예배를 드릴 수 있으며 누가 우리를 대신하여 예배를 드려 줄 필요가 없어졌습니다. 그만큼 우리는 우리를 구원하신 예수 그리스도의 이름으로 하나님 앞에 담대히 나아갈 수 있는 것입니다.

6절 성경에 기록되었으되 보라 내가 택한 보배로운 모퉁잇돌을 시온에 두노니 그를 믿는 자는 부끄러움을 당하지 아니하리라 하였으니

이 말씀은 이사야 28장 16절을 인용한 것으로, 예수님께서 오시기 전인 주전 약 700년경에 예언된 말씀입니다. '하나님께서 택하신 보배로운 모퉁잇돌' 이란 예수님을 말하며, '시온' 이라는 것은 예루살렘 성전이 있는 시온 산을 말합니다. 이것을 다시 말하면 하늘나라의 시온 산을 말하며, 따라서 본문은 시온 산에 계신 예수님을 믿는 자는 누구든지 부끄러움을 당하지 않는다는 약속의 말씀인 것입니다.

7절 그러므로 믿는 너희에게는 보배이나 믿지 아니하는 자에게는 건축자들이 버린 그 돌이 모퉁이의 머릿돌이 되고

이 말씀은 시편 118편 22절에 기록된 예언의 말씀입니다. 여기서 '건축자들' 이란 바로 유대인들을 말합니다. 하나님께서는 유대 나라를 택하시고 하늘나라를 건축하라고 하셨습니다. 그러나 그들은 하늘나라를 건축할 때 필요한 천국의 모퉁잇돌인 예수 그리스도를 버렸습니다. 그러나 그들이 버린 그 돌을 하나님께서는 천국의 머릿돌로 삼으신 것입니다.

8절 또한 부딪치는 돌과 걸려 넘어지게 하는 바위가 되었다 하였느니라 그들이 말씀을 순종하지 아니하므로 넘어지나니 이는 그들을 이렇게 정하신 것이라

예수님은 천국의 모퉁잇돌이 되셨을 뿐만 아니라 부딪치는 돌과 걸려 넘어지게 하는 바위가 되셨습니다. 이것은 믿는 우리에게는 신앙의 집을 짓는 모퉁잇돌이 되지만, 예수님을 믿지 않는 유대인들과 세상 사람들에게는 오히려 그 돌에 걸려 전부 심판을 받고 지옥으로 떨어지게 하는 부딪치는 돌과 걸려 넘어지게 하는 바위가 된다는 것입니다.

오늘날 우리에게 천국과 지옥, 영생과 영멸, 영광과 수치의 기준은 예수 그리스도이십니다. 예수 그리스도를 받아들인 사람은 천국으로 인도되고 예수 그리스도를 배반한 사람은 그 돌에 부딪쳐서 결국 파멸을 당하고 맙니다. 이러므로 예수님이야말로 온 세계와 인류의 미래를 결정하는 시금석인 것입니다.

9절 그러나 너희는 택하신 족속이요 왕 같은 제사장들이요 거룩한

나라요 그의 소유가 된 백성이니 이는 너희를 어두운 데서 불러 내어 그의 기이한 빛에 들어가게 하신 이의 아름다운 덕을 선포하게 하려 하심이라

"너희는 택하신 족속이요". 예수님을 믿는 우리에게 주어지는 놀라운 축복은 하나님께서 만세 전에 이미 우리를 예수님 안에서 택하여 하늘나라 백성으로 삼으셨다는 사실입니다(엡 1:4). 옛날 유대 민족이 아브라함을 통하여 육신의 선민이 되고 선택받은 족속이 된 것처럼 우리는 예수 그리스도 안에서 영적인 선민이 되고 선택받은 족속이 된 것입니다. 이와 같이 우리는 수십억의 인구 가운데 선택받은 하나님의 백성으로 매우 값진 존재입니다.

"왕 같은 제사장들이요". 하나님께서는 우리를 왕 같은 제사장이라고 부르고 있습니다. 우리가 왕이기 때문에 이제는 죄를 다스리고 마귀를 다스리고 병을 다스리고 죽음을 다스릴 수 있습니다. 아무리 마귀가 흑암의 권세로 다가와도 우리에게 주신 왕권으로 물리칠 수 있는 것입니다. 그런데 오늘날 많은 그리스도인들이 자신이 왕인 줄도 모르고 마귀에게 끌려 다닙니다. 그것은 예수님의 십자가를 통해 자신이 어떤 사람이 되었는지를 깨닫지 못하기 때문입니다. 그러므로 우리 그리스도인들은 하나님께서 우리를 왕으로 삼으셨다는 사실을 적극적으로 선포해야 합니다. 그 권세는 하나님의 택함을 받은 우리들로 하여금 승리의 삶을 살도록 인도하는 것입니다.

뿐만 아니라 우리는 제사장의 신분을 가졌으므로 더욱 몸과 마음과 시간을 드려 하나님을 섬겨야겠습니다. 그리고 이웃을 위해 기도하는 삶을 살아야 합니다. 이스라엘의 제사장들이 백성들의 죄를 사함받기 위해 어

린 양의 피를 들고 하나님께 나아간 것과 같이 우리들도 이 민족의 죄를 사함받기 위해 예수님의 이름을 의지해서 하나님께 나아가 기도해야 합니다.

"거룩한 나라요". '거룩한' 은 구별되어 하나님께 드린 것을 나타냅니다. 따라서 '거룩한 나라' 는 우리가 이 세상의 죄와 악에서 분리되어 나온 하나님의 백성이라는 말입니다. 우리는 이제 세상 사람처럼 육신의 정욕, 안목의 정욕, 이생의 자랑으로 살지 않습니다. 예수님을 중심으로 성령과 함께 의와 거룩함을 추구하며 살아가는 것입니다.

"그의 소유가 된 백성이니". 우리는 하나님의 소유물입니다. 한국 사람이든, 미국 사람이든, 러시아 사람이든, 세계 어느 나라 사람이든 예수 믿는 사람은 하나님의 소유된 백성입니다. 우리의 주권자는 하나님이시며 그 분은 전지전능하시며 무소부재하셔서 능히 그의 소유된 백성들을 돌보십니다.

"이는 너희를 어두운 데서 불러내어 그의 기이한 빛에 들어가게 하신 이의 아름다운 덕을 선포하게 하려 하심이라". 하나님께서는 우리를 어두운 데서 불러내셨으며 우리 눈을 밝혀 주셔서 천국을 보게 하셨습니다. 하나님께서는 우리로 하여금 우리 주 예수 그리스도의 기이한 빛과, 천국의 영광스럽고 아름다운 빛을 체험하게 하심으로 하나님의 크신 은혜와 은덕과 영광을 온 세계 만방에 선전하고 자랑하도록 불러내신 것입니다. 이제부터 우리는 앉으나 서나 그리스도의 복음을 선전해야 합니다. 예수를 믿지 않는 사람들에게 예수님의 기이한 구원의 아름다운 덕을 선전하여 영생의 길로 들어오도록 이끌어 주어야 합니다.

10절 너희가 전에는 백성이 아니더니 이제는 하나님의 백성이요 전에는 긍휼을 얻지 못하였더니 이제는 긍휼을 얻은 자니라

우리 모두가 전에는 하나님 밖에 버림받은 자들이요 긍휼을 얻지 못하고 심판받아 불과 유황으로 타는 지옥 불에 떨어질 수밖에 없는 인생들이었습니다. 무자격자요, 도저히 하나님 앞에 설 수 없는 자들이었는데 하나님의 그 놀라운 은혜로 긍휼을 덧입게 되었습니다. 여기서 그 놀라운 은혜란 예수 그리스도로 말미암아 우리의 신분과 위치와 존재가 완전히 달라진 것을 말합니다. 즉, 예수 그리스도로 말미암아 우리가 하나님의 자녀가 된 것과 거룩한 백성이 된 것을 말하는 것입니다.

2. 불신자 사이에 선한 모범이 되라(2:11-12)

11. 사랑하는 자들아 거류민과 나그네 같은 너희를 권하노니 영혼을 거슬러 싸우는 육체의 정욕을 제어하라 12. 너희가 이방인 중에서 행실을 선하게 가져 너희를 악행한다고 비방하는 자들로 하여금 너희 선한 일을 보고 오시는 날에 하나님께 영광을 돌리게 하려 함이라

11절 사랑하는 자들아 거류민과 나그네 같은 너희를 권하노니 영혼을 거슬러 싸우는 육체의 정욕을 제어하라

"사랑하는 자들아 거류민과 나그네 같은 너희를 권하노니". 사도 베드로는 우리를 나그네와 거류민 같은 존재라고 말합니다. 마치 고향을 찾아가는 나그네같이 이 세상은 우리의 타향이고 우리는 천국 본향을 향하여 나아가고 있습니다. 그런데 우리에게 나그네 의식이 있을 때 이 세상을 살아가는 삶의 태도가 바뀔 수 있습니다. 물질적인 것보다는 영적인 것을, 순간적인 것보다는 영원한 것을, 보이는 것보다는 보이지 않는 것을 찾게 됩니다. 위에 있는 것에 가치를 두고 땅의 소욕과 싸우며 거룩한 순례자의 길을 걷는 것입니다.

"영혼을 거슬러 싸우는 육체의 정욕을 제어하라". 우리의 속사람인 영혼은 하나님을 받들고 섬기려고 하지만 순간순간 육체의 정욕이 고개를 들고 일어나 우리를 끌어당깁니다. 속사람은 우리로 하여금 하늘을 향하게 하고, 겉사람인 육체의 정욕은 땅을 향하게 하여 올라가지도 내려가지도 못하는 상황 속에서 갈등하게 만듭니다. 이것이 우리 인간이 겪는 고통이며 삶의 모순인 것입니다. 우리가 지상에 사는 동안 이런 싸움은 그칠 날이 없습니다. 속사람이 강하고 성숙하면 겉사람의 정욕을 이길 수가 있습니다. 그러나 속사람이 약하면 정욕에 져서 죄를 짓고 불의한 데 떨어져 몸부림치게 되는 것입니다.

우리의 신앙은 육체의 정욕을 극복할 때 자라납니다. 특히 생각하는 것이나 말하는 것에 변화가 있어야 합니다. 만약 우리의 생활에 변화가 없이 옛 모습 그대로 남아 있다면 이웃에게 하나님의 영광을 나타내기보다는 조롱거리가 되기 쉽습니다. 그러므로 우리 그리스도인들은 어찌하든지 예수 그리스도의 능력과 성령님의 도우심으로 말미암아 육신의 정욕으로부터 벗어나 항상 거룩한 삶을 살아야 합니다.

12절 너희가 이방인 중에서 행실을 선하게 가져 너희를 악행한다고 비방하는 자들로 하여금 너희 선한 일을 보고 오시는 날에 하나님께 영광을 돌리게 하려 함이라

오늘 우리가 사는 이 시대는 하나님께서 권고하시는 날이며 심판하시는 날이 아닙니다. 그런데 때로는 우리들의 좁은 생각으로 박해하는 사람들이 있을 때 하나님께서 당장 저들을 심판하셨으면 할 때가 있습니다. 그러나 그런 때일수록 우리들은 박해하는 사람들을 위해 기도하여 예수님 앞에 나올 수 있도록 인도해야 합니다. 이것은 말로만 해서 되는 것이 아닙니다. 언어 심사 행동에 있어서 선한 행실로 본을 보임으로 믿지 않는 사람들이 우리의 행실을 보고 깊은 감동을 받아 하나님께 나오도록 하여야 합니다.

3. 인간의 모든 제도에 순종하라(2:13-17)

13. 인간의 모든 제도를 주를 위하여 순종하되 혹은 위에 있는 왕이나 14. 혹은 그가 악행하는 자를 징벌하고 선행하는 자를 포상하기 위하여 보낸 총독에게 하라 15. 곧 선행으로 어리석은 사람들의 무식한 말을 막으시는 것이라 16. 너희는 자유가 있으나 그 자유로 악을 가리는 데 쓰지 말고 오직 하나님의 종과 같이 하라 17. 뭇사람을 공경하며 형제를 사랑하며 하나님을 두려워하며 왕을 존대하라

13절 **인간의 모든 제도를 주를 위하여 순종하되 혹은 위에 있는 왕이나**

우리가 이 세상에 사는 동안에는 인간이 세운 모든 제도에 주님을 위하여 순종하라고 말하고 있습니다. 제도란 우리로 하여금 사회에 법과 질서를 세워서 안심하고 살 수 있게 하기 위해서 있는 것입니다. 만일 정부가 없고 법도 없고 질서와 제도가 없다면 이 세상은 혼란한 무법천지가 될 것입니다. 이 세상에서 우리가 편안하게 살 수 있는 것은 나라의 법과 질서가 있어서 그 법을 어길 때는 징벌을 내림으로 안녕과 질서를 유지할 수 있기 때문입니다.

이러므로 예수 믿는 사람들은 솔선수범하여 인간이 세운 모든 제도에 순종해야 합니다. 정부란 하나님께서 주신 권세로써 대리권 행사를 하는 곳입니다. 그러나 그 정부도 하나님의 권세 아래 있습니다. 만일 정부가 하나님을 믿고 섬기는 것을 못하도록 막거나 우상숭배하도록 강권하거나 악을 범하도록 명령할 때는 결단코 순종해서는 안 됩니다. 어떠한 제왕이라도 신앙의 자유를 박탈하려고 할 때에는 목숨을 바칠 각오를 하고 거기에 대항하여야 합니다. 우리는 우선권을 하나님의 법에 두되 하나님의 법에 어긋나지 않을 경우에는 세상 법에도 순종하며 살아야 하는 것입니다.

14절 **혹은 그가 악행하는 자를 징벌하고 선행하는 자를 포상하기 위하여 보낸 총독에게 하라**

총독이란 오늘날의 장관들, 시장, 군수 등 정부의 관리들을 말합니다. 한 정부가 있으면 왕이나 대통령 밑에 이런 총독들이 있어서 이들을 통해서 나라의 질서가 유지됩니다. 그러므로 국가의 질서를 유지하기 위해 하나님께서 보낸 총독들에게도 순종하라고 말하고 있는 것입니다.

15절 곧 선행으로 어리석은 사람들의 무식한 말을 막으시는 것이라

하나님께서는 우리의 이러한 선행을 통하여 어리석은 자들의 무식한 말을 막고 사회에 선(善)이 조성되도록 하십니다. 이는 하나님께서 무질서하고 파괴적인 어리석은 자들의 무식한 말을 막아서 사회가 안녕과 질서를 찾아 편안하게 잘 유지되도록 하기 위해 세우신 제도입니다. 그러나 나라가 하나님을 반역할 경우에는 하나님의 명령을 우선적으로 하여 하나님의 말씀을 들으며 신앙을 지켜 나가야 합니다.

16절 너희는 자유가 있으나 그 자유로 악을 가리는 데 쓰지 말고 오직 하나님의 종과 같이 하라

우리는 자유로운 사람입니다. 죄와 저주와 죽음과 마귀에게서 완전한 자유를 얻은 사람들입니다. 이제는 마귀의 종이 아니요 하나님의 자녀로서 자부심을 가지게 된 것입니다. 우리는 예수님의 보혈로 말미암아 소유하게 된 이 자유를 죄를 짓는 데 사용하지 말고 하나님의 종으로서 하나님을 섬기는 데만 사용해야 합니다.

17절 뭇사람을 공경하며 형제를 사랑하며 하나님을 두려워하며 왕을 존대하라

그리스도인들은 남을 나보다 낫게 여기며, 예수님께서 우리를 사랑하신 것같이 형제를 내 몸같이 사랑하며 살아야 합니다. 그리고 하나님을 진정 사랑하면 하나님을 경외하고 공경하는 삶을 살아야 합니다. 우리가

부모를 사랑하지만 동시에 부모를 두려워하는 것처럼 하나님을 사랑하면서 동시에 두려워하는 생활을 해야 합니다. 그다음은 왕을 공경해야 합니다. 높은 자리에 있는 사람을 공경해야 하는 이유는 하나님께서 그들을 그 자리에 세워 우리에게 선을 베풀도록 하셨기 때문입니다.

4. 순종의 생활에 대한 권면(2:18-25)

18. 사환들아 범사에 두려워함으로 주인들에게 순종하되 선하고 관
용하는 자들에게만 아니라 또한 까다로운 자들에게도 그리하라 19.
부당하게 고난을 받아도 하나님을 생각함으로 슬픔을 참으면 이는
아름다우나 20. 죄가 있어 매를 맞고 참으면 무슨 칭찬이 있으리요
그러나 선을 행함으로 고난을 받고 참으면 이는 하나님 앞에 아름다
우니라 21. 이를 위하여 너희가 부르심을 받았으니 그리스도도 너희
를 위하여 고난을 받으사 너희에게 본을 끼쳐 그 자취를 따라오게 하
려 하셨느니라 22. 그는 죄를 범하지 아니하시고 그 입에 거짓도 없
으시며 23. 욕을 당하시되 맞대어 욕하지 아니하시고 고난을 당하
시되 위협하지 아니하시고 오직 공의로 심판하시는 이에게 부탁하
시며 24. 친히 나무에 달려 그 몸으로 우리 죄를 담당하셨으니 이는
우리로 죄에 대하여 죽고 의에 대하여 살게 하려 하심이라 그가 채찍
에 맞음으로 너희는 나음을 얻었나니 25. 너희가 전에는 양과 같이
길을 잃었더니 이제는 너희 영혼의 목자와 감독되신 이에게 돌아왔
느니라

18절 **사환들아 범사에 두려워함으로 주인들에게 순종하되 선하고 관용하는 자들에게만 아니라 또한 까다로운 자들에게도 그리하라**

당시에는 노예 제도나 사환 제도가 있었습니다. 베드로는 사환으로 있는 사람들이 주인에게 순종할 것을 강하게 명하고 있습니다. 또한 선하고 너그러운 주인뿐만 아니라 까다로운 주인에게도 사환은 마땅히 종 된 신분으로서 주인을 공경하고 항상 두려운 마음으로 대할 것을 명하고 있습니다.

19절 **부당하게 고난을 받아도 하나님을 생각함으로 슬픔을 참으면 이는 아름다우나**

자신이 잘못한 것이 없는데 상관이 여러 가지 간섭을 하고 애매히 괴롭힌다 해도 하나님을 생각하면서 참는다면 하나님 보시기에 아름답다는 것입니다. 먼저 참고 하나님께 나아가 기도하고 감사하면 하나님께서는 그 아름다운 성품을 칭찬하실 뿐 아니라 합력하여 선을 이루어 주십니다. 온유와 인내는 고난 속에 빛을 발하는 보석 같은 아름다운 성품인 것입니다.

20절 **죄가 있어 매를 맞고 참으면 무슨 칭찬이 있으리요 그러나 선을 행함으로 고난을 받고 참으면 이는 하나님 앞에 아름다우니라**

고난을 받는 이유가 자신의 내부에서 일어나는 죄의 결과라면 수치스러운 것이겠지만 하나님께 복종하는 마음으로 선을 행하다가 당하는 것이라면 하나님 보시기에 아름답다는 것입니다.

마찬가지로 죄를 짓고 잘못해서 상사에게 고난을 당할 때는 그것을 참는다 해도 아무런 칭찬이 없습니다. 그러나 열심히 선을 행하다가 받는 고난에 대하여 참는 것은 하나님 앞에 아름다운 것입니다. 그런 사람은 하나님께서 좋은 것으로 반드시 갚아 주시며 축복하여 주십니다.

21절 이를 위하여 너희가 부르심을 받았으니 그리스도도 너희를 위하여 고난을 받으사 너희에게 본을 끼쳐 그 자취를 따라오게 하려 하셨느니라

우리는 선을 행하고 욕을 당하고 고난을 당하더라도 참는 생활을 하기 위해서 부름을 받았습니다. 예수님께서도 우리를 위해서 고난을 받으사 우리에게 본을 끼쳐 그의 자취를 따라오게 하셨습니다.

그런데 어떤 사람은 예수님께서 고난을 받으셨으니 우리도 이 세상에 있는 모든 고난을 받아야 한다고 하는데, 그것은 잘못된 생각입니다. 예수님도 받으신 고난이 있고 받지 않으신 고난이 있음을 알아야 합니다. 예수님께서는 죄를 짓고 고난받으신 적이 없습니다. 그러므로 죄로 인한 고난은 우리와 상관없습니다. 또한 예수님께서는 질병으로 고난당하신 적이 없습니다. 우리가 병들어서 고난당할 때 "나는 예수님의 고난에 참여한다."고 해서는 안 됩니다. 예수님은 병드신 적이 없습니다. 또한 우리가 저주를 받아서 이웃에게 짐이 되고 세상 사람의 손가락질을 받으면서 "예수님의 고난에 참여한다."고 해서는 안 됩니다. 예수님께서는 오직 저주를 도말하시기 위해서 십자가에 못 박히셨기 때문에 예수님을 믿는 사람들은 저주에서 벗어나야 합니다. 저주로 인해 고통당하는 것은 예수님의 고난에 참여하는 것이 아닙니다.

예수님께서 받으신 고난은 복음 때문에 당하는 박해의 고난이었습니

다. 이러므로 우리도 그와 같은 고난 이외에 다른 고난을 당할 때에 예수 이름으로 단호하게 물리쳐야 합니다. 그러나 박해로 오는 고난은 물리칠 것이 아니라 잘 감당함으로 그리스도의 고난에 참여해야 합니다. 성경은 오히려 "의를 위하여 박해를 받은 자는 복이 있나니 천국이 그들의 것임이라 나로 말미암아 너희를 욕하고 박해하고 거짓으로 너희를 거슬러 모든 악한 말을 할 때에는 너희에게 복이 있나니 기뻐하고 즐거워하라 하늘에서 너희의 상이 큼이라 너희 전에 있던 선지자들도 이같이 박해하였느니라"(마 5:10-12)고 말씀하고 있습니다.

22-23절 그는 죄를 범하지 아니하시고 그 입에 거짓도 없으시며 욕을 당하시되 맞대어 욕하지 아니하시고 고난을 당하시되 위협하지 아니하시고 오직 공의로 심판하시는 이에게 부탁하시며

예수님께서는 죄를 범하신 적도 없을 뿐 아니라 그 입에 거짓도 없으신 분입니다. 그분은 십자가의 모진 고통과 욕을 당하면서도 맞대어 욕을 하거나 위협하지 않으셨습니다. 예수님께서는 운명하시는 순간까지도 공의로 심판하시는 아버지에게 "저들을 사하여 주옵소서 자기들이 하는 것을 알지 못함이니이다"(눅 23:34)라고 하며 오히려 박해하는 자들을 위해 기도하셨습니다. 이 위대한 예수 그리스도의 모습은 모든 성도들에게 본이 되셨습니다.

24절 친히 나무에 달려 그 몸으로 우리 죄를 담당하셨으니 이는 우리로 죄에 대하여 죽고 의에 대하여 살게 하려 하심이라 그가 채찍에 맞음으로 너희는 나음을 얻었나니

하나님께서는 우리로 하여금 죄에 대해서는 죽고, 의에 대하여 살게 하시기 위해 우리를 구원하셨습니다. 뿐만 아니라 우리는 질병으로 고통당할 때, 채찍에 맞음으로 나음을 주신 예수 그리스도의 치료의 역사를 체험할 수 있습니다.

25절 너희가 전에는 양과 같이 길을 잃었더니 이제는 너희 영혼의 목자와 감독되신 이에게 돌아왔느니라

어린 양들이 목자를 떠나 길을 잃고 방황하는 것처럼 우리도 전에는 하나님을 잃어버리고 죄악 가운데 방황하고 마귀의 미혹에 빠져 있었습니다. 그러나 이제는 우리 영혼의 목자요, 감독되신 예수님께로 돌아오게 되었습니다.

우리는 과거에는 어디서 와서 무엇 때문에 살며 어디로 가는지 모르는 길 잃어버린 사람들로서 육신의 정욕, 안목의 정욕, 이생의 자랑을 추구하며 살았습니다. 그러나 이제는 목자되신 예수님께로 돌아와 삶의 분명한 목적을 알게 되었고 영생의 길을 찾게 되어 나그네와 같이 이 땅을 지나서 천국으로 가는 반열 속에 들어서게 된 것입니다.

제 3 장

가정과 고난에 관한 **권면**

아내 된 자들에 대한 교훈	3:1-6
남편들에 대한 교훈	3:7
일반적인 신앙생활의 지침	3:8-12
성도의 신앙생활과 고난의 문제	3:13-22

A COMMENTARY
ON THE FIRST EPISTLE OF
PETER

본 장에는 가정과 고난에 대한 권면이 기록되어 있습니다. 아내는 두려움과 정결한 행실로 속사람을 단장해야 하고, 남편들은 기도가 막히지 않게 아내를 귀중히 여겨야 합니다. 또한 성도 간에는 겸손과 선으로 서로 사랑해야 하며, 고난이 다가올 때에 두려워하지 말고 담대함으로 신앙을 지켜야 합니다.

1. 아내 된 자들에 대한 교훈(3:1-6)

1. 아내들아 이와 같이 자기 남편에게 순종하라 이는 혹 말씀을 순종하지 않는 자라도 말로 말미암지 않고 그 아내의 행실로 말미암아 구원을 받게 하려 함이니 2. 너희의 두려워하며 정결한 행실을 봄이라 3. 너희의 단장은 머리를 꾸미고 금을 차고 아름다운 옷을 입는 외모로 하지 말고 4. 오직 마음에 숨은 사람을 온유하고 안정한 심령의 썩지 아니할 것으로 하라 이는 하나님 앞에 값진 것이니라 5. 전에 하나님께 소망을 두었던 거룩한 부녀들도 이와 같이 자기 남편에게 순종함으로 자기를 단장하였나니 6. 사라가 아브라함을 주라 칭하여 순종한 것같이 너희는 선을 행하고 아무 두려운 일에도 놀라지 아니하면 그의 딸이 된 것이니라

1절 아내들아 이와 같이 자기 남편에게 순종하라 이는 혹 말씀을 순종하지 않는 자라도 말로 말미암지 않고 그 아내의 행실로 말미

암아 구원을 받게 하려 함이니

"아내들아". 성경은 가정 문제에 대하여 언급할 때 언제나 부부 중 남편보다 아내에게 먼저 말합니다. 한 가정에서 아내의 영향력이 매우 크기 때문에 하나님께서 아내에게 먼저 교훈하시는 것입니다. 하나님께서 남편과 자녀들에게 절대적인 영향력을 미치는 아내와 어머니의 역할을 중요하게 여기셨기 때문입니다.

에덴 동산에서 "선악을 알게 하는 나무의 열매는 먹지 말라 네가 먹는 날에는 반드시 죽으리라"(창 2:17)는 하나님의 말씀을 직접 들었던 아담이 하와의 말을 듣고 선악을 알게 하는 나무의 열매를 따 먹은 것만 보아도 아내의 영향력이 얼마나 큰가를 알 수 있습니다. 이와 같이 아내는 가정에 엄청난 영향력을 미칩니다. 진실로 한 가정이 흥하고 망하는 것은 아내의 손에 달려 있음을 잊지 말아야 합니다. 훌륭한 여성은 훌륭한 아내로서 가정을 일으켜 세웁니다. 그러나 지혜롭지 못한 여성은 가정을 파탄으로 이끌어 가정은 물론 자신도 망하게 합니다. 그러므로 아내들은 자신의 책임과 영향력이 한 가정의 행복과 불행을 좌우한다는 사실을 분명히 깨달아 지혜로운 아내가 되어야 합니다.

"이와 같이 자기 남편에게 순종하라". 하나님은 하와로부터 시작해서 오늘날까지 끊임없이 아내들은 남편에게 순종하라고 말씀하고 계십니다. 왜냐하면 하와가 남편에게 순종하지 않음으로 가정이 파괴되었기 때문입니다.

아내가 남편에게 순종해야 한다는 명령이 불합리하게 생각될 수 있습니다. 그러나 이는 창조 시에 세워진 질서입니다. 하나님께서 사람을 창조하실 때 남자를 먼저 만드시고 그다음에 여자를 만드셨습니다. 남자를 여자의 머리로 만드셨기 때문에 남자가 언제나 인도자가 되게 되어 있고 여자는 그 뒤에서 인도자를 밀어 주도록 되어 있는 것입니다. 이러므로 여자의 근본적인 직분은 순종하는 것이고 남자의 근본적인 직분은 인도하는 것입니다. 남편은 인도하고 아내는 따라가는 것이 균형잡힌 가정의 모습이요, 바람직한 부부 관계의 본보기입니다.

"이는 혹 말씀을 순종하지 않는 자라도 말로 말미암지 않고 그 아내의 행실로 말미암아 구원을 받게 하려 함이니". 어떤 사람들은 아내가 전도하는 말을 듣지 않다가 후에 아내가 변화된 모습을 보고 감화를 받아 결국 교회에 나와 예수 그리스도를 믿게 되는 경우가 있습니다. 왜냐하면 그 행위로 그 말이 진실하다는 것이 증명되었기 때문입니다. 이러므로 예수님을 믿는 아내는 예수 그리스도의 영광을 위해 믿지 않는 남편에게 순종하는 생활을 하여 남편으로 하여금 예수 그리스도의 영광을 바라보도록 해야 합니다. 그러면 그 결과 믿지 않는 남편이라 할지라도 아내의 생활을 통해 살아 계신 예수님을 만나 구원의 은혜 가운데 들어가게 되는 것입니다.

2절 너희의 두려워하며 정결한 행실을 봄이라

여기서 두려워한다는 것은 하나님을 경외하는 것을 의미합니다. 즉, 범사에 하나님을 두려워하는 마음으로 남편을 존경하고 생활을 정결하게 하는 것을 말합니다. 이와 같이 그리스도인 된 모든 아내들은 과거의 불평, 불만, 사치, 방탕의 모습을 청산하고 평안과 기쁨과 정결함을 가지고 남편에게 순종함으로써 남편으로 하여금 감동을 느끼게 하여 하나님께 돌아오도록 인도해야 합니다. 현숙한 아내, 훌륭한 아내는 야훼께로부터 말미암는다고 성경은 말씀하고 있습니다(잠 19:14).

3절 너희의 단장은 머리를 꾸미고 금을 차고 아름다운 옷을 입는 외모로 하지 말고

이 말씀은 분수에 넘는 사치를 하지 말라는 것입니다. 여성이란 원래 그 대표적인 대명사가 아름다움입니다. 그렇기 때문에 여성은 태어날 때부터 아름다워지고자 하는 본능을 소유하게 됩니다.

그런데 자신의 분수에 따라 단정하게 몸단장을 하지 않고 그것을 뛰어넘어 분수에 넘치게 되면 문제가 됩니다. 그 결과 가정의 경제적 기반을 흔들어 놓게 되고 나아가서 이웃 간에 위화감을 조성해서 가난한 사람으로 하여금 열등의식과 좌절감을 느끼게 하기 때문입니다. 또한 지나친 치장은 자신을 드러내고자 하는 욕심에 기인한 것이므로 자칫 잘못하다가 하나님의 덕을 가릴 우려도 있습니다. 그러므로 우리 그리스도인은 스스로 절제하여 호화롭고 사치스러운 치장을 하는 일이 없어야겠습니다.

4절 오직 마음에 숨은 사람을 온유하고 안정한 심령의 썩지 아니할 것으로 하라 이는 하나님 앞에 값진 것이니라

진정한 아름다움은 외적인 아름다움보다도 내적인 아름다움에 있습니다. 외적인 아름다움은 처음에는 그럴 듯하게 보이지만 그 인격 속에서 마치 생나무가 탈 때 나오는 연기와 같이 잘못된 것들이 나오는 경우가 있습니다. 이때 그 아름다움은 여지없이 사라지고 마는 것입니다. 그

러나 육신적으로는 부족하여도 그 인격에서 성령의 열매들이 나타나고 영적인 아름다움이 있으면 다른 사람들에게 존경과 사랑을 받습니다. 만일 우리 마음에 내적인 아름다움이 없다면, 육신의 아름다움은 곧 풀과 같이 시들어 버리고 빈껍데기만 남게 됩니다. 그러므로 부부는 결혼한 이후에도 계속하여 인격의 성숙함을 쌓아 세월이 갈수록 서로에게 존경과 사랑이 더욱 깊어질 수 있도록 해야 합니다. 사람은 존경할 수 없는 사람을 사랑할 수 없습니다. 상대방을 존경하게 되면 사랑은 자연적으로 샘 솟듯 솟아오르는 것입니다. 오직 중생한 속사람이 끊임없이 자랄 수 있도록 우리는 그리스도 안에서 온유와 정숙함으로 내면을 단장해야 하겠습니다.

그리고 가정에서 제일 중요한 것은 안정과 평안입니다. 세상이 아무리 요란하고 복잡하고 고통을 가져다준다 할지라도 가정만은 모든 것을 잊고 평안히 쉴 수 있는 안식처가 되어야 합니다. 그러므로 아내는 집안의 모든 분위기를 안정감 있게 조성하는 것이 매우 중요합니다. 온 집안이 어지럽고 뒤숭숭하면 밖에서 돌아온 남편과 자녀가 안정감을 잃어버리게 됩니다. 그러면 남편과 자녀가 가정을 멀리하고 점점 세상으로 흘러가게 되는 것입니다.

가정을 따뜻하고 안정된 보금자리로 만드는 것은 아내가 해야 할 일입니다. 아내들은 가정에서 정리하는 것으로부터 시작해서 모든 언어, 심사, 행동 전체로 가족 구성원을 따뜻하게 감싸 주어야 합니다.

그리고 아내 자신도 항상 깊은 기도와 찬송과 감사와 사랑으로 단장해 나갈 때 값으로 계산할 수 없는 값진 보화가 가정 안에 가득하게 될 것입니다. 이것은 사람 앞에 값진 것일 뿐 아니라 하나님 앞에서도 값진 것입니다. 가정이 안정되고 평안해질 때 사회가 안정되고 국가가 튼튼하고 나아가 온 세상이 평안해집니다.

5절 전에 하나님께 소망을 두었던 거룩한 부녀들도 이와 같이 자기 남편에게 순종함으로 자기를 단장하였나니

'전에' 라는 것은 구약 시대를 말합니다. 그당시 하나님께 소망을 두고 살았던 거룩한 부녀들도 이와 같이 남편에게 순종하고 자기의 심령을 단장했다는 것입니다.

6절 사라가 아브라함을 주라 칭하여 순종한 것같이 너희는 선을 행하고 아무 두려운 일에도 놀라지 아니하면 그의 딸이 된 것이니라

사라는 남편 아브라함을 '주' 라고 칭하였습니다. 이것은 그만큼 남편을 존경하는 마음으로 대했다는 것입니다. 이와 같이 아내는 남편에게 순종하고 선을 행하기를 힘쓰며 가족 간의 화목을 도모해야 합니다. 아내가 남편을 가정의 머리로 인정하고 질서 있는 가정을 만들 때 그 가정은 평강과 축복이 넘치게 될 것입니다.

그리고 아내들은 안팎으로 어떤 큰일이나 두려운 상황에 처하더라도 오직 하나님을 믿고 의지하여 담대하게 살아야 합니다. 그러면 그 결과 어떠한 박해와 시련 가운데서도 우리를 도우시는 주님의 손길을 체험하게 되는 것입니다.

2. 남편들에 대한 교훈(3:7)

7. 남편들아 이와 같이 지식을 따라 너희 아내와 동거하고 그를 더 연약한 그릇이요 또 생명의 은혜를 함께 이어받을 자로 알아 귀히 여기라 이는 너희 기도가 막히지 아니하게 하려 함이라

7절 남편들아 이와 같이 지식을 따라 너희 아내와 동거하고 그를 더 연약한 그릇이요 또 생명의 은혜를 함께 이어받을 자로 알아 귀히 여기라 이는 너희 기도가 막히지 아니하게 하려 함이라

여기에서 남편들에게 지식을 따라 아내와 동거하라는 것은 아내가 자기보다 연약하다는 것을 이해하고 함께 살라는 것입니다. 많은 남편들이 대개 부인과 차분히 대화하기보다는 권위를 세우기 위해 고함을 지르거나 무력을 행사하여 아내를 제압하려고 합니다. 그러나 그러한 방법은 비성경적입니다. 지식을 따라 무엇이든지 순리로 잘 타이르고 설명해서 논리에 맞게 신사적으로 행해야 합니다. 아내를 고함이나 폭력이나 완력으로 다스릴 수 없는 이유를 성경은 분명히 제시하고 있습니다. 그것은 아내가 남편보다 육체적으로 연약하다는 것입니다. 또한 아내는 여성만이 가지는 심리적, 영적인 여러 가지 특성을 가지고 있습니다. 그것들을 잘 깨달아 존중해 줄 때 아내는 심리적으로 안정감을 갖게 되어 가정을 잘 돌볼 수 있게 되는 것입니다.

부부는 생명의 은혜를 유업으로 함께 이어받을 자이기 때문에 서로를 귀하게 여겨야 합니다. 부부는 모두 하나님의 형상과 모양대로 지음받은 귀한 존재입니다. 부부는 공동 운명체로 천국을 준비하는 동반자인 것입니다. 비록 여자는 연약한 그릇이지만 남자와 동일하게 생명의 은혜를 유업으로 받을 수 있습니다.

그리고 기도가 막히지 않기 위해서 아내와 화목해야 합니다. 부부 간에 서로 싸움을 하게 되면 기도가 나오지 않습니다. 성경은 "그러므로 예물을 제단에 드리려다가 거기서 네 형제에게 원망들을 만한 일이 있는 것이 생각나거든 예물을 제단 앞에 두고 먼저 가서 형제와 화목하고 그 후에 와서 예물을 드리라"(마 5:23-24)고 말씀하고 있습니다. 이와 같이 기도를 하는 데 있어서 절대적으로 경계해야 하는 것은 분쟁입니다. 더구나 한몸이 된 부부가 분쟁으로 인해 서로 마음이 상한다면 기도는 막힐 수밖에 없습니다. 하나님께서 한 가정을 축복하실 때는 남편을 통하여 축복해 주십니다. 그러므로 남편은 기도에 열심이어야 합니다. 따라서 신앙생활 가운데 기도가 막히거나 일이 잘 풀리지 않을 때는 아내와의 관계가 원만한지를 살펴본 후 화목하기를 힘써 기도생활을 회복해야 합니다. 그러면 우리의 가정은 하나님께서 인정하시고 기뻐하시는 가정으로 변화될 것입니다.

3. 일반적인 신앙생활의 지침(3:8-12)

8. 마지막으로 말하노니 너희가 다 마음을 같이하여 동정하며 형제
를 사랑하며 불쌍히 여기며 겸손하며 9. 악을 악으로, 욕을 욕으로
갚지 말고 도리어 복을 빌라 이를 위하여 너희가 부르심을 받았으니
이는 복을 이어받게 하려 하심이라 10. 그러므로 생명을 사랑하고
좋은 날 보기를 원하는 자는 혀를 금하여 악한 말을 그치며 그 입술
로 거짓을 말하지 말고 11. 악에서 떠나 선을 행하고 화평을 구하며
그것을 따르라 12. 주의 눈은 의인을 향하시고 그의 귀는 의인의 간
구에 기울이시되 주의 얼굴은 악행하는 자들을 대하시느니라 하였
느니라

8절 마지막으로 말하노니 너희가 다 마음을 같이하여 동정하며 형제를 사랑하며 불쌍히 여기며 겸손하며

'동정하다' 라는 말은 동고동락하는 것을 말합니다. 그러므로 우리가 주를 믿는 형제자매끼리 한 교회에 모이면 마음을 같이하여야 합니다. 만일 서로 마음이 멀어지면 분쟁이 생깁니다. 분쟁하는 가정마다 망하고 분쟁하는 나라마다 망합니다. 교회 안에서도 교역자와 성도 간에 신앙의 줄기가 같아야 하고 신학의 줄기가 같아 마음이 하나 되어야 하는 것입니다. 이렇게 마음을 같이하여 동고동락하여야 하는데 그러기 위해서는 어렵고 헐벗은 성도들을 위해 나누어 갖기 운동이나 여러 가지 사

회 구제 사업을 전개해야 합니다. 고통과 아픔을 같이 느끼며 있는 자가 없는 자에게 필요로 하는 것을 나눠 줌으로써 한마음이 되어 사랑의 교제를 나눌 수 있습니다.

"형제를 사랑하며 불쌍히 여기며 겸손하며". 형제 간에 사랑한다는 것은 단순히 동고동락하는 것 이상을 의미합니다. 여기서의 사랑이란 그리스도의 사랑에 기초해서 자신을 자진해서 내어 주는 의지적인 행동을 말합니다. 예수님은 우리를 사랑하셔서 조건 없이 자신을 내어 주셨습니다. 예수 그리스도 안에서 한 형제 된 우리는 이 귀한 사랑을 가지고 서로를 불쌍히 여기며 겸손하게 하나님과 이웃을 섬기는 삶을 살아야 합니다. 그리스도인은 서로 사랑하되 조건 없이 자기 목숨을 내어 주는 사랑을 할 수 있어야 합니다.

9절 악을 악으로, 욕을 욕으로 갚지 말고 도리어 복을 빌라 이를 위하여 너희가 부르심을 받았으니 이는 복을 이어받게 하려 하심이라

베드로는 악을 악으로 갚는 자가 되지 말고 오히려 복을 빌어 주는 성도가 되라고 권고하고 있습니다. 성경은 "주라 그리하면 너희에게 줄 것이니 곧 후히 되어 누르고 흔들어 넘치도록 하여 너희에게 안겨 주리라"(눅 6:38)고 말씀하고 있습니다. 그러므로 우리가 남을 위해 복을 빌면 오히려 후히 되어 누르고 흔들어 넘치도록 돌려받게 되는 것입니다. 우리는 복을 이어받기 위해 빌어 주어야 합니다. 상대방에게 악을 당하거나 욕을 당하더라도 오히려 그 사람에게 하나님께서 복을 내려 주실 것을 간절히 기도할 때 그 복이 우리의 발 앞에 쌓이게 되는 것입니다. 성경은

"네 원수가 주리거든 먹이고 목마르거든 마시게 하라"(롬 12:20)고 말씀하고 있습니다. 공의의 하나님께 모든 것을 맡기고 악을 복으로 갚음으로 신앙의 승리와 복을 이어받는 삶을 살아야 합니다. 이와 같이 우리 그리스도인들은 하나님께서 제시하신 원리를 따라 신앙생활을 할 때 복의 풍성함 속에서 살아갈 수 있는 것입니다.

10절 그러므로 생명을 사랑하고 좋은 날 보기를 원하는 자는 혀를 금하여 악한 말을 그치며 그 입술로 거짓을 말하지 말고

이웃과 생명을 사랑한다는 것은 우리가 예수 그리스도를 믿음으로 마음에 기쁨이 넘쳐나 이웃과 화평하여 항상 인생을 가치 있고 의미 있게 사는 것을 말합니다. 하나님께서는 이러한 삶을 살기를 원하십니다. 그러므로 우리는 이 세상을 살면서 오늘보다 내일이, 금년보다 명년이 더 좋아질 것을 기대하고 믿음으로 살아야 합니다.

"혀를 금하여 악한 말을 그치며 그 입술로 거짓을 말하지 말고". 좋은 날을 보기 원하는 자가 지켜야 할 중대한 조건으로 가장 중요한 것은 혀와 입술을 지키는 것입니다. 혀는 사람을 살리기도 하고 죽이기도 합니다. 혀를 금하여 악한 말을 그치지 않으면 남을 죽일 뿐 아니라 자신도 죽습니다. 그러므로 우리는 항상 혀에 재갈을 물려서 절대로 남을 모함하거나 간사스럽고 교활한 말이 나오지 않도록 해야 합니다. 말씀 안에서 우리의 혀를 훈련시켜 파괴적이고 절망적이며 부정적이고 거짓된 말을 제해 버리고 긍정적이고 적극적이고 창조적이고 진실한 말을 하도록 노력해야 합니다.

11절 악에서 떠나 선을 행하고 화평을 구하며 그것을 따르라

좋은 날 보기를 원하는 자의 두 번째 중대한 조건은 선행과 화평입니다. 선을 행하고 화평을 구한다는 것은 가정과 이웃과 사회에 평안과 화목을 가져오기 위해 마음과 행동으로 끊임없이 노력하는 것을 의미합니다. 인간사를 살펴보면 악을 행하는 자는 반드시 그 악으로 말미암아 자기가 파멸을 당하게 되는 것을 볼 수 있습니다. 그러므로 우리가 이 두 가지 조건을 잘 지켜 나갈 때 하나님의 복과 영광이 우리에게 넘쳐나게 될 것입니다.

12절 주의 눈은 의인을 향하시고 그의 귀는 의인의 간구에 기울이시되 주의 얼굴은 악행하는 자들을 대하시느니라 하였느니라

주님께서는 불꽃 같은 눈으로 의인을 지키시며 눈동자같이 돌보십니다. 또한 의인들의 간구에 귀를 기울이시며 그들의 모든 부르짖음과 고통의 소리와 감사와 찬양과 기도를 하나도 빠뜨리지 않고 듣고 계십니다. 하나님께서는 절대로 의인을 고아와 같이 버려두지 않으십니다. 우리 하나님께서는 세상 끝 날까지 우리와 함께하시는 좋으신 하나님이십니다.

그러나 주님께서는 악행하는 자들을 향해 견책하시고 진노하시며 결국 멸하십니다. 주님께서는 이처럼 우리들의 머리털까지 세시며 모든 선과 악에 대해 그 행위대로 보응하시는 것입니다.

4. 성도의 신앙생활과 고난의 문제(3:13-22)

13. 또 너희가 열심으로 선을 행하면 누가 너희를 해하리요 14. 그러나 의를 위하여 고난을 받으면 복 있는 자니 그들이 두려워하는 것을 두려워하지 말며 근심하지 말고 15. 너희 마음에 그리스도를 주로 삼아 거룩하게 하고 너희 속에 있는 소망에 관한 이유를 묻는 자에게는 대답할 것을 항상 준비하되 온유와 두려움으로 하고 16. 선한 양심을 가지라 이는 그리스도 안에 있는 너희의 선행을 욕하는 자들로 그 비방하는 일에 부끄러움을 당하게 하려 함이라 17. 선을 행함으로 고난받는 것이 하나님의 뜻일진대 악을 행함으로 고난받는 것보다 나으니라 18. 그리스도께서도 단번에 죄를 위하여 죽으사 의인으로서 불의한 자를 대신하셨으니 이는 우리를 하나님 앞으로 인도하려 하심이라 육체로는 죽임을 당하시고 영으로는 살리심을 받으셨으니 19. 그가 또한 영으로 가서 옥에 있는 영들에게 선포하시니라 20. 그들은 전에 노아의 날 방주를 준비할 동안 하나님이 오래 참고 기다리실 때에 복종하지 아니하던 자들이라 방주에서 물로 말미암아 구원을 얻은 자가 몇 명뿐이니 겨우 여덟 명이라 21. 물은 예수 그리스도께서 부활하심으로 말미암아 이제 너희를 구원하는 표니 곧 침례라 이는 육체의 더러운 것을 제하여 버림이 아니요 하나님을 향한 선한 양심의 간구니라 22. 그는 하늘에 오르사 하나님 우편에 계시니 천사들과 권세들과 능력들이 그에게 복종하느니라

13-14절 또 너희가 열심으로 선을 행하면 누가 너희를 해하리요 그

러나 의를 위하여 고난을 받으면 복 있는 자니 그들이 두려워하는 것을 두려워하지 말며 근심하지 말고

우리가 한 사회인으로서, 국민으로서 열심히 선을 행하면 아무도 우리를 해할 자가 없습니다. 오히려 표창장을 줄 것입니다. 이와 같이 교회가 앞장서서 가난한 자들을 구제하고 고통당하는 자를 위로하고 고아와 노인들을 돌본다면 누가 우리를 나쁘다고 비판하겠습니까? 그런데 우리가 열심히 선을 행하다가도 의를 위한 고난을 당할 때가 있습니다. 여기에서 의란 예수 그리스도를 말하는데, 우리가 예수 그리스도를 전할 때 세상에서 박해와 조롱을 당하기도 합니다. 그러나 복음을 전하는 우리는 이것을 이상히 여기거나 두려워하지 말아야 합니다. 세상 사람들은 죽음이나 심판을 두려워하고 멸망을 두려워할지 모르지만 예수 믿는 우리는 두려워할 필요가 없습니다. 오히려 의를 행하다 박해를 받으면 하나님께 인정을 받고 있는 증거임을 깨닫고 즐거워하고 기뻐해야 합니다. 왜냐하면 천국에서 하나님의 상급이 우리를 기다리고 있기 때문입니다.

15-16절 너희 마음에 그리스도를 주로 삼아 거룩하게 하고 너희 속에 있는 소망에 관한 이유를 묻는 자에게는 대답할 것을 항상 준비하되 온유와 두려움으로 하고 선한 양심을 가지라 이는 그리스도 안에 있는 너희의 선행을 욕하는 자들로 그 비방하는 일에 부끄러움을 당하게 하려 함이라

그리스도인은 그들의 삶 속에서 그리스도의 주권을 인정해야 하며, 모든 사람들 앞에서 자신들을 불러 주신 거룩하신 그리스도를 알려야 합니다.

또한 우리를 향하여 "무엇 때문에 예수를 믿고 박해를 받고도 견디어 내느냐?" 고 묻는 사람들이 있기 때문에 항상 대답할 말을 생각해 두어야 하지만 그 이유를 설명할 때는 감정으로 하지 않고 온유와 하나님을 두려워하는 마음과 선한 양심을 가지고 하라는 것입니다. 그래서 믿지 않는 사람들이 우리들을 손가락질하고 욕하다가 우리들의 실제적인 언행심사를 살핀 후에는 오해와 잘못한 것을 오히려 부끄럽게 느끼도록 하라는 것입니다.

17절 선을 행함으로 고난받는 것이 하나님의 뜻일진대 악을 행함으로 고난받는 것보다 나으니라

그리스도인에게는 하나님의 뜻에서 비롯된 고난이 있고 그렇지 않은 고난이 있습니다. 죄를 짓고 고난당하는 것은 하나님의 뜻이 아닙니다. 이유 없이 병들어서 고난당하는 것도 하나님의 뜻이 아닙니다. 그러나 선을 행하다 고난당하는 것은 하나님의 뜻입니다.

이러므로 저주나 질병이나 죄악으로 인하여 고난당할 때에는 예수 이름으로 물리쳐야 합니다. 반면 선을 행하다 받는 고난에 대해서는 피하려 들지 말고 하나님께 감사하고 찬양해야 합니다. 이것을 참고 견디면 하늘의 상급이 커지기 때문입니다. 그러므로 이 고난은 악을 행함으로 받는 고난과는 비교할 수도 없을 만큼 훨씬 의미있고 가치있는 것입니다.

18절 그리스도께서도 단번에 죄를 위하여 죽으사 의인으로서 불의한 자를 대신하셨으니 이는 우리를 하나님 앞으로 인도하려 하심

이라 육체로는 죽임을 당하시고 영으로는 살리심을 받으셨으니

예수님은 영원하신 하나님이시며, 십자가에서 한 번 죽으심으로 우리의 과거와 현재와 미래의 죄를 영원히 청산해 버리셨습니다. 예수님께서는 불의한 자를 대신해서 십자가의 죽음을 당하시고 이를 통해 모든 죄를 단번에 영원히 청산해 버리신 것입니다. 이제 우리는 예수 그리스도를 믿음으로 모든 죄가 영원히 사라지는 놀라운 은혜를 경험하며 살아갈 수 있게 되었습니다.

19-20절 그가 또한 영으로 가서 옥에 있는 영들에게 선포하시니라 그들은 전에 노아의 날 방주를 준비할 동안 하나님이 오래 참고 기다리실 때에 복종하지 아니하던 자들이라 방주에서 물로 말미암아 구원을 얻은 자가 몇 명뿐이니 겨우 여덟 명이라

이 구절은 신학자들 사이에서 많은 논란이 되고 있는 부분입니다. 그러나 나는 성경 그대로를 믿고자 합니다. 예수님께서는 육체가 십자가에 못 박혀 죽으신 사흘 동안 무덤에 머물면서 영으로는 옥, 즉 지옥에 내려가서서 선포하셨다고 했습니다. 그런데 예수님께서 내려가신 옥에 있는 영들은 노아 시대의 사람들, 즉 방주를 예비할 동안 하나님께서 오래 참고 기다리셨음에도 불구하고 순종하지 않았던 자들입니다. 노아 시대를 언급한 이유는 노아 시대에 하나님의 홍수 심판으로 전 인류가 멸망을 받았기 때문입니다. 노아의 여덟 식구를 제외하고는 모두 다 지옥으로 내려갔습니다. 이를 통해 전도해도 믿지 않고 거역하는 자들의 결국이 어떠한가를 말씀하고자 하신 것입니다.

21절 물은 예수 그리스도께서 부활하심으로 말미암아 이제 너희를 구원하는 표니 곧 침례라 이는 육체의 더러운 것을 제하여 버림이 아니요 하나님을 향한 선한 양심의 간구니라

노아 홍수 때 물로 인해 불신자들이 죽고 노아의 여덟 식구만 살아남을 수 있었던 것처럼 오늘날의 침례는 우리의 불순종하던 옛사람이 죽고 예수 안에서 새사람으로 부활하는 것을 상징하는 구원의 표가 됩니다.

그런데 물 침례를 받는다고 해서 우리 죄가 씻겨 나가는 것은 아닙니다. 죄는 오직 예수의 피로 말미암아 씻기는 것입니다. 물 침례란 예수님의 보혈로 죄 사함을 받고 거듭난 것을 하나님 앞과 세상 앞에서 선언함으로 예수 그리스도의 보혈로 새로운 피조물이 되었다는 사실을 확증하는 것입니다.

침례를 받음으로 말미암아 우리 신앙에는 큰 유익이 있습니다. 그것은 우리의 마음속에 선한 양심이 생겨 하나님을 찾아가게 되기 때문입니다. 물 침례를 받음으로 예수 그리스도 안에서 양심이 강해지고 믿음이 견고해지며 그리스도인이라는 자부심을 가지고 담대하게 살아갈 수 있습니다.

22절 그는 하늘에 오르사 하나님 우편에 계시니 천사들과 권세들과 능력들이 그에게 복종하느니라

이제 예수 그리스도께서 하나님 우편에 앉아서 하나님의 일을 모두 다 대행하시기 때문에 하늘과 땅과 땅 아래 있는 것과 세계 모든 것이 예수 그리스도 이름 앞에 무릎을 꿇게 됩니다. 그리고 이 예수님은 우리의 생명이시며 우리의 하나님이 되시는 것입니다.

제 4 장

시련과 성도의 각오

A COMMENTARY
ON THE FIRST EPISTLE OF
PETER

본 장에서 베드로는 세 가지 권면을 하고 있습니다. 첫째로, 성도는 예수 그리스도 안에서 새사람이 되었으므로 하나님의 뜻을 따라 육체의 남은 때를 살라고 권면하고 있습니다. 둘째로, 만물의 마지막이 가까웠으므로 근신하여 기도하며 열심히 사랑하고 봉사할 것을 권면하고 있습니다. 셋째로, 고난이 올 때 이상히 여기지 말고 기쁨과 즐거움으로 고난을 받으라고 권면하고 있습니다.

1. 오직 하나님의 뜻을 따라 살라(4:1-6)

1. 그리스도께서 이미 육체의 고난을 받으셨으니 너희도 같은 마음
으로 갑옷을 삼으라 이는 육체의 고난을 받은 자는 죄를 그쳤음이니
2. 그 후로는 다시 사람의 정욕을 따르지 않고 하나님의 뜻을 따라
육체의 남은 때를 살게 하려 함이라 3. 너희가 음란과 정욕과 술 취
함과 방탕과 향락과 무법한 우상 숭배를 하여 이방인의 뜻을 따라 행
한 것은 지나간 때로 족하도다 4. 이러므로 너희가 그들과 함께 그
런 극한 방탕에 달음질하지 아니하는 것을 그들이 이상히 여겨 비방
하나 5. 그들이 산 자와 죽은 자를 심판하기로 예비하신 이에게 사
실대로 고하리라 6. 이를 위하여 죽은 자들에게도 복음이 전파되었
으니 이는 육체로는 사람으로 심판을 받으나 영으로는 하나님을 따
라 살게 하려 함이라

1절 그리스도께서 이미 육체의 고난을 받으셨으니 너희도 같은 마

음으로 갑옷을 삼으라 이는 육체의 고난을 받은 자는 죄를 그쳤음이니

예수님께서는 이미 2천 년 전에 십자가에 못 박히심으로 육체의 고난을 받으셨습니다. 예수님께서 육체의 고난을 받으심으로 죄에 대한 이중의 효과를 발생하고 있는데 그것은 예수님께서 육체의 고난을 받으심으로 과거와 현재, 그리고 미래의 모든 죄를 청산하셨다는 것입니다. 또한 주님께서 죄의 권세를 십자가에서 친히 깨뜨리심으로 죄를 철폐하셨다는 것을 의미합니다.

로마서에 보면 우리의 육신은 연약하기 때문에 율법을 행할 수 없지만 하나님께서는 하실 수 있다고 기록하고 있습니다. 그리하여 하나님께서는 예수님을 육신의 몸으로 이 세상에 보내셔서 육신의 모든 죄를 짊어지게 하심으로 율법의 요구를 이루게 하셨습니다. 그러므로 우리들은 이제 더 이상 육신을 따르지 않고 오직 성령을 따라 행하며 죄와는 아무 상관없이 의롭게 살 수 있게 되었습니다.

이제 우리가 할 일은 예수님을 온전히 믿고 진리의 갑옷을 입는 것입니다. 갑옷을 입으면 어떤 적의 공격도 막아낼 수 있습니다. 그러므로 우리는 믿음의 갑옷을 입은 후 '나는 죄와 상관없다!' 고 담대히 선언하고 생활해야 합니다. 우리들이 믿음으로 무장이 되어 있다면 죄와는 전혀 상관없는 자가 되는 것입니다. 우리는 비록 육신을 입고 있지만 절대로 약하지 않습니다. 마음에 분명한 신앙의 결단을 내리고 실천하면 죄가 우리를 다스릴 수 없습니다. 그리스도께서 우리를 자유롭게 하려고 자유를 주셨으니 그러므로 굳건하게 서서 다시는 종의 멍에를 메지 말아야 합니다(갈 5:1).

2절 그 후로는 다시 사람의 정욕을 따르지 않고 하나님의 뜻을 따라 육체의 남은 때를 살게 하려 함이라

우리가 주를 믿기 전에는 육신의 정욕, 안목의 정욕, 이생의 자랑으로 살았지만 예수를 믿고 난 후에는 남은 삶을 육신의 정욕대로 살지 않고 하나님의 뜻을 따라 살아야 합니다. 그런데 하나님의 뜻을 따라 산다는 것을 금욕주의로 생각하여 자유를 구속하는 것이라고 여기는 사람이 있는데 그렇지 않습니다. 오히려 우리들이 하나님의 뜻을 따라 살 때 마음의 기쁨과 만족으로 인해 진정한 자유를 누리게 됩니다. 정욕을 따라 살면 일시적인 쾌락만 있을 뿐 그 짧은 순간이 지난 뒤에 남는 것은 양심의 가책과 후회밖에 없습니다. 자신에 대한 멸시와 조소, 끝없는 마음의 공허와 허무가 휘몰아쳐 오기 때문에 일시적인 즐거움은 흔적도 없이 사라져 버리고 깊은 절망의 골짜기로 떨어지고 마는 것입니다. 악한 마귀는 계속해서 우리를 유혹하여 죄를 짓게 하지만 그 뒤의 결과에 대해서는 책임지지 않습니다. 그러므로 우리는 이 세상에 살면서 육신의 정욕을 따라 살지 않고 하나님의 뜻을 따라 살므로 진정한 자유와 행복을 영위해야겠습니다. 그것이 또한 마지막 때 하나님 앞에 떳떳하게 설 수 있는 길이 되는 것입니다.

3절 너희가 음란과 정욕과 술 취함과 방탕과 향락과 무법한 우상 숭배를 하여 이방인의 뜻을 따라 행한 것은 지나간 때로 족하도다

음란과 정욕은 같은 의미를 가진 말로, 정욕을 품고 있을 때 음란하게 되고 음란한 마음을 가질 때 정욕에 사로잡히게 됩니다. 이와 같이 정욕과 음란은 서로 나눌 수 없는 불가분의 관계입니다. 원수 마귀가 인간을

타락시킨 후 인간에게 불어 넣은 가장 무서운 죄악의 씨앗이 바로 음란과 정욕입니다. 그러므로 우리는 이러한 세력과 절대로 타협하지 말고 단호하게 끊어 버려야 합니다.

그다음 술 취함과 방탕함과 향락은 늘 함께 다닙니다. 술에 취하면 방탕하게 되고 향락과 쾌락을 추구하며 살게 됩니다. 그렇게 되면 하나님을 사랑하는 것보다 쾌락을 더 사랑하게 되어 결국은 하나님을 떠나게 됩니다. 그러므로 이러한 것들은 하나님의 도를 잃어버리고 파멸의 길로 인도하는 무서운 죄악들입니다.

또한 무법한 우상 숭배는 하나님께서 가장 미워하시는 죄입니다. 하나님의 법을 무자비하게 짓밟기 때문에 무법이라고 말합니다. 구약 성경을 보면 이스라엘 패망의 근본 원인은 우상 숭배였습니다. 십계명의 첫째되는 계명도 우상을 철저히 배격하는 것입니다. 이러한 모든 죄악들은 예수 믿지 않는 이방인의 뜻을 따라 난 것입니다. 그러므로 예수 그리스도를 믿는 우리들은 다시 죄악 가운데 돌아가지 말고 날마다 성령 안에서 새로운 생활을 해야 합니다.

4절 이러므로 너희가 그들과 함께 그런 극한 방탕에 달음질하지 아니하는 것을 그들이 이상히 여겨 비방하나

예수 그리스도를 믿기 전에는 음란과 정욕과 술 취함과 방탕과 무법과 우상 숭배하는 친구들과 같이 다녔습니다. 그러나 예수 그리스도를 믿고 난 이후 그런 모든 행실을 끊고 돌아서게 되면 그 친구들이 이상하게 여길 뿐 아니라 손가락질하고 조롱하게 됩니다. 그러다 시간이 갈수록 예수님 믿는 친구들과 가까워지고 예수님 믿지 않는 친구들과는 멀어지게

됩니다. 나중에는 세상 친구는 다 사라지고 새로운 믿음의 친구들이 생기게 되는 것입니다.

이 세상을 살아갈 때도 무리의 법칙에 따라 목적과 생각이 같은 사람끼리 어울리게 됩니다. 세상을 향해 가는 무리가 있는가 하면 천국을 향해 가는 무리가 있고, 진정으로 마음을 같이할 수 있는 친구가 있는가 하면 마음을 함께 나눌 수 없는 친구가 있어 갈라지게 되는 것입니다. 왜냐하면 서로 대화가 통하지 않기 때문입니다. 한쪽은 천국 용어를 사용하고 또 한쪽은 세상 용어를 사용하므로 대화를 해보면 서로 통하지 않아 자연히 멀어지게 됩니다. 그러므로 우리 그리스도인들은 믿지 않는 사람들의 비방이나 조롱을 이상히 여길 필요가 없는 것입니다.

5절 그들이 산 자와 죽은 자를 심판하기로 예비하신 이에게 사실대로 고하리라

마지막 때 예수님께서 이 땅에 재림하시고 천년 왕국이 지나면 영원무궁한 세계에 들어가기 전에 산 자와 죽은 자를 막론하고 예수님의 흰 보좌 앞에서 심판을 받게 됩니다. 그리고 그 앞에서 모두 이실직고해야 합니다. 하나님께서 일일이 심문할 필요도 없이 마치 녹음기와 녹화기를 재생시키듯이 성령의 스위치만 틀어 놓으면 자신의 입으로 일생의 죄를 고백하게 됩니다. 이때는 어느 누구라도 변명이나 핑계를 댈 수 없습니다.

그런데 그 테이프를 지울 수 있는 것이 있는데 그것이 바로 예수님의 보혈입니다. 예수님을 믿는 사람들의 테이프를 틀어 놓으면 '예수 보혈'이라는 소리만 나오고 지난날의 죄악이 깨끗이 지워져 있습니다. 그 이

유는 예수님의 보혈의 공로 때문입니다. 그러나 예수님의 보혈을 의지하지 않는 사람이 하나님 앞에 서게 되면 입을 열어 모든 죄악을 고백하게 되고 하나님의 심판으로 말미암아 영원한 고통과 처절한 슬픔을 맛보게 될 것입니다.

6절 이를 위하여 죽은 자들에게도 복음이 전파되었으니 이는 육체로는 사람으로 심판을 받으나 영으로는 하나님을 따라 살게 하려 함이라

이 구절의 의미는 두 가지로 해석이 가능합니다. 첫 번째는, 본문에 나오는 '죽은 자들' 은 지옥에 내려간 자들로서 예수님의 복음을 한 번도 접하지 못한 자들로 보는 해석입니다. 세상에서 복음을 듣지 못하여 지옥에 간 사람들에게 복음을 증언해서 영이나마 지옥에서 건짐받아 살게 하려 한다는 해석입니다.

두 번째는, 사람이 한 번 죽으면 그 후에는 심판이 있기 때문에 본문의 '죽은 자들' 이란 베드로가 이 성경을 쓰기 전에 이미 복음을 듣고 죽은 자들로 보는 것입니다. 대부분 정통주의 신학자들은 두 번째 해석을 주장하고 있습니다.

2. 열심히 사랑하고 봉사하라(4:7-11)

7. 만물의 마지막이 가까이 왔으니 그러므로 너희는 정신을 차리고
근신하여 기도하라 8. 무엇보다도 뜨겁게 서로 사랑할지니 사랑은
허다한 죄를 덮느니라 9. 서로 대접하기를 원망 없이 하고 10. 각각
은사를 받은 대로 하나님의 여러 가지 은혜를 맡은 선한 청지기같이
서로 봉사하라 11. 만일 누가 말하려면 하나님의 말씀을 하는 것같
이 하고 누가 봉사하려면 하나님이 공급하시는 힘으로 하는 것같이
하라 이는 범사에 예수 그리스도로 말미암아 하나님이 영광을 받으
시게 하려 함이니 그에게 영광과 권능이 세세에 무궁하도록 있느니
라 아멘

7절 만물의 마지막이 가까이 왔으니 그러므로 너희는 정신을 차리고 근신하여 기도하라

진실로 만물의 마지막이 가까웠습니다. 지금 지구는 지진대를 중심으로 전 세계에 걸쳐 무섭게 지진이 일어나고 있으며 곳곳에서 기근으로 말미암아 수많은 사람들이 굶어 죽고 있습니다. 또한 중동 지역을 비롯하여 처처에 전쟁과 전쟁의 소문이 끊이지 않고 있습니다. 마태복음 24장에서는 이런 모습들이 바로 말세의 징조라고 밝히 말씀하고 있습니다.

또 하나 말세에 나타나는 징조는 늦은 비 성령의 역사입니다. 1900년도부터 시작된 성령의 역사가 오늘날 전 세계에 걸쳐 비와 같이 부어지

고 있습니다. 그래서 오늘날은 예수님을 믿지 않던 사람에게도 성령께서 강권적으로 역사하셔서 쉽게 회개하고 예수님을 믿게 되는 경우가 많습니다. 뿐만 아니라 기독교를 박해하는 공산국가에도 성령께서 역사하셔서 예수 그리스도를 믿는 사람이 수없이 생겨나고 있습니다. 현재 중국에는 어림잡아 5천만 명이나 되는 지하교인들이 있으며 북한에도 몇 십만 명은 있을 것으로 여겨집니다. 지금처럼 전도하기 좋은 때가 없습니다. 그 이유는 말세에 임하시는 강력한 늦은 비 성령의 역사가 있기 때문입니다.

그러므로 우리 그리스도인들은 마지막 때가 가까운 것을 깨닫고 정신을 차리고 근신하여 기도해야 합니다.

8절 무엇보다도 뜨겁게 서로 사랑할지니 사랑은 허다한 죄를 덮느니라

우리의 신앙이 어릴 때는 믿음에 대해서만 관심을 갖고 다른 사람에게도 믿음에 관해서만 강조합니다. 그러나 신앙이 점점 자랄수록 사랑이 없으면 참된 믿음이 생기지 않음을 깨닫게 됩니다. 성경은 "사랑으로써 역사하는 믿음"(갈 5:6)이라고 말씀하고 있습니다. 우리 마음속에 사랑이 있는 만큼, 즉 하나님을 사랑하고 내 가족과 이웃을 사랑하는 것만큼 믿음이 역사한다는 사실을 깨달아야 합니다. 그러므로 고린도전서 13장 13절에 "그런즉 믿음, 소망, 사랑, 이 세 가지는 항상 있을 것인데 그 중의 제일은 사랑이라"고 말씀하고 있는 것입니다. 사랑이 없이는 믿음이나 소망은 역사하지 않습니다.

이렇기 때문에 우리는 그리스도 안에서 모이기를 폐하지 말아야 합니

다. 나 혼자 믿으면 된다는 생각은 이기주의에서 비롯된 것입니다. 두세 사람이 모여서 서로 용서하고 관용하며, 서로 손을 잡고 사랑하는 가운데 참믿음의 역사가 나타나게 되는 것입니다. 교회란 사람이 많이 모이는 곳이며 많은 사람이 모이다 보면 좋은 사람, 나쁜 사람, 성격이 까다로운 사람, 느긋한 사람 등 온갖 사람이 다 모이게 됩니다. 이때 서로 부딪치기도 하고 서로 감정이 상하기도 하지만 이 모든 것을 사랑으로 품어줄 때 사랑은 점점 자라나게 되는 것입니다. 사랑이란 가만히 있어서 되는 것이 아닙니다. 무엇보다 열심을 다하여야 합니다. 부부 간에도 서로 애를 쓰고 좀 더 사랑해 보려고 노력할 때 그 사랑은 결실하는 것입니다.

사랑은 허다한 죄를 덮습니다. 우리가 상대방을 사랑의 눈으로 보면 어떠한 죄라도 덮어 줄 수 있습니다. 부모가 자식이 아무리 속을 썩여도 덮어 주는 것은 사랑하기 때문입니다. 이 세상에 완전한 사람은 한 사람도 없습니다. 그렇기 때문에 사랑의 눈으로 보고 사랑의 마음으로 대할 수 있어야 합니다.

9절 서로 대접하기를 원망 없이 하고

사람들 중에는 자기가 조금 잘하거나 남을 조금 대접해 놓고 난 다음에 공치사를 하는 사람이 있습니다. 그러나 일천 가지 공을 세워도 경솔한 한마디의 자랑에 모든 공은 다 없어지고 맙니다. 성경은 오른손이 하는 것을 왼손이 모르게 하라고 말씀하고 있습니다(마 6:3). 그러므로 우리는 서로 대접하기를 원망 없이 하고 대접을 했으면 그자체로 기쁘게 여기고 하나님께 영광을 돌려야 합니다.

10절 각각 은사를 받은 대로 하나님의 여러 가지 은혜를 맡은 선한 청지기같이 서로 봉사하라

하나님께서는 우리가 예수님을 믿고 주안에 들어오게 되면 믿음의 분량대로 각 사람에게 은사를 나누어 주십니다. 어떤 사람은 "나는 아무 은사도 없다."고 말하는 사람이 있습니다. 그러나 그것은 자신이 받은 은사를 발견하지 못하고 깨닫지 못한 것뿐이지 은사가 없는 것이 아닙니다.

또한 어떤 사람은 하나님께서 자신에게 주신 은사를 잘못 알고 자신의 임의대로 봉사를 하는 경우가 있습니다. 이것은 자신의 욕심이지 은사가 될 수 없습니다. 사람마다 은사가 각각 다르므로 자신이 받은 은사를 깨닫고서 행해야 무리가 없는 것입니다. '나는 은사가 없다.' 고 하거나 '나의 은사는 남의 은사에 비해 보잘것없다.' 고 생각하는 일은 없어야 합니다. 우리는 누구나 하나님께로부터 부여받은 고유한 은사를 가지고 있기 때문에 그 은사를 청지기의 자세로 잘 사용해야 하는 것입니다. 청지기는 하나님의 종으로서 맡겨진 일을 잘 감당하고 관리하는 직분이므로 남의 것과 자신의 것을 비교하는 일에 사로잡혀 세월을 낭비해서는 안 됩니다. 그러므로 우리 그리스도인들은 예수 그리스도의 몸 된 교회를 위해서 무엇을 할 수 있을까를 생각해야 합니다.

또한 예수 그리스도 안에서 은사를 받은 대로 서로 봉사하라고 말씀하고 있습니다. 은사는 우리 신앙의 계급장이 아니라 하나님과 이웃을 위해 봉사하라고 하나님께서 주신 선물입니다. 많으면 많은 대로, 적으면 적은 대로 하나님과 교회를 위해 봉사할 때 은사는 더욱 더 빛나고 가치 있게 될 것입니다.

11절 만일 누가 말하려면 하나님의 말씀을 하는 것같이 하고 누가 봉사하려면 하나님이 공급하시는 힘으로 하는 것같이 하라 이는 범사에 예수 그리스도로 말미암아 하나님이 영광을 받으시게 하려 함이니 그에게 영광과 권능이 세세에 무궁하도록 있느니라 아멘

우리는 하나님의 각양 은혜를 맡은 청지기이므로 하나님의 일을 할 때 드러나는 우리의 언행심사는 하나님을 증언하는 중요한 역할을 합니다. 말 한 마디를 해도 하나님의 말씀을 하는 것같이 하고 봉사를 하더라도 하나님이 공급하시는 힘으로 하는 것같이 함으로써 하나님께서 우리 가운데 살아 역사하고 계심을 증언해 보여야 합니다. 이로 말미암아 범사에 하나님께 영광을 돌릴 수 있게 되는 것입니다.

그런데 하나님께서 공급하시는 힘으로 하듯이 하려면 무엇보다 성령 충만함을 받아야 합니다. 성령님을 인정하고, 환영하고, 모셔 들여 무슨 일이든 성령을 의지해서 감당해야 합니다. 그럴 때 성령께서 우리가 연약하여 할 수 없는 것을 도와 주셔서 능력 있게 만들어 주시는 것입니다. 그러므로 우리들이 무슨 일을 시작할 때는 반드시 기도로 준비하고 적극적으로 성령님을 의지하여 성령 충만함을 받아야 합니다.

무엇보다 하나님의 일을 하면서 주의할 것은 이 일을 마친 후 모든 영광을 오직 하나님께만 돌려드려야 한다는 것입니다. 우리가 잘해서 아무리 좋은 결과가 나타났다고 하더라도 우리를 드러내서는 안 됩니다. "하나님께서 은혜를 주셔서 성령님의 능력이 나를 도구로 삼아 주셨다.", "그리스도의 사랑이 나를 강권하며 성령께서 힘을 주셨기에 봉사할 수 있었다."고 고백해야 합니다. 만일 누구든지 하나님의 사업을 하고

난 다음 공치사를 하게 되면 그 사업은 하지 않은 것보다 못합니다. 그러므로 우리는 하나님의 일을 할 때 자원하는 심령을 가지고 기쁜 마음으로 성령의 능력을 힘입어 감당하되 일한 후에는 오직 하나님께만 영광을 돌리는 선한 청지기가 되어야 합니다. 오직 하나님께만이 영광과 권능이 세세에 무궁토록 있는 것입니다.

3. 고난을 기쁨으로 받으라(4:12-19)

12. 사랑하는 자들아 너희를 연단하려고 오는 불 시험을 이상한 일 당하는 것같이 이상히 여기지 말고 13. 오히려 너희가 그리스도의 고난에 참여하는 것으로 즐거워하라 이는 그의 영광을 나타내실 때에 너희로 즐거워하고 기뻐하게 하려 함이라 14. 너희가 그리스도의 이름으로 치욕을 당하면 복 있는 자로다 영광의 영 곧 하나님의 영이 너희 위에 계심이라 15. 너희 중에 누구든지 살인이나 도둑질이나 악행이나 남의 일을 간섭하는 자로 고난을 받지 말려니와 16. 만일 그리스도인으로 고난을 받으면 부끄러워하지 말고 도리어 그 이름으로 하나님께 영광을 돌리라 17. 하나님의 집에서 심판을 시작할 때가 되었나니 만일 우리에게 먼저 하면 하나님의 복음을 순종하지 아니하는 자들의 그 마지막은 어떠하며 18. 또 의인이 겨우 구원을 받으면 경건하지 아니한 자와 죄인은 어디에 서리요 19. 그러므로 하나님의 뜻대로 고난을 받는 자들은 또한 선을 행하는 가운데에 그 영

혼을 미쁘신 창조주께 의탁할지어다

12절 사랑하는 자들아 너희를 연단하려고 오는 불 시험을 이상한 일 당하는 것같이 이상히 여기지 말고

이 세상에 귀한 것치고 불을 통과하지 않은 것이 없습니다. 은도 금도 다 불을 통과한 것입니다. 불을 통과하지 않고는 불순물을 제거할 수도 없으며 아름다운 모습으로 만들어 낼 수도 없습니다. 값진 것일수록 더욱 뜨거운 불을 통과해야 한다는 것을 알 수 있습니다. 이와 같이 신앙생활 중 하나님께서는 한편으로는 복을 주시면서 또 한편으로는 불같은 시험을 지나게도 하십니다. 우리는 이러한 시험을 통과함으로써 자아가 깨어지고 순수하게 되어 그리스도의 사람이 되는 것입니다.

구약 시대의 수많은 믿음의 선진들을 살펴보면 하나님께서 많은 복을 주셨지만 그 이전에 깊은 시련을 통과한 것을 알 수 있습니다. 욥은 모든 재산과 자녀들을 잃는 크나큰 시험을 통과하고 나서야 갑절의 복을 받았습니다. 아브라함은 25년, 야곱은 20년, 요셉은 13년간의 시험을 통과하고 난 다음 자아가 깨어지고 하나님 중심으로 변화되어 하나님께 귀하게 쓰임받고 넘치는 복을 받았던 것입니다. 그러므로 우리에게 시험이 다가오면 믿음 위에 굳게 서서 시험을 잘 극복하여 갑절의 복을 받는 그리스도인이 되어야겠습니다.

13절 오히려 너희가 그리스도의 고난에 참여하는 것으로 즐거워하라 이는 그의 영광을 나타내실 때에 너희로 즐거워하고 기뻐하게 하려 함이라

그리스도께서 받으신 고난은 죄로 인해 당하는 고난과는 다릅니다. 예수님께서 병들고 귀신 들려 고생했다는 기록은 성경 어느 곳을 봐도 찾을 수 없습니다. 여기서 말하는 그리스도의 고난이란 박해받는 고난을 말합니다.

예수 그리스도의 고난은 하나님을 위해 받는 고난이며 하나님께서는 우리가 참여한 그 고난의 크기만큼 큰 상급과 복으로 보상하여 주십니다. 고난받을 때 우리는 오히려 기뻐하고 즐거워할 수 있어야 합니다. 왜냐하면 고난 중에서도 중심을 지키고 담대하게 믿고 나아가면 예수님께서 재림하시는 그날에 우리는 큰 영광 가운데 거할 수 있기 때문입니다. 그러므로 그리스도와 함께 받는 고난은 감사함으로 받고 그 이외의 고난은 기도로 물리쳐야 합니다.

14절 너희가 그리스도의 이름으로 치욕을 당하면 복 있는 자로다 영광의 영 곧 하나님의 영이 너희 위에 계심이라

우리가 그리스도의 이름으로 치욕을 당하면 그만큼 확실한 하나님의 자녀임을 증언해 주는 것이므로 복 있는 자라고 말할 수 있습니다. 예수님의 이름으로 고난당할 때 영광의 영, 곧 하나님의 성령께서 임재해 계십니다. 순교자들이 믿음을 굳세게 지키며 순교할 수 있었던 것은 성령께서 영광의 영으로 임하셔서 아픈 것을 다 참고 이길 수 있도록 해 주셨기 때문입니다. 우리 인간의 힘만으로는 그 엄청난 고통을 견딜 수 없습니다.

이러므로 고난당할 때 하나님의 영광의 영이 우리 위에 계심을 확신할 수 있으며, 신앙이 더욱 깊어져 기도가 잘 나오고 말씀은 꿀송이처럼

달고, 늘 찬양이 멈추지 않게 됩니다.

15-16절 너희 중에 누구든지 살인이나 도둑질이나 악행이나 남의 일을 간섭하는 자로 고난을 받지 말려니와 만일 그리스도인으로 고난을 받으면 부끄러워하지 말고 도리어 그 이름으로 하나님께 영광을 돌리라

우리는 더 이상 죄 때문에 고난을 받는 일이 없도록 해야 합니다. 그러나 그리스도인이라는 이유로 고난을 받을 경우 부끄러워하거나 두려워하지 말고 하나님께 영광을 돌리며 담대하게 나아가야 합니다. 우리는 매 순간마다 성령의 능력을 힘입어 기뻐하고 즐거워하며 하나님께 감사와 찬양과 영광을 돌리는 믿음으로 충만하여야 합니다.

17-18절 하나님의 집에서 심판을 시작할 때가 되었나니 만일 우리에게 먼저 하면 하나님의 복음을 순종하지 아니하는 자들의 그 마지막은 어떠하며 또 의인이 겨우 구원을 받으면 경건하지 아니한 자와 죄인은 어디에 서리요

말세에는 하나님의 집에서부터 심판이 시작됩니다. 하나님께서 하나님의 집인 교회에서 가짜를 드러내시고 진짜를 찾아내시면서 심판을 시작하시는 것입니다. 이처럼 하나님께서는 교회 안에서 성령을 통하여 예수 그리스도 중심의 진실한 그리스도인과 형식적인 신자를 구분해 내십니다.

이렇게 교회 안에서부터 심판을 시작하시는데 하물며 예수 그리스도를 믿지 않는 사람은 얼마나 무서운 심판을 받을 것인지 짐작할 수 있습

니다. 또한 우리의 구원이 우리의 공로로 된 것이 아니라 일방적인 하나님의 은혜로 된 것이기 때문에 겨우 구원을 받은 의인이라고 말하고 있습니다. 따라서 경건하지 않은 자들과 죄인들은 하나님의 공의의 심판이 있을 때 도저히 감당할 수 없게 되는 것입니다.

19절 그러므로 하나님의 뜻대로 고난을 받는 자들은 또한 선을 행하는 가운데에 그 영혼을 미쁘신 창조주께 의탁할지어다

그리스도의 복음을 위하여 박해를 받는 것은 하나님의 뜻대로 고난을 받는 것입니다. 이렇게 하나님의 뜻대로 고난받는 사람들은 묵묵히 선을 행하는 가운데 그 영혼을 신실하신 하나님께 의탁해야 합니다. 이와 같이 우리 그리스도인들은 어떠한 환경 가운데에서도 우리의 영혼을 주님께 온전히 맡김으로 주님만 바라보며 주님만을 사랑하며 나아가야 합니다. 그러면 주님께서 우리들을 늘 빛 가운데로 인도해 주시고 종국에는 영원한 생명이 넘치는 천국으로 영광스럽게 인도해 주실 것입니다.

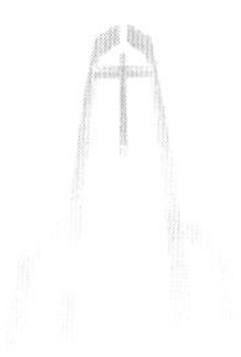

제 5 장

장로와 성도에게 주는 **권면**

A COMMENTARY
ON THE FIRST EPISTLE OF
PETER

사도 베드로는 본 장에서 자신을 '함께 장로 된 자요 그리스도의 고난의 증인' 이라고 밝히면서 장로들이 갖추어야 할 자세와 젊은이들이 갖추어야 할 자세에 대해 교훈하고 있습니다. 또한 성도들에게 근신하고 깨어서 마귀를 대적할 것과 하나님의 참된 은혜 가운데 거할 것을 권면하고 있습니다.

1. 장로들에게 주는 교훈(5:1-4)

1. 너희 중 장로들에게 권하노니 나는 함께 장로 된 자요 그리스도의 고난의 증인이요 나타날 영광에 참여할 자니라 2. 너희 중에 있는 하나님의 양 무리를 치되 억지로 하지 말고 하나님의 뜻을 따라 자원함으로 하며 더러운 이득을 위하여 하지 말고 기꺼이 하며 3. 말은 자들에게 주장하는 자세를 하지 말고 양 무리의 본이 되라 4. 그리하면 목자장이 나타나실 때에 시들지 아니하는 영광의 관을 얻으리라

1절 너희 중 장로들에게 권하노니 나는 함께 장로 된 자요 그리스도의 고난의 증인이요 나타날 영광에 참여할 자니라

장로의 직분에는 두 종류가 있는데 말씀을 증언하는 장로와 치리하는 장로입니다. 성경에서 '장로들' 이란 말은 말씀을 증언하는 장로와 치리

하는 장로를 포함해서 하는 말입니다. 말씀을 증언하는 장로는 전적으로 말씀만을 증언하므로 목사라는 칭호로 구별해서 부릅니다. 베드로가 자신을 장로라고 한 것은 그가 사도이면서 동시에 양 무리를 치는 목자였기 때문입니다. 모든 장로들은 자신들이 교회의 책임자적 위치에 있다는 점을 늘 자각해야 합니다.

장로에게 있어 유의할 점 두 가지는 그리스도의 고난의 증인이 되어야 한다는 것과 미래에 나타날 영광에 참여할 자라는 점을 인식해야 한다는 것입니다.

장로는 예수 그리스도의 복음을 지키는 파수꾼으로서 예수께서 십자가에서 다 이루어 놓으신 구원의 사건을 증언하는 구원의 증인일 뿐 아니라 예수 그리스도를 위해서 고난을 당할 수 있는 고난의 증인이어야 합니다. 온 세계가 적그리스도의 손에 들어간다 할지라도 장로들은 교회에서 그리스도의 복음의 순수성을 목숨 걸고 지켜야 할 책임자들이며 서슴지 않고 고난의 자리에까지 들어가서 견뎌 낼 수 있는 자가 되어야 합니다.

그러면 예수 그리스도께서 영광 가운데 나타나실 때에 그 영광에 참여하게 됩니다. 이 땅에서 고난의 증인으로 그리스도의 고난에 참여한 만큼 장차 그리스도의 영광에도 참여하게 되는 것입니다. 비록 지금은 힘들고 어려운 환경 가운데 있다 하더라도 이와 같은 영광의 인식과 확신은 소망을 낳고 소망은 능히 그 고난을 극복하게 합니다. 그러므로 교회의 장로 직분은 하늘 나라와 밀접한 연관을 맺고 있으며 이 직분을 잘 수행할 때 하나님께 영광이 되고 본인도 엄청난 복을 받게 되는 것입니다. 그러나 잘못 수행할 경우에는 오히려 더 크게 심판을 받고 꾸중을 들어야 될 직분이기도 합니다.

2절 너희 중에 있는 하나님의 양 무리를 치되 억지로 하지 말고 하나님의 뜻을 따라 자원함으로 하며 더러운 이득을 위하여 하지 말고 기꺼이 하며

성도들은 하나님의 양 무리입니다. 어떤 개인이나 단체의 양 무리가 아니라 예수 그리스도의 피로 값 주고 사서 하나님의 소유라고 성령으로 인을 쳐 놓은 하나님의 양 무리인 것입니다. 그러므로 하나님의 양 무리를 인도하는 사람이 부득이함으로 해서는 안 됩니다. 어떤 부득이한 이유나 의무감 또는 형편 때문에 목회를 하게 되면 이해 관계와 물질에 고용된 삯꾼 목자밖에는 될 수 없습니다. 이런 목회자가 있는 교회에는 분쟁과 다툼이 일게 마련이고 세상 명예욕과 물욕이 교회 안에 들어와 교회가 무질서하게 되고 맙니다.

장로들도 마찬가지인데 교회의 일보다는 자신의 일에 먼저 시간과 마음을 쓰고 남은 시간이나 여력으로 주의 일을 돌본다면 교회의 살림은 구멍이 뚫리고 창수가 나게 될 것입니다. 그러므로 장로가 사회생활 때문에 장로 직분을 등한히 하거나 직분만 가지고 교회에서 인정받고 권위만 내세우려 한다면 그 사람은 장로의 자격이 없습니다.

하나님의 일을 하는 데 있어서 하나님께서 우리에게 요구하시는 것은 최선과 최고입니다. 비록 장로가 아닌 평신도라도 하나님께서 요구하시는 것은 최선과 최고입니다. 우리가 쓰고 남은 것을 드리는 것이 아니라 먼저 하나님을 섬기며 자원하는 심령으로 드려야 할 것입니다. 진실로 장로란 마음속 깊은 곳에서 기쁨이 우러나와 자원해서 하나님의 뜻을

살피고 하나님께서 주신 뜻을 따라 열심히 하나님을 섬기는 귀한 직분입니다.

"더러운 이득을 위하여 하지 말고 기꺼이 하며"라는 말은 목사와 장로가 교회를 돌보는 데 있어서 이권을 개입시키면 안 된다는 뜻입니다. 교회에서 하나님의 양 무리를 인도할 때 이권이 개입되는 것은 하나님 나라에 합당치 못할 뿐만 아니라 있을 수도 없는 일입니다. 목사는 물질을 보고 목회를 하는 것이 아니라 하나님께서 부르신 소명을 가지고 하나님의 양 무리를 사랑하는 마음으로 사역해야 합니다. 또 장로는 교회를 치리함에 있어서 절대로 사리사욕에 사로잡히는 일이 없도록 기도해야 합니다.

초대 교회의 아나니아와 삽비라는 물질에 대한 욕심으로 말미암아 하나님께 심판을 받았습니다. 성경은 이 사건을 통해서 물질로 인하여 하나님을 경홀히 여기면 하나님의 성령께서 무섭게 심판하신다는 사실을 경고하고 있습니다. 이러므로 그리스도인들, 특히 장로는 물질에 관한한 반드시 정직해야 하며 언제나 하나님 앞에서 두렵고 떨리는 마음으로 행해야 하는 것입니다.

또한 하나님의 일을 할 때에는 항상 즐겁고 기쁜 마음으로 해야 합니다. 그 기쁨은 오직 예수 그리스도께서 우리의 죄를 위해 십자가에 돌아가신 그 은혜에 감동된 기쁨입니다. 이 구원의 기쁨이 영혼 가운데 솟아날 때 환경과 조건을 초월하여 봉사하고 헌신할 수 있습니다. 그러므로 우리는 매일매일 예수 그리스도의 구원의 은혜와 기쁨을 재확인해야 합니다.

3절 맡은 자들에게 주장하는 자세를 하지 말고 양 무리의 본이 되라

양 무리를 맡은 목사와 장로의 위치에 있는 직분자는 권위만을 앞세워 주장하는 자세로 섬겨서는 안 됩니다. 참된 지도자란 언제나 공동체의 모범이 되어 앞에서 인도하는 사람입니다. 폭력을 사용한다거나 고함을 치고 협박하고 위협하는 것은 지도자의 참된 모습이 아니며 그런 모습은 자신의 부족함을 드러내는 것입니다.

목사가 덕과 실력을 갖추면 온 교인이 다 존경하고 사랑으로 따르게 됩니다. 진실로 설교하는 목사와 치리하는 장로가 해야 할 일은 끊임없이 자기를 연마하고 기도와 믿음과 덕으로 성도들을 이끌어 나가는 것입니다. 한 가정의 아버지가 덕으로 처자를 다스려야 하고, 한 국가의 원수가 덕으로써 그 나라를 다스려야 하듯이 한 교회의 목사와 장로는 덕으로 성도들을 인도하여야 합니다.

4절 그리하면 목자장이 나타나실 때에 시들지 아니하는 영광의 관을 얻으리라

목자장인 예수님께서 나타나실 때에 시들지 아니하는 영광의 면류관을 받게 됩니다. 이것은 목사와 장로가 받게 될 면류관입니다. 장로의 직분을 가지고 있는 사람들의 헌신적이고 모범적인 생활은 모두 주님 오시는 날에 시들지 않는 영광의 면류관으로 보상받게 됩니다. 그러므로 장로는 늘 목자장 되시는 예수님을 바라보며 그 뒤를 따르는 생활을 하기 위해 최선을 다하여야 합니다. 예수님께서는 십자가에 못 박혀 고통과 괴로움 가운데 있으면서도 위협이나 협박에 동요되지 않으셨습니다. 오

히려 못 박는 자들을 불쌍히 여기시고 그들의 죄를 사하여 달라고 기도하셨습니다(눅 23:34). 우리는 예수 그리스도의 위대한 인격과 성품을 닮아감으로 목자장 되신 예수님께 잘했다 칭찬받는 주의 종들과 장로들이 되어야겠습니다.

2. 젊은이들에게 주는 교훈(5:5-7)

5. 젊은 자들아 이와 같이 장로들에게 순종하고 다 서로 겸손으로 허리를 동이라 하나님은 교만한 자를 대적하시되 겸손한 자들에게는 은혜를 주시느니라 6. 그러므로 하나님의 능하신 손 아래에서 겸손하라 때가 되면 너희를 높이시리라 7. 너희 염려를 다 주께 맡기라 이는 그가 너희를 돌보심이라

5절 젊은 자들아 이와 같이 장로들에게 순종하고 다 서로 겸손으로 허리를 동이라 하나님은 교만한 자를 대적하시되 겸손한 자들에게는 은혜를 주시느니라

"젊은 자들아 이와 같이 장로들에게 순종하고". 여기서 '젊은 자'는 신앙의 연륜이 짧은 사람을 말합니다. 장로란 신앙이 아주 깊고 신앙의 연

조가 있는 사람을 말하며 젊은이라 함은 장로보다 신앙의 나이가 아직 어린 일반 평신도를 말합니다.

그런데 신앙에 있어서는 젊은 것보다 나이가 든 것이 좋습니다. 신앙은 꾸준히 성장하는 것입니다. 비바람이 불고 눈보라가 치는 역경 속에서도 신앙의 뿌리를 예수 그리스도께 내릴 때 얼마의 시간이 흐른 뒤에 신앙의 나이테가 형성됩니다. 이러한 과정이 반복되다 보면 어느덧 성숙한 신앙인으로 변화되어 교회의 일꾼으로 섬기고 봉사하게 되는 것입니다.

교회에서는 지도자로 세움받은 장로들과 젊은이들의 관계가 원만해야 합니다. 장로들은 이리들의 공격을 대비하여 양 무리들을 위해 자나깨나 기도하고 사랑으로 다스리며 뜨겁게 말씀을 증언하여 교회가 성장하도록 해야 합니다. 또한 젊은이들은 장로들의 책임이 막중함을 알고 지도자를 위해 기도하고 순종하며 섬겨야 하는 것입니다. 교회란 이렇게 인도하는 자와 순종하는 자가 조화를 이루어야 합니다. 이와 같은 관계는 가정과 국가의 흥망성쇠에도 영향을 미칩니다. 그러므로 우리 그리스도인들은 장로들을 위해서 기도하고 나라의 지도자를 위해서도 기도하여야 합니다. 그래서 성경은 "모든 사람을 위하여 간구와 기도와 도고와 감사를 하되 임금들과 높은 지위에 있는 모든 사람을 위하여 하라 이는 우리가 모든 경건과 단정함으로 고요하고 평안한 생활을 하려 함이라"(딤전 2:1-2)고 말씀하고 있는 것입니다.

"다 서로 겸손으로 허리를 동이라". '겸손으로 허리를 동이라' 는 베드로의 권면은 예수님께서 십자가에 못 박히시기 전날 최후의 만찬석에서 허리에 수건을 두르시고 대야에 물을 떠서 제자들의 발을 씻어 주신 인상 깊은 사건을 기억하고 권면한 것입니다. 그때 예수님께서는 일일이 제자들의 발을 씻어 주신 후에 말씀하시기를 "너희가 나를 선생이라 또는 주라 하니 너희 말이 옳도다 내가 그러하다 내가 주와 또는 선생이 되어 너희 발을 씻었으니 너희도 서로 발을 씻어 주는 것이 옳으니라"(요 13:13-14)고 하셨습니다. 예수 그리스도의 부르심을 받은 모든 성도들은 이러한 예수님의 말씀을 따라 겸손으로 허리를 동이고 서로를 섬기며 사랑하는 생활을 해야 합니다.

"하나님은 교만한 자를 대적하시되 겸손한 자들에게는 은혜를 주시느니라". 교만은 자기에게 주어진 믿음의 분량 이상으로 자기를 과대평가할 때 들어오게 됩니다. 그런데 성경은 "교만은 패망의 선봉이요 거만한 마음은 넘어짐의 앞잡이니라"(잠 16:18)고 말씀하고 있습니다. 우리가 예수님을 바라보면 겸손해질 수밖에 없습니다. 그러나 예수 그리스도를 바라보지 않고 자신을 바라보면 교만해지고 그때부터 패망의 길로 들어서는 것입니다. 그러므로 우리는 어떠한 형태의 교만이라도 타협하지 말고 물리쳐야 합니다.

그러나 겸손한 자는 하나님의 은혜가 차고 넘치는 생활을 하게 됩니다. 은혜란 물과 같습니다. 물이 높은 곳에서 낮은 곳으로 흐르는 것과 같이 은혜는 우리가 허리를 낮추면 낮출수록 우리에게로 흘러 들어오고, 높이면 높일수록 들어오지 못하고 오히려 쏟아지게 되는 것입니다. 겸손은 하나님의 은혜의 물을 끌어오는 통로요, 담는 그릇입니다. 겸손의 그릇을 크게 할 때 하나님께 영광을 돌리게 되고 자신도 살고 이웃도 살릴 수 있습니다.

6절 그러므로 하나님의 능하신 손 아래에서 겸손하라 때가 되면 너희를 높이시리라

겸손하되 하나님의 능하신 손 아래에서 겸손하여야 합니다. 그러면 하나님께서 그것을 보시고 그 사람을 높여 주십니다. 성경은 높이는 일이 동쪽이나 서쪽이나 남쪽에서 오지 않고 재판장이신 하나님으로부터 온다고 말씀하고 있습니다(시 75:6-7). 하나님께서 문을 여시면 닫을 자가 없고 닫으시면 열 자가 없습니다. 하나님과 상관없이 사람이 자기 신분에도 맞지 않고 자기의 때도 아직 안 되었는데 억지로 높아지려고 하면 파멸을 당하게 됩니다. 설혹 높은 자리에 앉았다고 할지라도 그 자리를 오래 유지하지 못합니다.

모든 것은 하늘의 때와 맞아야만 합니다. 그렇기 때문에 우리 인간은 오직 전지전능하신 하나님만을 바라보며 살아야 합니다. 그러면 하나님께서 하나님의 때를 따라 그 사람을 높이셔서 하나님께 영광을 돌리게 하시는 것입니다.

7절 너희 염려를 다 주께 맡기라 이는 그가 너희를 돌보심이라

"너희 염려를 다 주께 맡기라" 고 하신 말씀은 하나님께서 우리를 절대적으로 도와주신다는 약속의 말씀입니다. 염려와 근심은 우리 자신이 감당하기 힘들고 해결하기 어렵기 때문에 생깁니다. 그러므로 당장 해결할 수 없는 문제를 가지고 염려하고 근심하다 보면 불면증, 신경쇠약, 고혈압 등이 다가와 우리를 병들고 쇠약하게 만듭니다. 오늘날 사람을 죽게 하는 심각한 원인 중의 하나는 염려와 근심 때문에 쌓이는 스트레

스입니다. 스트레스는 우리의 마음을 찌르고 고통을 줍니다. 오늘날 질병의 60% 이상이 스트레스에서 발생한다고 합니다. 그러므로 이 염려와 근심은 우리 마음속에서 제거되어야 합니다.

그런데 예수 그리스도를 믿는 사람들은 염려와 근심이 있으면 하나님께 기도하고 다 맡겨 버리기 때문에 스트레스가 쌓일 시간이 없습니다. 문제를 들고 하나님 앞에 나아와 부르짖고 기도하면 평안과 자유가 넘칩니다. 그래서 때때로 예수 믿는 사람들이 오해를 많이 받기도 합니다. 신앙 상담을 해 보면 부부 싸움의 동기가 다음과 같은 이유로 발생하는 것을 많이 보게 됩니다. 예수 믿지 않는 남편이 찾아와서 다음과 같이 질문을 합니다.

"목사님, 아내가 예수를 믿고 난 후부터 이상해져서 이제는 못 살 지경입니다. 바보가 됐는지, 나는 걱정거리가 생겨 죽을 지경인데 아내는 같이 걱정해 주기는커녕 싱글싱글 웃기만 하고 약을 올립니다. 그래서 어떻게 된 것인가 좀 알아보려고 왔습니다." 그러면 "그것은 선생님 부인이 은혜를 받아서 그런 것이지 이상해진 것이 아닙니다. 염려와 근심을 다 주께 맡기고 기도함으로 평안과 기쁨을 소유했기 때문에 그런 것입니다. 선생님도 예수 믿고 그와 같은 삶을 살아 보십시오."라고 권면한 후 기도해 주면 "그럼 나도 예수를 믿어 보겠습니다."하며 돌아갑니다.

나도 이 성경 구절로 말미암아 좋은 체험을 하였습니다. 순복음교회를 서대문에서 여의도로 옮길 때 교회를 짓는 도중 재정적 어려움을 겪었습니다. 이로 인해 염려와 근심에 싸여 잠도 자지 못하고 마음이 눌려 숨이 막혀 몸부림친 적이 있습니다. 그럴 때 이 성경 구절이 제 마음에 부딪쳐

왔습니다. 그래서 생사를 걸고 기도하며 "주여, 저의 염려를 다 주께 맡깁니다. 하나님이여! 감당하여 주시옵소서."라고 부르짖었습니다. 그러자 마음속 깊은 곳에서 평강이 넘쳐 나와 그 이후부터 잠도 잘 오고 진정한 자유함도 맛보게 되었습니다. 그리고 시간이 지나면서 하나님께서 역사해 주셔서 오늘날과 같은 여의도순복음교회를 건축할 수 있게 되었던 것입니다.

주님께 맡긴다는 것은 주님을 그만큼 절대적으로 믿고 신뢰하는 것을 말합니다. 우리가 하나님을 신뢰할 때 하나님께서 책임져 주십니다. 하나님께서는 우리가 믿음으로 완전히 맡길 때 책임지시고 고칠 것은 고치고, 수리할 것은 수리하여 멋있게 만들어 주시는 것입니다. 그러므로 우리가 하나님께 맡기고 산다는 것은 얼마나 행복한 일인지 말로 다 할 수 없습니다.

3. 마귀를 대적하는 말씀(5:8-11)

8. 근신하라 깨어라 너희 대적 마귀가 우는 사자같이 두루 다니며 삼킬 자를 찾나니 9. 너희는 믿음을 굳건하게 하여 그를 대적하라 이는 세상에 있는 너희 형제들도 동일한 고난을 당하는 줄을 앎이라 10. 모든 은혜의 하나님 곧 그리스도 안에서 너희를 부르사 자기의

영원한 영광에 들어가게 하신 이가 잠깐 고난을 당한 너희를 친히 온전하게 하시며 굳건하게 하시며 강하게 하시며 터를 견고하게 하시리라 11. 권능이 세세무궁하도록 그에게 있을지어다 아멘

8절 근신하라 깨어라 너희 대적 마귀가 우는 사자같이 두루 다니며 삼킬 자를 찾나니

우리가 근신하고 깨어 있지 않고 세상 재미에 취해 있으면 마귀는 어느 틈엔가 다가와서 우리를 시험합니다. 마귀는 도둑과 같아서 집안이 잘 정리되어 있을 때는 들어오지 않습니다. 도둑들은 도둑질하러 올 때 제일 먼저 현관을 본다고 합니다. 그래서 신발이 가지런하게 놓여 있으면 이 가정에 들어갔다가 잡히고 만다고 생각해 돌아간다고 합니다. 그런데 신발이 뒤섞여 있고 정돈이 안 된 집은 마음 놓고 들어간다고 합니다. 그것 하나만으로도 그 집이 경계하고 있는가 아닌가를 알 수 있기 때문입니다.

한 가정이 잘되고 못되는 것을 살펴보려고 할 때도 마찬가지입니다. 그 집 부엌이나 화장실을 가보면 알 수 있습니다. 모든 것이 잘 정리되어 있으면 그 집은 살림을 잘하는 가정임에 틀림이 없습니다. 또한 그런 집에 사는 사람과 같이 일하게 되면 그 일은 잘 되게 되어 있습니다. 그만큼 매사에 근신하고 깨어 있는 태도를 갖고 있기 때문입니다.

신앙생활 중에도 우리가 근신하고 깨어 있으면 사탄이 침범하지 못합니다. 신앙적으로 근신하고 깨어 있다는 것은 기도하고 말씀을 읽고, 듣고 실천하는 생활을 하는 것을 말합니다. 아침에 일찍 일어나 기도하

고, 주일 성수하며, 꾸준히 말씀 공부를 하면 마귀는 틈 탈 수가 없습니다. 그러나 우리의 기도가 사라지고 말씀이 사라지면 그때부터 마귀는 우리에게 다가옵니다. 마귀는 지금도 우는 사자같이 두루 다니며 삼킬 만한 사람을 찾고 있다는 것을 기억해야 합니다. 이와 같이 우리가 깨어 있지 못하면 마귀에게 도둑질 당하고 죽임을 당하게 됩니다. 그러므로 우리 그리스도인들은 늘 기도와 말씀으로 사탄을 대적하여야겠습니다.

9절 너희는 믿음을 굳건하게 하여 그를 대적하라 이는 세상에 있는 너희 형제들도 동일한 고난을 당하는 줄을 앎이라

마귀는 끊임없이 우리들을 시험합니다. 그래서 많은 사람들이 이로 인해 고통을 당하고 있습니다. 그러나 우리 몸에 어느 정도의 병균이 있다하더라도 몸이 건강하면 저항력이 있어 병에 걸리지 않는 것과 같이, 마귀의 시험 가운데서도 우리의 믿음이 강하면 얼마든지 이기고 극복할 수 있습니다. 반면에 몸이 약해지면 병균에 눌려 고통당하게 되는 것처럼 믿음이 약할 때 마귀가 공격하면 그것에 눌려 고통당할 수밖에 없습니다. 그러므로 우리들은 믿음을 굳게 해야 하며, 믿음을 굳게 하기 위해서 기도를 많이 하고 말씀을 많이 읽어야 합니다. 우리 그리스도인들은 믿음의 뿌리를 굳게 내려 마귀의 어떤 시험이라도 넉넉히 이기는 믿음의 군병들이 되어야겠습니다.

10절 모든 은혜의 하나님 곧 그리스도 안에서 너희를 부르사 자기의 영원한 영광에 들어가게 하신 이가 잠깐 고난을 당한 너희를 친

히 온전하게 하시며 굳건하게 하시며 강하게 하시며 터를 견고 하게 하시리라

하나님께서는 우리를 예수 그리스도 안에서 만세 전에 택하시고 이 마지막 때에 부르셔서 하나님의 영광에 들어가게 해 주셨습니다. 하나님께서는 전지전능하시고 무소부재하신 분이기 때문에 예수 그리스도의 신부요, 영원한 천국과 영생을 맡길 하나님의 자녀를 만세 전에 미리 아시고 택하신 것입니다.

그러므로 우리는 하나님의 부르심을 받아서 구원을 받은 것이지 우리가 자원해서 구원받은 것이 아니라는 사실을 인식하고 늘 감사해야 합니다. 나아가 구원해 주신 은혜에 감격해서 적극적으로 전도하여 하나님께서 택하신 백성들을 찾는 도구가 되어야 합니다.

우리가 이 세상에 사는 동안 시시때때로 시험이 다가오는데 하나님께서는 이런 시험을 통하여 우리를 강하고 견고하게 하여 주십니다. 시험에는 하나님께서 직접 주시는 시험이 있고 하나님께서 우리를 마귀에게 붙여서 당하게 하시는 시험도 있습니다. 그러나 어떤 시험이든지 시험을 잘 치르고 나면 주님께서 온전하게 하시며 굳게 하시고 강하게 하시며 터를 견고하게 해 주십니다. 이러므로 시험이란 잘 견디어 내면 유익이 되고 강한 신자로 성장하는 밑거름이 되는 것입니다.

11절 권능이 세세무궁하도록 그에게 있을지어다 아멘

'권능' 은 오직 하나님에게만 사용되는 단어로 온 우주를 통치하시는 하나님의 권위와 능력을 의미합니다. 하나님은 모든 권능의 중심이 되시

며, 모든 권세와 나라가 영원토록 하나님께 있습니다. 따라서 영광은 오직 하나님께만 돌려드려야 되는 것입니다.

4. 마지막 권면(5:12-14)

12. 내가 신실한 형제로 아는 실루아노로 말미암아 너희에게 간단히 써서 권하고 이것이 하나님의 참된 은혜임을 증언하노니 너희는 이 은혜에 굳게 서라 13. 택하심을 함께 받은 바벨론에 있는 교회가 너희에게 문안하고 내 아들 마가도 그리하느니라 14. 너희는 사랑의 입맞춤으로 서로 문안하라 그리스도 안에 있는 너희 모든 이에게 평강이 있을지어다

12절 내가 신실한 형제로 아는 실루아노로 말미암아 너희에게 간단히 써서 권하고 이것이 하나님의 참된 은혜임을 증언하노니 너희는 이 은혜에 굳게 서라

베드로는 신앙이 돈독한 형제 실루아노 편에 이 편지를 써서 보냈습니다. 이 편지는 성령의 계시를 받아서 쓴 하나님의 참된 은혜이며, 이 은혜 위에 굳게 서는 것은 어떤 고난 가운데서도 승리의 생활을 영위할 수 있는 하나님의 능력이 되는 것입니다.

13-14절 택하심을 함께 받은 바벨론에 있는 교회가 너희에게 문안하고 내 아들 마가도 그리하느니라 너희는 사랑의 입맞춤으로 서로 문안하라 그리스도 안에 있는 너희 모든 이에게 평강이 있을지어다

택하심은 어느 특정 장소에만 주어지는 특권이 아닙니다. 세계 어느 곳이든 하나님께서는 그 뜻대로 예수 그리스도 안에서 택하신 자들을 부르십니다. 하나님께서는 어느 곳이나 택하신 백성들이 모여 한 하나님을 찬양하며 예배드리게 하십니다. 이 때문에 비록 지역적으로 멀리 떨어져 있을지라도 주 안에서는 다 형제요 한 지체입니다. 그러므로 모든 그리스도인들은 피차 서로 문안하며 위로하고 격려하며 지내야 합니다.

뿐만 아니라 베드로가 마가를 내 아들이라고 칭한 것만 보아도 구원받은 성도들은 서로 영적인 형제요, 한가족이 됨을 알 수가 있습니다. 예수님께서도 마태복음 12장 50절에서 "누구든지 하늘에 계신 내 아버지의 뜻대로 하는 자가 내 형제요 자매요 어머니이니라" 고 말씀하셨던 것입니다.

그리고 사도 베드로는 사랑의 입맞춤으로 피차 문안하라고 권면하고 있습니다. 이 말은 "너희들은 서로 겸손하게 허리를 숙여서 인사하라." 는 의미입니다.

또한 하나님께서 원하시는 것은 무엇보다도 마음의 평강입니다. 하나님의 우리를 향하신 생각은 환난이 아니라 마음의 평강이며(렘 29:11), 이 평강은 예수 그리스도를 믿는 사람에게 큰 선물이 되는 것입니다. 그러

므로 우리 그리스도인들은 어떠한 고난과 시험 가운데서도 예수 그리스도의 평강을 인내와 기도로 지키며 모든 성도들에게 넘치도록 부어 주시는 성령의 능력을 힘입어 승리의 생활을 해 나가야겠습니다.

A Commentary on
the Second Epistle of Peter

베드로후서

서론 | 베드로후서

Preface

1. 주제 및 기록 목적

본 서의 주제는 '거짓 선생들에 대한 경고' 입니다. 본 서가 기록될 당시 교회는 외부적으로 심한 박해를 받고 있었으며, 내부적으로는 성도를 미혹시키는 거짓 영과 이단 사상이 독버섯같이 자라고 있었습니다. 베드로는 전서에서 박해와 환난과 소망에 대한 권고를 한 반면, 후서에서는 이단과 거짓 선생에 대한 경고를 함으로써 성도들이 바른 구원관을 가지고 더욱 확고한 믿음 위에 설 것을 당부하고 있습니다. 더불어 영광 중에 재림하실 예수 그리스도를 생각하며 이 세상을 사는 동안 말씀과 계명으로 무장하고 인내로 감당할 것을 권고합니다.

2. 기록자 및 수신자

본 서의 저자는 베드로입니다. 본 서의 저자가 베드로라는 것을 부정하는 학설도 있지만 자신이 예수 그리스도의 종인 베드로이며(1:1), 변화 산상의 체험을 하였고(1:16-18), 바울과의 관련성(3:15)을 언급한 것을 살펴볼 때 베드로라고 보는 것이 가장 타당합니다.

이 서신은 베드로전서 1장 1절에서 밝힌 대로 소아시아 성도들에게 보낸 것입니다.

3. 기록 연대 및 집필 장소

본 서의 기록 시기는 주후 66-67년경으로 보며 베드로전서와 마찬가지로 로마에서 기록되었습니다.

4. 특징

본 서는 이단에 대한 멸망을 엄중히 경고하며 종말 사상을 강조합니다(3:3-17). 또한 베드로전서와 비교할 때 다음과 같은 특징이 있습니다.

베드로전서	베드로후서
소망의 서신, 격려의 서신	경고의 서신
외부적 문제	내부적 문제
고난에 대한 위로와 격려	거짓 선생에 대한 경고
바울 서신과 유사	유다서와 유사

제 1 장

성도의 성품과 진리

인사의 말씀 1:1-2
신의 성품에 참여하게 하심 1:3-11
일깨워 생각하게 하는 진리 1:12-21

A COMMENTARY
ON THE SECOND EPISTLE OF
PETER

본 장에서는 하나님의 나라에 들어갈 수 있는 성도의 성품과 하나님의 진리의 말씀에 대하여 기록하고 있습니다. 베드로는 구원받은 성도는 하나님의 성품에 참여하여야 함을 권면하며 이를 위해 여덟 가지 덕목을 지키라고 가르치고 있습니다. 그리고 하나님의 진리의 말씀을 잘 소화시킴으로써 승리하는 신앙생활을 영위하도록 권면하고 있습니다.

1. 인사의 말씀(1:1-2)

1. 예수 그리스도의 종이며 사도인 시몬 베드로는 우리 하나님과 구주 예수 그리스도의 의를 힘입어 동일하게 보배로운 믿음을 우리와 함께 받은 자들에게 편지하노니 2. 하나님과 우리 주 예수를 앎으로 은혜와 평강이 너희에게 더욱 많을지어다

1절 예수 그리스도의 종이며 사도인 시몬 베드로는 우리 하나님과 구주 예수 그리스도의 의를 힘입어 동일하게 보배로운 믿음을 우리와 함께 받은 자들에게 편지하노니

여기에서 베드로는 자기 스스로를 예수 그리스도의 종이라고 말하고 있습니다. 종이란 자기를 위해서 살지 않고 주인을 위해서 사는 자입니다. 성경은 우리 모두가 값으로 산 바 되었다고 했습니다. 그러므로 우리 모두는 하나님의 종이요, 예수 그리스도의 종입니다. 종이 종의 위치에

있지 않고 오히려 주인의 위치에 있다면 이것은 주인에게 크게 책망받을 일입니다. 우리가 하나님의 종 된 위치에 있지 않고 주인의 위치에 있을 때 이것이 바로 인본주의가 되고 마는 것입니다. 베드로는 예수 그리스도의 종으로서 자신의 위치에 충실하였습니다. 그는 종일 뿐 아니라 특별히 보내심을 받은 사도였습니다. 평신도란 다 같은 주의 종이지만 개인적인 생업에 종사하면서 하나님의 뜻에 순종하며 사는 사람을 말합니다. 사도 베드로는 이와 같은 평신도와는 달리 몸과 마음을 전적으로 주님의 사업에 맡긴, 하나님의 특별한 부르심을 받은 자였습니다. 그러므로 그는 자신이 부름을 받은 위치에 충실하여 스스로를 예수 그리스도의 종이며 사도라고 하였던 것입니다.

사도 베드로가 편지를 하는 대상은 하나님 아버지와 예수 그리스도의 의를 힘입은 사람입니다. 의라는 것은 죄를 한 번도 안 지은 상태요, 마귀에게 참소를 받지 않는 자격이요, 하나님 앞에 부끄러움이 없이 설 수 있는 자격입니다. 우리의 행위로는 이러한 의를 얻을 수가 없습니다. 오직 예수 그리스도의 보혈의 공로를 통해서만 이러한 의를 얻을 수 있는 것입니다. 우리가 예수 그리스도의 의를 힘입을 때 우리는 하나님께서 주시는 보배로운 믿음을 가지게 됩니다. 믿음이란 하나님께서 선물로 주신 것입니다. 우리들은 예수 그리스도의 의를 힘입어 사도들이 받은 것과 동일한 그 보배로운 믿음을 성령으로 말미암아 선물로 받게 된 것입니다.

2절 하나님과 우리 주 예수를 앎으로 은혜와 평강이 너희에게 더욱 많을지어다

말씀은 우리의 믿음을 자라게 합니다. 그러므로 우리가 하나님과 예수

그리스도에 대한 말씀을 잘 들을수록 우리의 믿음은 굳세어집니다. 또한 우리의 믿음이 굳세어질수록 은혜와 평강도 차고 넘치게 됩니다. 말씀을 공부하고 성령의 가르침을 받아서 하나님을 알고 예수 그리스도를 아는 지식을 우리의 믿음에 더해 갈 때 마음에 평화가 넘쳐 나며 은혜도 체험할 수 있습니다. 그러므로 우리들은 부지런히 하나님의 말씀을 계속해서 읽고 들어야 합니다. 하나님의 말씀을 계속해서 읽고 듣지 아니하면 믿음이 점점 사라지게 되며 은혜와 평강도 사라지게 되는 것입니다. 주일 예배, 수요 예배, 금요 철야 예배 등에 참석하여 가능한 한 말씀을 듣는 기회를 많이 가져야 하며 성경도 열심히 읽어야 합니다.

2. 신의 성품에 참여하게 하심(1:3-11)

3. 그의 신기한 능력으로 생명과 경건에 속한 모든 것을 우리에게 주셨으니 이는 자기의 영광과 덕으로써 우리를 부르신 이를 앎으로 말미암음이라 4. 이로써 그 보배롭고 지극히 큰 약속을 우리에게 주사 이 약속으로 말미암아 너희가 정욕 때문에 세상에서 썩어질 것을 피하여 신성한 성품에 참여하는 자가 되게 하려 하셨느니라 5. 그러므로 너희가 더욱 힘써 너희 믿음에 덕을, 덕에 지식을, 6. 지식에 절제를, 절제에 인내를, 인내에 경건을, 7. 경건에 형제 우애를, 형제 우애에 사랑을 더하라 8. 이런 것이 너희에게 있어 흡족한즉 너희로

우리 주 예수 그리스도를 알기에 게으르지 않고 열매 없는 자가 되지 않게 하려니와 9. 이런 것이 없는 자는 맹인이라 멀리 보지 못하고 그의 옛 죄가 깨끗하게 된 것을 잊었느니라 10. 그러므로 형제들아 더욱 힘써 너희 부르심과 택하심을 굳게 하라 너희가 이것을 행한즉 언제든지 실족하지 아니하리라 11. 이같이 하면 우리 주 곧 구주 예수 그리스도의 영원한 나라에 들어감을 넉넉히 너희에게 주시리라

3절 그의 신기한 능력으로 생명과 경건에 속한 모든 것을 우리에게 주셨으니 이는 자기의 영광과 덕으로써 우리를 부르신 이를 앎으로 말미암음이라

하나님의 능력이 신기한 것은 인간의 이성과 지식과 경험을 초월한 것이기 때문입니다. 우리 인간의 눈으로 볼 때 하나님께서는 신비의 베일에 가려져 있으며 우리에게 주신 복음 또한 신비합니다.

하나님께서는 우리에게 그 신비한 능력으로 생명과 경건에 속한 모든 것을 주셨습니다. 하나님께서는 우리를 더 이상 죽음에 머물러 있게 하지 않으시고 생명에 속하게 하셨으며, 죄를 버리고 거룩한 심신으로 하나님을 섬기는 경건에 머물도록 하셨습니다. 이제 우리는 생명과 경건을 다 받았으므로 의심 없이 확신을 가지고 나가기만 하면 생명을 얻되 풍성히 얻으며, 그리스도의 형상을 닮기까지 경건의 깊은 곳으로 나아갈 수 있는 것입니다.

"이는 자기의 영광과 덕으로써 우리를 부르신 이를 앎으로 말미암음이라". 하나님께서 이미 생명과 경건에 속한 것을 다 주셨어도 우리가 이것을 깨닫지 못하면 소유하지 못합니다. 성경은 믿음은 들음에서 나며

듣음은 그리스도의 말씀으로 말미암는다고 말씀하셨습니다(롬 10:17). 그러므로 십자가 중심에 서서 그리스도께서 십자가에서 우리를 위해 대속하신 그 깊은 은혜를 깨달을 때 하나님의 영광이 우리 가운데 넘쳐나게 되는 것입니다.

예수님께서 십자가를 통하여 우리의 죄를 다 용서하시고, 병을 짊어지시고, 죽음에서 놓아주시고, 저주에서 해방시켜 주신 은혜를 깊이 깨달음으로써 은혜가 넘치고 평강이 넘쳐 나게 됩니다. 그러므로 믿음을 가진 우리들이 믿음 위에 신령한 지식, 즉 하나님의 말씀을 더하면 예수 그리스도의 은혜와 평강이 더욱 많아지게 되는 것입니다..

4절 이로써 그 보배롭고 지극히 큰 약속을 우리에게 주사 이 약속으로 말미암아 너희가 정욕 때문에 세상에서 썩어질 것을 피하여 신성한 성품에 참여하는 자가 되게 하려 하셨느니라

우리는 보배롭고 지극히 큰 약속, 즉 예수 그리스도를 통하여 영생을 얻고, 하나님의 자녀가 되고, 천국을 상속받는 약속을 하나님께로부터 받았습니다. 이로써 하나님께서는 그동안 육신의 정욕, 안목의 정욕, 이생의 자랑에 휩싸여 지내던 우리들의 눈을 밝히시고 변화되는 삶을 살게 하셨습니다. 이전에 그렇게 좋게 보이던 세상의 부귀영화, 공명이 다 깜깜하고 소망이 없고 무가치한 것임을 깨닫게 되는 것입니다. 그래서 더욱 하나님의 말씀을 사모하게 되고 예수 그리스도를 닮고자 노력함으로써 점점 신의 성품에 참여하게 됩니다. 하나님의 믿음과 거룩함과 기쁨과 사랑으로 말미암아 우리의 언행심사가 예수 그리스도를 닮아 가게 되는 것입니다.

이와 같이 우리가 구원받은 후에는 신앙이 어린아이의 수준에 머무르지 않도록 노력해야 합니다. 신앙의 덕을 세워 성장하고 나아가 우리에게 예비하신 상을 받기 위해 힘써야 합니다. 구원은 하나님의 선물로 받지만 믿음이 성장하는 것은 우리가 힘쓰고 애쓸 때 이루어집니다.

5-6절 그러므로 너희가 더욱 힘써 너희 믿음에 덕을, 덕에 지식을, 지식에 절제를, 절제에 인내를, 인내에 경건을,

우리가 하나님의 뜻을 알았으면, 더욱 더 힘써서 성숙한 믿음을 소유할 수 있도록 해야 합니다. 성숙한 믿음을 갖기 위해서는 믿음에 덕을 끼쳐야 합니다. 예수님을 믿는 사람은 믿음이 좋을 뿐 아니라 그 위에 믿음의 인격적인 덕을 쌓기 위해 노력해야 합니다.

그리고 덕에 지식을 쌓아야 합니다. 믿음이 있고 덕을 쌓았어도 성경적 지식이 없으면 쉽게 사탄의 유혹과 시험에 미혹되어 이단 사설에 빠지게 됩니다. 예배 또는 구역성경공부 모임 등을 통하여 지식을 쌓아가며 매일매일 성경을 읽음으로 진리를 깊이 깨달아야 합니다.

다음으로 지식에 절제가 따라오도록 해야 합니다. 진리를 추구하는 것은 좋으나 무분별하게 여기저기 찾아다니면 돌이킬 수 없는 위험에 빠지게 됩니다. 잘못하면 이단 사설의 교리를 듣고 참진리와 혼돈하게 되어 귀중한 믿음까지 잃어버릴 수 있기 때문입니다. 지식은 규모 있게 절제하며 차근차근 배워 나가 잘 정돈되고 확실하고 명백하게 우리 심령에 남아 있어야 합니다. 또한 많이 알았다고 교만해서도 안 될 것입니다. 그래서 우리의 신앙에는 절제가 필요합니다.

다음으로 절제에 인내를 쌓아야 합니다. 신앙이라는 것은 하루 이틀에

이루어지는 것이 아닙니다. 지금까지 쌓은 신앙을 인내로써 더욱 발전시키고 견고하게 지켜 나가야 합니다.

다음으로 인내에 경건을 더해야 합니다. 인내를 함에 있어서 그저 오래 참고 기다리고만 있는 것이 아니라 경건한 신앙생활을 하여 늘 하나님과 깊은 교제를 나눌 수 있어야 합니다.

7절 경건에 형제 우애를, 형제 우애에 사랑을 더하라

우리는 한 예수님을 믿는 성도로서 자신만 경건하면 된다는 생각을 넘어서 형제 간에 우애 있는 생활을 해야 합니다. 그리고 형제 우애에 사랑을 공급하여 하나님께서 기뻐하시는 그리스도인이 되어야 합니다. 그러므로 우리 그리스도인들은 원수도 사랑하라는 주님의 말씀을 실천하여 참되고 아름다운 인격을 지닌 신앙인으로 성장 발전해 나가야 할 것입니다.

8절 이런 것이 너희에게 있어 흡족한즉 너희로 우리 주 예수 그리스도를 알기에 게으르지 않고 열매 없는 자가 되지 않게 하려니와

이와 같은 과정을 거쳐야 진실한 성도가 될 수 있으며 그리스도인으로서 장성한 믿음의 분량에 이를 수 있는 것입니다. 그럴 때 신앙의 열매가 풍성하게 되어 복받는 삶을 누리게 되며 또한 그 열매를 통해서 하나님께 영광을 돌릴 수 있습니다.

9절 이런 것이 없는 자는 맹인이라 멀리 보지 못하고 그의 옛 죄가 깨끗하게 된 것을 잊었느니라

이와 같이 인격이 계발되지 못한 사람은 예수를 믿어도 맹인입니다. 즉, 멀리 바라보지 못하고 구원받고 난 다음에도 육신의 정욕, 안목의 정욕, 이생의 자랑에 취하여 개가 토한 것을 도로 먹듯 세상에 빠지고 마는 것입니다. 그러므로 우리들은 구원을 받고 난 다음에도 끊임없이 그리스도인다운 인격을 함양하도록 힘써야 합니다.

10절 그러므로 형제들아 더욱 힘써 너희 부르심과 택하심을 굳게 하라 너희가 이것을 행한즉 언제든지 실족하지 아니하리라

그리스도인의 구원은 하나님의 부르심과 택하심으로 가능합니다. 그러므로 우리가 구원을 얻고 난 다음 실족하지 않기 위해서는 부르심과 택하심을 견고히 하는 노력을 계속해야 합니다. 나아가 우리가 그리스도의 인격을 닮도록 항상 노력해 나가지 않는다면 아무리 구원을 받았다 할지라도 결국은 실족해 버리고 맙니다.

11절 이같이 하면 우리 주 곧 구주 예수 그리스도의 영원한 나라에 들어감을 넉넉히 너희에게 주시리라

우리가 천국에 가는 것도 겨우 들어가는 경우와 넉넉히 들어가는 경우, 두 가지가 있습니다. 단순히 구원만 받은 사람들은 천국에 겨우 들어가게 되지만 구원을 받고 난 다음에 신앙적인 인격을 꾸준히 쌓은 사람들은 넉넉히 들어갈 수 있는 은혜를 받는 것입니다. 그리고 그것은 천국에서의 상급을 결정하는 기준이 되어 성도 각자가 지닌 공적에 따라 풍성한 상급을 받는 성도도 있고, 구원을 얻되 불 가운데서 얻은 것같이 겨우 구원을 얻게 되는 사람도 있는 것입니다(고전 3:14-15).

3. 일깨워 생각하게 하는 진리(1:12-21)

12. 그러므로 너희가 이것을 알고 이미 있는 진리에 서 있으나 내가
항상 너희에게 생각나게 하려 하노라 13. 내가 이 장막에 있을 동안
에 너희를 일깨워 생각나게 함이 옳은 줄로 여기노니 14. 이는 우리
주 예수 그리스도께서 내게 지시하신 것같이 나도 나의 장막을 벗어
날 것이 임박한 줄을 앎이라 15. 내가 힘써 너희로 하여금 내가 떠난
후에라도 어느 때나 이런 것을 생각나게 하려 하노라 16. 우리 주 예
수 그리스도의 능력과 강림하심을 너희에게 알게 한 것이 교묘히 만
든 이야기를 따른 것이 아니요 우리는 그의 크신 위엄을 친히 본 자
라 17. 지극히 큰 영광 중에서 이러한 소리가 그에게 나기를 이는 내
사랑하는 아들이요 내 기뻐하는 자라 하실 때에 그가 하나님 아버지
께 존귀와 영광을 받으셨느니라 18. 이 소리는 우리가 그와 함께 거
룩한 산에 있을 때에 하늘로부터 난 것을 들은 것이라 19. 또 우리에
게는 더 확실한 예언이 있어 어두운 데를 비추는 등불과 같으니 날이
새어 샛별이 너희 마음에 떠오르기까지 너희가 이것을 주의하는 것
이 옳으니라 20. 먼저 알 것은 성경의 모든 예언은 사사로이 풀 것이
아니니 21. 예언은 언제든지 사람의 뜻으로 낸 것이 아니요 오직 성
령의 감동하심을 받은 사람들이 하나님께 받아 말한 것임이라

12절 그러므로 너희가 이것을 알고 이미 있는 진리에 서 있으나 내가 항상 너희에게 생각나게 하려 하노라

우리가 이미 알고 있는 진리 위에 섰다고 할지라도 계속해서 그 진리

를 생각하지 않으면 그 진리를 잊어버리게 됩니다. 이러므로 우리는 끊임없이 서로 모여서 진리를 나누고 서로 격려해 주어야 합니다.

13절 내가 이 장막에 있을 동안에 너희를 일깨워 생각나게 함이 옳은 줄로 여기노니

'장막' 이란 우리의 육체를 의미합니다. 바울도 말하기를 "땅에 있는 우리의 장막 집이 무너지면 하나님께서 지으신 집 곧 손으로 지은 것이 아니요 하늘에 있는 영원한 집이 우리에게 있는 줄 아느니라" (고후 5:1)고 했습니다. 육체의 장막은 영구히 존재할 수 없습니다. 그것은 우리가 행인과 나그네로서 이 세상을 살아갈 때 필요한 처소인 것입니다. 바람이 불고 비가 오고 세월이 지나가면 장막은 찢어지고 상해서 더 이상 거기에 거할 수 없게 되고 우리는 그 장막을 떠나게 됩니다. 이것은 우리 영혼이 육체를 떠나는 것과 똑같은 이치입니다. 이러한 상태를 우리는 죽음이라고 부르는 것입니다. 예수를 믿는 사람은 이 장막인 육체를 떠날 때 손으로 지은 것이 아닌 하나님의 집, 즉 천국에 거하게 되는 것입니다. 그러나 예수를 믿지 않는 사람들은 이 장막을 떠날 때 지옥으로 떨어져 버리고 맙니다. 사도 베드로는 자신이 육신의 장막에 머무르는 동안 감당해야 할 사명은 성도들을 일깨우는 데 있다고 믿었습니다.

14절 이는 우리 주 예수 그리스도께서 내게 지시하신 것같이 나도 나의 장막을 벗어날 것이 임박한 줄을 앎이라

예수님께서는 베드로에게 베드로가 장차 순교할 것을 가르쳐 주셨습니다. 즉 장차 사람들이 베드로를 원하지 않는 곳으로 데려갈 것이라

고 말씀하셨습니다(요 21:18). 따라서 베드로는 자신이 순교당할 것을 미리 알고 육신의 장막을 벗을 때가 가까이 왔음을 기록하고 있는 것입니다.

15절 내가 힘써 너희로 하여금 내가 떠난 후에라도 어느 때나 이런 것을 생각나게 하려 하노라

사도 베드로는 자신이 죽은 후에도 성도들이 이 진리를 잊지 않기를 권면하고 있습니다. 그리하여 소아시아에 있는 교회의 성도들이 줄기차게 주의 말씀을 기억하고 붙들며 진리의 반석 위에 굳건히 서 있게 되기를 바라고 있는 것입니다.

16절 우리 주 예수 그리스도의 능력과 강림하심을 너희에게 알게 한 것이 교묘히 만든 이야기를 따른 것이 아니요 우리는 그의 크신 위엄을 친히 본 자라

예수님께서 죄를 사하시고 병을 고치시고 귀신을 내어 쫓으시며 죽은 자를 살리시고 우리를 하늘나라로 데려가시기 위해 강림하셨다는 것은 사람이 공교하게 만들어 낸 이야기가 아닙니다. 베드로는 예수께서 하나님의 아들로서 혁혁한 위엄을 나타내신 것을 변화산상에서 몸소 체험하였습니다.

17절 지극히 큰 영광 중에서 이러한 소리가 그에게 나기를 이는 내 사랑하는 아들이요 내 기뻐하는 자라 하실 때에 그가 하나님 아버지께 존귀와 영광을 받으셨느니라

변화산상에서 베드로는 예수님의 얼굴이 찬란히 빛나고 그 옷이 빨래한 옷보다 더욱 흰 것을 목격하였습니다. 또한 하늘에서 "이는 내 사랑하는 아들이요 내 기뻐하는 자라" 고 하는 음성을 들었습니다(마 17:5). 이 하나님의 음성은 예수님께서 하나님 아버지께 존귀와 영광을 받으신 것을 나타내는 것입니다.

18절 이 소리는 우리가 그와 함께 거룩한 산에 있을 때에 하늘로부터 난 것을 들은 것이라

"이는 내 사랑하는 아들이요 내 기뻐하는 자라"(17절)는 음성은 하나님께서 직접 하늘로부터 소리를 내어 말씀하신 것입니다. 베드로는 이와 같은 음성을 듣고 하나님께서 살아 계시고 예수님께서 하나님의 아들 되심을 굳게 믿게 되었습니다. 따라서 베드로는 자신이 하나님의 음성을 직접 들었던 까닭에 늘 예수 그리스도를 확신에 찬 모습으로 증언할 수 있었습니다. 그러므로 우리들도 이와 같이 확실한 신앙의 체험 위에 서서 예수 그리스도를 증언하며 나아가야 할 것입니다.

19절 또 우리에게는 더 확실한 예언이 있어 어두운 데를 비추는 등불과 같으니 날이 새어 샛별이 너희 마음에 떠오르기까지 너희가 이것을 주의하는 것이 옳으니라

또 우리에게는 체험보다 더 확실한 예언의 말씀이 있습니다. 이 예언의 말씀은 성경을 가리킵니다. 이 예언의 말씀은 진리의 말씀으로 우리가 체험하는 것보다 더 확실한 것을 나타내 줍니다. 즉, 하나님은 말씀 그 자체이시므로 그 말씀 스스로가 하나님께서 살아 계신다는 증거가 되는

것입니다. 이 말씀은 캄캄한 밤에 비취는 등불과도 같이 이 어두운 세상을 비춥니다. 어두운 세상이 다 지나가고 하나님의 나라, 새 하늘과 새 땅, 새 예루살렘이 도래하기까지 우리는 이 말씀을 받아 어두운 세상을 환하게 비추며 살아가야 합니다. 그렇게 하기 위해서 우리는 이 예언의 말씀을 주의해서 읽고 듣고 공부해야 합니다. 하나님의 말씀을 저버리지 않고 말씀에 닻을 내려 오중복음, 즉 중생의 복음, 성령 충만의 복음, 신유의 복음, 축복의 복음, 천국과 재림의 복음 속에 감추어진 보화를 캐내어 영혼이 잘됨같이 범사에 잘되며 강건하고 생명을 얻되 더욱 풍성히 얻는 삶을 살아가야 하는 것입니다.

말씀에 어긋나는 것은 반드시 배척해야 합니다. 어떠한 사람이 기이한 계시를 받았다고 할지라도 하나님의 말씀에 어긋난다면 절대로 따라가서는 안 되는 것입니다. 바울 사도는 "하늘로부터 온 천사라도 우리가 너희에게 전한 복음 외에 다른 복음을 전하면 저주를 받을지어다"(갈 1:8)라고 했습니다. 우리는 창세기부터 요한계시록까지의 말씀만이 참된 복음임을 명심해야 합니다.

20절 먼저 알 것은 성경의 모든 예언은 사사로이 풀 것이 아니니

창세기부터 요한계시록까지의 예언의 말씀은 인간의 생각으로 기록된 것이 아니라 성령의 감동에 의하여 기록된 것입니다. 성경은 성령의 감동에 의하여 깨달은 진리를 당시 그들이 아는 지식과 체험과 환경 등의 요소를 통해 설명하고 기록한 것입니다. 그러므로 베드로는 여기에서 성경이 사사로이 해석할 수 있는 책이 아님을 강조하고 있습니다. 성경은 무엇보다도 성령님의 도우심을 받아 역사적, 문화적, 언어적인 배경을 잘 이해한 후에 해석해야 합니다.

21절 예언은 언제든지 사람의 뜻으로 낸 것이 아니요 오직 성령의 감동하심을 받은 사람들이 하나님께 받아 말한 것임이라

성경에 있는 모든 말씀은 예언입니다. 그리고 이 예언은 항상 성령의 감동하심을 입은 사람들에 의하여 기록되었습니다. 성경은 성령의 감동하심으로 기록되었고 신구약 66권으로 완성된 책입니다. 따라서 성경은 가감할 수 있는 책이 아닙니다. 성경은 일점일획도 더하거나 뺄 수 없는 하나님의 말씀으로 완성된 책이요, 성령의 조명하에서만 그 참된 해석이 가능한 책입니다. 이 성경이야말로 하나님의 살아 계심과 예수 그리스도가 그의 아들이신 것을 나타내 주는 가장 확실한 증거입니다.

제 2 장

거짓 선생에 대한 경고

A COMMENTARY
ON THE SECOND EPISTLE OF
PETER

베드로는 가만히 교회 안에 들어와 성도들을 미혹시키려는 거짓 선생들을 철저히 경계하려는 목적으로 그들의 특징과 최후를 열거하고 있습니다. 베드로는 구약에 나타난 심판의 예들을 들어 경고하고 있는데, 이는 성도들이 이런 이단적인 적들을 잘 분별할 수 있도록 하기 위함입니다.

1. 거짓 선생에 대한 경계(2:1)

1. 그러나 백성 가운데 또한 거짓 선지자들이 일어났었나니 이와 같이 너희 중에도 거짓 선생들이 있으리라 그들은 멸망하게 할 이단을 가만히 끌어들여 자기들을 사신 주를 부인하고 임박한 멸망을 스스로 취하는 자들이라

1절 그러나 백성 가운데 또한 거짓 선지자들이 일어났었나니 이와 같이 너희 중에도 거짓 선생들이 있으리라 그들은 멸망하게 할 이단을 가만히 끌어들여 자기들을 사신 주를 부인하고 임박한 멸망을 스스로 취하는 자들이라

"그러나 백성 가운데 또한 거짓 선지자들이 일어났었나니 이와 같이 너희 중에도 거짓 선생들이 있으리라". 백성 가운데 거짓 선지자들이 일어났었다는 것은 구약 시대에 거짓 선지자들이 많이 일어났었다는 역사

적 사실을 말하는 것입니다. 거짓 선지자들은 하나님의 영이 임한 것이 아니라 귀신에 접한 자들이며 그 입에 거짓이 꽉 들어찬 자들입니다. 구약 시대에는 이러한 자들이 많았습니다. 하나님께서는 이러한 자들을 절대 용납하지 말며 심지어는 죽이라는 명령까지 하셨습니다(신 13:1-5; 18:10-11). 초대 교회 시대에도 이런 거짓 선생들이 일어나 교회를 훼방하고 다른 복음을 전하는 무리들이 나타나 교회를 혼란스럽게 했던 것입니다. 오늘날에도 구약 시대처럼 거짓 선생들이 많이 있습니다. 자신을 재림주, 동방의 의인, 만왕의 왕, 감람나무라고 떠드는 자들을 많이 볼 수 있습니다. 그러나 그들은 잠시 세상을 유혹했다가 사라지고 맙니다. 우리는 늘 이런 자들을 경계하여야 합니다.

"그들은 멸망하게 할 이단을 가만히 끌어들여 자기들을 사신 주를 부인하고 임박한 멸망을 스스로 취하는 자들이라". 거짓 선생들은 자기를 사신 주를 부인합니다. 이단들은 우리 주 예수 그리스도께서 2천 년 전에 동정녀 마리아의 몸에서 태어나서 33년 동안 지상에 계셨고 십자가에 못 박혀 우리를 대신해서 죽으셨다가 사흘 만에 부활하시고 승천하셨다는 사실과 장차 영광의 주로 재림하여 오실 것을 부인합니다. 이단들은 언제나 자기를 통해야만 구원받을 수 있다고 주장하여 주 예수 그리스도를 부인하며 정면으로 대적하는 일을 하고 있습니다.

성경은 "내가 곧 길이요 진리요 생명이니 나로 말미암지 않고는 아버지께로 올 자가 없느니라"(요 14:6)고 말씀하고 있습니다. 오직 예수님만이 십자가에 죽으시고 부활하셔서 성령으로 우리와 같이 계시고 장차 만왕의 왕, 만주의 주로 오실 분이십니다. 그 때문에 사도 바울은 '예수 그리스도 이외의 다른 복음을 전하는 자는 하늘로부터 온 천사라도 저주를 받을지어다' 라고 경고한 것입니다(갈 1:8).

만약 우리들이 이단을 따라가면 남는 것은 멸망밖에 없습니다. 왜냐하면 하나님께서 예수 그리스도를 통하여 우리에게 지시하신 길 이외에 어떠한 길에서도 구원을 찾을 수 없기 때문입니다. 우리 주 예수 그리스도께서는 우리에게 구원의 길을 보여 주셨지만 이단들은 자신의 이익을 위해 예수 그리스도를 이용하고 결국 사탄의 도구가 되어 복음을 정면으로 대적하는 일을 하고 있는 것입니다.

2. 거짓 선지자들의 특징(2:2-3)

2. 여럿이 그들의 호색하는 것을 따르리니 이로 말미암아 진리의 도가 비방을 받을 것이요 3. 그들이 탐심으로써 지어낸 말을 가지고 너희로 이득을 삼으니 그들의 심판은 옛적부터 지체하지 아니하며 그들의 멸망은 잠들지 아니하느니라

2절 여럿이 그들의 호색하는 것을 따르리니 이로 말미암아 진리의 도가 비방을 받을 것이요

거짓 선지자들의 특징을 살펴보면 첫째로 주를 부인하는 것입니다. 우리 주 예수 그리스도를 문자 그대로 정확하게 받아들이지 않거나 부인

하는 식으로 말하는 사람들은 다 이단입니다.

둘째로 호색을 따릅니다. 예수 그리스도를 부인하는 곳에는 악령이 있는데 악령은 언제나 호색을 가져옵니다. 그래서 음란과 방탕이 난무하며 한번 이단에 걸려들면 자신도 모르게 그들의 호색하는 것에 이끌려 빠져나올 수 없는 깊은 늪 속에 빠지게 되고 맙니다. 이런 것들이 진리의 도를 훼방하고 많은 사람을 미혹하며 거짓을 진실같이 속이기도 합니다. 때문에 불신자들에게 기독교 전체가 비판을 받기도 하며 믿는 성도들도 자칫 부정적이 되어 비판하다가 이단에 미혹되기도 하는 것입니다.

3절 그들이 탐심으로써 지어낸 말을 가지고 너희로 이득을 삼으니 그들의 심판은 옛적부터 지체하지 아니하며 그들의 멸망은 잠들지 아니하느니라

이단들의 세 번째 특징은 탐심을 가지고 거짓을 말하는 것입니다. 이단들은 미혹된 사람들을 모아서 그들의 재산과 노동력을 착취합니다. 그래서 이단의 우두머리는 거대한 재벌 왕국을 만들고 자기들의 탐욕을 채웁니다. 우리나라에도 이런 일들이 여러 번 있어 왔습니다. 정상적인 기독교 복음 위에 세워진 교회 공동체는 모든 살림을 당회에서 운영하므로 어느 한 개인이 재산을 모으는 일은 찾아 볼 수 없습니다. 그러나 이단은 교주가 모든 재산과 노동력을 마음대로 쥐고 흔들며 자기가 재림주이니 자신에게 복종할 것을 강요하는 것이 특징입니다. 이것은 모두 탐심에서 나온 거짓말로써 악을 수단으로 삼는 간악한 악마의 행위인 것입니다. 하나님께서는 이러한 이단들을 그냥 놔두시지 않습니다. 하나님의 때가 차면 그들은 불과 유황으로 타는 못에 던져져 영원히 고통받고 이를 갈게

될 것입니다. 그들을 향한 하나님의 진노와 심판은 결코 지체하지 않을 것입니다. 지금 이 시간에도 하나님의 진노와 심판은 차곡차곡 쌓여 가고 있으며, 그 누구도 피하지 못할 것입니다. 이러므로 우리는 경성하여 예수 중심, 성경 중심, 십자가 중심의 신앙 고백을 함으로 어떤 마귀의 시험이 와도 조금도 양보하지 말고 믿음 위에 견고히 서서 담대하게 나아가야 합니다.

3. 불법에 대한 하나님의 심판의 예(2:4-8)

4. 하나님이 범죄한 천사들을 용서하지 아니하시고 지옥에 던져 어두운 구덩이에 두어 심판 때까지 지키게 하셨으며 5. 옛 세상을 용서하지 아니하시고 오직 의를 전파하는 노아와 그 일곱 식구를 보존하시고 경건하지 아니한 자들의 세상에 홍수를 내리셨으며 6. 소돔과 고모라 성을 멸망하기로 정하여 재가 되게 하사 후세에 경건하지 아니할 자들에게 본을 삼으셨으며 7. 무법한 자들의 음란한 행실로 말미암아 고통당하는 의로운 롯을 건지셨으니 8. (이는 이 의인이 그들 중에 거하여 날마다 저 불법한 행실을 보고 들음으로 그 의로운 심령이 상함이라)

4절 하나님이 범죄한 천사들을 용서하지 아니하시고 지옥에 던져

어두운 구덩이에 두어 심판 때까지 지키게 하셨으며

지옥이란 말은 성경에서 세 가지로 사용되고 있습니다. 첫째는 '하데스' (ᾅδης)입니다. '하데스' 는 성경에 '음부' 라는 말로 번역되었습니다. 누가복음 16장에 보면 부자가 죽어 장사되어 음부에 들어갔는데 고통 가운데 있다고 말하고 있습니다. 이 때 말하는 음부가 '하데스' 입니다.

둘째는 '게엔나' (γέεννα)입니다. '게엔나' 는 불과 유황으로 타는 못을 말하며 진짜 지옥을 말합니다. 그 유래를 보면 예루살렘 밑에 힌놈의 골짜기라는 곳이 있는데 이 골짜기에서 모든 쓰레기를 태우므로 늘 연기와 타는 불이 끊이지 않았습니다. 그곳과 연관지어 '게엔나' 는 불과 유황으로 타는 지옥을 가리키는 것입니다.

셋째로 '아뷔소스' (ἄβυσσος)입니다. '아뷔소스' 는 무저갱이란 말로서 타락한 천사들을 가두어 놓는 곳입니다. 타락한 천사들 중에는 공중 권세 잡은 천사들이 있고 무저갱에서 심판의 날까지 갇혀 있는 천사가 있습니다. 예수님께서 거라사 지방에 가셔서 귀신 들린 자를 고치려 하실 때 귀신들이 '때가 이르기 전에 우리를 무저갱으로 들어가게 하지 말아 달라' 고 간청했던 사실(눅 8:31)에서 더욱 잘 알 수 있습니다. 이 타락한 천사들도 어느 한계점을 넘으면 하나님께서 잡아서 무저갱에 가두어 버리신다는 것을 알고 겁을 먹는 것입니다. 하나님께서는 결단코 범죄한 천사들을 용서하지 않을 것이며 지옥에 던져 어두운 구덩이에 두시고 심판 때까지 지키게 하십니다.

5절 옛 세상을 용서하지 아니하시고 오직 의를 전파하는 노아와 그 일곱 식구를 보존하시고 경건하지 아니한 자들의 세상에 홍수

를 내리셨으며

노아 시대에는 모든 사람들이 하나님 중심에서 떠나 인본주의로 살고 음란하며 방탕하여 도저히 하나님의 신이 인간과 함께하실 수 없을 정도로 타락하였습니다. 그래서 하나님께서는 홍수를 통해 온 세상을 멸하시고 노아와 그 일곱 식구만 방주에 피하게 하심으로 구원하셨습니다. 이를 통해 하나님께서는 당장은 사람들을 멸하지 않으시는 것 같으나 때가 오면 무섭게 심판하신다는 것을 알 수 있게 하신 것입니다.

6절 소돔과 고모라 성을 멸망하기로 정하여 재가 되게 하사 후세에 경건하지 아니할 자들에게 본을 삼으셨으며

소돔과 고모라는 불법과 음란으로 유명한 도시입니다. 지금도 영어로 '사더미' (sodomy)라고 하면 남색을 의미할 정도로 소돔과 고모라의 음란한 풍조는 이루 말할 수 없이 극심하였습니다. 창세기 19장을 보면 두 천사가 롯의 집에 갔을 때에도 그들과 상관하려고 롯의 집에 사람들이 몰려와서 소동을 벌인 기록이 있습니다. 이와 같이 소돔과 고모라는 그 패악이 극에 달하여 하나님의 심판을 받을 수밖에 없었습니다. 결국 소돔과 고모라성은 유황과 불을 비같이 맞고 '그 성들과 온 들과 성에 거주하는 모든 백성과 땅에 난 것' 들이 모조리 심판을 받고 멸망을 당하였습니다(창 19:23-25). 하나님께서는 이를 역사의 본보기로 정하여 대대로 경건하지 아니하며 부패와 음란을 일삼는 무리들에게 경계로 삼고자 하신 것입니다.

7-8절 무법한 자들의 음란한 행실로 말미암아 고통당하는 의로운

롯을 건지셨으니 (이는 이 의인이 그들 중에 거하여 날마다 저 불법한 행실을 보고 들음으로 그 의로운 심령이 상함이라)

그러나 아브라함의 조카 롯은 그 성에 거하면서도 거민들의 음란한 풍조에 물들지 않고 오히려 그들의 죄악을 고통스럽게 여기면서 안타까워했습니다. 하나님께서는 세상의 죄악을 따르지 아니하고 의로운 생활을 고수하였던 롯을 무서운 심판에서 건져 내셨습니다.

오늘날도 하나님께서는 오래 참으심으로 모든 사람을 구원하기 원하시지만, 이 은혜의 시대가 끝나면 소돔과 고모라를 심판하셨듯이 이 세상을 무섭게 심판하실 것입니다. 그러므로 이 진리의 말씀을 깨달은 우리는 자신을 살펴서 죄와 악에 떨어지지 않도록 경건하게 살아야 되겠습니다.

4. 불의한 자의 행실(2:9-16)

9. 주께서 경건한 자는 시험에서 건지실 줄 아시고 불의한 자는 형벌
아래에 두어 심판 날까지 지키시며 10. 특별히 육체를 따라 더러운
정욕 가운데서 행하며 주관하는 이를 멸시하는 자들에게는 형벌할
줄 아시느니라 이들은 당돌하고 자긍하며 떨지 않고 영광 있는 자들
을 비방하거니와 11. 더 큰 힘과 능력을 가진 천사들도 주 앞에서 그
들을 거슬러 비방하는 고발을 하지 아니하느니라 12. 그러나 이 사

람들은 본래 잡혀 죽기 위하여 난 이성 없는 짐승 같아서 그 알지 못하는 것을 비방하고 그들의 멸망 가운데서 멸망을 당하며 13. 불의의 값으로 불의를 당하며 낮에 즐기고 노는 것을 기쁘게 여기는 자들이니 점과 흠이라 너희와 함께 연회할 때에 그들의 속임수로 즐기고 놀며 14. 음심이 가득한 눈을 가지고 범죄하기를 그치지 아니하고 굳세지 못한 영혼들을 유혹하며 탐욕에 연단된 마음을 가진 자들이니 저주의 자식이라 15. 그들이 바른 길을 떠나 미혹되어 브올의 아들 발람의 길을 따르는도다 그는 불의의 삯을 사랑하다가 16. 자기의 불법으로 말미암아 책망을 받되 말하지 못하는 나귀가 사람의 소리로 말하여 이 선지자의 미친 행동을 저지하였느니라

9절 주께서 경건한 자는 시험에서 건지실 줄 아시고 불의한 자는 형벌 아래에 두어 심판 날까지 지키시며

하나님께서는 심판하시는 중에도 경건한 자는 건지십니다. 먼저 주님께서는 노아의 홍수 때도 비를 내리시기 전에 노아의 여덟 식구를 방주 안으로 안전하게 인도하셨습니다. 그 후에 비를 내리셔서 홍수로 심판하셨습니다. 그리고 하나님께서 소돔과 고모라 성을 심판하실 때도 롯의 식구들을 건져 내신 다음 심판의 불이 떨어지게 하셨습니다. 또한 앞으로 다가올 7년 환난 때도 예수 그리스도를 믿는 우리들은 그 환난을 통하지 않고 휴거되어 심판으로부터 구원받을 것입니다. 이와 같이 하나님께서는 마지막 날에 경건한 자는 시험에서 건지시고 불의한 자는 심판하실 것입니다.

10절 특별히 육체를 따라 더러운 정욕 가운데서 행하며 주관하는 이

를 멸시하는 자들에게는 형벌할 줄 아시느니라 이들은 당돌하고 자긍하며 떨지 않고 영광 있는 자들을 비방하거니와

하나님의 심판 때 형벌을 받을 자들은 특별히 육체를 따라 더러운 정욕 가운데서 행하는 자들과 주관하는 이를 멸시하는 자들입니다. '육체를 따라 정욕 가운데서 행한다' 는 것은 예수를 믿지 않는 사람들을 말하는 것이 아니라 소위 그리스도를 믿는다고 하면서 형식적으로 믿는 자들을 말합니다. 입술로는 믿는 척하면서 외식과 형식을 앞세우며 속으로는 육신의 정욕과 안목의 정욕과 이생의 자랑과 음란과 호색을 따라서 사는 자들입니다. 이들은 하나님을 이용하여 자신의 정욕을 채우고자 하는 자들입니다. 그리고 '주관하는 이를 멸시하는 자들' 이란 온 우주를 다스리는 성부, 성자, 성령 삼위일체 하나님을 멸시하는 자들을 말하며, 교회를 맡아서 치리하는 교역자와 직분자를 무시하고 무질서하게 행동하는 자들을 말합니다.

교회나, 가정이나, 사회나, 국가에 있어서 무엇보다도 중요한 것은 법과 질서입니다. 만약 가정이나 어느 조직에서든지 질서가 사라지면 그때부터 가정과 조직은 파괴되고 맙니다. 질서가 지켜지는 가정에 평강과 화목이 넘쳐 나고, 국법이 준수되는 나라에 부흥과 발전이 있습니다. 교회도 눈에 보이지 않는 천국이 임한 하나님의 나라입니다. 그러므로 교회 안에서도 질서가 필요합니다. 교회 안에 있는 모든 지체들이 이 질서를 잘 지켜 나간다면 교회는 부흥하며 각 개인들도 영적으로 승리하는 생활을 해 나갈 수 있는 것입니다.

그러나 정욕에 사로잡힌 자들은 하나님의 심판을 깨닫지 못하고, 또한 깨달았을지라도 두려워하지 않고 교회를 훼방합니다. 교회가 그리스도

의 몸이며 하나님의 성전임에도 불구하고 그들은 교회에 상처를 입히고 헐뜯고 대적하는 행위를 서슴지 않습니다. 그러나 하나님의 교회를 대적한 개인이나 민족이나 나라는 결코 오래가지 못했던 사실을 역사가 증명해 주고 있습니다. 그러므로 하나님을 경외하는 사람들은 교회 안에서 질서를 지키며 주님의 몸 된 교회를 잘 섬겨야 합니다.

11절 더 큰 힘과 능력을 가진 천사들도 주 앞에서 그들을 거슬러 비방하는 고발을 하지 아니하느니라

미가엘 천사장이 모세의 시체를 놓고 사탄과 싸울 때 모세의 시체로 우상을 만들려는 사탄을 미가엘이 꾸짖기만 했던 사실을 성경을 통해 알 수 있습니다(유 1:9). 천사 미가엘이 힘이 없어서 비방하는 고발을 하지 않고 꾸짖기만 했던 것이 아니라 우리 하나님의 주권을 존중해서 사탄에게 "주께서 너를 꾸짖으시기를 원하노라" 고 말했던 것입니다. 하물며 더러운 육체의 정욕을 따라 사는 자들이 하나님을 훼방하고 교회와 주의 종들을 훼방한다는 것은 위험천만한 일이 아닐 수 없습니다.

12절 그러나 이 사람들은 본래 잡혀 죽기 위하여 난 이성 없는 짐승 같아서 그 알지 못하는 것을 비방하고 그들의 멸망 가운데서 멸망을 당하며

이들은 잡혀 죽기 위해서 태어난 이성 없는 짐승 같아서 무엇이 옳고 그르고, 무엇이 두려운 것인지 분별하지 못하고 스스로 멸망을 자초하는 자들입니다. 이들은 잡혀 죽기 위해서 태어난 짐승들과 같이 결국은 하나님의 심판으로 멸망을 당하고 맙니다.

13절 불의의 값으로 불의를 당하며 낮에 즐기고 노는 것을 기쁘게 여기는 자들이니 점과 흠이라 너희와 함께 연회할 때에 그들의 속임수로 즐기고 놀며

불의를 행하는 자들은 반드시 사람들로부터 불의를 당합니다. 사람은 무엇으로 심든지 그대로 거두며 남을 해치면 그 해를 다시 받고야 맙니다. 또한 이들은 밤낮없이 쾌락과 연락을 즐기며 방탕한 생활을 하여 국가와 민족과 사회에 불필요한 암적인 존재가 되는 자들입니다. 그들은 교회 안에서 연회, 즉 성찬 예식에서도 거룩한 척하며 망령되이 성찬에 참여합니다. 그들은 예수 그리스도의 깨어진 몸과 흘리신 피를 경홀히 여기면서 연락을 즐기듯이 먹고 마시는 간사한 자들입니다.

14절 음심이 가득한 눈을 가지고 범죄하기를 그치지 아니하고 굳세지 못한 영혼들을 유혹하며 탐욕에 연단된 마음을 가진 자들이니 저주의 자식이라

주의 성령을 떠나면 반드시 음란의 영이 들어옵니다. 이 세상은 음란의 영으로 꽉 들어차 있습니다. 그러므로 예수 그리스도의 십자가 보혈로 씻음 받고 성령을 모시지 않은 사람들은 음란의 포로가 되기 쉽습니다. 이런 사람들은 교회에 의식적으로만 다니고 음심이 가득하며 범죄하기를 쉬지 아니하고 자기뿐만 아니라 신앙이 굳세지 못한 자들을 유혹하며 자신의 탐심을 채웁니다. 이들은 하나님의 자녀가 아니라 저주 아래 있는 자들입니다. 교회에 출석한다고 해서 모두 하나님의 자녀라고 볼 수는 없습니다. 이것은 알곡들 가운데 쭉정이들이 같이 자라고 밀 가운데 가라지가 함께 자라는 것과 같은 이치입니다. 교회에 하나님의 자녀

만 있는 것이 아니라 마귀의 자식들이 있다는 것을 분명히 깨닫고 이들을 경계하여야 합니다.

15절 그들이 바른길을 떠나 미혹되어 브올의 아들 발람의 길을 따르는도다 그는 불의의 삯을 사랑하다가

발람은 이방 술사로서 모압 왕 발락에게 매수되어 가나안 땅을 향해 전진하고 있던 이스라엘 백성들을 저주하려고 했던 자입니다(민 22-24장). 발람은 하나님께로부터 모압 사람들과 함께 가지도 말고 이스라엘 백성을 저주하지도 말라는 명령을 들었음에도 불구하고 돈과 명예에 미혹되어 모압 왕에게 가고자 하였습니다. 이처럼 발람은 하나님의 명령보다는 불의의 삯을 더 중히 여겨 불순종하려 했던 자인데, 베드로는 당시 교회에 파고든 거짓 선지자들이 바로 이와 같다고 말하고 있습니다.

16절 자기의 불법으로 말미암아 책망을 받되 말하지 못하는 나귀가 사람의 소리로 말하여 이 선지자의 미친 행동을 저지하였느니라

하나님께서는 돈에 매수된 발람이 이스라엘 백성을 저주하기 위해 가는 길을 막고, 나귀로 하여금 입을 열어 사람의 말을 하게 한 뒤에 이스라엘 백성을 저주하는 대신 하나님의 명령을 따르게 하셨습니다. 그리하여 저주 대신 축복을, 그것도 세 번에 걸쳐 선언하게 하셨던 것입니다.

그러나 발람은 이러한 일을 행한 후에도 끝까지 탐심을 고집하고 결국에는 이스라엘 백성들을 미혹하여 모압 여인들과 음행하는 죄를 범하게 함으로써 이스라엘 백성들에게 큰 재앙을 가져다주었습니다(민 25:1-5). 이와 같이 발람의 이야기는 탐욕에 젖은 거짓 선지자들에 대한 경계로서

우리에게 교훈을 주고 있습니다.

5. 타락에 대한 경고(2:17-22)

17. 이 사람들은 물 없는 샘이요 광풍에 밀려가는 안개니 그들을 위
하여 캄캄한 어둠이 예비되어 있나니 18. 그들이 허탄한 자랑의 말
을 토하며 그릇되게 행하는 사람들에게서 겨우 피한 자들을 음란으
로써 육체의 정욕중에서 유혹하는도다 19. 그들에게 자유를 준다 하
여도 자신들은 멸망의 종들이니 누구든지 진 자는 이긴 자의 종이 됨
이라 20. 만일 그들이 우리 주 되신 구주 예수 그리스도를 앎으로 세
상의 더러움을 피한 후에 다시 그 중에 얽매이고 지면 그 나중 형편이
처음보다 더 심하리니 21. 의의 도를 안 후에 받은 거룩한 명령을 저
버리는 것보다 알지 못하는 것이 도리어 그들에게 나으니라 22. 참
된 속담에 이르기를 개가 그 토하였던 것에 돌아가고 돼지가 씻었다
가 더러운 구덩이에 도로 누웠다 하는 말이 그들에게 응하였도다

17절 이 사람들은 물 없는 샘이요 광풍에 밀려가는 안개니 그들을 위하여 캄캄한 어둠이 예비되어 있나니

교회에 침투한 거짓 선생들은 마치 물 없는 샘이나 광풍에 밀려가는 안개와 같습니다. 다시 말하면 형식만 있고 내용은 없는 자들이며, 잠깐

있다가 사라지는 안개와 같이 곧 소멸될 운명을 지닌 거짓되고 헛된 자들입니다. 하나님께서는 이들에게 캄캄한 어둠, 즉 영원토록 고통과 괴로움과 저주로 가득 찬 지옥의 형벌을 예비해 놓으신 것입니다(계 19:20).

18절 그들이 허탄한 자랑의 말을 토하며 그릇되게 행하는 사람들에게서 겨우 피한 자들을 음란으로써 육체의 정욕중에서 유혹하는도다

또한 그들은 허탄한 자기 자랑을 많이 합니다. 그렇게 자기에 대해 과대광고를 하면서 사람들을 미혹하며, 아울러 그러한 유혹중에서도 믿음을 지키려 안간힘을 다하는 사람들을 갖가지 음란한 죄악으로 끌어 들이려 합니다.

그러므로 구원을 말하면서도 예수 그리스도가 아니라 자기 자신을 높이고, 거룩한 생활이 아니라 음란하고 부정한 교리를 내세우며 더러운 유혹을 일삼는 사람들은 모두가 거짓 선생들이요, 이단자들입니다.

19절 그들에게 자유를 준다 하여도 자신들은 멸망의 종들이니 누구든지 진 자는 이긴 자의 종이 됨이라

이단들은 "이것이 유일한 진리이다. 이곳에 오면 자유와 구원이 있다." 하면서 장황하게 말을 늘어놓으며 유혹하지만 막상 그곳에 들어가면 무서운 음란의 종이 되고 죄악의 종이 되어 멸망의 구렁텅이에 떨어지고 맙니다. 그들은 겉으로는 예수 그리스도의 이름을 앞세우지만 뒤에서는 이리의 이빨을 갈며 탐욕의 갈고리를 갈고 있는 것입니다. 이와 같은 이단과 거짓 선지자들의 어떤 모양과 형태라도 용납해서는 안 됩

니다.

20-21절 만일 그들이 우리 주 되신 구주 예수 그리스도를 앎으로 세상의 더러움을 피한 후에 다시 그 중에 얽매이고 지면 그 나중 형편이 처음보다 더 심하리니 의의 도를 안 후에 받은 거룩한 명령을 저버리는 것보다 알지 못하는 것이 도리어 그들에게 나으니라

우리들이 처음 예수 그리스도를 믿고 구원을 받으면 우리의 영혼 가운데 하나님의 은혜가 갈급하게 됩니다. 그러므로 그때 특별히 주의를 해야 합니다. 왜냐하면 이런 때일수록 이단들로부터 유혹의 손길이 다가오기 때문입니다. 만약 우리들이 말씀 안에서 신앙의 뿌리를 내리지 못하고 신령하다는 사람을 찾아 여기저기 다니다 보면 결국 신앙의 혼돈에 빠지게 됩니다. 그렇게 되면 믿지 않았을 때보다 더 악하게 되어 나중 형편이 더욱 더 나빠지게 됩니다.

그러므로 예수를 믿고 난 후에는 성경 중심, 십자가 중심, 예수 그리스도 중심으로만 굳게 서서 나아가야 합니다. 하나님께서는 오직 우리 주 예수 그리스도의 이름 외에 천하에 구원받을 만한 다른 이름을 주시지 않았습니다. 우리는 예수 그리스도께서 십자가에서 우리 죄를 사하시기 위해 피를 흘리신 그 사랑과 은혜를 저버리지 말아야 합니다. 나아가 분별력을 가지고 성령님을 의지하는 신앙생활을 함으로써 시험과 거짓과 유혹에 빠지지 않도록 하여야 합니다. 그렇지 못하고 세상의 유혹과 마귀의 미혹을 이기지 못하여 다시 죄의 구렁에 빠지게 되면 처음부터 예수 그리스도를 알지 못한 사람보다 더 무서운 심판을 받게 되는 것

입니다.

22절 참된 속담에 이르기를 개가 그 토하였던 것에 돌아가고 돼지가 씻었다가 더러운 구덩이에 도로 누웠다 하는 말이 그들에게 응하였도다

개를 키워 본 사람들은 잘 알겠지만 개들은 자기가 토해 놓은 것이 있으면 그것을 도로 먹습니다. 예수 그리스도를 믿었다가 다시 이단 사설에 미혹되어 멸망의 구렁텅이에 떨어지는 사람들은 다 이와 같은 자들입니다. 그리스도의 자녀들은 예수 그리스도께서 십자가에서 피를 흘리시고 살이 찢기시는 대가를 지불하심으로 구원하신 가치 있는 사람들입니다. 그러므로 우리들은 어떠한 마귀의 유혹도 이길 수 있어야 합니다. 특히 말세지말인 오늘날에는 마귀가 더욱 자기의 마지막 때가 다가온 줄 알고 최후 발악을 하기 때문에 길이요, 진리요, 생명 되신 예수를 더욱 굳게 믿고 성령을 모셔 들이고 인정하고 환영하고 의지하며 말씀에 굳게 서서 나아가야 합니다. 예수 그리스도의 보혈을 굳게 의지하고 나아가는 사람들은 주님께서 오시는 날까지 한 사람도 낙오자가 없이 주 앞에 힘차게 서게 될 것입니다.

뿐만 아니라 우리가 은혜로 받은 복음을 적극적으로 증언하면서 승리의 생활을 하여야 합니다. 그러면 하나님의 섬세한 사랑과 도우심과 보호하심이 항상 함께할 것입니다. 마태복음 28장 18절부터 20절에서 주님께서는 "하늘과 땅의 모든 권세를 내게 주셨으니 그러므로 너희는 가서 모든 민족을 제자로 삼아 아버지와 아들과 성령의 이름으로 침례를 베풀고 내가 너희에게 분부한 모든 것을 가르쳐 지키게 하라 볼지어다

내가 세상 끝날까지 너희와 항상 함께 있으리라" 고 말씀하셨습니다. 그러므로 구원받은 우리들은 세상의 욕심 때문에 마귀에게 미혹되기보다는 복음을 전하는 자가 되어야 하며, 방탕에 빠지기보다는 경건의 연습을 하며, 이단 사설을 따르기보다는 진리의 말씀인 성경을 마음 중심에 새기는 생활을 하여 주님께 칭찬받는 귀한 성도가 되어야겠습니다.

제 3 장

주님의 재림

A COMMENTARY
ON THE SECOND EPISTLE OF
PETER

본 장에서 사도 베드로는 두 번째 편지를 쓰는 이유를 밝히고 있습니다. 베드로는 진실한 마음을 일깨워 생각하게 하고, 주님의 말씀을 기억하게 하기 위함이라고 말합니다. 주님의 재림이 지연된다는 말에 현혹되지 말고, 주의 날이 도둑같이 오리라는 말씀을 기억하면서 주 앞에서 점도 흠도 없이 평강 가운데 나타나기를 힘쓰라고 권면하고 있습니다.

1. 진실한 마음을 일깨우라(3:1-2)

1. 사랑하는 자들아 내가 이제 이 둘째 편지를 너희에게 쓰노니 이 두 편지로 너희의 진실한 마음을 일깨워 생각나게 하여 2. 곧 거룩한 선지자들이 예언한 말씀과 주 되신 구주께서 너희의 사도들로 말미암아 명하신 것을 기억하게 하려 하노라

1절 사랑하는 자들아 내가 이제 이 둘째 편지를 너희에게 쓰노니 이 두 편지로 너희의 진실한 마음을 일깨워 생각나게 하여

사도 베드로는 베드로전서를 기록하여 전달한 후 뒤이어 베드로후서를 기록하여 보냈습니다. 두 번씩이나 편지를 기록하여 보낸 이유는 이 편지를 받는 성도들의 진실한 마음을 일깨우기 위함이었습니다. 세상 사람들의 마음은 거짓되나, 예수님을 구주로 믿고, 십자가 보혈로 씻음 받고, 성령으로 새롭게 된 사람은 선한 양심을 따라 하나님을 찾아가는

진실한 마음을 갖게 됩니다. 하나님께 대한 사랑도 진실하고, 성경에 대한 신앙도 진실하고, 예수 그리스도의 십자가 보혈을 믿는 신앙도 진실하게 됩니다. 그러므로 베드로는 성도들로 하여금 이 진실한 마음을 일깨워 생각나게 하기 위해 편지를 쓴 것입니다.

어떤 사람들은 조용히 혼자 믿으면 되지 무엇 때문에 매주일 교회에 갈 필요가 있느냐고 말합니다. 그러나 우리는 예수 그리스도를 구주로 믿고, 물과 성령으로 거듭나고, 영생을 얻었다 할지라도 이 진실한 마음이 세상에서 다시 잠들지 않게 하기 위해 계속해서 일깨워 주어야 합니다. 꾸준하게 하나님의 말씀을 듣고 기도 생활과 그리스도 안에서 성도 간에 교제하는 가운데 우리의 영이 날마다 살아 움직이게 되는 것입니다. 그것은 마치 우리의 육신이 오늘 하루 잘 먹었다고 해서 일주일 동안 먹지 않고는 살아갈 수 없는 것과 같습니다. 이와 같이 영적인 양식도 일용할 양식과 마찬가지로 매일 섭취해야 합니다. 말씀과 기도를 통해서 매일 주님과의 만남을 갖고 진실한 마음을 더욱 더 일깨워야 합니다.

2절 곧 거룩한 선지자들이 예언한 말씀과 주 되신 구주께서 너희의 사도들로 말미암아 명하신 것을 기억하게 하려 하노라

베드로가 일깨워 기억하게 하려는 것은 거룩한 선지자의 예언의 말씀입니다. 곧 구약의 수많은 선지자들을 통하여 말씀하신 예언의 말씀들입니다. 그리고 예수 그리스도께서 사도들을 통하여 명하신 말씀들을 생각나게 하려는 것입니다. 말세에는 거짓 선생들과 거짓 선지자들이 일어나서 신앙을 혼미케 하고 말씀을 혼동케 하기 때문에 거룩한 선지자들의 예

언과 사도들의 예언을 다시 기억나게 함으로써 긴장을 풀거나 미혹되지 않도록 하기 위함입니다. 이렇게 하나님의 말씀을 기억하게 하려는 이유는 올바른 진리의 말씀이 심령에 깊이 뿌리를 내릴 때에만 어떤 미혹이 다가와도 흔들리지 않을 수 있기 때문입니다.

2. 말세에 조롱하는 자들의 비난(3:3-7)

3. 먼저 이것을 알지니 말세에 조롱하는 자들이 와서 자기의 정욕을 따라 행하며 조롱하여 4. 이르되 주께서 강림하신다는 약속이 어디 있느냐 조상들이 잔 후로부터 만물이 처음 창조될 때와 같이 그냥 있다 하니 5. 이는 하늘이 옛적부터 있는 것과 땅이 물에서 나와 물로 성립된 것도 하나님의 말씀으로 된 것을 그들이 일부러 잊으려 함이로다 6. 이로 말미암아 그때에 세상은 물이 넘침으로 멸망하였으되 7. 이제 하늘과 땅은 그 동일한 말씀으로 불사르기 위하여 보호하신 바 되어 경건하지 아니한 사람들의 심판과 멸망의 날까지 보존하여 두신 것이니라

3절 먼저 이것을 알지니 말세에 조롱하는 자들이 와서 자기의 정욕을 따라 행하며 조롱하여

말세에는 여기저기에 성도들을 유혹하는 자들이 나타납니다. 성경의

진리에 대해서 비난하고 조롱하며 의심이 일어나게 하는 말들을 하는 자들이 나타납니다.

그들은 하나님의 능력을 모두 무시하고 모든 것을 인본주의로만 생각하여 사람이 살다 죽으면 그만이며, 이 세상에 살 동안 육신의 쾌락을 누리고 살면 된다고 말합니다. 그들은 일시적이고 순간적이고 상대적이며 쾌락적인 생각만을 합니다.

오늘날도 이단 사설에 사로잡힌 자들 가운데는 탐심과 정욕에 빠져서 쉽사리 그곳에서 헤어 나오지 못하는 경우가 흔한 것을 볼 수 있습니다.

또한 그들이 기성 교회를 비방하고 하나님의 거룩하심에 도전하는 태도에서 신실하지 못한 생활태도가 드러나기도 합니다. 말세가 될수록 이와 같은 사람들이 곳곳에서 횡행할 것이라고 성경은 말씀하고 있는 것입니다.

4절 이르되 주께서 강림하신다는 약속이 어디 있느냐 조상들이 잔 후로부터 만물이 처음 창조될 때와 같이 그냥 있다 하니

하나님의 말씀과 기독교의 진리를 조롱하는 자들은 예수님의 재림을 부인합니다. 그러나 예수님의 재림은 구약에도 약속되어 있으며 신약에서도 확인되고 있는 것입니다. 나아가 예수님께서 직접 재림에 대한 약속을 하셨습니다. 그럼에도 불구하고 인본주의에 사로잡힌 사람들이 주님의 재림을 부인하고 현세적인 쾌락을 추구하며 타락의 길로 줄달음질 치는 것을 볼 수 있습니다.

이렇게 예수님의 재림을 부인하며 하나님의 말씀을 조롱하는 자들은

우주를 창조하신 하나님을 부인하고 하나님의 통치와 섭리도 부인하며 그리스도의 구속도 부인합니다. 그들은 세상에 젖고, 욕심에 사로잡혀 영적인 맹인과 못 듣는 자로 전락하게 된 것입니다.

5절 이는 하늘이 옛적부터 있는 것과 땅이 물에서 나와 물로 성립된 것도 하나님의 말씀으로 된 것을 그들이 일부러 잊으려 함이로다

저 높고 빛나는 하늘은 천지를 창조하신 절대 주권자 하나님께서 단지 말씀으로 지으신 것입니다. 우리가 발을 딛고 사는 이 땅도, 물고기가 뛰노는 저 바다도, 산골짜기의 시냇물도 다 하나님께서 말씀으로 창조하신 것입니다. 하나님께서는 창조주이시요, 주권자시요, 만유의 주이시며 만왕의 왕이십니다.

그런데 저 조롱하는 자들은 말씀으로 만물이 창조되었다는 사실을 정면으로 부인하고 있습니다. 그들은 하늘도, 땅도, 바다도 우연히 생겼다고 말합니다. 어떤 물질적 에너지가 결합해서 우연히 생겼다는 것입니다. 모든 논리 전개가 확고부동한 진리에서 출발하는 것이 아니라 가정과 가설에서 출발합니다. 인본주의적인 철학자들은 성운설을 주장하여 에너지가 꽉 들어찬 구름 같은 것이 모여 불덩이가 되고 그것이 회전하다 폭발하여 해가 되고 별이 되고 우주가 되었다는 것입니다. 이와 같이 지구 또한 불덩이가 폭발하여 형성되었다는 철저한 무신론적인 주장을 하고 있습니다. 인간도 아메바로부터 점점 진화하여 사람이 되었다고 주장합니다. 이는 유물론적이며 인본주의적인 생각입니다.

그러나 성경은 분명히 말씀합니다. 하늘과 땅과 산과 바다도 하나님

께서 말씀으로 지으셨고, 사람도 하나님의 형상대로 창조하셨습니다. 이 때문에 예수님을 믿는 사람과 믿지 않는 사람은 지구라는 한 울타리 안에 살면서도 별개의 세계에 살고 있는 것입니다. 이는 모든 가치의 척도가 전혀 다르기 때문입니다. 예수님을 믿는 사람은 모든 가치의 척도를 하나님의 말씀에 두지만 예수님을 믿지 않는 사람들은 우연주의를 믿거나 변화무쌍한 인간을 믿습니다. 그러나 세상은 하나님께서 지으셨고 인간의 생사화복은 하나님께서 친히 주관하시며 인간이 죽고 난 이후에는 하나님께서 심판을 하십니다. 그런데 이들은 탐욕과 죄악으로 인하여 하나님의 말씀을 일부러 받아들이지 않고 오히려 대적까지 하는 것입니다.

6절 이로 말미암아 그때에 세상은 물이 넘침으로 멸망하였으되

'그때' 는 노아 홍수 때를 말합니다. 그 당시의 사람들은 죄악에 물들고 패역하였습니다. 모든 사람들이 육체의 욕심에 따라 하나님을 버렸으므로 하나님께서는 심히 탄식하셨습니다. 그래서 하나님께서는 노아에게 방주를 짓게 하셨고 홍수를 내리셨습니다. 이때 오직 노아의 식구 여덟 명만이 구원을 받고 모두 다 홍수 심판을 받고 말았습니다. 하나님의 심판을 받은 사람들은 하나님의 말씀을 믿고 방주를 짓는 노아를 어리석다고 조롱하면서 더욱 패역무도한 생활을 했었습니다. 그러나 하나님의 말씀대로 심판은 다가왔으며 방주를 준비한 노아의 가족만 심판을 면했습니다.

노아의 방주를 말씀드리다 보면 한 가지 생각나는 게 있습니다. 한자로 배를 '船' (선)이라고 하는데 이 글자는 '舟' (배 주)자에 '八' (여덟 팔)자

에 '口'(입 구)자로 구성되어 있습니다. 즉 여덟 사람이 배 안으로 들어갔다는 것입니다. 이는 마치 노아의 방주에 여덟 사람이 들어간 것을 말해주는 듯합니다.

7절 이제 하늘과 땅은 그 동일한 말씀으로 불사르기 위하여 보호하신바 되어 경건하지 아니한 사람들의 심판과 멸망의 날까지 보존하여 두신 것이니라

옛날 노아 시대를 홍수로 멸망시키셨듯이 하나님께서는 오늘날도 마지막 심판과 멸망의 날을 위해 준비하셨다가 그 동일한 말씀으로 천지를 불태우실 것입니다. 지금 20세기 과학 문명의 발달은 지구를 몇 번이고 멸망시킬 수 있는 가공할 만한 무기를 쌓아 놓는 결과를 가져왔습니다. 오늘날 사람들은 첨단의 기술로 인류를 살상할 무기를 만들어 하늘과 땅과 바다를 가득 채우고 있습니다. 그런데 우리 인간은 서로 시기, 질투하고 있기 때문에 언제 어디서 인류 멸망을 가져오는 전쟁이 발발할지 모르는 상황인 것입니다. 이와 같이 인간은 스스로 자기 무덤을 파고 있으며 자멸의 길을 걷고 있습니다. 그런데다 설상가상으로 하나님의 심판까지 임한다면 우리 인간은 설 곳이 없는 것입니다.

하나님께서는 마지막 날에 천국 백성과 세상에 속한 사람들을 구분하십니다. 그리고 노아 식구들을 방주 안으로 들여보내셨듯이 우리 그리스도인들을 먼저 천국으로 옮기십니다. 성경에 보면 주님은 두 번 재림하십니다. 첫 번째 재림은 주께서 호령과 천사장의 소리와 하나님의 나팔로 친히 하늘로 좇아 강림하실 때 주 안에서 죽은 자가 먼저 살아나고 살아남은 우리들이 다 공중으로 올라가 주님과 함께 있게 되는 공중 재

림입니다. 그때는 약한 몸이 강한 몸으로, 육의 몸이 신령한 몸으로, 추한 몸이 영화로운 몸으로 변화됩니다. 이와 같이 하나님께서는 우리를 예수님과 같이 영화로운 몸으로 변화시키신 다음 소돔과 고모라를 유황불로 심판하셨듯이 7년 환난을 세상에 내리실 것입니다.

그때 어떤 교회는 모두 휴거되어 텅텅 비어 있을 것이고, 어떤 교회는 7년 환난이 다가오는데도 여전히 정치적, 사회적, 철학적인 설교를 하며 앉아 있다가 처절한 심판의 날들을 맞이하고 말 것입니다.

전 3년 반 동안은 유대인 14만 4천 명의 전도자들이 온 세계를 다니면서 마지막으로 이삭줍기 전도를 하게 됩니다. 그때 휴거되지 못한 쭉정이 같은 신자들은 이들의 전도를 받고 적그리스도의 박해로부터 믿음을 지키기 위해 순교를 해야만 겨우 구원을 받을 수 있습니다. 3년 반이 끝나면 14만 4천 명은 천국으로 들림 받게 됩니다. 그 후 3년 반 동안에 마지막 이삭줍기를 하는데 하나님께서는 두 증인을 세워서 마지막까지 이삭줍기 구원을 하십니다. 이 두 증인은 적그리스도와 싸우다 예루살렘에서 죽었다가 부활하여 공중에 올라갑니다. 이 일 후에 예수 그리스도께서 두 번째 재림인 지상 재림을 하시는 것입니다. 예수님께서 재림하시면 사탄을 잡아 무저갱에 천 년 동안 가두고, 적그리스도와 거짓 선지자는 잡아서 불과 유황으로 타는 못에 던져 버리십니다. 이때 짐승의 표를 받은 사람들은 전부 그리스도의 입에서 나오는 심판의 검으로 죽이고, 적그리스도를 따르지 않은 사람들은 이 땅에서 주와 함께 천 년 동안 다스리고 번성하게 됩니다. 그리고 천 년이 차면 하나님께서 마귀를 잠시 놓아 주십니다. 그 이유는 천 년 동안 마귀의 시험 없이 번성하던 인류가 진실로 하나님을 사랑하는지 여부를 확인하여 심판하시기 위함입니다. 마귀는 하나님을 미워하는 자들을 모아서 예수 그리스도를 대적하려고 할 것이며 그때 예수께서 하늘에서 불을 내려 일시에 다 멸하실 것입니다.

그 후에 주님께서 백보좌에 앉으셔서 열두 사도와 열두 족장과 함께 모든 성도들이 옹위한 곳에서 생명책을 펼쳐 놓고 심판을 하십니다. 그 때는 창세 이후로 죽은 자들이 다 부활합니다. 하나님께서는 그들을 부활시키신 후 주님의 심판대 앞에 모두 세우셔서 그들의 이름을 부르시며 죄목을 말씀하신 후 심판하십니다. 예수님을 잘 믿은 자들은 새 하늘과 새 땅, 새 예루살렘으로 들어가 영원무궁토록 주님과 함께 영광 중에 살게 되고, 예수님을 반역한 모든 불신자들은 불과 유황불로 타는 지옥으로 떨어져 고통 속에서 이를 갈게 되는 것입니다.

이와 같이 역사의 수레바퀴는 하나님께서 돌리고 계시며, 세상의 종말은 반드시 다가옵니다. 나아가 무서운 마지막 심판은 하나님을 조롱하는 모든 자들에게 임하게 됩니다.

3. 도둑같이 오시는 주님(3:8-13)

8. 사랑하는 자들아 주께는 하루가 천 년 같고 천 년이 하루 같다는 이 한 가지를 잊지 말라 9. 주의 약속은 어떤 이들이 더디다고 생각

하는 것같이 더딘 것이 아니라 오직 주께서는 너희를 대하여 오래 참으사 아무도 멸망하지 아니하고 다 회개하기에 이르기를 원하시느니라 10. 그러나 주의 날이 도둑같이 오리니 그날에는 하늘이 큰 소리로 떠나가고 물질이 뜨거운 불에 풀어지고 땅과 그 중에 있는 모든 일이 드러나리로다 11. 이 모든 것이 이렇게 풀어지리니 너희가 어떠한 사람이 되어야 마땅하냐 거룩한 행실과 경건함으로 12. 하나님의 날이 임하기를 바라보고 간절히 사모하라 그날에 하늘이 불에 타서 풀어지고 물질이 뜨거운 불에 녹아지려니와 13. 우리는 그의 약속대로 의가 있는 곳인 새 하늘과 새 땅을 바라보도다

8절 사랑하는 자들아 주께는 하루가 천 년 같고 천 년이 하루 같다는 이 한 가지를 잊지 말라

이 말씀은 앞의 조롱하는 자들의 비난에 대한 답입니다. 우리가 살고 있는 이 시대에 종말이 가까웠다는 사실을 다음의 네 가지로 설명할 수 있습니다.

첫째, 시간적으로 보는 종말입니다. 주님께서는 어찌하든지 모든 사람들을 구원하여 새 하늘과 새 땅으로 인도하기를 간절히 소원하시기 때문에 하루가 천 년 같습니다. 그러므로 하루를 천 년, 천 년을 하루로 계산할 수 있습니다. 창세기를 보면 하나님께서 엿새 동안 천지를 지으시고 일곱째 날에 쉬셨습니다. '칠' 이란 완성을 뜻하는 숫자로 하루를 천 년으로 계산하면 하나님께서는 육천 년 동안 창조하시고 계시록에 나오는 천 년 안식년을 갖게 된다고 생각할 수 있습니다. 연대적으로 우리가 대개 아담으로부터 아브라함까지 2천 년, 아브라함으로부터 예수 그리스도까지 2천 년, 예수 그리스도로부터 재림까지를 2천 년으로 보면 종말이 얼마

남지 않았습니다. 물론 그 날과 그 시는 하나님 이외에는 어느 누구도 모르지만 그만큼 세상의 종말이 가깝다는 말입니다.

둘째, 우리는 종말의 시기를 예수님의 무화과나무 비유를 통해서도 알 수 있습니다. "무화과나무의 비유를 배우라 그 가지가 연하여지고 잎사귀를 내면 여름이 가까운 줄 아나니……인자가 가까이 곧 문 앞에 이른 줄 알라……이 세대가 지나가기 전에 이 일이 다 일어나리라"(막 13:28-30)고 말씀하셨는데 이 무화과나무는 이스라엘을 말합니다. 무화과나무가 뿌리째 마른 것은 주후 70년에 이스라엘이 로마에게 멸망당한 사실을 말한 것이며, 다시 싹이 난 것은 1948년 5월 15일 와이즈만 대통령을 중심으로 이스라엘이 다시 독립한 것을 말합니다. 이 사실로 미루어 볼 때 우리가 사는 이 시대는 확실히 주님께서 문 앞에 와 계신 시대임을 알 수 있습니다.

셋째, 종말임을 알 수 있는 것은 요엘 선지자의 예언의 말씀 즉 "말세에 내가 내 영을 모든 육체에 부어 주리니…… 그때에 내가 내 영을 내 남종과 여종들에게 부어 주리니"(행 2:17-18)라고 하신 말씀이 이루어지고 있기 때문입니다. 성경을 보면 이스라엘 땅에 내리는 이른 비와 늦은 비에 대해서 자주 언급하고 있는데 이것은 성령이 임하시는 역사를 상징합니다. 이른 비는 오순절 날 다락방에 쏟아진 성령의 역사를 말하며, 늦은 비는 1900년부터 시작하여 지금까지 이어지는 성령 운동을 말합니다. 이는 말세지말, 즉 하나님의 추수 때가 가까웠다는 것을 말합니다. 지금이 바로 이 늦은 비 성령께서 역사하시는 때이므로 조만간에 주님께서는 천군 천사들을 보내어 동서사방에서 추수를 시작하실 것입니다.

넷째, 종말의 징조 중 하나는 마태복음 24장에 예수님께서 예언하셨듯이 처처에 기근과 전쟁과 난리 그리고 지진과 천재지변이 꼬리를 물고 일어나는 것입니다. 오늘날 세계의 정치, 경제, 사회 어느 분야를 보아도 혼란과 전쟁이 끊이지 않고 있으며, 테러집단들이 종횡무진하는 것을 볼 수 있습니다. 또한 집단적인 기근이 세계를 휩쓸고 있고, 지진이 한 도시를 삼켜 버리며, 화산이 폭발하며, 대홍수가 일어나고 있습니다. 과거 어느 때보다도 그 횟수가 수십 배로 많아지고 있습니다. 그리고 사람과 사람 사이에 사랑이 점점 식어져 이혼을 우습게 생각하며 황금만능주의와 극단적 이기주의가 사람들의 생각을 지배하고 있는 것을 볼 수 있습니다. 이제 우리는 주님의 재림이 있으리라고 생각할 시간조차 없습니다. 그러므로 우리는 경성하고 깨어서 기도하고 기름을 준비한 다섯 처녀처럼 주님을 맞을 준비를 해야겠습니다.

9절 주의 약속은 어떤 이들이 더디다고 생각하는 것같이 더딘 것이 아니라 오직 주께서는 너희를 대하여 오래 참으사 아무도 멸망하지 아니하고 다 회개하기에 이르기를 원하시느니라

오늘날 세상이 죄악으로 물들고 있는 것을 보고 많은 사람들이 하나님의 심판이 지연된다고 탄식하고 있습니다. 그러나 하나님께서 이토록 참고 기다리시는 것은 오직 한 영혼이라도 멸망하지 않고 모두 회개하고 구원받기를 원하시기 때문입니다. 지금 예수님께서는 성령을 통하여 교회를 급속히 성장시키고 계시며 많은 교회가 성령 운동과 말씀 공부로 무장하고 있습니다. 이것은 예수님께서 곧 수확의 때가 가까웠으므로 구원의 문과 은혜의 문을 활짝 열어 놓으셨기 때문입니다. 이때 우리 그리스도인들이 해야 할 일은 때를 얻든지 못 얻든지 오직 복음을 증언하는 일입

니다. 할 수만 있으면 교회를 통하여 세계복음화를 위해 성령의 횃불을 높이 들고 헌신해야 할 시기인 것입니다.

10절 그러나 주의 날이 도둑같이 오리니 그날에는 하늘이 큰 소리로 떠나가고 물질이 뜨거운 불에 풀어지고 땅과 그 중에 있는 모든 일이 드러나리로다

"주의 날이 도둑같이 오리니"라고 비유를 한 것은 도둑은 사람들이 자는 사이에 살짝 들어오기 때문입니다. 이와 같이 주님께서는 사람들이 영적으로 잠이 들어서 세상의 탐욕과 정욕으로 꽉 들어차 있을 때 살며시 찾아오시는 것입니다.

또 한 가지는 도둑이 오는 것은 그 집의 가장 좋은 것을 가져가기 위함입니다. 마찬가지로 주님께서 살며시 오시는 이유는 이 세상에 있는 동안 환난과 박해 속에서도 믿음을 잃지 않고 주님만 바라고 담대하게 살아온 귀한 보배들인 하나님의 자녀들을 데리러 오시는 것입니다. 주님께서 재림하시는 것은 정결하고 고귀한 보배를 찾으러 오시는 것입니다. 이 세상 사람이 보기에는 하찮게 보일지 몰라도 주님께서는 예수님을 믿는 우리 한 사람 한 사람을 가장 귀하게 보십니다. 그런데 그 보배들이 찬란하게 비춰는 정도는 어떻게 주님을 잘 섬겼는가에 따라서 구별됩니다. 어떤 사람은 태양같이, 어떤 사람은 달같이, 어떤 사람은 별같이, 어떤 사람은 반딧불같이 빛나게 될 것입니다. 그러므로 우리 그리스도인들은 이 세상에 있는 동안 열심히 주를 위해 충성을 다해야 합니다.

또한 주의 날에는 하늘이 큰 소리로 떠나가고 물질이 뜨거운 불에 풀어집니다. 여기서 물질이란 천체, 즉 해와 달과 별을 말합니다. 땅과 그

주위에 있는 모든 것은 모두 불에 타서 드러나고 맙니다. 그 결과 천지는 다 사라지고 이제 주님께서는 새 하늘과 새 땅을 예비하시게 됩니다.

11절 이 모든 것이 이렇게 풀어지리니 너희가 어떠한 사람이 되어야 마땅하냐 거룩한 행실과 경건함으로

말세의 심판과 하나님의 오래 참으심을 아는 우리들이 어떠한 생활을 해야 하는가를 말씀하고 있습니다.

'거룩한 행실' 은 이 땅에서의 윤리적, 도덕적 행위를 말하며 '경건함으로' 라는 것은 하나님을 믿는 신앙을 말하고 있습니다. 믿음으로 종말의 날에 발생한 대파멸이 어떠하다는 것을 보고 있는 성도들의 생활은 마땅히 거룩하고 경건할 수밖에 없습니다.

12절 하나님의 날이 임하기를 바라보고 간절히 사모하라 그날에 하늘이 불에 타서 풀어지고 물질이 뜨거운 불에 녹아지려니와

말세에 우리 그리스도인들은 주님의 날이 임하기를 간절히 바라고 사모하고 앙망하되 거룩한 행실과 경건함으로 단장해야 하는 것입니다.

그날에는 하늘이 큰 소리를 내며 불에 타서 없어지고 모든 천체가 뜨거운 불에 녹아내릴 것입니다.

13절 우리는 그의 약속대로 의가 있는 곳인 새 하늘과 새 땅을 바라보도다

하나님과 성도들을 조롱하는 자들이 이단 사설을 늘어놓으며 어떠한 말을 할지라도 하나님의 약속은 실현됩니다.

우리는 의만 있는 새 하늘과 새 땅, 새 예루살렘을 바라보면서 마치 신부가 신랑을 위해 단장하듯이 우리를 거룩한 경건으로 단장해야 하며, 신랑 되신 주님을 고대하고 기다리면서 신앙을 굳게 지켜 나가야 할 것입니다.

4. 힘써 믿음을 굳세게 하라(3:14-18)

14. 그러므로 사랑하는 자들아 너희가 이것을 바라보나니 주 앞에서 점도 없고 흠도 없이 평강 가운데서 나타나기를 힘쓰라 15. 또 우리 주의 오래 참으심이 구원이 될 줄로 여기라 우리가 사랑하는 형제 바울도 그 받은 지혜대로 너희에게 이같이 썼고 16. 또 그 모든 편지에도 이런 일에 관하여 말하였으되 그 중에 알기 어려운 것이 더러 있으니 무식한 자들과 굳세지 못한 자들이 다른 성경과 같이 그것도 억지로 풀다가 스스로 멸망에 이르느니라 17. 그러므로 사랑하는 자들아 너희가 이것을 미리 알았은즉 무법한 자들의 미혹에 이끌려 너희가 굳센 데서 떨어질까 삼가라 18. 오직 우리 주 곧 구주 예수 그리스도의 은혜와 그를 아는 지식에서 자라 가라 영광이 이제와 영원한 날까지 그에게 있을지어다

14절 그러므로 사랑하는 자들아 너희가 이것을 바라보나니 주 앞에

서 점도 없고 흠도 없이 평강 가운데서 나타나기를 힘쓰라

이제 우리가 바라보는 것은 이 세상의 부귀와 공명과 같은 썩어질 것이 아닙니다. 우리가 바라보는 것은 주님의 날입니다. 예수님을 믿는 사람이 바라보는 목표는 분명합니다. 우리는 주님께서 예비하여 놓으신 영원한 천국을 바라보며 나아갑니다. 모든 인생은 풀과 같고 그 모든 영화는 풀의 꽃과 같아서 풀은 시들고 꽃은 떨어지고 말지만, 우리가 찾는 새 하늘과 새 땅, 새 예루살렘은 영원한 것입니다. 그러므로 우리 그리스도인들은 하나님 앞에 설 때 우리의 모습이 점도 없고 흠도 없이 평강 가운데서 나타나기를 힘써야 할 것입니다. 이제 우리는 신랑 되신 주님과 새로 단장한 집에서 만날 것을 기대하며 우리의 모습을 흠 없고 점 없이 단장할 수 있어야 하겠습니다.

15절 또 우리 주의 오래 참으심이 구원이 될 줄로 여기라 우리가 사랑하는 형제 바울도 그 받은 지혜대로 너희에게 이같이 썼고

우리의 구원은 주님의 오래 참으심으로 이루어진 것임을 깨달아야 합니다. 뿐만 아니라 하나님의 말씀을 올바로 대할 줄도 알아야 합니다.

주의 강림하심과 오래 참으심에 관하여는 베드로뿐만 아니라 사도 바울도 그의 모든 편지에 기록하고 있습니다.

여기에서 우리는 사도 베드로와 사도 바울의 아름다운 관계를 짐작할 수 있습니다. 베드로가 바울을 동역자로 인정해 주면서 바울이 쓴 서신들에 대해 권위를 부여한 것을 통해 베드로의 넓고 깊은 아량을 볼 수 있습니다.

처음 열두 사도의 대열에서 제외된 바울을 우리 사랑하는 형제라고 부르고 있는 베드로는 진정 위대한 믿음의 실천자였습니다. 이처럼 베드로는 바울을 동료로 인정하였고, 재림에 관한 바울서신들이 성령께서 주신 지혜로 기록되었다는 것을 확인함으로써 하나님의 말씀의 확실성을 나타내 주고 있습니다.

16절 또 그 모든 편지에도 이런 일에 관하여 말하였으되 그 중에 알기 어려운 것이 더러 있으니 무식한 자들과 굳세지 못한 자들이 다른 성경과 같이 그것도 억지로 풀다가 스스로 멸망에 이르느니라

바울과 베드로, 두 사람의 글은 표현력에 있어서 조금 차이가 있습니다. 바울은 헬라 철학과 유대 율법에 해박한 지식을 가지고 있었고, 학식이 풍부한 사람이었기 때문에 신학적이고 심오한 글을 썼습니다. 반면 베드로는 학식이 그다지 깊지 않았기 때문에 쉬운 글을 썼습니다. 따라서 바울의 글 중에는 이해하기 어려운 부분이 있으므로 사람들이 해석을 잘못하여 억지로 풀다가 스스로 멸망하게 될 위험이 있다고 경고하고 있는 것입니다.

쉬운 말씀이든 심오하게 쓰인 말씀이든 성령을 의지하여 성경적 근거를 가지고 해석하지 않으면 위험합니다.

특히 영적으로 무지하고 믿음이 굳세지 못한 사람이 성경을 억지로 임의대로 해석하는 것은 자기는 물론 다른 사람도 멸망시키는 일이 됩니다.

17절 그러므로 사랑하는 자들아 너희가 이것을 미리 알았은즉 무법한 자들의 미혹에 이끌려 너희가 굳센 데서 떨어질까 삼가라

베드로는 마지막으로 지금까지의 권면을 다시 한번 반복하고 있습니다. 하나님의 말씀을 깨닫지 못한 어리석은 자들이 멸망의 길에 이르는 것을 우리는 볼 수 있습니다.

굳센 믿음을 가진 성도들은 지금까지 주님께서 말씀하신 뜻을 깨달아 무법한 자들, 곧 하나님의 법도를 모르고 불법을 행하며 하나님을 조롱하는 거짓 선지자들의 미혹에 빠지지 않도록 자신을 삼가야 할 것입니다.

18절 오직 우리 주 곧 구주 예수 그리스도의 은혜와 그를 아는 지식에서 자라 가라 영광이 이제와 영원한 날까지 그에게 있을지어다

이제 베드로는 축도 형식으로 그의 편지의 끝을 맺고 있습니다. 베드로는 모든 성도들이 무법한 자들의 미혹에도 흔들리지 않는 굳센 믿음을 갖기를 원했습니다. 더 나아가서 예수 그리스도의 은혜와 예수님을 아는 지식으로 말미암아 믿음이 성장하여 예수 그리스도의 수준에까지 이르러야 한다고 권면하고 있습니다.

우리의 신앙은 오직 예수 그리스도를 중심으로 굳게 서 있어야 합니다. 또한 창세기부터 요한계시록까지 기록되어 있는 성경말씀 중심으로 살아가야 합니다.

성경은 예수님 이외에 어떤 재림주에 관해서도 말하지 않으며, 성경은 예수 그리스도의 십자가 대속의 은총을 통해서만 천국에 갈 수 있다고 말합니다. 천지가 없어져도 예수 그리스도의 구원의 역사와 재림과 심판은 일점일획도 변함이 없는 하나님의 말씀 그대로 이루어질 것입니다.

그러므로 이와 같이 우리들이 철저하게 예수님만을 믿고 의지하여 어떤 거짓말에도 미혹되지 않고 담대하게 나아갈 때 하나님의 영광이 이제부터 영원토록 우리와 함께할 것입니다.

A Commentary on the First Epistle of John

요한일서

제1장 하나님과의 교제

제2장 예수 그리스도 안에 거하는 비결

제3장 하나님의 자녀로서의 참된 삶

제4장 하나님은 사랑이시라

제5장 영원한 생명

서론 | 요한일서

Preface

1. 주제 및 기록 목적

요한일서의 주제는 '예수 그리스도로 말미암은 영생' 입니다. 본 서는 예수 그리스도가 참하나님이시며 영생이심을 알게 하고 예수 그리스도 안에 거하는 자에게 반드시 영생이 주어진다는 것을 밝히고 있습니다.

사도 요한은 본 서를 통해 에베소를 중심으로 한 소아시아의 여러 교회에 나타난 문제들을 해결하려고 했습니다. 당시 소아시아의 지방에는 예수께서 육체로 오신 것을 부인하는 영지주의라는 이단이 생겨 여러 교회를 혼돈시키고 있었기 때문입니다.

사도 요한이 본 서를 기록한 목적은 첫째로, 편지를 받는 모든 성도들에게 기쁨을 주기 위함이었습니다(1:4). 둘째는 이들이 죄를 범하지 않게 하기 위함이었습니다(2:1). 셋째는 예수 그리스도 안에 영생이 있음을 알게 하여(5:13) 그들이 확실한 소망을 가지고 하나님과의 사귐을 통하여 교우들과 사랑의 교제를 나눌 수 있도록 권면해 주기 위함이었습니다.

넷째는 그 당시 이단 사상에 대해 경계할 것을 경고해 주기 위해서(2:26) 이 서신을 기록하였습니다.

2. 기록자 및 수신자

본 서의 기록자는 사도 요한입니다. 비록 본 서신 안에서는 자신에 대해 언급하고 있지는 않지만 본 서와 요한복음에 나타난 많은 공통점들을 통하여 그 증거를 찾아 볼 수 있습니다. 본 서와 요한복음은 그 문체와 사상, 흐름 등이 거의 같습니다(요 1:1; 20:31; 요일 1:1; 5:13). 요한복음의 저자가 사도 요한이고, 본 서의 내용이 요한복음의 내용과 유사한 점으로 미루어 본 서의 저자를 사도 요한으로 볼 수 있는 것입니다.

본 서는 어느 특정한 장소나 특정한 교회의 성도들을 위해 기록된 것이 아닙니다. 사도 요한이 노년을 보냈고, 또 순회 전도를 하였던 에베소를 중심으로 한 소아시아의 여러 교회와 모든 성도들에게 회람장과 같은 형식으로 쓰인 것입니다. 그렇기 때문에 이 서신은 시대를 초월해서 예수 그리스도를 믿는 모든 그리스도인들을 대상으로 기록되었다고 볼 수 있습니다.

3. 기록 연대 및 집필 장소

본 서는 주후 80년대 말이나 90년대 초에 에베소에서 기록되었습니다.

4. 본 서의 특징

신약 성경의 서신서 중 바울서신을 제외한 일곱 편의 서신, 즉 야고보서, 베드로 전 · 후서, 요한일 · 이 · 삼서, 유다서를 가리켜 공동서신이라고 일컫습니다. 이 공동서신은 일반서신 또는 보통서신이라고도 불리는데 이것은 어느 특정한 수신자를 두고 쓰인 것이 아니고 여러 지역의 성도들을 대상으로 쓰인 것이 특징입니다.

본 서는 이러한 특징 외에도 다음과 같은 특징을 가지고 있습니다.

첫째, 본 서는 다음의 네 가지 사상들이 계속 반복되어 강조되고 있는 것이 특징입니다. 즉, 하나님은 빛이시라는 것, 그 하나님은 사랑이시라는 것, 그 사랑을 받은 우리가 형제들을 사랑해야 한다는 것, 그리고 당시 일어나고 있는 영지주의와 같은 이단들을 경계하라는 것이 반복하여 강조되어 있습니다.

둘째, 본 서는 문장의 구조가 아주 단순하고 극히 쉬운 문체로 표현되었으며 구약을 거의 인용하지 않았습니다.

셋째, '알아' (39회), '세상' (22회), '사랑' (21회), '빛' (6회) 등의 용어가 자주 사용되어 있습니다.

5. 요한서신에 대하여

요한서신이란 사도 요한이 쓴 세 편지를 말하는데 이는 신약 성서의 공동서신에 포함되며 요한일·이·삼서가 있습니다. 요한서신은 그 당시에 빈번하게 제기되었던 '예수는 누구인가?', '그리스도인들은 어떠한 삶을 살아야 하는가?' 라는 문제에 대한 해답을 주고 있습니다.

요한서신을 바울서신과 비교해 볼 때 바울서신이 칭의를 강조한 것이 특징이라면 요한서신은 중생을 강조한 것이 특징입니다. 또한 바울서신에서 볼 수 있는 논리적인 구조는 발견할 수 없지만 주기적으로 반복하면서 깊고 심오한 영적인 문제들을 간결하고도 쉬운 문체로 표현했다는 것이 본 서의 두드러진 특징입니다.

제 1 장

하나님과의 교제

하나님과의 사귐 1:1-4

계속된 사귐 1:5-7

죄의 회개 및 용서 1:8-10

A COMMENTARY
ON THE FIRST EPISTLE OF
JOHN

사도 요한은 당시 에베소와 소아시아의 여러 교회 안에 나타난 이단 사상과 거짓 선생들의 가르침으로 인해 혼란 가운데 있는 성도들에게 참진리가 무엇인가를 명확하게 제시해 주고 있습니다. 본 장에서는 생명의 말씀이신 예수 그리스도에 관해서 자신 있고도 확신에 찬 언급을 하고 있습니다. 그리하여 하나님은 빛이시라는 것과 인생에 있어서 가장 중요한 것은 '하나님과의 사귐을 통해 빛 가운데 거하면서 빛의 열매를 맺는 것' 임을 강조하고 있습니다.

1. 하나님과의 사귐(1:1-4)

1. 태초부터 있는 생명의 말씀에 관하여는 우리가 들은 바요 눈으로 본 바요 자세히 보고 우리의 손으로 만진 바라 2. 이 생명이 나타내신 바 된지라 이 영원한 생명을 우리가 보았고 증언하여 너희에게 전하노니 이는 아버지와 함께 계시다가 우리에게 나타내신 바 된 이시니라 3. 우리가 보고 들은 바를 너희에게도 전함은 너희로 우리와 사귐이 있게 하려 함이니 우리의 사귐은 아버지와 그의 아들 예수 그리스도와 더불어 누림이라 4. 우리가 이것을 씀은 우리의 기쁨이 충만하게 하려 함이라

1절 태초부터 있는 생명의 말씀에 관하여는 우리가 들은 바요 눈으로 본 바요 자세히 보고 우리의 손으로 만진 바라

여기에서 '생명의 말씀' 이란 바로 하나님의 아들 예수 그리스도를 말합니다.

생명의 말씀이신 예수님께서 태초부터 계셨다는 것은 그분이 태초에 피조되었다는 뜻이 아닙니다. 여기에서 말하는 '태초'는 인간의 언어로 해석할 수 없는 영원무궁의 시간을 단지 우리 인간의 언어로 표현한 것뿐입니다.

예수님께서는 성부 하나님, 성령 하나님과 동일하신 성자 하나님으로서 영원토록 계시는 분입니다(히 13:8).

사도 요한은 이 생명의 말씀을 구약의 예언자들로부터 들었을 뿐만 아니라 생명의 말씀이신 예수님께서 이 땅에 계실 때 하신 말씀을 직접 들었습니다.

그리고 사도 요한은 예수님의 생애를 직접 눈으로 목격했습니다. 성육하신 예수님과 함께 3년 반 동안 동고동락하면서 그분이 하신 모든 일들을 목격하였던 것입니다.

또한 '자세히 보았다'라는 것은 일반 사람들과는 달리 믿음의 눈으로 보았다는 것을 의미합니다. 그리하여 3년 반 동안의 공생애 기간뿐만 아니라 부활하신 이후에 더욱 심령을 기울여 주의 깊게 바라보았다는 것입니다. 더구나 주님께서 부활하신 후에는 그분과 함께 앉아 식사도 같이 하고 그분을 손으로 만져 보기도 했습니다. 그러므로 사도 요한은 이처럼 담대하게 기록할 수가 있었던 것입니다.

성경에 기록되어 있는 예수 그리스도의 사건은 결코 허구가 아닙니다. 예수 그리스도께서 하나님의 아들이시며 이 땅에 오셔서 죽으셨다가 부활, 승천하신 것은 세상의 그 어떤 사건보다도 분명하고 확실한 사실입니다.

세상의 모든 것들은 다 일시적이고 유한합니다. 그러나 예수님은 영원한 생명이 되시며 진리가 되십니다. 그러므로 우리는 영원한 진리와 생명 되신 예수님께 우리의 생명을 내어 맡기고 그분께서 주시는 생명을 보장받음으로써 마음의 평안을 가지고 매일의 삶을 살아가야 합니다. 지금 이 지상에 살고 있는 우리들은 영원한 희망과 영원한 절망이라는 극과 극 사이에서 살아가고 있습니다. 이러한 기로에서 어떤 길을 택하느냐에 따라 장차 다가올 영원한 삶이 결정됩니다. 이러므로 우리는 사도 요한이 기록한 예수님께 대한 증거를 마음 깊숙이 받아들여야 할 것입니다.

2절 이 생명이 나타내신 바 된지라 이 영원한 생명을 우리가 보았고 증언하여 너희에게 전하노니 이는 아버지와 함께 계시다가 우리에게 나타내신 바 된 이시니라

이 말씀은 영원한 생명이신 예수님께서 창세 전부터 하나님과 함께 계시다가(요 1:2) 지금으로부터 2천 년 전에 이 땅에 나타내신 바 되었는데 사도 요한을 비롯한 제자들 모두가 바로 그분을 직접 보았다는 것입니다. 그래서 예수 그리스도에 대해 눈으로 보고 들은 모든 진리의 말씀들을 전해 주려 한다고 요한은 밝히고 있습니다.

이와 같이 우리는 영원한 생명이신 예수 그리스도께서 아버지 하나님과 함께 계시다가 우리를 구원하기 위해서 우리에게 나타나셨다는 사실을 생각할 때 감사하고 감격할 수밖에 없습니다. 하나님과 함께 계셨던 성자 예수님께서 하늘나라의 모든 영광을 다 버리고 우리를 구원하기 위해 낮고 천한 인간의 몸으로 이 땅에 오셨기 때문입니다. 이것은 인간으로서는 상상할 수도 없는 일입니다.

이처럼 놀라운 하나님의 사랑을 우리가 깨달았다면 이 사실을 우리 자손들과 이웃에게 전해야 합니다. 이 사랑이야말로 우리의 생사를 판가름하는 중대한 문제가 되기 때문입니다.

3절 우리가 보고 들은 바를 너희에게도 전함은 너희로 우리와 사귐이 있게 하려 함이니 우리의 사귐은 아버지와 그의 아들 예수 그리스도와 더불어 누림이라

사도 요한이 직접 눈으로 보고, 또 예수 그리스도께로부터 직접 들은 모든 진리의 말씀을 전하는 데에는 이유가 있습니다. 그것은 그리스도 안에서 교제, 즉 사귐이 있게 하려 함이었습니다. 물론 세상 사람들도 서로 대화하고 식사하고 만남을 가짐으로써 교제를 나눕니다. 그러나 여기에서 사도 요한이 말하는 사귐은 이런 세상적인 사귐과는 전혀 다릅니다. 사도 요한은 자신과 사도들이 보고 들은 것을 전해 줌으로써 이들과 함께 예수 그리스도 안에서의 영적 친교를 갖기 원했던 것입니다.

세상에서 말하는 사귐이란 육신에 속한 사람들의 세상적인 사귐이지만 사도 요한이 말하는 사귐은 하나님의 아들 예수 그리스도와 더불어 사귀는 영적 교제입니다. 그러나 이러한 사귐은 오직 성령을 통해서만 가능합니다. 성령을 믿지 않고서는 하나님과의 사귐이 있을 수 없으며, 설령 사귐을 가졌다 하더라도 깊어질 수 없는 것입니다. 우리가 예수 그리스도를 믿고 난 후에 하나님께 기도하여 성령의 충만함을 받으면 성령 안에서 우리가 아버지와 사귀고 그 아들 예수 그리스도와도 사귀게 됩니다. 그것은 아버지도, 아들도 성령을 통해서 우리에게 나타나시기 때문입니다. 그러므로 우리가 성령의 충만함을 받아 기도하게 되면 우리 마

음속에 아버지의 사랑과 예수 그리스도의 사랑이 넘쳐 나서 삼위일체 되신 하나님과의 교제가 더욱 깊어지고 풍성해지는 것입니다.

4절 우리가 이것을 씀은 우리의 기쁨이 충만하게 하려 함이라

우리가 아버지와 아들과 교제를 나누면 그 결과로 기쁨이 넘치게 됩니다. 그렇기 때문에 사도 요한은 "우리의 기쁨이 너희에게도 충만하도록 내가 너희들에게 아버지와 아들과의 교제를 하라고 한 것이다."라고 말하고 있습니다. 우리에게 예수 그리스도의 은혜가 있는지 판단할 때에 우리 속에 기쁨이 없다면 그것은 우리가 하나님과 그 아들 예수 그리스도와의 교제에서 멀어져 있다는 것을 말해 줍니다. 이런 때일수록 우리는 더욱 성령께 간구해야만 합니다.

그리고 기도의 깊은 경지에까지 들어가도록 집중적으로 기도해야 합니다. 우리가 하루에 한 시간 이상씩 주님께 간절히 기도하면 성령이 주시는 기쁨이 우리 안에 가득 채워지게 됩니다. 기도는 성령의 물줄기를 찾는 것과 같다고 말할 수 있습니다. 짧게 기도하는 것은 땅 표면의 흙을 파는 것과 같고, 기도를 깊이 오래 하는 것은 땅속 깊숙이 파고 들어가서 물줄기를 찾아내는 것과 같습니다. 물줄기를 찾은 사람은 신선하고 맑은 물을 끊임없이 마실 수 있으며, 그 물을 마시는 사람이 느끼는 상쾌함과 기쁨은 이루 다 말할 수 없습니다. 이러므로 우리는 깊이 그리고 집중적으로 기도를 할 때 성령의 물줄기를 찾을 수 있게 된다는 것을 알아야 합니다.

2. 계속된 사귐(1:5-7)

5. 우리가 그에게서 듣고 너희에게 전하는 소식은 이것이니 곧 하나님은 빛이시라 그에게는 어둠이 조금도 없으시다는 것이니라 6. 만일 우리가 하나님과 사귐이 있다 하고 어둠에 행하면 거짓말을 하고 진리를 행하지 아니함이거니와 7. 그가 빛 가운데 계신 것같이 우리도 빛 가운데 행하면 우리가 서로 사귐이 있고 그 아들 예수의 피가 우리를 모든 죄에서 깨끗하게 하실 것이요

5절 우리가 그에게서 듣고 너희에게 전하는 소식은 이것이니 곧 하나님은 빛이시라 그에게는 어둠이 조금도 없으시다는 것이니라

사도 요한은 하나님께서 빛이시고 그에게는 어둠이 전혀 없으시다는 사실을 예수 그리스도로부터 직접 들었습니다. 마귀는 어둡고 침침하고 음흉하지만 하나님께서는 맑고 밝고 환한 빛이십니다. 그렇기 때문에 예수 그리스도를 믿고 하나님의 자녀가 된 사람에게는 영적인 빛, 도덕적인 빛, 생활적인 빛처럼 밝은 것이 나타나게 됩니다.

하나님의 빛이 비치는 곳에는 마귀가 존재할 수 없습니다. 이것은 마치 여름 장마 기간 중에 잠시 동안 햇빛이 쨍쨍 내리쬘 때 나타나는 현상과 같습니다. 햇빛이 내리쬘 때 마당에 덮여 있던 가마니를 들춰 보면 그 밑에 여러 가지 벌레들과 구더기, 지렁이들이 숨어 있다가 질겁하고 달

아닙니다. 이것들은 햇빛 아래 그대로 있다가는 모두 말라 죽어 버리기 때문입니다. 이처럼 우리가 예수 그리스도 안에서 하나님의 빛 가운데 살게 되면 우리 가운데 역사하던 원수 마귀가 마치 가마니 밑에 숨어 있던 벌레들같이 질겁하고 도망가게 됩니다.

그러므로 우리가 입으로만 마귀를 쫓으려고 하지 말고 예수 그리스도 안에서 하나님의 빛 가운데 살면서 하나님의 영으로 충만한 생활을 하면 마귀는 견디지 못하고 한 길로 왔다가 일곱 길로 도망치게 되는 것입니다.

6절 만일 우리가 하나님과 사귐이 있다 하고 어둠에 행하면 거짓말을 하고 진리를 행하지 아니함이거니와

우리가 아무리 열심히 교회에 나오고 성령 충만하고 하나님과 사귐이 있다고 말할지라도 하나님 뜻대로 살지 않는다면 어둠 가운데 있는 것이고 거짓말하는 것입니다.

사도 야고보는 행함이 없는 믿음은 죽은 믿음이라고 했습니다(약 2:26). 사도 요한도 이와 같은 뜻으로 율법에 반대하여 상습적으로 잘못을 저지르는 사람들을 향해 말하고 있습니다. 다시 말하면 하나님과 사귐이 있다고 하면서도 빛의 열매를 맺지 않는 사람들에게 일침을 가한 말입니다.

물론 하나님과의 사귐을 갖는 중에도 실수로 잘못을 저지를 수는 있습니다. 하지만 율법을 무시한 채 자기 합리화를 시켜 가며 상습적으로 죄를 지어서는 안 된다는 것입니다.

우리가 죄를 짓고 어둠 가운데 있는가를 확인할 수 있는 가장 간단한

방법은 십계명에 자신을 비춰보는 것입니다. 십계명은 우리가 빛 가운데 있는지 어둠 가운데 있는지를 밝히 보여 주기 때문입니다.

첫째로, "나 외에는 다른 신들을 네게 두지 말라"(출 20:3)고 했는데, 우리가 하나님을 믿는다고 하면서 다른 종교나 다른 신과 타협한다면 우리는 어둠 가운데 있는 것입니다. 왜냐하면 참신은 야훼 하나님 한 분밖에 없기 때입니다.

그러므로 만약 우리 가운데 다른 종교나 다른 신과 타협하는 사람이 있다면 그 사람은 하나님과 단절되어 있다는 것을 깨달아야 합니다. 그리고 회개한 후 오직 하나님만을 믿고 섬겨야 합니다.

둘째로, "너를 위하여 새긴 우상을 만들지 말고 또 위로 하늘에 있는 것이나 아래로 땅에 있는 것이나 땅 아래 물속에 있는 것의 어떤 형상도 만들지 말며 그것들에게 절하지 말며 그것들을 섬기지 말라"(출 20:4-5)고 말씀하셨습니다. 그럼에도 불구하고 예수님을 믿는다 하면서 절간에 가서 절하고 성황당 나무 밑에서 절하며 그 외에 다른 어떤 형상을 만들어 그 앞에서 절한다면 그 사람은 어둠 가운데 있는 사람이요, 하나님과의 교제가 없는 사람입니다. 예수 그리스도를 믿는다고 하면서도 이와 같은 일을 행하는 사람은 의식적이고 형식적인 신자요, 거짓말하는 신자인 것입니다.

셋째로, "하나님 야훼의 이름을 망령되게 부르지 말라"(출 20:7)고 했는데, 농담 삼아 하나님과 예수님의 이름을 함부로 부른다면 그 사람도 하나님과의 사귐이 없는 사람입니다. 정말로 하나님과 예수 그리스도와의 사귐이 있는 사람에게는 하나님 아버지와 예수님의 이름이 참으로 귀하게 여겨집니다. 그리고 예수 그리스도와 하나님을 사랑하게 됩니다.

넷째로, "안식일을 기억하여 거룩하게 지키라" (출 20:8)고 말씀하셨습니다. 예수 그리스도를 믿는 우리들에게는 예수 그리스도께서 부활하신 날인 주일이 안식일입니다. 우리들 중에는 안식일을 부득이하게 어길 수밖에 없는 사람도 있습니다. 예수님께서는 제사장이 안식일에 어린아이에게 할례를 베푸는 것을 인정하셨습니다(요 7:23). 오늘날도 성도들을 위하고 대중의 생명과 유익을 위해 안식일에 일하는 것은 어쩔 수가 없습니다. 만약 안식일에 발전소의 직원이 근무하지 않는다면 모든 사람이 전기를 쓸 수 없게 되고 교회에서도 어두워서 예배를 드릴 수 없게 될 것입니다. 또 버스 운전기사가 운전을 해야만 성도들도 교회를 오갈 수가 있습니다. 안식일에도 의사들은 진료를 계속 해야만 합니다. 또 군인들은 총을 들고 일선에서 근무를 해야만 합니다. 그러나 개인의 향락을 위해 안식일을 어기게 된다면 그것은 있을 수 없는 일입니다. 이런 사람은 본인이 빛 가운데 있다고 말할지라도 그것은 거짓이 되고 맙니다.

이러므로 우리들은 최선을 다해서 안식일을 거룩히 지키고 절대로 자기 개인의 일락을 위해서 안식일을 보내지 말아야 할 것입니다.

다섯째로, "네 부모를 공경하라" (출 20:12)고 말씀하십니다. 예수님을 믿고 교회에 나온다고 하더라도 부모를 공경하지 않는다면 그는 빛 가운데 있지 않은 사람입니다. 눈에 보이는 부모를 사랑하지 못하는 사람이 어찌 눈에 보이지 않는 하나님을 사랑할 수 있겠습니까?

여섯째로, "살인하지 말라" (출 20:13)고 말씀하십니다. 우리가 사람을 죽이는 것만이 살인이 아니고, 남을 미워하는 것도 살인이라고 성경은 말씀하셨습니다(3:15). 그러나 우리가 이 세상을 살아가면서 미움이 전혀 안 들어올 수는 없습니다. 우리에게 미움이 들어올 때마다 매일 해 지기 전까지는 회개하고 용서함으로 우리 마음속에 있는 모든 미움을 깨끗이 씻어 버려야만 합니다. 하루해가 다 지기까지 속에 있는 미움을 그대로 품고 있으면 마귀가 틈을 타서 우리를 어둠 가운데로 끌고 갑니다. 그러므로 마귀가 미움을 끌고 우리를 어둠 속으로 데리고 가기 전에 먼저 회개하고 용서해 줌으로 빛 가운데 거할 수 있도록 해야 합니다.

일곱째로, "간음하지 말라" (출 20:14)고 말씀하십니다. 간음은 세상의 윤리나 도덕에도 위배되는 것입니다. 간음하는 사람은 예수 그리스도와 하나님과의 사귐 안에 있지 않다는 것을 알아야 합니다. 이런 사람은 신속히 회개하고 그 죄에서 떠나 예수 그리스도 안에서 하나님과의 교제를 가져야 합니다.

여덟째로, "도둑질하지 말라" (출 20:15)고 말씀하십니다. 남의 물건을 도둑질하고 하나님께 기도하며, 입으로 "할렐루야"를 외친다면 그것은 아무 의미가 없습니다. 이런 기도를 하나님께서 들으실 리가 없기 때문입니다. 이러므로 도둑질하는 사람도 어둠 가운데 있는 사람임을 알아야 합니다. 이런 사람은 즉시 회개하고 다시는 죄를 짓지 않음으로 하나님의 빛 가운데 거하는 삶을 살아야 합니다.

아홉째로, "네 이웃에 대하여 거짓 증거 하지 말라" (출 20:16)고 말씀하십니다. 남을 모함하고 이웃에 대해 거짓 증거 하는 사람도 빛 가운데 있지 않고 어둠 가운데 있는 사람입니다. 이런 사람도 속히 회개하여 빛 가운데로 돌아와야만 합니다.

마지막으로, "네 이웃의 집을 탐내지 말라" (출 20:17)고 말씀하십니다. 우리에게 탐심이 들어오면 비정상적인 어둠의 행위를 하게 되고 탐심이 우리를 어둠 가운데로 이끌고 갑니다. 그러므로 십계명을 외우고 자신을 비춰 봄으로 혹시 자신이 어둠 가운데 있지 않은가를 살펴보아야 합니다. 사람인 이상 언제나 완전무결할 수는 없기 때문입니다. 만약 어둠 가운데 있는 자신을 발견했다면 그 즉시 회개하고 예수 그리스도의 피로 씻어 버려야 합니다. 그러면 다시 빛 가운데 거할 수 있게 됩니다.

또 우리가 빛 가운데 있는지는 우리의 얼굴에 나타난 표정을 보고서도 알 수 있습니다. 성경에 "사람의 영혼은 야훼의 등불"(잠 20:27)이라고 말씀하였기 때문입니다. 우리 영혼은 하나님의 등불입니다. 우리가 빛 가운데 거하면 영혼이 환해지기 때문에 우리의 얼굴도 환해집니다. 그러나 영혼이 어둠 가운데 있으면 빛이 죽기 때문에 얼굴도 어두워지게 됩니다. 이러므로 우리는 항상 빛 가운데 거하도록 자신을 살펴서 회개하고 예수님의 보혈로 씻음 받아 성령 충만한 생활을 해야 합니다.

7절 그가 빛 가운데 계신 것같이 우리도 빛 가운데 행하면 우리가 서로 사귐이 있고 그 아들 예수의 피가 우리를 모든 죄에서 깨끗하게 하실 것이요

우리가 하나님의 빛 가운데 있으면 하나님과 우리가 사귐이 있게 되고 그 아들 예수 그리스도의 피가 언제나 우리를 깨끗이 씻어 줍니다. 또한 우리가 교회에 나와 예배드릴 때 하나님께서 주님의 보혈을 통해 우리를 씻어 주십니다. 그러므로 우리가 빛 가운데 행하게 되면 늘 주님 앞에서 정결한 삶을 살 수 있게 되는 것입니다.

3. 죄의 회개 및 용서(1:8-10)

8. 만일 우리가 죄가 없다고 말하면 스스로 속이고 또 진리가 우리 속
에 있지 아니할 것이요 9. 만일 우리가 우리 죄를 자백하면 그는 미
쁘시고 의로우사 우리 죄를 사하시며 우리를 모든 불의에서 깨끗하
게 하실 것이요 10. 만일 우리가 범죄하지 아니하였다 하면 하나님
을 거짓말하는 이로 만드는 것이니 또한 그의 말씀이 우리 속에 있지
아니하니라

8절 만일 우리가 죄가 없다고 말하면 스스로 속이고 또 진리가 우리 속에 있지 아니할 것이요

이 세상에서 완전무결하게 죄 없는 사람은 한 사람도 없습니다. 만약 예수님을 믿는 우리 가운데서 "나는 죄가 없는 완전한 사람이다!" 라고 말하는 사람이 있다면 그 사람은 자기를 속이는 자입니다. 이런 사람은 자기가 잘못을 저지르면서 자신의 잘못을 깨닫지 못하는 큰 잘못을 저지르는 것입니다.

또한 이러한 사람은 하나님의 진리가 그 속에 있지 않습니다. 이 말은 하나님의 진리를 모르거나 잘못 이해했다는 뜻입니다. 진리가 무엇인지를 이해하고 늘 진리와 함께 사는 사람은 자기가 죄인이고 부족한 존재라는 사실을 날마다 깨닫게 됩니다. 이러므로 우리가 늘 회개하고 우리의

부족을 깨닫는 삶을 사는 것이 우리 속에 진리의 성령이 함께 계시다는 증거가 됩니다.

9절 만일 우리가 우리 죄를 자백하면 그는 미쁘시고 의로우사 우리 죄를 사하시며 우리를 모든 불의에서 깨끗하게 하실 것이요

우리가 죄를 짓고 나서 회개를 하면 마귀는 우리에게 다가와서 계속 죄책감을 심어 줍니다. 이럴 때 우리가 바로 본문 말씀을 가지고 담대하게 "만일 우리가 우리 죄를 자백하면 그는 미쁘시고 의로우사 우리 죄를 사하시며 우리를 모든 불의에서 깨끗하게 해 주신다고 하셨다. 그러므로 죄책감을 주는 마귀야, 내가 예수 이름으로 명하노니 내게서 떠나갈지어다!"라고 외치면 마귀는 한 길로 왔다가 일곱 길로 도망치고 말 것입니다.

마귀는 우리의 생각 속에 악한 생각을 집어넣어 우리를 다른 길로 가도록 만들려고 애씁니다. 이럴 때 우리는 예수님의 이름을 의지해서 단호하게 마귀가 주는 생각을 물리쳐야 합니다. 마귀는 먼저 우리의 생각을 점령하고 난 후에 우리의 전체를 점령하기 때문입니다. 우리가 마귀와 대항해서 이길 수 있게 해 주는 것이 바로 이 성경 구절인데 만약 우리가 이런 하나님의 말씀을 알지 못하고 있다면 마귀는 곧 우리의 생각 속에 들어와 낭패와 절망, 저주와 부정적인 생각 등으로 우리를 몰고 갑니다.

어느 누구를 막론하고 인간 중에 이 세상에 살면서 한 번도 죄짓지 않은 사람은 없습니다. 하지만 죄를 지었을지라도 지은 죄를 자백하면 하나님께서는 우리를 용서해 주십니다. 그러므로 우리가 하나님께 가장

먼저 해야 할 것은 죄를 자백하는 일입니다. 또한 사람들에게도 자백할 것이 있다면 하나님께 영광이 되는 범위 내에서 자신이 지은 죄를 자백할 수도 있습니다.

하나님께서는 한결같이 변함이 없으시며 거짓이 없으시고 의로우신 분으로서 어제나 오늘이나 영원토록 동일하신 분입니다(히 13:8). 이 하나님께서 변함없이 우리의 죄를 용서해 주고 계십니다.

그러므로 우리가 우리에게 죄지은 자를 용서해 줄 수 있다면 우리들도 하나님의 성품에 참여한 자가 될 수 있습니다. 그런데 용서는 한 가지만 용서하는 것이 아닙니다. 하나님께서 우리를 용서해 주신 것은 우리의 모든 불의를 다 용서해 주신 것이며, 우리는 모든 불의에서 깨끗함을 얻은 것입니다. 여기에서 우리는 하나님의 사랑이 제한적인 것이 아니고 무한하다는 것을 알 수 있습니다. 그러므로 이런 놀라운 사랑을 받고 있는 우리들은 실로 진실한 회개를 해야만 합니다. '참된 회개'란 자기의 죄를 자백하고 기도하여 그 죄에서 완전히 떠나는 것을 말합니다.

10절 만일 우리가 범죄하지 아니하였다 하면 하나님을 거짓말하는 이로 만드는 것이니 또한 그의 말씀이 우리 속에 있지 아니하니라

하나님께서는 "모든 사람이 죄를 범하였으매 하나님의 영광에 이르지 못하더니"(롬 3:23)라고 말씀하셨는데, 우리가 '범죄하지 아니하였다' 고 말한다면 이것은 하나님을 거짓말쟁이로 만드는 것이 됩니다. 우리는 죽을 때까지 결코 죄를 짓지 않을 수가 없습니다. 다만 하나님께서 그의

크신 사랑과 긍휼과 자비와 은혜로 우리를 구원해 주셨기 때문에 우리가 구원을 얻을 수 있게 된 것입니다. 그러므로 자신이 죄 없다고 말하는 사람이 있다면 그것을 통해 하나님의 진리가 그 속에 있지 않다는 것을 알 수 있는 것입니다.

제 2 장

예수 그리스도 안에 거하는 비결

A COMMENTARY
ON THE FIRST EPISTLE OF
JOHN

본 장에서는 믿는 성도들이 죄를 범하지 않으려면 세상을 따르지 말고 오직 예수 그리스도만 따라야 한다는 것을 말하고 있습니다. 또 세상이나 이단, 적그리스도를 따르는 것은 하나님의 약속을 믿지 못하기 때문이며 이러한 자들은 예수 그리스도 안에 올바로 거하지 못한 자들이라고 지적하고 있습니다. 그런가 하면 하나님과 교제의 생활을 하며 하나님께 순종하는 것이 곧 예수님 안에 올바로 거하는 것이며 승리의 삶을 사는 비결이라는 것에 대해서도 말하고 있습니다.

1. 우리의 대언자 예수 그리스도(2:1-6)

1. 나의 자녀들아 내가 이것을 너희에게 씀은 너희로 죄를 범하지 않
게 하려 함이라 만일 누가 죄를 범하여도 아버지 앞에서 우리에게 대
언자가 있으니 곧 의로우신 예수 그리스도시라 2. 그는 우리 죄를
위한 화목제물이니 우리만 위할 뿐 아니요 온 세상의 죄를 위하심이
라 3. 우리가 그의 계명을 지키면 이로써 우리가 그를 아는 줄로 알
것이요 4. 그를 아노라 하고 그의 계명을 지키지 아니하는 자는 거
짓말하는 자요 진리가 그 속에 있지 아니하되 5. 누구든지 그의 말
씀을 지키는 자는 하나님의 사랑이 참으로 그 속에서 온전하게 되었
나니 이로써 우리가 그의 안에 있는 줄을 아노라 6. 그의 안에 산다
고 하는 자는 그가 행하시는 대로 자기도 행할지니라

1절 나의 자녀들아 내가 이것을 너희에게 씀은 너희로 죄를 범하지 않게 하려 함이라 만일 누가 죄를 범하여도 아버지 앞에서 우리

에게 대언자가 있으니 곧 의로우신 예수 그리스도시라

예수님을 믿는 우리들은 죄에서 용서함을 받았을 뿐만 아니라 죄의 권세인 마귀에게서도 놓임을 받았습니다. 그러나 예수님을 믿는다고 하면서도 계속해서 죄를 짓는다면 그것은 죄의 영인 마귀의 포로가 되어 있는 것입니다. 성경에 "죄를 짓는 자는 마귀에게 속하나니 마귀는 처음부터 범죄함이라 하나님의 아들이 나타나신 것은 마귀의 일을 멸하려 하심이라"(3:8)고 말씀하셨기 때문입니다. 그러므로 죄의 그림자 뒤에는 반드시 마귀의 영이 도사리고 있다는 것을 알아야 합니다.

우리들은 죄를 짓고 나서 적당히 덮어 버리고 넘어가려 하지만 그 작은 죄의 배후에는 우리를 도둑질하고 죽이고 멸망시키려는 마귀가 도사리고 있습니다(요 10:10). 그래서 우리들의 발목을 붙잡고 더욱 죄의 깊은 수렁 속에 빠져 들게 합니다. 그러므로 우리는 죄가 곧 마귀라는 사실을 결코 잊어서는 안 됩니다. 죄 있는 곳에 마귀가 있고 마귀가 있는 곳에 죄가 있습니다. 의로움이 있는 곳에 성령이 계시고 성령이 계신 곳에 의로움이 있는 것과 마찬가지입니다. 그렇기 때문에 본 절을 통해 요한은 "나의 자녀들아 내가 이것을 너희에게 씀은 너희로 죄를 범하지 않게 하려 함이라" 고 말했습니다.

이 세상에 살면서 비록 마귀와 죄악이 가득할지라도 우리 예수 믿는 사람들은 우리의 마음 가운데 하나님의 영생이 들어와 있고 주의 의로움이 함께하며 성령께서 내주하고 계시다는 것을 믿고 죄를 대적해서 이겨야 합니다. 죄는 가만히 내버려 두면 안 됩니다. 성경은 "근신하라 깨어라 너희 대적 마귀가 우는 사자같이 두루 다니며 삼킬 자를 찾나니 너희는 믿음을 굳건하게 하여 그를 대적하라"(벧전 5:8-9)고 말씀하십니다. 그러므로 우리는 마귀를 굳세게 대항해서 죄를 쫓아 버려야 합니다.

성도의 신앙 성장 단계에는 3단계가 있는데, 첫째 단계는 어린아이의 단계이고, 둘째는 청년의 단계이고, 셋째는 그리스도의 장성한 분량까지 성장한 단계입니다. 신앙이 어린 단계에서는 가끔 죄악에 넘어지기도 합니다. 사도 요한은 이런 단계에 있는 사람들에게 간혹 잘못해서 죄를 범한다 할지라도 하나님 아버지 앞에 우리의 대언자 예수 그리스도가 계시기 때문에 우리의 실수와 죄는 용서받을 수 있다고 말합니다. 예수 그리스도는 우리의 죄를 대신 짊어지시고 십자가에 피 흘려 죽으신 분이기 때문입니다.

예수 그리스도는 우리를 위해 변명해 주는 대언자가 되십니다. '대언자' 란 헬라 원어인 '파라클레토스'(παράκλητος)과 같은 말입니다. 이 말은 '곁에 부름을 받아서 우리를 돕기 위해 기다리고 계시는 분' 이란 뜻입니다.

예수님께서는 우리를 도와주시기 위해서 하나님 곁에 계십니다. 우리가 죄를 범했을 때 주님께 우리의 죄를 자백하고 회개하면 주님은 미쁘시고 의로우사 우리 죄를 사하시며 우리를 깨끗하게 해 주십니다(1:9). 그리고는 하나님 앞에서 예수 그리스도의 흘리신 보혈로 인하여 우리의 죄를 씻어 주시고 죄의 영인 마귀를 몰아내 주십니다. 그러므로 죄를 감추다가 버림을 당하느냐 죄를 고백하여 하나님의 용서를 받을 것이냐 하는 것은 바로 우리들 자신의 문제인 것입니다.

우리에게는 두 분의 돕는 자가 계십니다. 한 분은 하나님의 보좌 우편에 계신 예수님이신데 이 예수님께서는 우리를 돕기 위하여 기도하시며 보혈로써 늘 우리를 씻어 주고 계십니다. 또 다른 한 분은 우리 속에 계신 성령님인데 이 성령님은 친히 우리 가운데 오셔서 우리로 하여금 진리를 깨닫게 하시고 알게 하시며 기도하는 것을 도와주시고 거룩한 삶을 살 수 있도록 힘을 주십니다. 그래서 성경에는 "자녀들아 너희는 하나님께 속하였고 또 그들을 이기었나니 이는 너희 안에 계신 이가 세상에 있는 자보다 크심이라"(4:4)고 말씀하고 있습니다. 이와 같이 우리의 대언자 되시는 예수 그리스도와 돕는 자 되시는 성령께서 우리를 이중으로 돕고 계시기 때문에 이 세상 죄악의 풍파가 아무리 거세다 할지라도 능히 이기고 나아갈 수 있는 힘을 가지게 됩니다.

이렇듯 하나님의 은혜를 받은 우리는 죄를 짓지 않겠다는 단호한 결심을 해야 합니다. 마음의 결심이 없이는 바람 부는 대로 물결치는 대로 휩쓸려 버리기 때문입니다. 우리가 단호한 결정을 내릴 때 성령께서 우리를 도와주십니다. 우리가 예수 그리스도를 진실하게 믿으면 의와 거룩함으로 지음 받은 새사람이 됩니다. 새사람이 된 우리는 죄와 싸우되 끝까지 싸워서 죄를 짓지 말아야 합니다. 그러나 간혹 죄에 넘어지는 일이 있다 할지라도 주님 앞에 무릎 꿇고 우리 죄를 회개하면 주께서 보혈로 깨끗이 씻어 주시고 상처 입은 우리의 마음을 치료해 주시며 힘차게 다시 일어설 수 있도록 도와주시는 것입니다.

2절 그는 우리 죄를 위한 화목제물이니 우리만 위할 뿐 아니요 온 세상의 죄를 위하심이라

예수님께서는 우리의 죄로 인하여 화목제물이 되셨습니다. 우리가 죄를 지어 하나님과 원수가 되었을 때 원수 된 우리들을 위하여 하나님께서는 예수 그리스도를 십자가에 달리게 하셨습니다. 예수님이 십자가에서

몸 찢기고 피 흘려 돌아가심으로 우리의 죄를 다 청산해 주셨고 하나님과 우리가 화목할 수 있도록 은혜를 주셨습니다. 그러므로 우리가 예수님을 통하여 하나님께 나아가기만 하면 하나님께서는 우리를 기쁘게 영접해 주시며 우리로 하여금 하나님을 아버지라고 부를 수 있게 해 주시는 것입니다. 하나님께서는 예수님을 믿지 않는 사람에게는 심판주가 되시지만 믿는 우리들에게는 아버지가 되어 주시기 때문입니다.

예수님의 구원 사역은 오늘날 우리가 사는 시대뿐 아니라 과거와 미래를 위한 것입니다. 그러므로 이 세상의 참소망은 오직 예수 그리스도 한 분밖에 없습니다.

어지럽고 요란한 이 세상의 삶은 잘 먹고 잘 입고 잘 사는 사람이나 어렵고 못사는 사람이나 다 70, 80년이면 끝이 나고 맙니다. 그 후에는 하나님께서 개인적인 심판과 아울러 세계적이며 우주적인 심판까지도 행하십니다. 이 세상에 종말이 오고 멸망하게 된다는 사실은 믿지 않는 자들까지도 다 알고 있습니다. 그렇기 때문에 이 세상에 살고 있는 인류에게 가장 중요한 것은 구원을 받았느냐 못 받았느냐 하는 것입니다. 그러므로 우리 믿는 자들은 먼저 그의 나라와 그의 의를 구하고 이차적으로 이 땅에 살면서 필요한 모든 문제들을 해결해야 합니다. 곧 믿는 자들의 삶에서 가장 중요한 것은 먼저 할 것은 먼저 하고 나중에 할 것은 나중에 처리하는 삶의 질서를 지키는 일입니다.

3절 우리가 그의 계명을 지키면 이로써 우리가 그를 아는 줄로 알 것이요

예수님을 진실하게 믿는 사람이라면 예수님께서 명하신 계명들을 지

키는 것은 당연한 것입니다. 예수님을 믿는 사람에게는 성령이 함께하시므로 자연히 언행심사에 하나님의 계명을 지키는 일들이 나타나게 됩니다. 왜냐하면 그리스도의 영이 있으면 그리스도의 형상을 닮아 그대로 행하게 되기 때문입니다. 예수님의 성품을 좇아 행하게 되면 그리스도의 향기가 나타나게 되며 이 향기를 통하여 다른 사람들이 우리가 예수 믿는 사람이라는 것을 자연히 알 수 있게 되는 것입니다.

4절 그를 아노라 하고 그의 계명을 지키지 아니하는 자는 거짓말하는 자요 진리가 그 속에 있지 아니하되

주님을 안다고 하면서도 그의 계명들을 어긴다면 그 사람은 주님을 믿는 사람이라고 인정할 수 없습니다. 왜냐하면 예수님을 믿는다고 하면서 다른 신을 섬기고 우상을 섬기며 안식일을 범하고 하나님의 이름을 망령되게 부르는 행동은 그리스도를 믿는 자의 행동이 아니기 때문입니다. 더구나 살인, 간음, 도둑질 등을 한다면 이러한 사람을 그리스도인이라 칭할 수 없습니다. 만약에 예수를 믿는다고 하면서 이와 같은 일을 저지른다면 그들은 거짓말을 하는 것입니다. 이러한 사람들은 모두 거짓말하는 자들이며 진리가 그 속에 있지 않은 거짓의 아비, 즉 사탄이 그 속에 들어 있는 자들인 것입니다.

5절 누구든지 그의 말씀을 지키는 자는 하나님의 사랑이 참으로 그 속에서 온전하게 되었나니 이로써 우리가 그의 안에 있는 줄을 아노라

어떤 사람이 하나님의 계명을 지키고 그분의 말씀에 순종하며 산다면

우리는 그 사람이 하나님을 사랑하는 사람임을 쉽게 알 수가 있습니다. 예수님께서 "너희가 나를 사랑하면 나의 계명을 지키리라"(요 14:15)고 말씀하셨기 때문입니다. 기독교의 신앙은 한마디로 사랑이라고 정의를 내릴 수 있습니다. 그런데 이 사랑에는 반드시 행위가 뒤따라야 합니다. 따라서 우리가 하나님을 참으로 사랑한다면 하나님의 계명과 말씀을 지켜야 하는 것입니다.

6절 그의 안에 산다고 하는 자는 그가 행하시는 대로 자기도 행할지니라

우리가 하나님 앞에 온전히 거하는 자라면 하나님이 행하시는 대로 우리도 행하게 됩니다. 우리가 하나님의 권세 안에 있고 하나님의 은혜 아래 있다면 우리도 하나님이 행하시는 대로 행하는 것이 마땅합니다.

2. 새 계명(2:7-11)

7. 사랑하는 자들아 내가 새 계명을 너희에게 쓰는 것이 아니라 너희가 처음부터 가진 옛 계명이니 이 옛 계명은 너희가 들은바 말씀이거니와 8. 다시 내가 너희에게 새 계명을 쓰노니 그에게와 너희에게도 참된 것이라 이는 어둠이 지나가고 참빛이 벌써 비침이니라 9. 빛 가운데 있다 하면서 그 형제를 미워하는 자는 지금까지 어둠에 있는

자요 10. 그의 형제를 사랑하는 자는 빛 가운데 거하여 자기 속에 거리낌이 없으나 11. 그의 형제를 미워하는 자는 어둠에 있고 또 어둠에 행하며 갈 곳을 알지 못하나니 이는 그 어둠이 그의 눈을 멀게 하였음이라

7절 사랑하는 자들아 내가 새 계명을 너희에게 쓰는 것이 아니라 너희가 처음부터 가진 옛 계명이니 이 옛 계명은 너희가 들은바 말씀이거니와

새 계명의 진수를 한마디로 말한다면 '사랑' 이라 할 수 있습니다. 사랑하라는 말씀은 새로운 계명 같지만 실은 오래 전에 가진 옛 계명입니다. 신명기 6장 5절을 보면 "너는 마음을 다하고 뜻을 다하고 힘을 다하여 네 하나님 야훼를 사랑하라" 고 기록되어 있습니다.

그러므로 신약과 구약에 나타난 하나님의 계명을 총괄하여 사랑의 계명이라고 말할 수 있습니다. 구약에서는 사랑이 빛을 발하지 못하였습니다. 그러나 신약 시대에 와서 예수님께서 십자가에 못 박혀 죽으셨고 그 찢기신 몸과 흘리신 피를 통하여 인류를 구원하셨다는 사실이 사랑으로 나타나게 되었습니다. 이로 인하여 옛 계명이 예수 그리스도 안에서 새로워지고 빛이 드러나게 되자 새 계명으로 나타나게 된 것입니다. 본문은 구약의 말씀 속에 이미 사랑의 계명이 들어 있었고 이것이 예수 안에서 더 구체화되었다는 것을 말해 주고 있습니다.

8절 다시 내가 너희에게 새 계명을 쓰노니 그에게와 너희에게도 참된 것이라 이는 어둠이 지나가고 참빛이 벌써 비침이니라

구약 시대의 옛 계명이 예수 그리스도로 말미암아 새롭게 되어 어둡고 괴로웠던 세상이 새 빛을 얻고 사망이 철폐되어 구원과 은혜가 온 세계 만방에 전파되었습니다. 참빛 되신 예수 그리스도께서 십자가를 통하여 우리에게 빛을 비춰 주셨기 때문에 우리를 괴롭히던 죄악과 죽음의 어두운 권세가 모두 사라져 버렸습니다. 십자가를 통해 비치는 이 빛은 인간이 만든 수양이나 도덕의 빛과는 근본적으로 다릅니다. 이 빛은 하나님께서 보내신 참빛으로서 온 우주를 밝히는 광명하고도 영원한 빛입니다. 그러므로 예수 그리스도의 사랑과 생명의 빛을 외면하는 사람은 자기 스스로 사망과 죄악과 마귀와 죽음의 세계를 택한 것입니다. 그러나 우리는 참빛 되시는 예수님께 나와 하나님의 사랑을 받아 누리고 있으므로 하나님의 은혜를 깨닫고 감사하며 하나님께 영광 돌리는 삶을 살아야 할 것입니다.

9절 빛 가운데 있다 하면서 그 형제를 미워하는 자는 지금까지 어둠에 있는 자요

여기에서 '빛' 은 사랑의 빛을 말합니다. 하나님께서 우리에게 베풀어 주시는 빛을 우리는 사랑으로 받게 됩니다. 우리가 진정으로 하나님의 빛을 받은 자라면 우리의 형제자매와 이웃들을 사랑할 수밖에 없습니다.

이것은 태양 빛을 받은 달이 어쩔 수 없이 지구를 환하게 비추는 것과도 같습니다. 그러므로 우리가 하나님을 사랑한다고 하면서 사랑의 빛을 비추지 못하고 오히려 사람들을 시기하고 미워한다면 이것은 하나님의 사랑의 빛을 받지 못하거나 또는 하나님을 사랑하지 않는 증거입니다. 왜냐하면 인간이란 마음속에 담고 있는 사실들을 밖으로 표출시키

기 때문입니다. 그러므로 우리의 마음이 하나님의 사랑으로 가득 차 있다면 그 사랑이 나타나야 합니다. 달빛이 태양 빛보다는 못하지만 자신의 빛을 비춰 지구의 밤을 밝히는 것처럼 비록 우리의 사랑의 빛이 하나님의 사랑의 빛보다 약해도 그 사랑의 빛을 많은 사람들에게 나누어 줄 때에 사막과 같은 이 세상에서 사랑의 샘과 같은 역할을 할 수 있게 됩니다.

우리는 세상에 살면서 서로 논쟁할 때도 있고 서로 미워할 때도 있지만 사랑의 샘이 솟아오르면 미움도 잠시 잠깐일 뿐 다시 사랑하게 됩니다. 이와 같이 우리 속에서 일어나는 현상이 바로 회개입니다. 우리가 형제를 미워하면 마음이 답답해지고 울적하며 기도도 할 수 없게 됩니다. 이럴 때 우리 안에 사랑이 우리로 하여금 신속하게 남을 미워하던 자신의 죄를 회개하고 청산해 버리게 하므로 우리의 마음이 상쾌하고 새롭게 변하게 됩니다. 예수님을 사랑하고 그 사랑을 간직하고 있는 사람이라면 형제자매를 계속해서 미워할 수가 없습니다. 그러므로 우리가 이 세상에 살면서 예수 그리스도를 바로 믿을 때에야 비로소 인간의 부족한 사랑을 완성시킬 수가 있습니다.

사랑에는 몇 가지 종류가 있습니다. 첫째로, 남녀 간이나 부부간의 사랑인 '에로스' 가 있습니다. 이 사랑은 매우 이기적인 사랑이기 때문에 그리스도의 사랑이 함께할 때에만 올바른 사랑을 할 수 있습니다. 예수님의 사랑을 간직하고 있을 때는 설사 미워하는 마음이 생긴다 할지라도 그 미움을 다 토해 버리고 모든 것을 극복해 나갈 수 있는 것입니다. 둘째로, 친구 간의 사랑인 '필레오' 가 있습니다. '필레오' 역시 '에로스' 와 마찬가지로 이 사랑만으로는 도저히 사랑할 수 없는 때가 있으나 우리는 그리스도의 사랑으로 친구를 사랑할 수 있는 것입니다. 또 부모 자식 간에도 인연을 끊을 만큼의 미움이 꽉 들어차서 도저히 해결할 수 없을 것 같을 때에도 예수님의 사랑이 들어오게 되면 극한 미움이 아름다운 사랑으로 바뀌게 됩니다.

이와 같이 우리 인간들이 어떠한 형태의 사랑을 하더라도 이 사랑이 완전할 수는 없습니다. 완전한 사랑이란 오직 예수 그리스도의 사랑이 우리 가운데 있을 때에만 가능합니다.

그러므로 '빛 가운데 있다 하면서 그 형제를 미워하는 자' 란 잠시 미움 가운데 있다가 곧 회개하는 것이 아니라 용서하지도 않고 회개하지도 않으며 계속해서 미워하는 자들을 말하는데 이러한 자들은 지금도 어둠 가운데 있다는 말입니다.

10절 그의 형제를 사랑하는 자는 빛 가운데 거하여 자기 속에 거리낌이 없으나

형제를 사랑하는 자는 하나님께 사랑을 받은 자이며 하나님의 사랑이 그 속에 있다는 증거가 됩니다. 이러한 하나님의 사랑의 증거를 가지고 형제를 사랑하니 이러한 사람에게는 아무런 거리낌이 없는 것입니다.

11절 그의 형제를 미워하는 자는 어둠에 있고 또 어둠에 행하며 갈 곳을 알지 못하나니 이는 그 어둠이 그의 눈을 멀게 하였음이라

계속해서 형제를 미워한다는 것은 어둠 가운데 있다는 뜻이고 어둠 가운데 있다는 말은 아직 구원의 빛 가운데로 들어오지 못했다는 증거입니다. 이러한 사람들은 어디에서 와서 무엇 때문에 살며 또 어디로 가는지 알지 못하는 자들이므로 방황하며 살고 있습니다. 이와 같이 된 이유에

대해 사도 요한은 "어둠이 그들의 눈을 멀게 했기 때문이다."라고 말했습니다. 그러므로 우리는 예수 그리스도를 믿는다는 것과 형제를 사랑한다는 것을 분리시킬 수 없습니다. 왜냐하면 구원받은 자는 곧 사랑하기 때문입니다.

하나님이 우리를 사랑하심으로 인하여 우리가 하나님을 사랑하게 되고 또한 예수님을 사랑하게 됨으로 구원의 은혜를 받으며 이러한 사랑을 모든 이에게 전하게 되는 것입니다. 이 말은 그리스도를 사랑하는 자는 모든 형제를 용서하고 사랑하게 된다는 의미입니다. 하나님은 사랑이시고 기독교의 근본도 사랑입니다. 그러므로 빛과 사랑, 구원과 사랑은 서로 일치가 됩니다.

'신앙' 이란 사랑으로 인해 역사하는 믿음입니다. 그러므로 기독교 신앙에서 사랑을 제외시킨다면 아무런 이야기도 성립되지 않습니다.

그러므로 우리는 생활 속에서 우리들의 마음에 미움이 들어와 빛을 잃어버리는 일이 없도록 늘 조심하며 생활해야 합니다. 왜냐하면 사랑의 기본은 남을 미워하지 않는 것이기 때문입니다. 미워한다는 것은 곧 어둠과 직결되며 그것은 마귀와 직결됩니다. 이와는 반대로 사랑은 빛과 직결되며 또한 구원과 직결됩니다. 그렇기 때문에 사도 요한은 "형제를 미워하면 어둠 가운데 있고 빛을 알지 못하는 것이요 형제를 사랑하면 어둠에서 벗어나 빛 가운데 있으며 하나님의 사랑 가운데 있는 것" 이라고 강조하고 있습니다.

3. 아비와 청년과 자녀에 대한 격려(2:12-14)

12. 자녀들아 내가 너희에게 쓰는 것은 너희 죄가 그의 이름으로 말
미암아 사함을 받았음이요 13. 아비들아 내가 너희에게 쓰는 것은
너희가 태초부터 계신 이를 알았음이요 청년들아 내가 너희에게 쓰
는 것은 너희가 악한 자를 이기었음이라 14. 아이들아 내가 너희에
게 쓴 것은 너희가 아버지를 알았음이요 아비들아 내가 너희에게 쓴
것은 너희가 태초부터 계신 이를 알았음이요 청년들아 내가 너희에
게 쓴 것은 너희가 강하고 하나님의 말씀이 너희 안에 거하시며 너희
가 흉악한 자를 이기었음이라

12절 자녀들아 내가 너희에게 쓰는 것은 너희 죄가 그의 이름으로 말미암아 사함을 받았음이요

사도 요한은 교회의 성도들을 세 가지로 분류했습니다. 즉, 자녀 단계에 있는 교인과 청년 단계에 있는 교인 그리고 아비의 단계에 있는 성숙한 교인으로 나누었습니다. 세 종류의 교인 중 첫 번째는 예수 믿는 평범한 교인, 즉 평신도들을 말합니다. 예수 그리스도를 믿음으로 말미암아 죄 사함 받고 구원을 얻은 사람은 하나님의 자녀가 됩니다. 이것은 믿는 자들의 일반적인 상태입니다.

13절 아비들아 내가 너희에게 쓰는 것은 너희가 태초부터 계신 이를

알았음이요 청년들아 내가 너희에게 쓰는 것은 너희가 악한 자를 이기었음이라

아비들이란 목사, 구역장, 지역장, 권사, 장로, 교역자 등 신앙의 지도적 위치에 있는 자들을 일컫는 말인데 이들은 태초부터 계신 이를 아는 깊은 신앙의 단계에 있는 사람들입니다. 태초로부터 계신 이를 안다는 것은 하나님께서 창세전부터 계신 분이며 그분이 자신의 모든 삶의 근원이 되시고 모든 생명의 기초가 되신다는 것을 확실히 알고 믿음으로 고백하는 것입니다. 또한 살든지 죽든지 흥하든지 망하든지 성하든지 쇠하든지 생명의 근원이신 아버지 하나님만을 의지하며 그분께 모든 것을 맡기며 사는 성숙한 신앙이라는 것입니다. 그러므로 조금 좋은 일이 있을 때는 감사하다가도 또 조금 나쁜 일이 생기면 곧 원망하고 불평하며 하나님을 부인하는 사람들과는 차이가 있습니다.

또 청년 단계의 신앙은 마귀와 대적해서 싸우는 신앙의 상태를 말합니다. 첫 번째 단계인 자녀들의 신앙 단계는 죄를 용서받고 '할렐루야'를 외치며 기쁨에 젖은 삶을 살지만 어려운 시련이나 마귀의 시험이 다가오면 쉽게 좌절해 버리는 단계입니다. 그러나 두 번째 단계인 청년의 신앙은 성령을 받고 마귀를 대적하여 싸워서 이기며 하나님의 은혜를 체험하는 아주 활동적이면서도 활발한 신앙의 단계입니다. 그러나 이 신앙의 단계는 귀신이 쫓겨 나가고 병이 치료되며 하나님의 기적이 일어날 때는 신앙생활에 활기가 있지만 이러한 현상이 나타나지 않을 때는 '하나님이 나를 떠나셨나?' 라고 생각되어 쉽게 낙망해 버리기도 합니다.

14절 아이들아 내가 너희에게 쓴 것은 너희가 아버지를 알았음이요

아비들아 내가 너희에게 쓴 것은 너희가 태초부터 계신 이를 알았음이요 청년들아 내가 너희에게 쓴 것은 너희가 강하고 하나님의 말씀이 너희 안에 거하시며 너희가 흉악한 자를 이기었음이라

사도 요한은 다시 세 단계의 신앙 상태에 관하여 언급하고 있습니다. 첫 번째 아이들의 신앙 단계에 있는 사람으로서 이제 예수 그리스도의 보혈로 구원을 받고 예수님을 통해서 하나님을 만난 사람이고, 두 번째 아비들의 신앙 단계에 있는 사람들은 태초부터 계신 이를 알고 있기 때문에 환경이 변하고 세상이 변하고 지구가 멸망한다 할지라도 한 치도 요동하지 않는 굳건한 믿음의 신앙인을 말합니다. 세 번째 다시 청년의 신앙 단계에 있는 자들에게 사도 요한은 "청년들아 내가 너희에게 쓴 것은 너희가 강하고 하나님의 말씀이 너희 속에 거하시며 너희가 흉악한 자를 이기었음이라" 고 말했습니다.

청년의 단계에는 성령 충만을 받은 때라 믿음도 아주 강하고 담대하며 성경도 열심히 공부하며 성경 구절도 많이 암송하여 하나님의 말씀이 마음에 가득 차 있습니다. 그래서 마귀와 타협하지 않을 뿐더러 설사 마귀에게 시험을 당한다 할지라도 말씀으로 대적하여 승리할 수가 있습니다. 그리고 죄악의 질병과 저주를 가져오는 흉악한 귀신들을 물리쳐서 승리하는 영광스러운 신앙을 가지려고 애씁니다. 이러한 상태가 바로 청년의 단계에 있는 신앙인입니다.

그러므로 성숙한 신앙인이라면 이 세 가지의 신앙을 모두 소유해야 합니다. 첫째, 어린아이의 신앙으로 예수 그리스도를 믿고 죄 사함 받아 하나님을 아버지로 모시는 가장 긍정적이면서 초보적인 신앙입니다. 둘

째, 청년의 신앙으로 성령을 받음으로써 강하고 담대하며 늘 말씀 가운데 생활합니다. 그래서 마귀와의 끊임없는 전쟁에서 항상 승리합니다. 셋째, 아비의 신앙으로 신앙이 장성한 분량에 이르러 생활이나 환경에 좌우되지 않는 굳건한 신앙으로 이 단계는 하나님만을 의지하며 살아가겠다는 강한 신앙을 말합니다.

4. 이 세상을 사랑하지 말라(2:15-17)

15. 이 세상이나 세상에 있는 것들을 사랑하지 말라 누구든지 세상을 사랑하면 아버지의 사랑이 그 안에 있지 아니하니 16. 이는 세상에 있는 모든 것이 육신의 정욕과 안목의 정욕과 이생의 자랑이니 다 아버지께로부터 온 것이 아니요 세상으로부터 온 것이라 17. 이 세상도, 그 정욕도 지나가되 오직 하나님의 뜻을 행하는 자는 영원히 거하느니라

15절 이 세상이나 세상에 있는 것들을 사랑하지 말라 누구든지 세상을 사랑하면 아버지의 사랑이 그 안에 있지 아니하니

이것은 매우 어려운 문제처럼 보입니다. 왜냐하면 우리가 살고 있는 곳이 바로 이 세상인데 세상에 있는 것들을 사랑하지 말라고 했기 때문입

니다. 그러나 성경에서 말씀하고 있는 의미는 이 뜻과는 다소 차이가 있습니다. "이 세상이나 세상에 있는 것들을 사랑하지 말라"는 말씀은 현재 우리가 살고 있는 물질적인 세계를 다 미워하고 떠나라는 의미가 아닙니다. '이 세상' 이란 하나님이 없는 삶의 체제를 가리키는 것입니다.

에덴동산도 하늘과 땅과 나무, 풀, 짐승, 과일 등 모든 것이 다 있었지만 그곳을 세상이라고 말하지 않습니다. 왜냐하면 그 곳은 하나님 중심으로 살고 하나님이 다스리는 곳이었기 때문입니다. '세상' 이란 하나님을 제외시킨 인본주의적 삶을 의미합니다. 우리가 주님을 마음 중심에 모시고 하나님을 섬기며 살고 있다면 그것은 세상을 따라 사는 것이 아니라 하나님을 따라 사는 것입니다. 하나님 없이 인본주의로 사는 세상의 일들 중에는 하나님의 뜻을 반역하고 거역하는 일들이 너무나 많이 있습니다.

이 세상을 다스리는 존재는 마귀입니다. 사도 요한은 "온 세상은 악한 자 안에 처한 것"(5:19)이라고 말했습니다. 우리가 이 세상이나 세상의 풍속을 따라 살게 되면 결국은 멸망하고 맙니다. 왜냐하면 이 세상이나 세상의 풍습이 우리에게 들어오면 우리의 믿음을 잃기 쉽기 때문입니다. 사도 요한은 "이 세상이나 세상에 있는 것들을 사랑하지 말라"고 경고하고 있습니다.

우리가 하나님을 사랑할 때는 세상을 사랑하지 않습니다. 그러나 세상을 사랑하고 인본주의로 살게 되면 그 속이 세상의 것으로 가득하기 때문에 사랑도, 하나님도 그 속에 들어갈 수가 없습니다. 오늘날에는 예수 그리스도를 믿는다는 사람들이 공동체를 이루고 있는 교회조차도 인본주의적으로 흘러가는 경향이 있습니다.

이러한 교회들은 성경에 기록된 사실들을 전부 부인합니다. 동정녀 마리아에 의한 예수님의 탄생도, 예수님의 부활도, 재림도 부인합니다. 그러므로 우리들은 이러한 교회들을 분별할 줄 알아야 합니다. 그리고 하나님을 외면하는 인본주의적인 삶을 대적하며 세상을 사랑하지 말고 깨어서 기도하고 하나님의 말씀 가운데 살아야 합니다.

16절 이는 세상에 있는 모든 것이 육신의 정욕과 안목의 정욕과 이생의 자랑이니 다 아버지께로부터 온 것이 아니요 세상으로부터 온 것이라

세상 속에는 하나님을 믿지 않는 인본주의가 있고, 또 그 인간의 중심에는 육신의 정욕과 안목의 정욕과 이생의 자랑이 있습니다. 첫째, 육신의 정욕은 음란과 방탕과 술 취함 등인데 이것은 육신이 요구하는 대로 좇아 행하는 삶을 뜻합니다. 이 세상 사람들은 육신의 정욕대로 사는 것을 당연하게 생각합니다. 그러나 이들의 삶은 마치 소돔과 고모라 성에 살던 백성들이 자신들을 멸망으로 이끌었던 삶과 똑같다는 것을 알아야 합니다. 음란과 방탕과 술 취함, 이러한 것들을 사랑하고 이것들을 따라가게 되면 결국은 멸망하고 맙니다. 그러므로 예수님을 믿는다고 하면서 이런 일들을 계속 행한다면 그러한 사람의 마음에는 하나님의 사랑이 없는 것입니다.

둘째는 안목의 정욕입니다. 이것은 눈으로 보는 휘황찬란한 것, 즉 세상의 부귀영화, 공명 등에 눈이 어두운 것을 말합니다. 이러한 사람은 하나님을 저 멀리 던져 버리고 눈을 미혹하게 하는 호화로운 것들만 따라 살므로 결국 하나님을 잃어 버리게 됩니다.

셋째는 이생의 자랑입니다. 이것을 좇는 사람은 하나님을 부인하며 이 세상의 돈, 명예, 지위, 권세, 젊음 등을 자랑하며 사는 사람입니다. 하지만 하나님께서 보시기에는 이런 종류의 사람들이 가장 불쌍해 보일 것입니다. 마치 바벨탑을 쌓다가 언어의 혼돈을 일으키자 탑 쌓기를 그치고 뿔뿔이 흩어졌던 바벨탑 시대의 사람들과도 같습니다.

또한 이러한 사람은 매우 교만한 사람입니다. 왜냐하면 이생의 자랑은 곧 교만이기 때문입니다. 하나님께서는 인간의 교만을 가장 싫어하십니다. 그 이유는 교만이 아버지께로부터 온 것이 아니라 세상, 즉 마귀로부터 온 것이기 때문입니다. 그러므로 육신의 정욕과 안목의 정욕과 이생의 자랑으로 산다는 것은 곧 마귀를 따라 사는 것이며 마귀를 따른다는 것은 곧 멸망의 문으로 들어가게 되는 것이므로 우리는 이러한 것을 금해야 할 것입니다.

17절 이 세상도, 그 정욕도 지나가되 오직 하나님의 뜻을 행하는 자는 영원히 거하느니라

이 세상과 그 속에 있는 모든 정욕적 요소들은 세월과 함께 다 사라져 버립니다. 그리고 이것을 좋다고 좇아가는 사람은 결국 이런 것들과 함께 자취도 없이 사라져 버리게 됩니다. 예수님을 믿지 않고 하나님을 사랑하지 않아 구원에 이르지 못한 사람들의 삶은 안개나 구름과 같습니다. 이들은 잠깐 있다 사라지는 안개와 같은 허무한 인생을 살고 있다는 것을 알아야 합니다. 오직 하나님만을 섬기며 하나님의 영광을 위하여 사는 사람만이 영원한 삶을 소유하게 됩니다.

그러므로 우리는 어리석은 무리에 속하지 말고 하나님과 하늘나라에

속한 것들만을 사랑하며 살아가야 할 것입니다.

5. 적그리스도에 대한 경고(2:18-23)

18. 아이들아 지금은 마지막 때라 적그리스도가 오리라는 말을 너희
가 들은 것과 같이 지금도 많은 적그리스도가 일어났으니 그러므로
우리가 마지막 때인 줄 아노라 19. 그들이 우리에게서 나갔으나 우
리에게 속하지 아니하였나니 만일 우리에게 속하였더라면 우리와 함
께 거하였으려니와 그들이 나간 것은 다 우리에게 속하지 아니함을
나타내려 함이니라 20. 너희는 거룩하신 자에게서 기름 부음을 받고
모든 것을 아느니라 21. 내가 너희에게 쓰는 것은 너희가 진리를 알
지 못하기 때문이 아니라 알기 때문이요 또 모든 거짓은 진리에서 나
지 않기 때문이라 22. 거짓말하는 자가 누구냐 예수께서 그리스도이
심을 부인하는 자가 아니냐 아버지와 아들을 부인하는 그가 적그리
스도니 23. 아들을 부인하는 자에게는 또한 아버지가 없으되 아들을
시인하는 자에게는 아버지도 있느니라

18절 아이들아 지금은 마지막 때라 적그리스도가 오리라는 말을 너희가 들은 것과 같이 지금도 많은 적그리스도가 일어났으니 그러므로 우리가 마지막 때인 줄 아노라

여기에서 '아이들아' 라고 한 것은 사도 요한이 나이 들어 노년에 기록한 편지이기 때문에 교회에 있는 모든 성도들을 자신의 친자식과 같이 생각해서 그러한 말로 표현했습니다. 본문의 "지금은 마지막 때라"는 말씀을 가지고 예수님을 믿지 않는 사람들은 비난합니다. 사도 요한 시대에도 마지막 때라고 했는데 2천 년이 지난 지금에 와서도 계속해서 마지막 때라고 말하고 있다는 것입니다.

그러나 성경은 이 세대를 셋으로 나누어서 말하고 있습니다. 그 첫째가 아담에서 아브라함까지의 2천 년인데 이 시기를 초기라고 말합니다. 둘째는 아브라함에서 예수님까지의 2천 년인데 이 시기를 중기라고 합니다. 셋째는 예수 그리스도로부터 시작해서 이 세상 종말까지의 2천 년인데 이 시기를 말기라고 합니다. 그러므로 사도 요한이 살던 시기는 말세의 처음 시대이며 현재 우리가 살고 있는 시기는 말세의 마지막 때입니다. 그래서 처음 말세도, 마지막 말세도 모두 말세라고 부르고 있습니다.

하나님께서는 천 년을 하루같이 보고 또 하루를 천 년으로도 보셨습니다(벧후 3:8). 창세기를 살펴보면 하나님께서는 엿새 만에 천지를 창조하셨습니다. 그러므로 하루가 천 년 같다고 말씀하신 대로 한다면 엿새 만에 천지를 창조하시고 사람을 지으신 것과 마찬가지로 하나님께서는 6천 년 동안에 모든 구속의 역사를 다 마치시고 천국 사람을 만드신다는 것입니다. 물론 여기에서 말하는 하루와 천 년의 관계가 산술적인 것이 아니라는 점을 전제하고 이해해야 합니다. 하나님께서는 시간과 공간을 초월하시는 분이기 때문입니다.

성경은 "주께서 호령과 천사장의 소리와 하나님의 나팔 소리로 친히 하늘로부터 강림하시리니 그리스도 안에서 죽은 자들이 먼저 일어나고 그 후에 우리 살아남은 자들도 그들과 함께 구름 속으로 끌어 올려 공중에서 주를 영접하게 하시리니"(살전 4:16-17)라고 말씀하셨습니다. 그때 우리들의 몸은 약한 몸이 강한 몸으로, 추한 몸이 영화로운 몸으로, 육의 몸이 신령한 몸으로, 죽을 몸이 영원히 사는 몸으로 새롭게 변화된다고 말씀하고 있습니다. 그러므로 하나님께서 엿새 만에 흙으로 사람을 지으신 것처럼 주께서는 6천 년 만에 완전히 그리스도의 형상을 닮은 부활의 새사람을 만들어 내시는 것입니다.

또한 칠 일째 되던 날 안식하셨던 것처럼 7천 년째가 되면 안식이 다가오는 것입니다. 하나님께서는 천 년의 기간 동안 마귀를 무저갱에 가두어 놓으시고 이 세상에 천년 안식을 선포하실 것이며 이 기간 동안은 죄도, 질병도, 슬픔도, 고난도 없는 참된 안식을 누리게 될 것입니다. 그래서 6천 년 이후, 언젠가 주님 오시는 그 날에는 죽은 자가 먼저 변화되고 살아남은 우리들도 변화되어 육신을 모두 벗고 영광스러운 그리스도의 부활된 몸에 함께 참여하게 됩니다(고전 15:52). 그러므로 우리들의 소망은 이 땅에 있는 것이 아닙니다. 영원한 천국에 들어가서 예수 그리스도와 함께 사는 것이 우리의 참된 소망입니다.

마지막 때가 되면 적그리스도가 많이 나타난다고 했는데 사도 요한 시대에도 그러했고 오늘날 또한 이런 현상이 많이 나타나고 있습니다. 자신이 예수라고 자처하는 사람, 재림주라고 말하는 사람, 동방의 의인이라고 말하는 사람 등 곳곳에서 적그리스도가 나타나고 있습니다. 이들은 그리스도의 이름을 가지고 오면서 실상은 그 속에 노략질하는 이리가 들어있는 사람들입니다. 이들을 볼 때 우리들은 말세가 더욱 가까웠다는 것을 깨달을 수 있습니다.

19절 그들이 우리에게서 나갔으나 우리에게 속하지 아니하였나니 만일 우리에게 속하였더라면 우리와 함께 거하였으려니와 그들이 나간 것은 다 우리에게 속하지 아니함을 나타내려 함이니라

'이단' 이란 끝이 다르다는 말입니다. 처음에 출발할 때는 예수님으로 함께 출발해서 잘 믿는 것 같지만 나중에 보면 끝이 다르게 나타납니다. 밀밭에 가면 가라지가 많이 있는데 처음 자랄 때는 밀과 똑같아서 분별하기가 어렵습니다. 그러나 이것이 자라 싹이 나면 밀인지 가라지인지 확실하게 분별할 수 있습니다. 사도 요한도 "그들이 처음에는 우리와 같이 교회에서 자랐으나 나중에 그들이 교회에서 나간 것은 처음부터 우리와 같지 않았기 때문이라." 고 말했습니다. 사람은 그 행위를 보고 알게 되고 나무는 그 열매를 보고 알 수 있다고 합니다.

진정으로 마음을 다하고 뜻을 다하고 정성을 다하고 목숨을 다하여 주를 사랑하는 것이 진짜 신앙의 알곡이라는 증거가 됩니다. 그러나 신앙의 가라지들은 자기의 명예와 지위를 나타내려 애쓰며 또 자기 자신을 나타낼 때에는 떠들썩하고 교만하지만 자기 자신을 나타낼 수 없을 때에는 자취도 없이 사라져 버립니다.

20절 너희는 거룩하신 자에게서 기름 부음을 받고 모든 것을 아느니라

거룩하신 자는 하나님이십니다. 이 거룩하신 하나님께 기름 부음을 받는다는 것은 바로 성령을 받는다는 것을 뜻합니다. 하나님께서 성령을 부어 주시면 예수님이 우리의 구주이신 것과 하나님의 말씀이 진리인 것 등을 확실히 알 수 있게 됩니다. 왜냐하면 성령이 오셔야 우리의 눈이 밝

아져서 예수님을 볼 수가 있고 우리의 귀가 밝아져 하나님의 말씀이 들리고 마음이 밝아지며 진리를 깨닫게 되기 때문입니다. 이러므로 우리는 성령 없이는 절대로 바른 신앙생활을 할 수 없다는 것을 알아야만 합니다.

21절 내가 너희에게 쓰는 것은 너희가 진리를 알지 못하기 때문이 아니라 알기 때문이요 또 모든 거짓은 진리에서 나지 않기 때문이라

사도 요한이 이 편지를 쓴 것은 예수님을 구주로 믿고 하나님을 사랑하고 진리를 알고 있는 사람들에게 더 큰 확신과 깨달음을 주기 위해서였습니다. 그리고 예수 그리스도를 믿지 않고 하나님을 부인하는 것은 거짓에서 나온 것이며 이것은 진리가 아니라는 것을 확실히 해 두기 위해서였습니다.

22절 거짓말하는 자가 누구냐 예수께서 그리스도이심을 부인하는 자가 아니냐 아버지와 아들을 부인하는 그가 적그리스도니

예수님이 그리스도이심을 부인하는 자들은 지금도 많이 있습니다.

여호와의 증인들은 예수님이 "힘이 강한 천사 중의 하나이지 하나님의 아들은 아니다."라고 말합니다. 또 통일교의 교주는 "예수는 사역을 실패했으며 음부에서 구원을 요청하고 있다."고 말하며 자신이 재림주라고 주장하고 있습니다. 그 외에도 많은 이단과 적그리스도들이 난무하여 자신을 예수라고 내세우고 있습니다. 이들의 공통점은 하나같이 예수께서 그리스도이심을 부인한다는 것입니다. 이와 같은 이들에게 사도 바울은 "천사라도 우리가 너희에게 전한 복음 외에 다른 복음을 전하면 저

주를 받을지어다"(갈 1:8)라고 말했습니다.

우리들의 구주는 2천 년 전에 동정녀 마리아를 통하여 이 땅에 오시고 십자가에 죽으셨다가 사흘 만에 부활하신 그 예수님 한 분뿐이라는 것을 분명히 알아야 합니다. 또 성경에 기록된 진리 이외의 다른 어떠한 것과도 타협해서는 안 되며 아버지와 아들을 부인하는 자들이 곧 적그리스도라는 사실을 결단코 잊어서는 안 됩니다.

23절 아들을 부인하는 자에게는 또한 아버지가 없으되 아들을 시인하는 자에게는 아버지도 있느니라

하나님께서는 그 아들을 통하여 나타나셨습니다. 그렇기 때문에 예수님께서도 "아버지 보기를 원하느냐? 나를 본 자는 아버지를 보았느니라. 내가 하는 말은 내 안에서 아버지가 말씀하시고 내가 하는 일들은 아버지께서 나를 통하여 행하시는 것이다. 그러므로 아버지와 나는 곧 하나이다."라고 말씀하셨습니다(요 14:9-10). 그렇기 때문에 아들을 부인하는 것은 곧 아버지를 부인하는 것과 같습니다. 이 말의 뜻은 아들이 아버지가 되고 아버지가 아들이 된다는 '오직 예수론'과는 다릅니다. 분명히 아버지는 아버지로서의 인격을 갖고 계시고, 아들 예수님은 아들로서의 인격을 가지고 계십니다. 그러나 아들을 통하여 아버지가 모든 일을 하시고 또 나타내시기 때문에 아들을 부인하는 것은 곧 아버지를 부인하는 것이 되는 것입니다.

삼위일체의 진리는 참으로 묘합니다. 아버지와 아들과 성령 이렇게 각기 세 인격으로 나타나시면서도 또한 한 분 하나님으로서 일하고 계시기 때문입니다. 구약 시대에는 아버지 하나님께서 전적으로 일하셨지만

신약 시대에는 예수님께서 친히 육신을 입고 오셔서 직접 사역을 감당하셨습니다. 그리고 이제는 성령께서 오셔서 모든 사역을 감당해 주고 계십니다. 우리들은 성령을 통해서 아버지도, 아들도 알 수가 있습니다.

그러므로 오늘날 성령을 부인하는 자들은 아버지와 아들에 관하여 제대로 알지 못한 자들입니다. 성령이 충만하게 되면 아들 되시는 예수님도 충만하게 되며 아버지 하나님도 충만하게 되는 것입니다.

6. 주 안에 거하라(2:24-29)

24. 너희는 처음부터 들은 것을 너희 안에 거하게 하라 처음부터 들
은 것이 너희 안에 거하면 너희가 아들과 아버지 안에 거하리라 25.
그가 우리에게 약속하신 것은 이것이니 곧 영원한 생명이니라 26. 너
희를 미혹하는 자들에 관하여 내가 이것을 너희에게 썼노라 27. 너희
는 주께 받은바 기름 부음이 너희 안에 거하나니 아무도 너희를 가르
칠 필요가 없고 오직 그의 기름 부음이 모든 것을 너희에게 가르치며
또 참되고 거짓이 없으니 너희를 가르치신 그대로 주 안에 거하라
28. 자녀들아 이제 그의 안에 거하라 이는 주께서 나타내신 바 되면
그가 강림하실 때에 우리로 담대함을 얻어 그 앞에서 부끄럽지 않게
하려 함이라 29. 너희가 그가 의로우신 줄을 알면 의를 행하는 자마
다 그에게서 난 줄을 알리라

24절 너희는 처음부터 들은 것을 너희 안에 거하게 하라 처음부터 들은 것이 너희 안에 거하면 너희가 아들과 아버지 안에 거하리라

본문에서 말씀하는 '처음부터 들은 것' 이란 제일 처음 사도들이 와서 전도할 때 들은 순수한 복음을 뜻합니다. 이 복음은 현대의 신신학과는 다릅니다. 사도들이 말하는 순수한 복음을 요약해서 말한 것이 '오중복음과 전인구원' 입니다. '오중복음' 이란 구원의 복음, 성령 충만의 복음, 신유의 복음, 축복의 복음, 재림의 복음을 말합니다. 또 '전인구원' 이란 제일 먼저 영혼이 잘되어야 범사가 잘되고 강건하게 된다는 것입니다. 그러니까 "먼저 그의 나라와 그의 의를 구하라 그리하면 이 모든 것을 너희에게 더하시리라"는 마태복음 6장 33절의 말씀과도 같은 뜻입니다.

오중복음과 전인구원은 순수하게 성경 그대로를 함축시킨 것입니다. 그러므로 우리는 이것을 가리켜 '순복음' 이라고 부르고 있습니다. 그러나 오늘날에는 처음 사도들로부터 전수받은 것이 아닌 다른 복음, 즉 인간이 만든 복음 아닌 복음들이 범람하고 있습니다. 현대주의 복음이나 신(新)신학 같은 학문이 그러한 부류에 속합니다. 이와 같은 일들을 우려하여 성경은 "너희가 처음부터 들은 것을 너희 안에 거하게 하라"고 말씀하셨습니다. 우리가 성경에 나타난 모든 진리를 그대로 순수하게 받아들일 때 비로소 우리는 아들과 아버지 안에 거하게 되는 것입니다.

25절 그가 우리에게 약속하신 것은 이것이니 곧 영원한 생명이니라

예수님께서 처음 전하신 복음을 믿어 예수님을 구주로 모시고 아버지를 섬기게 되면 예수님께서 약속하신 영생을 얻을 수 있게 된다는 것입니다.

26-27절 너희를 미혹하는 자들에 관하여 내가 이것을 너희에게 썼노라 너희는 주께 받은바 기름 부음이 너희 안에 거하나니 아무도 너희를 가르칠 필요가 없고 오직 그의 기름 부음이 모든 것을 너희에게 가르치며 또 참되고 거짓이 없으니 너희를 가르치신 그대로 주 안에 거하라

성도들을 미혹하여 처음부터 들은 복음으로부터 떨어져 나가게 하려고 하는 자들이 있기 때문에 그들을 경계하도록 하기 위하여 이 서신을 썼다는 것입니다.

우리가 예수 그리스도를 구주로 모셔 들였다면 우리에게는 하나님의 기름 부으심이 있습니다. 다시 말해서 성령이 우리들 가운데 함께하신다는 것입니다. 신앙의 가장 근원적인 것, 즉 "하나님께서 내 아버지가 되시고 예수님께서 내 구주가 되신다."는 사실은 누가 가르쳐 준다고 해서 알 수 있는 것이 아닙니다. 오직 성령께서만이 예수님이 하나님의 아들이신 것과 그분이 우리의 구주 되신다는 사실을 알게 해 주십니다. 이와 같이 성령께서 가르쳐 주시는 진리는 참되고 거짓이 없습니다. 그렇기 때문에 가르쳐 주신 그대로 믿고 주 안에 온전히 거하게 될 때 우리는 성령께서 주시는 영감을 통하여 하나님의 깊은 진리의 말씀을 깨닫게 됩니다. 그래서 사도 요한도 우리들에게 "주 안에 거하라"고 간곡히 당부하고 있습니다.

28-29절 자녀들아 이제 그의 안에 거하라 이는 주께서 나타내신 바 되면 그가 강림하실 때에 우리로 담대함을 얻어 그 앞에서 부끄럽지 않게 하려 함이라 너희가 그가 의로우신 줄을 알면 의

를 행하는 자마다 그에게서 난 줄을 알리라

우리가 예수님 안에 온전히 거한 사람들이라면 예수님께서 강림하실 때 전혀 부끄러울 것이 없습니다. 그것은 예수님이 강림하시는 날이 믿음에 바로 선 자들에게는 곧 축제의 날이기 때문입니다.

주님께서는 의로우신 분이기 때문에 우리가 주님께 속한 사람들이라면 의롭게 사는 것이 마땅한 일입니다. 그러나 예수님을 믿는다고 말하면서 세상의 죄악 가운데 그대로 살고 있는 사람이 있다면 그 사람은 예수 그리스도의 나무에 붙어 있는 가지가 아닙니다. 복숭아나무에는 반드시 복숭아 열매가 맺혀야 되는 것과 같이 의로우신 예수 그리스도의 나무에 붙어 있는 우리들은 예수 그리스도와 같은 의로운 열매를 맺어야 할 것입니다

제 3 장

하나님의 자녀로서의 참된 삶

하나님의 자녀로서의 참된 생활 3:1-12

사랑의 참된 실천 3:13-19

하나님 앞에 책망 듣지 않는 삶 3:20-24

A COMMENTARY
ON THE FIRST EPISTLE OF
JOHN

본 장에서는 하나님의 은혜와 사랑을 받아 의인이 된 그리스도인들이라면 은혜로 받은 하나님의 사랑을 실천으로 옮겨야 한다고 가르치고 있습니다. 예수 그리스도를 믿는 사람들이라면 모두가 하나님의 자녀들입니다. 그러므로 하나님의 자녀 된 우리는 늘 하나님을 향한 소망을 가지고 있어야 하며 죄악된 옛 생활에서 벗어나야 하고 이단의 헛되고 거짓된 가르침에 절대로 흔들려서는 안 된다고 강조하고 있습니다. 그리고 오늘날과 같이 악이 가득한 세대에 살고 있는 성도들일수록 더욱 하나님의 사랑을 힘써 지켜야 할 것과 어떠한 삶을 사는 것이 하나님의 자녀 된 자로서의 참된 삶인가를 가르치고 있습니다.

1. 하나님의 자녀로서의 참된 생활(3:1-12)

1. 보라 아버지께서 어떠한 사랑을 우리에게 베푸사 하나님의 자녀
라 일컬음을 받게 하셨는가, 우리가 그러하도다 그러므로 세상이 우
리를 알지 못함은 그를 알지 못함이라 2. 사랑하는 자들아 우리가
지금은 하나님의 자녀라 장래에 어떻게 될지는 아직 나타나지 아니
하였으나 그가 나타나시면 우리가 그와 같을 줄을 아는 것은 그의 참
모습 그대로 볼 것이기 때문이니 3. 주를 향하여 이 소망을 가진 자
마다 그의 깨끗하심과 같이 자기를 깨끗하게 하느니라 4. 죄를 짓는
자마다 불법을 행하나니 죄는 불법이라 5. 그가 우리 죄를 없애려고
나타나신 것을 너희가 아나니 그에게는 죄가 없느니라 6. 그 안에
거하는 자마다 범죄하지 아니하나니 범죄 하는 자마다 그를 보지도
못하였고 그를 알지도 못하였느니라 7. 자녀들아 아무도 너희를 미
혹하지 못하게 하라 의를 행하는 자는 그의 의로우심과 같이 의롭고
8. 죄를 짓는 자는 마귀에게 속하나니 마귀는 처음부터 범죄 함이라
하나님의 아들이 나타나신 것은 마귀의 일을 멸하려 하심이라 9. 하
나님께로부터 난 자마다 죄를 짓지 아니하나니 이는 하나님의 씨가

그의 속에 거함이요 그도 범죄하지 못하는 것은 하나님께로부터 났음이라 10. 이러므로 하나님의 자녀들과 마귀의 자녀들이 드러나나니 무릇 의를 행하지 아니하는 자나 또는 그 형제를 사랑하지 아니하는 자는 하나님께 속하지 아니하니라 11. 우리는 서로 사랑할지니 이는 너희가 처음부터 들은 소식이라 12. 가인같이 하지 말라 그는 악한 자에게 속하여 그 아우를 죽였으니 어떤 이유로 죽였느냐 자기의 행위는 악하고 그의 아우의 행위는 의로움이라

1절 보라 아버지께서 어떠한 사랑을 우리에게 베푸사 하나님의 자녀라 일컬음을 받게 하셨는가, 우리가 그러하도다 그러므로 세상이 우리를 알지 못함은 그를 알지 못함이라

하나님의 아들이신 예수님께서는 하늘나라의 영광 보좌를 다 버리고 친히 이 세상에 오셔서 33년 동안 사시면서 온갖 고난을 감수하셨습니다. 그리고 마지막에는 우리의 죄와 불의와 추악과 저주와 죽음까지도 다 짊어지고 십자가에 달리셨습니다. 그의 양손과 양발은 대못에 박혔으며 그의 머리에는 가시관이 씌워졌습니다. 그는 하늘과 땅 사이에 매달려서 처절한 고통을 당하셨습니다. 예수님께서는 우리들이 지은 죄의 값을 대신 지불하기 위하여 이런 엄청난 고통을 당하신 것입니다. 겟세마네 동산에서 "만일 할 만하시거든 이 잔을 내게서 지나가게 하옵소서 그러나 나의 원대로 마시옵고 아버지의 원대로 하옵소서"(마 26:39)라고 외치신 것을 볼 때 예수님께서 받으신 고통이 얼마나 크고 괴로운 것이었는지 알 수 있습니다. 하나님의 아들 예수님께서 친히 인간으로 이 세상에 오셔서 처참한 고통을 당하신 것은 우리를 향하신 하나님의 사랑이 얼마

나 큰가를 잘 나타내 주고 있습니다.

우리들은 값없이 구원을 얻었지만 그 대신 예수님께서는 우리를 구원하기 위해서 엄청난 대가를 치르셔야만 했습니다. 그러므로 이러한 큰 사랑을 받고 하나님의 자녀가 된 우리들은 우리를 구원하신 예수님께 늘 감사와 찬송을 드려야 하며 또한 그 은혜에 보답하기 위해 주님께 영광을 돌리는 헌신의 삶을 살아야 할 것입니다.

하지만 믿지 않는 세상 사람들은 예수님의 이 엄청난 사랑을 깨닫지 못합니다. 예수님께서 하나님의 아들이시며 그의 능력의 말씀으로 천지를 창조하셨고 지금은 만왕의 왕, 만주의 주로서 하나님 우편에 앉아 계시면서 하늘과 땅의 모든 권세를 가지고 계신 우리의 구주시란 사실을 깨닫지 못하고 있습니다. 또한 그분이 우리를 구원해 주셨을 뿐만 아니라 우리를 당신의 신부로 삼아 주셨다는 사실도 알 수가 없는 것입니다.

2절 사랑하는 자들아 우리가 지금은 하나님의 자녀라 장래에 어떻게 될지는 아직 나타나지 아니하였으나 그가 나타나시면 우리가 그와 같을 줄을 아는 것은 그의 참모습 그대로 볼 것이기 때문이니

우리가 하나님의 자녀가 되는 것은 나중에 죽고 나서 되는 것이 아닙니다. 우리는 벌써 하나님의 자녀가 되었습니다. 비록 우리의 장래가 어떻게 될지 우리들의 눈에는 보이지 않지만, 예수님께서 재림하실 때에 우리는 모두 일시에 변화되어 약한 몸이 강한 몸으로, 추한 몸이 영화로운 몸으로, 육의 몸이 신령한 몸으로, 죽을 몸이 영원히 살 몸으로 변화될 것이라는 사실을 믿음으로 받아들일 수가 있습니다.

3절 주를 향하여 이 소망을 가진 자마다 그의 깨끗하심과 같이 자기를 깨끗하게 하느니라

예수 그리스도를 향하여 소망을 가지고 있는 사람들이라면 예수님께서 깨끗하신 것과 같이 자신도 깨끗하게 살려고 노력하게 됩니다. 왜냐하면 예수님의 신부가 되고 그리스도의 모습을 닮아 죄가 존재하지 않는 천국에 들어가려 한다면 더욱 하나님께 가까이 나아가도록 노력해야 하며, 하나님의 뜻과 예수 그리스도의 소원을 따라 자신을 정결하고 깨끗하게 해야 하기 때문입니다.

약혼한 처녀가 약혼자의 뜻을 따라 자기 심신을 정결하게 하며 예쁘게 보이려고 노력하는 것처럼 예수 그리스도를 바라보며 소망을 가지고 사는 사람들은 더욱 거룩하고 의롭고 깨끗하게 살려고 노력합니다.

4절 죄를 짓는 자마다 불법을 행하나니 죄는 불법이라

'불법' 이란 법, 도리 등에 어긋나는 것을 말합니다. 그러므로 죄를 지었다는 것은 하나님의 법에서 어긋나 있다는 것을 말하며, 이것은 곧 불법을 행하는 것이고 하나님의 법을 깨뜨리고 하나님을 부인하는 것이 됩니다. 죄를 지으면서 하나님과 동행한다고 말할 수 없습니다. 왜냐하면 하나님은 의의 본체가 되시지만, 죄는 의의 본체이신 하나님을 부인하기 때문입니다.

5절 그가 우리 죄를 없애려고 나타나신 것을 너희가 아나니 그에게는 죄가 없느니라

예수님께서는 죄 없는 사람으로 동정녀에 의해 태어나시고 죄 없이 33

년을 사신 후에 우리의 지은 모든 죄를 대신 청산하기 위해서 십자가에 달려 처절한 고통을 당하셨습니다. 죄를 지은 사람은 반드시 죄의 값을 치러야 합니다. 그러나 우리는 아무도 자신의 죗값을 치를 만한 힘이 없기 때문에 하나님께서 그의 아들 예수 그리스도를 통해 우리의 죗값을 대신 청산해 주셨습니다. 이것이 바로 복음이며 기독교의 진수입니다.

6절 그 안에 거하는 자마다 범죄 하지 아니하나니 범죄하는 자마다 그를 보지도 못하였고 그를 알지도 못하였느니라

이 말을 헬라 원어에 나타난 대로 풀이하면 "그 안에 거하는 자마다 계속해서 범죄하지 아니하나니 계속해서 범죄하는 자들은 그를 보지도 못하고 그를 알지도 못하느니라."라는 의미가 됩니다.

예수 그리스도를 믿고 구원의 반열에 들어온 사람일지라도 죄를 짓기도 하고 죄에 걸려 넘어지기도 합니다. 그러나 즉시 통회하고 자복함으로 죄에서 돌아서서 죄로부터 멀리 떠나야 합니다. 만일 계속 죄 가운데 살면서 회개하지 않고 주를 믿는다고 말한다면 이러한 사람은 주님을 보지도 못하고 알지도 못한 사람이라 말할 수 있습니다.

7절 자녀들아 아무도 너희를 미혹하지 못하게 하라 의를 행하는 자는 그의 의로우심과 같이 의롭고

의를 행하는 자는 예수님의 의로우심과 같이 의롭습니다. 콩 심은 데 콩 나고 팥 심은데 팥 나는 것과 마찬가지로 예수님이 마음속에 심겨져 있는 사람은 삶을 통하여 예수님의 성품이 나타나게 됩니다. 우리들은 죄악 가운데 살면서 어쩌다 죄를 지을 때도 있지만 죄를 짓고 나면 고통

스럽고 괴롭기 때문에 곧 죄를 고백하고 회개하게 됩니다.

8절 죄를 짓는 자는 마귀에게 속하나니 마귀는 처음부터 범죄함이라 하나님의 아들이 나타나신 것은 마귀의 일을 멸하려 하심이라

마귀는 처음부터 하나님을 반역하고 불법을 행하여 하나님께 범죄하였습니다. 죄와 마귀는 동일합니다. 그러므로 우리가 죄를 지을 때는 마귀의 지배하에 있다는 사실을 알아야 합니다. 마귀는 우리를 도둑질하고 죽이고 멸망시키려고 우리에게 접근해 옵니다. 그러나 예수님께서는 이미 마귀의 권세를 멸하셨고 우리에게 생명을 얻게 하되 더욱 풍성한 생명을 얻게 해 주셨습니다. 예수님께서는 가시는 곳곳마다 죄를 멸하셨고 귀신을 쫓아내셨으며 절망을 소망으로 변화시켜 주셨습니다. 예수 그리스도는 어제나 오늘이나 영원토록 동일하신 분으로서 지금도 마귀의 일을 멸하기 위하여 우리 가운데 함께 거하십니다.

9절 하나님께로부터 난 자마다 죄를 짓지 아니하나니 이는 하나님의 씨가 그의 속에 거함이요 그도 범죄하지 못하는 것은 하나님께로부터 났음이라

하나님께로부터 난 자는 죄를 계속해서 짓지 않습니다. 그 이유는 하나님의 씨앗인 예수 그리스도께서 우리 속에 거하고 계시기 때문입니다. 예수 그리스도는 거룩하시고 의로우신 하나님이십니다. 그러므로 이러한 예수 그리스도를 우리 속에 심었으니 거룩하고 의로운 싹이 나고 열매가 맺히는 것은 당연한 일입니다. 우리 속에는 하나님의 씨앗인 예수 그리스도께서 계시기 때문에 범죄하게 되면 마음이 괴로워서 견딜 수 없게 됩

니다. 그러므로 우리는 생활 가운데서 크고 작은 죄들을 곧 회개함으로 쫓아 버려야 합니다.

10절 이러므로 하나님의 자녀들과 마귀의 자녀들이 드러나나니 무릇 의를 행하지 아니하는 자나 또는 그 형제를 사랑하지 아니하는 자는 하나님께 속하지 아니하니라

이 세상 사람들은 하나님의 자녀와 마귀의 자녀로 나누어집니다. 우리가 죄를 회개하고 의를 행하며 남을 미워하는 마음을 버리고 형제 사랑하기를 힘쓰게 될 때 우리에게서 하나님의 자녀 된 증거가 나타나게 됩니다. 그러나 죄를 짓고도 계속해서 회개하지 않고 형제를 사랑하기보다는 오히려 미워하는 마음으로 가득 차 있다면 이러한 사람은 이미 마귀의 자녀가 되어 있는 자입니다. 그러므로 우리들은 성령을 의지하여 우리의 생애 가운데 의를 행하기 위해 노력해야 합니다. 최선을 다하여 의를 행하고 미움을 버리고 사랑으로 살려고 해야 합니다. 이렇게 사는 삶이 예수 그리스도를 올바로 믿는 삶입니다.

11절 우리는 서로 사랑할지니 이는 너희가 처음부터 들은 소식이라

구약 시대부터 신약 시대를 거쳐 지금에 이르기까지 계속해서 우리에게 주시는 하나님의 말씀을 단 한마디로 요약하면 '사랑' 이라고 할 수 있습니다.

12절 가인같이 하지 말라 그는 악한 자에게 속하여 그 아우를 죽였으니 어떤 이유로 죽였느냐 자기의 행위는 악하고 그의 아우의 행

위는 의로움이라

가인이 그 아우 아벨을 돌로 쳐서 죽인 것을 본 절은 "그는 악한 자에게 속하였다."고 표현하였습니다. 이것은 가인이 마귀에게 속하였다는 것을 뜻합니다. 우리들의 마음속에 미워하는 마음이 생기면 이미 마귀의 지배하에 들어가 있음을 알아야 합니다. 가인의 아우 아벨은 하나님께 순종하며 살았지만, 가인은 시기와 미움과 질투로 인하여 동생 아벨을 돌로 쳐서 죽였습니다. 죄와 미움은 모두가 마귀에게 속한 성품이며 이것이 마귀의 양대 무기라는 것을 잊지 말아야 합니다.

2. 사랑의 참된 실천(3:13-19)

13. 형제들아 세상이 너희를 미워하여도 이상히 여기지 말라 14. 우
리는 형제를 사랑함으로 사망에서 옮겨 생명으로 들어간 줄을 알거
니와 사랑하지 아니하는 자는 사망에 머물러 있느니라 15. 그 형제
를 미워하는 자마다 살인하는 자니 살인하는 자마다 영생이 그 속에
거하지 아니하는 것을 너희가 아는 바라 16. 그가 우리를 위하여 목
숨을 버리셨으니 우리가 이로써 사랑을 알고 우리도 형제들을 위하
여 목숨을 버리는 것이 마땅하니라 17. 누가 이 세상의 재물을 가지
고 형제의 궁핍함을 보고도 도와줄 마음을 닫으면 하나님의 사랑이
어찌 그 속에 거하겠느냐 18. 자녀들아 우리가 말과 혀로만 사랑하

지 말고 행함과 진실함으로 하자 19. 이로써 우리가 진리에 속한 줄 을 알고 또 우리 마음을 주 앞에서 굳세게 하리니

13절 형제들아 세상이 너희를 미워하여도 이상히 여기지 말라

하나님의 자녀 된 우리들이 하나님께 순종하고 의롭게 살려고 노력할 때 어둠에 속한 세상 사람들이 우리를 미워하고 비난합니다. 그러나 그러한 어려운 상황에서도 우리는 예수님께 속하였기 때문에 그러한 고난과 박해를 감수하며 한 걸음 더 나아가 예수님을 알지 못하고 박해하는 세상 사람들을 위하여 기도할 수 있어야 합니다.

14절 우리는 형제를 사랑함으로 사망에서 옮겨 생명으로 들어간 줄을 알거니와 사랑하지 아니하는 자는 사망에 머물러 있느니라

사도 요한은 구원받은 자와 구원받지 않은 자의 구분을 형제를 사랑하느냐 사랑하지 않느냐로 판가름하고 있습니다. 구원받았다고 하면서 형제 사랑은커녕 미워하는 마음으로 가득 차 있으면서 입으로만 사랑을 부르짖는 자들은 마치 울리는 꽹과리와 같을 뿐 실상은 사망 가운데 그대로 있는 자들입니다. 천에다 빨간색 물을 들이면 빨간색 천이 되고 파란색 물을 들이면 파란색 천이 되는 것처럼 예수 그리스도가 우리 가운데 오시면 그분의 본체는 사랑이시기 때문에 어찌할 수 없이 우리도 형제를 사랑하게 되는 것입니다

15절 그 형제를 미워하는 자마다 살인하는 자니 살인하는 자마다 영생이 그 속에 거하지 아니하는 것을 너희가 아는 바라

사람이 사람을 미워하는 마음이 고조되면 나중에는 죽이고 싶을 정도로 밉습니다. 그러므로 미워한다는 것은 정신적인 살인이라고도 볼 수가 있습니다. 미움은 마음의 답답함과 괴로움, 우울증, 스트레스 등을 낳습니다. 우리가 참으로 평안한 가운데 살려고 한다면 반드시 사랑해야 합니다. 우리 속에 미움이 꽉 들어차서 정신적 살인을 하게 되면 우리 안에 영생이 거하지 아니하는 것입니다. 이러한 때에 우리가 취할 행동은 곧 회개하고 기도함으로 사랑이 우리를 온전히 점령하도록 하는 것입니다.

16절 그가 우리를 위하여 목숨을 버리셨으니 우리가 이로써 사랑을 알고 우리도 형제들을 위하여 목숨을 버리는 것이 마땅하니라

예수님께서는 우리를 사랑하십니다. 그 증거는 하늘의 하나님께서 죄인들을 위하여 인간으로 오셔서 우리의 죄를 대신하여 당신의 목숨을 버리신 사실을 통하여 잘 알 수 있습니다. 성경은 친구를 위하여 목숨을 버리는 것보다 더 큰 사랑이 없다고 말씀하고 있습니다(요 15:13). 이 말씀 안에는 '비록 형제나 친구를 위해 목숨은 버리지 못할지라도 미워하지는 말아야 될 것이 아닌가?' 라는 의미가 내포되어 있습니다. 그러므로 우리가 친구를 위하여 목숨을 버리지는 못할망정 절대로 미워해서는 안 됩니다. 형제를 미워하고 비난하고 공격하는 대신 그 형제의 결점을 위하여 기도하는 것이 진실로 아름다운 행위이며 그렇게 하는 것이 자신에게도 유익이 되는 것입니다.

17절 누가 이 세상의 재물을 가지고 형제의 궁핍함을 보고도 도와 줄 마음을 닫으면 하나님의 사랑이 어찌 그 속에 거하겠느냐

"나는 형제를 사랑합니다."라고 말하면서 행위로는 전혀 이웃을 돕지 않는다면 그 사람의 마음에 사랑이 있다고 말할 수 없습니다. 우리가 하나님의 복을 받아 살고 있으면서 우리보다 못한 처지에 있는 수많은 불우한 형제들에게 예수의 사랑으로 사랑한다고 말만 하고 실제 행동에 있어서는 그들을 전혀 돕지 않는다면 우리의 말은 거짓말이 됩니다. 하나님께서 우리에게 주신 물질이나 시간은 나의 것이 아니고 하나님의 것이며 하나님께서 우리에게 하나님의 일을 시키시려고 맡겨 주신 것이라는 청지기적 사명을 가지고 살아갈 때, 우리는 진실로 형제 사랑을 실천하게 되는 것입니다.

18-19절 자녀들아 우리가 말과 혀로만 사랑하지 말고 행함과 진실함으로 하자 이로써 우리가 진리에 속한 줄을 알고 또 우리 마음을 주 앞에서 굳세게 하리니

우리가 말과 혀로만 사랑하는 것은 매우 쉽습니다. 그러나 행함과 진실함으로 사랑을 실천하는 것은 그리 쉬운 일이 아닙니다. 하나님께서는 "나는 너를 사랑한다."고 말씀으로만 하지 않으시고 실제로 그 아들 예수 그리스도를 이 땅에 보내셔서 십자가에 못 박히게 하심으로 우리의 죄를 사하여 주시는 사랑을 보여 주셨습니다.

이와 같이 우리의 사랑도 행함과 실천이 따르는 진실한 사랑으로 나타나야 합니다. 사랑은 허다한 죄를 덮는다고 했습니다(벧전 4:8). 모든 사랑의 출발점은 가정입니다. 남편과 아내가 서로의 결점을 덮어 주고 기도해 주며 장점을 찾아 격려해 주면 부부 간에 사랑과 애정이 넘쳐 나게 됩니다. 이 사랑이 가정에 가득 차게 될 때 우리의 이웃과 교회와 사회와

나라가 사랑으로 가득 차게 될 것입니다.

그러므로 우리가 형제를 진실로 사랑한다면 진리 가운데 바로 서 있는 것이므로 마음에 확신과 담대함이 넘쳐나게 되는 것입니다.

3. 하나님 앞에 책망 듣지 않는 삶(3:20-24)

20. 이는 우리 마음이 혹 우리를 책망할 일이 있어도 하나님은 우리
마음보다 크시고 모든 것을 아시기 때문이라 21. 사랑하는 자들아
만일 우리 마음이 우리를 책망할 것이 없으면 하나님 앞에서 담대함
을 얻고 22. 무엇이든지 구하는 바를 그에게서 받나니 이는 우리가
그의 계명을 지키고 그 앞에서 기뻐하시는 것을 행함이라 23. 그의
계명은 이것이니 곧 그 아들 예수 그리스도의 이름을 믿고 그가 우리
에게 주신 계명대로 서로 사랑할 것이니라 24. 그의 계명을 지키는
자는 주 안에 거하고 주는 그의 안에 거하시나니 우리에게 주신 성령
으로 말미암아 그가 우리 안에 거하시는 줄을 우리가 아느니라

20절 이는 우리 마음이 혹 우리를 책망할 일이 있어도 하나님은 우리 마음보다 크시고 모든 것을 아시기 때문이라

우리 자신이 스스로 보아도 책망할 것이 있는데 하물며 모든 것을 아시는 하나님께서 우리를 보실 때 책망하실 것이 얼마나 많으시겠습니

까? 그러므로 우리가 하나님께 기도드릴 때는 먼저 자신을 돌아보며 책망 들을 만한 것이 있는지 살펴보고 회개해야 합니다. 또 자신이 깨닫지 못할 때에라도 성령께서 책망하시는 음성을 듣게 되면 곧바로 회개할 수 있어야 합니다. 회개하면 마음에 평안이 오고 하나님께 담대히 기도할 수 있으며 나중에 하나님의 심판대 앞에 설 때에도 담대할 수가 있습니다.

21절 사랑하는 자들아 만일 우리 마음이 우리를 책망할 것이 없으면 하나님 앞에서 담대함을 얻고

우리가 하나님 앞에 나아갈 때는 담대할 수 있어야 합니다. 죄를 짓고도 그 죄를 회개하지 않으면 두려움 때문에 하나님 앞에 바로 설 수가 없습니다. 우리가 마음속에 책망 들을 일이 있으면 사람에게도 떳떳하지 못한데 하물며 천지를 지으신 하나님 앞에 범죄한 것을 그대로 가지고 어찌 제대로 기도할 수 있겠습니까? 그러므로 기도하기 전에 먼저 하나님께 자신의 죄를 회개해야 합니다. 하나님께서는 우리가 죄를 자백하면 우리 죄를 사하시며 모든 불의에서 우리를 깨끗하게 해 주시겠다고 약속하셨습니다(1:9). 그러므로 하나님께 나아갈 때는 죄를 감추지 말고 모두 회개해야 합니다.

22절 무엇이든지 구하는 바를 그에게서 받나니 이는 우리가 그의 계명을 지키고 그 앞에서 기뻐하시는 것을 행함이라

하나님께서 가장 기뻐하시는 계명은 사랑의 계명입니다. 그러므로 우리가 사랑을 실천하면 하나님께서 우리가 간구하는 모든 것을 주십니

다. 왜냐하면 사랑을 실천하는 자의 기도의 동기는 사랑이기 때문입니다. 이러한 간구에 하나님께서 주시는 응답은 우연한 것이 아닙니다. 이것은 오직 하나님께 순종하는 자에게만 주어지는 것입니다.

23절 그의 계명은 이것이니 곧 그 아들 예수 그리스도의 이름을 믿고 그가 우리에게 주신 계명대로 서로 사랑할 것이니라

성경 전체에서 말하고 있는 하나님의 계명을 총괄해서 하나로 표현하면 '사랑' 입니다. 예수님께서는 우리가 사랑하되 마음을 다하고 목숨을 다하고 뜻을 다하여 하나님을 사랑하는 것이 가장 크고 첫째 되는 계명이요, 이웃을 내 몸과 같이 사랑하는 것이 둘째 되는 계명이라고 하셨습니다(마 22:37-39). 사랑의 계명이 곧 예수님께서 주신 계명이므로 이 계명을 지키지 않는 자는 하나님 앞에 바로 설 수 없기 때문에 담대히 기도할 수 없는 것은 당연한 것입니다. 그러므로 예수 그리스도를 믿으며 그 안에 속해 있는 사람들은 사랑이 제일임을 알아야 합니다. 고린도전서 13장 13절을 보면 "믿음, 소망, 사랑 이 세 가지는 항상 있을 것인데 그중의 제일은 사랑이라" 고 말씀하고 있습니다.

24절 그의 계명을 지키는 자는 주 안에 거하고 주는 그의 안에 거하시나니 우리에게 주신 성령으로 말미암아 그가 우리 안에 거하시는 줄을 우리가 아느니라

예수님께서 우리에게 주신 계명 즉 '사랑하라' 는 말씀을 지키며 사는 사람은 이미 하나님과 연합되어 있는 사람입니다. 형제를 사랑하는 것은 그리스도를 사랑할 때만 가능합니다. 또한 형제 사랑은 성령님께서 그

사람 속에 내주하고 계실 때 할 수 있습니다. 그렇기 때문에 형제를 사랑하는 사람의 마음에는 항상 주님이 함께 계시고 또한 주님 안에 거하는 모든 사람은 형제를 사랑하는 삶을 살고 있는 것입니다.

제 4 장

하나님은 **사랑**이시라

A COMMENTARY
ON THE FIRST EPISTLE OF
JOHN

본 장에서는 거짓 선지자들의 가르침을 공개하면서 거짓 영들의 정체가 하나님의 말씀에 의해서 드러나는 것처럼 하나님의 사랑을 실천하고 믿는 자들을 통해서도 밝혀진다는 것을 말하고 있습니다. 또한 우리가 하나님을 사랑하고, 또 서로 사랑해야 하는 이유는 하나님께서 우리를 위해 먼저 사랑을 나타내 보여 주셨기 때문이며, 우리가 사랑을 실천할 때 비로소 하나님께서 우리 안에 계신 것이 증명될 수 있다고 말합니다. 그 이유는 하나님이 곧 사랑 그 자체이시기 때문이라는 것입니다.

1. 진리의 영과 미혹의 영의 분별(4:1-6)

1. 사랑하는 자들아 영을 다 믿지 말고 오직 영들이 하나님께 속하였
나 분별하라 많은 거짓 선지자가 세상에 나왔음이라 2. 이로써 너희
가 하나님의 영을 알지니 곧 예수 그리스도께서 육체로 오신 것을 시
인하는 영마다 하나님께 속한 것이요 3. 예수를 시인하지 아니하는
영마다 하나님께 속한 것이 아니니 이것이 곧 적그리스도의 영이니
라 오리라 한 말을 너희가 들었거니와 지금 벌써 세상에 있느니라
4. 자녀들아 너희는 하나님께 속하였고 또 그들을 이기었나니 이는
너희 안에 계신 이가 세상에 있는 자보다 크심이라 5. 그들은 세상
에 속한 고로 세상에 속한 말을 하매 세상이 그들의 말을 듣느니라
6. 우리는 하나님께 속하였으니 하나님을 아는 자는 우리의 말을 듣
고 하나님께 속하지 아니한 자는 우리의 말을 듣지 아니하나니 진리
의 영과 미혹의 영을 이로써 아느니라

1절 사랑하는 자들아 영을 다 믿지 말고 오직 영들이 하나님께 속하였나 분별하라 많은 거짓 선지자가 세상에 나왔음이라

짐승은 영이 없기 때문에 하나님에 대한 의식이나 영원에 대한 의식이 없습니다. 하지만 인간은 다릅니다. 하나님께서 처음 인간을 창조하실 때 직접 사람의 코에 생기를 불어 넣으셨는데 이 생기가 바로 영입니다. 사람들은 속에 영이 있기 때문에 하나님을 사모하는 마음을 가지고 있습니다. 비록 죄 때문에 하나님을 아는 지식이 가려져 있지만 그래도 하나님을 추구하고 사모하는 마음은 인간 누구에게나 있습니다. 그래서 하나님을 아는 자는 하나님의 영과 교제를 하게 되고 하나님을 모르는 자는 마귀의 영과 교제를 하게 됩니다. 그러므로 우리는 항상 깨어 기도해야 합니다. 그리고 영적인 통찰력을 가지고 날마다 우리를 도둑질하고 죽이고 멸망시키려는 마귀와 미혹의 영들을 바로 보고 그들의 꾐에 빠지지 않도록 해야 합니다.

마귀는 우리들에게 불안, 초조, 절망, 고통 및 육체적 억압, 공갈 협박 등을 주면서 끊임없이 우리를 괴롭힙니다. 그러나 성령이 우리 가운데 내주해 계시면 믿음과 소망이 넘쳐나고 사랑과 희락과 화평, 오래 참음, 자비, 양선, 충성, 온유, 절제와 같은 성령의 열매를 맺게 됩니다. 그리고 우리의 영혼이 잘됨같이 범사가 잘되고 강건하며 생명을 얻되 넘치게 얻는 승리의 삶을 살 수 있게 되는 것입니다.

그러므로 우리가 영을 분별할 때에는 늘 세심한 주의를 기울여야 합니다. 더구나 요사이는 말세라서 마귀가 귀신들과 더불어 총공격을 강행하고 있기 때문에 아무 영이나 믿고 따른다거나 아무에게나 안수받는 일이 없어야 합니다. 그래야만 자신도 살고 이웃도 살릴 수 있습니다. 귀신은

한번 붙잡으면 지긋지긋하게 물고 늘어져 좀처럼 떨어지지 않습니다. 그로 인하여 당하는 고통은 이루 말할 수가 없습니다.

그러므로 우리가 영을 다 믿지 말고 사세히 시험해 보아 그 영이 진짜 하나님의 영에 속했는지를 분별할 수 있어야 합니다.

우리에게 영 분별의 은사가 있으면 시험은 간단합니다. 그러나 모두가 영 분별의 은사를 받은 것이 아니기 때문에 다른 방법으로 시험을 해봐야 합니다. 그런데 열매를 보고 그 나무를 아는 것처럼 그 사람의 입에서 나오는 말을 통해서 그 사람 속에 어떠한 영이 있는지를 알 수 있습니다.

진정 하나님의 영이라면 삼위일체 되시는 성부 하나님, 성자 예수님, 성령 하나님을 시인합니다. 만약 삼위일체를 인정하지 않는다면 그것은 하나님께로부터 온 영이라고 볼 수 없습니다. 하나님의 영은 하나님의 아들이신 예수 그리스도께서 친히 육체로 이 세상에 오셔서 33년을 사신 후 십자가에 못 박혀 피 흘려 돌아가심으로 우리의 대속 제물이 되어 주셨고 3일 만에 부활, 승천하셨으며 후에 산 자와 죽은 자를 심판하러 오심을 인정합니다.

그러나 마귀의 영은 이 사실을 인정하지 않거나 교묘히 변형시키거나 그 중 하나를 부인합니다. 우리가 자주 고백하는 사도신경은 기독교인들의 신앙을 잘 요약해 놓은 전통적인 신앙 고백입니다. 그러므로 사도신경에 어긋나는 것을 가르친다면 그것은 그리스도의 영이 아니라는 것을 알 수 있습니다.

2절 이로써 너희가 하나님의 영을 알지니 곧 예수 그리스도께서 육

체로 오신 것을 시인하는 영마다 하나님께 속한 것이요

그 당시 영지주의자들은 예수 그리스도께서 시간과 공간의 한계를 갖는 순수한 인간의 육체로 오셨음을 부인했습니다. 예수 그리스도께서 곧 하나님이시므로 시간과 공간을 초월하는 분이라고 생각했기 때문입니다. 그래서 예수님께서 실제로 동정녀 마리아의 몸에서 태어나 유아 시절과 청년기를 보내고 십자가에 못 박혀 죽으신 후 부활, 승천하셨다는 것을 인정하려 들지 않았습니다. 그리고 예수님께서 부활하셔서 제자들에게 환상으로 나타나신 것이지 실제 육체의 몸으로 오신 것은 아니라고 주장하였습니다. 사도 요한은 이러한 자들을 거짓 선지자로 규정하면서 그들을 책망하였습니다.

우리가 마귀의 영에 속한 자와 그리스도의 영에 속한 자를 구분할 수 있는 것은 예수 그리스도의 동정녀 탄생과 부활, 승천, 재림 등의 사건을 인정하느냐 부인하느냐 하는 것을 보고 알 수 있습니다.

그리스도에 속한 영들은 위의 모든 사건들을 인정하고 받아들이기 때문입니다.

3절 예수를 시인하지 아니하는 영마다 하나님께 속한 것이 아니니 이것이 곧 적그리스도의 영이니라 오리라 한 말을 너희가 들었거니와 지금 벌써 세상에 있느니라

예수님께서는 "내가 곧 길이요 진리요 생명이니 나로 말미암지 않고는 아버지께로 올 자가 없느니라"(요 14:6)고 말씀하셨습니다. 우리는 모두가 다 죄인이기 때문에 예수 그리스도의 대속의 은총을 통하지 않고서는 죄 사함을 받아 하나님께 의롭다고 인정받을 수 없습니다. 이 세상의

종교들이 만들어 놓은 수많은 길들 중에 우리를 하나님께로 인도할 수 있는 길은 오직 한 길뿐입니다. 그것은 바로 예수 그리스도를 통한 길입니다.

인간은 하나님의 형상대로 지음 받은 영적 존재이기 때문에 하나님을 찾고자 하는 욕구가 있습니다. 그 욕구를 채우기 위해서 사람들이 종교를 만들었으나 이것은 실제 구원과는 아무 상관이 없습니다. 그러므로 우리는 구원으로 인도하시는 분은 오직 예수 그리스도 한 분뿐이라는 것을 알고 항상 감사하며 순종하고 그의 인도하심을 따라 살아가야 합니다.

4절 자녀들아 너희는 하나님께 속하였고 또 그들을 이기었나니 이는 너희 안에 계신 이가 세상에 있는 자보다 크심이라

예수 그리스도를 믿는 우리가 하나님께 속해 있다는 것은 당연한 것입니다. 왜냐하면 "영접하는 자 곧 그 이름을 믿는 자들에게는 하나님의 자녀가 되는 권세"(요 1:12)를 주셨기 때문입니다. 우리는 세상이나 마귀에게 속한 사람이 아닙니다. 우리는 오직 하나님께 속하였기 때문에 성령께서 우리 가운데 오셔서 거하실 수 있는 것입니다.

우리 안에 계신 성령은 세상에 있는 모든 귀신이나 거짓 선지자의 영보다 크십니다. 그 성령께서 우리를 인도하여 삼위일체 하나님을 믿게 하고 부활의 주 예수 그리스도를 구주로 믿게 하며 재림하실 주를 믿도록 역사해 주십니다. 마귀는 우리를 도둑질하고 죽이고 멸망시키기 위해 우는 사자와 같이 두루 다니며 삼킬 자를 찾고 우리를 위협하지만, 우리 안에 계신 성령께서 마귀보다 크시기 때문에 우리는 충분히 마귀를

이길 수 있는 것입니다.

우리가 이와 같은 사실을 확신하고 믿게 될 때에 두려움은 사라지고 마귀를 담대히 대적함으로 승리하게 되는 것입니다.

5절 그들은 세상에 속한 고로 세상에 속한 말을 하매 세상이 그들의 말을 듣느니라

세상에 속한 사람들은 세상적인 말을 합니다. 세상의 부귀나 영화, 공명 같은 무가치한 것들을 자랑하며 살고, 그것을 듣는 세속인들은 부러워하며 살고 있습니다. 그러나 예수 그리스도를 믿고 중생한 신자들은 세상의 말을 듣게 되면 마음이 답답해지고 머리에 통증을 느끼게 됩니다. 그러므로 예수님을 믿고 거듭난 신자들은 성령께서 기뻐하시는 진리의 말씀과 항상 동행하는 삶을 살아야 하는 것입니다.

6절 우리는 하나님께 속하였으니 하나님을 아는 자는 우리의 말을 듣고 하나님께 속하지 아니한 자는 우리의 말을 듣지 아니하나니 진리의 영과 미혹의 영을 이로써 아느니라

하나님을 아는 자는 하나님의 사도들이나 하나님의 종들이 예수 그리스도를 전할 때 그 말씀을 의심 없이 믿습니다. 우리가 신앙생활을 할 때 영 분별의 척도는 오직 예수님입니다. 그러므로 그리스도론에 위배되지 않고 성삼위일체 하나님을 믿으며 성령의 역사를 인정하면 일단은 그 영을 의심하지 않아도 됩니다. 물론 성경의 해석이 틀릴 수도 있고 해석의 방향이 모호할 때도 있습니다. 또 똑같이 올바른 해석이라 하여도 강조점에 따라 차이가 있을 수 있습니다.

그러나 위의 문제점들과 달리 기독교의 기본 진리에 대하여 부정한다면 그것은 추호도 용납할 수 없는 것입니다.

2. 서로 사랑하라(4:7-13)

7. 사랑하는 자들아 우리가 서로 사랑하자 사랑은 하나님께 속한 것
이니 사랑하는 자마다 하나님으로부터 나서 하나님을 알고 8. 사랑
하지 아니하는 자는 하나님을 알지 못하나니 이는 하나님은 사랑이
심이라 9. 하나님의 사랑이 우리에게 이렇게 나타난 바 되었으니 하
나님이 자기의 독생자를 세상에 보내심은 그로 말미암아 우리를 살
리려 하심이라 10. 사랑은 여기 있으니 우리가 하나님을 사랑한 것
이 아니요 하나님이 우리를 사랑하사 우리 죄를 속하기 위하여 화목
제물로 그 아들을 보내셨음이라 11. 사랑하는 자들아 하나님이 이같
이 우리를 사랑하셨은즉 우리도 서로 사랑하는 것이 마땅하도다 12.
어느 때나 하나님을 본 사람이 없으되 만일 우리가 서로 사랑하면 하
나님이 우리 안에 거하시고 그의 사랑이 우리 안에 온전히 이루어지
느니라 13. 그의 성령을 우리에게 주시므로 우리가 그 안에 거하고
그가 우리 안에 거하시는 줄을 아느니라

7-8절 사랑하는 자들아 우리가 서로 사랑하자 사랑은 하나님께 속한 것이니 사랑하는 자마다 하나님으로부터 나서 하나님을 알고

사랑하지 아니하는 자는 하나님을 알지 못하나니 이는 하나님은 사랑이심이라

하나님은 사랑이십니다. 하나님은 그 자체가 사랑이시기 때문에 하나님을 모신 것은 곧 사랑을 소유한 것과도 같습니다. 그러므로 우리가 사랑의 울타리 속에 들어와 있다면 서로 사랑하지 않을 수 없습니다. 이렇게 서로 사랑하게 될 때 우리 모두는 하나님께 속하였고 하나님께 구원받았다는 것을 알게 됩니다. 믿음 안에서의 진정한 사랑은 자기만 사랑받겠다는 이기적인 욕심을 버리고 서로 인내하고 용납하고 용서함으로써 하나님의 뜻을 성취시켜 드리는 것입니다. 예수님을 믿으면서 이런 사랑이 없다면 그는 하나님을 모르는 사람입니다.

또 하나님을 사랑한다 하면서 허랑방탕하여 온갖 나쁜 일을 자행한다면 그것도 하나님을 모욕하는 그릇된 사랑입니다. 참된 사랑이란 서로 하나님의 계명을 지킬 수 있도록 격려해 주며 그 영혼이 구원받을 수 있도록 인도해 주는 것입니다. 이것이 사랑에 있어서의 가장 중요한 핵심입니다. 그러므로 참으로 하나님을 사랑하는 자라면 자기가 먼저 계명을 지키고 또 다른 사람이 계명을 지킬 수 있도록 도와줍니다.

구원은 믿음으로 받지만 그 믿음은 우리가 계명을 지키려고 애쓸 때에 구원받은 자의 증거로 우리를 통해 나타나게 됩니다. 구약에서의 계명은 율법이지만 신약에서의 계명은 사랑입니다.

그러므로 우리 속에서 우러나오는 그 사랑으로 이웃을 사랑하되 주님의 계명을 따라 사랑하는 것이 참다운 사랑이라 할 수 있는 것입니다.

9절 하나님의 사랑이 우리에게 이렇게 나타난 바 되었으니 하나님

이 자기의 독생자를 세상에 보내심은 그로 말미암아 우리를 살리려 하심이라

하나님의 사랑은 독생자이신 예수 그리스도를 통해서 나타났고 이 사랑을 통해 우리를 살리는 능력이 나타나게 되었습니다. 오늘날 복음을 전할 때에도 사람을 살리는 복음의 증인이 되어야지 정죄하며 오히려 무거운 짐을 더해 주는 복음의 증인이 되어서는 안 됩니다. 하나님께서 독생자 예수 그리스도를 세상에 보내신 것은 예수님을 통해 우리를 살리려는 것이지 심판하려는 것이 아닙니다.

10절 사랑은 여기 있으니 우리가 하나님을 사랑한 것이 아니요 하나님이 우리를 사랑하사 우리 죄를 속하기 위하여 화목제물로 그 아들을 보내셨음이라

하나님은 사랑의 본질입니다. 우리가 스스로 하나님을 믿고 사랑하게 된 것이 아니라 사랑의 본질이신 하나님께서 우리가 하나님을 믿을 수 있도록 허락해 주시고 먼저 우리에게 사랑을 베풀어 주신 것입니다. 하나님이 베푸신 사랑을 체험한 사람은 그 받은 사랑으로 이웃도 사랑할 수 있게 됩니다.

이러므로 예수 그리스도를 믿는 사람일지라도 진정한 사랑을 하려면 먼저 하나님의 사랑을 체험해야 합니다. 하나님의 아들 예수 그리스도를 구주로 모시고 성령 충만을 받아서 하나님의 사랑이 마음속에서 넘쳐나게 될 때 "우리가 만일 미쳤어도 하나님을 위한 것이요 정신이 온전하여도 너희를 위한 것이니 그리스도의 사랑이 우리를 강권하시는도다"(고후 5:13-14)라는 사도 바울의 고백을 할 수 있게 됩니다. 이러한 고백은 우

리가 성령 충만을 받을 때에만 가능합니다. 이 세상에서의 가장 큰 행복은 하나님의 사랑을 마음속에 간직하고 있는 것입니다. 로마서 5장 5절은 "소망이 우리를 부끄럽게 하지 아니함은 우리에게 주신 성령으로 말미암아 하나님의 사랑이 우리 마음에 부은 바 됨이니"라고 기록되어 있습니다. 오직 하나님의 성령만이 우리 속에 사랑을 채우실 수 있다는 말입니다. 그러므로 이 사실을 잊지 않고 이것을 위해 열심히 기도하는 사람에게는 성령께서 주시는 하나님의 사랑이 넘쳐나고, 또 기쁨과 믿음과 사랑의 열매를 맺게 되는 것입니다.

11절 사랑하는 자들아 하나님이 이같이 우리를 사랑하셨은즉 우리도 서로 사랑하는 것이 마땅하도다

하나님께서 자기의 독생자를 주시기까지 사랑하신 그 사랑을 받은 우리가 서로 사랑하는 것은 당연한 일입니다. 이 사랑은 계명을 중심으로 한 것이며 사랑이 실천으로 옮겨질 때 참사랑이 이루어질 수 있게 되는 것입니다.

12절 어느 때나 하나님을 본 사람이 없으되 만일 우리가 서로 사랑하면 하나님이 우리 안에 거하시고 그의 사랑이 우리 안에 온전히 이루어지느니라

하나님께서는 영이시기 때문에 우리 눈에는 보이지 않습니다. 그러나 하나님의 사랑이 우리에게서 나타난다면 그것으로 하나님께서 우리 가운데 계신다는 것을 알 수가 있습니다. 왜냐하면 하나님께서는 곧 사랑이시기 때문입니다.

13절 그의 성령을 우리에게 주시므로 우리가 그 안에 거하고 그가 우리 안에 거하시는 줄을 아느니라

하나님의 사랑은 성령을 통해서 우리 속에 잉태되기 때문에 하나님의 성령이 우리 속에 거하시면 하나님의 사랑이 우리 마음속에 넘쳐나게 되고 우리가 하나님 안에 있고 하나님이 우리 안에 계신 것을 알 수 있게 됩니다. 그러므로 우리가 성령의 충만을 받기 위해서는 늘 깨어 기도하는 생활을 해야 합니다.

3. 하나님은 사랑이시라(4:14-21)

**14. 아버지가 아들을 세상의 구주로 보내신 것을 우리가 보았고 또
증언하노니 15. 누구든지 예수를 하나님의 아들이라 시인하면 하나
님이 그의 안에 거하시고 그도 하나님 안에 거하느니라 16. 하나님
이 우리를 사랑하시는 사랑을 우리가 알고 믿었노니 하나님은 사랑
이시라 사랑 안에 거하는 자는 하나님 안에 거하고 하나님도 그의 안
에 거하시느니라 17. 이로써 사랑이 우리에게 온전히 이루어진 것은
우리로 심판 날에 담대함을 가지게 하려 함이니 주께서 그러하심과
같이 우리도 이 세상에서 그러하니라 18. 사랑 안에 두려움이 없고
온전한 사랑이 두려움을 내쫓나니 두려움에는 형벌이 있음이라 두
려워하는 자는 사랑 안에서 온전히 이루지 못하였느니라 19. 우리가
사랑함은 그가 먼저 우리를 사랑하셨음이라 20. 누구든지 하나님을**

사랑하노라 하고 그 형제를 미워하면 이는 거짓말하는 자니 보는바 그 형제를 사랑하지 아니하는 자는 보지 못하는바 하나님을 사랑할 수 없느니라 21. 우리가 이 계명을 주께 받았나니 하나님을 사랑하는 자는 또한 그 형제를 사랑할지니라

14절 아버지가 아들을 세상의 구주로 보내신 것을 우리가 보았고 또 증언하노니

사도 요한은 하나님께서 그 아들 예수 그리스도를 육신으로 보내신 것을 직접 보았고 3년 반 동안 예수님과 함께 생활하였습니다. 그래서 그는 예수 그리스도를 믿을 수 있었고 또 그를 전할 수 있었습니다. 우리들은 비록 예수 그리스도를 육안으로 보지 못하였지만 성령을 통해 믿음으로 말미암아 하나님의 사랑을 마음속으로 체험했습니다. 성경은 "보지 못하고 믿는 자들은 복되도다"(요 20:29)고 했습니다. 그러므로 예수님을 보지 못한 상태에서도 열심히 믿음 생활을 하는 우리들은 더 많은 복을 받을 자들인 것입니다.

15절 누구든지 예수를 하나님의 아들이라 시인하면 하나님이 그의 안에 거하시고 그도 하나님 안에 거하느니라

하나님은 오직 예수 그리스도를 통해서만 만날 수 있습니다. 예수님은 곧 하나님의 영광의 광채시며 그 본체의 형상이시기 때문입니다.

그러므로 오직 예수님을 통해서만 하나님과 교제할 수 있고 그분께 경배드릴 수 있습니다. 이 말은 아들이 있는 곳에는 아버지가 계시고 아들이 없는 곳에는 아버지도 안 계신다는 것을 뜻하며 아들과 아버지가 하나

라는 것을 뜻하기도 합니다.

16-17절 하나님이 우리를 사랑하시는 사랑을 우리가 알고 믿었노니 하나님은 사랑이시라 사랑 안에 거하는 자는 하나님 안에 거하고 하나님도 그의 안에 거하시느니라 이로써 사랑이 우리에게 온전히 이루어진 것은 우리로 심판 날에 담대함을 가지게 하려 함이니 주께서 그러하심과 같이 우리도 이 세상에서 그러하니라

하나님은 사랑이시므로 사랑 안에 거하는 것은 곧 하나님 안에 거하는 것이 됩니다.

우리에게서 사랑이 넘쳐 나게 되면 하나님이 심판하러 오실 때에도 두려움 없이 담대하게 설 수가 있습니다. 예수님께서는 이 세상에 계실 때 하나님을 사랑하고 인간을 사랑하는 마음으로 가득 차 있었습니다. 그래서 예수님께서는 하나님의 많은 사랑을 받으면서 늘 하나님과 동행하며 사셨습니다. 이와 같이 예수 그리스도를 믿는 우리들의 마음속을 사랑으로 가득 채우면 하나님의 사랑을 받으며 하나님의 영광을 위해서 살아갈 수 있게 될 것입니다.

18절 사랑 안에 두려움이 없고 온전한 사랑이 두려움을 내쫓나니 두려움에는 형벌이 있음이라 두려워하는 자는 사랑 안에서 온전히 이루지 못하였느니라

사랑이 있으면 두려움은 떠나가게 됩니다. 두려움은 죄를 통하여 우리에게 들어옵니다. 우리가 남모르게 죄를 짓고 나면 겉으로는 태연한 척하여도 마음속에는 온갖 두려움이 가득 차게 됩니다. 왜냐하면 죄는

늘 두려움을 동반하기 때문입니다.

그러나 이러한 두려움도 우리 안에 예수 그리스도의 사랑이 들어오면 떠나가게 됩니다. 온전한 사랑이란 죄를 버리고 회개하여 하나님 중심으로 사는 삶을 말합니다. 이러므로 우리 안에 두려움이 있다는 것은 하나님의 사랑이 우리 안에 없다는 것을 의미합니다.

두려움이 다가오면 그 두려움과 함께 형벌이 따릅니다. 우리가 두려워하는 것이 우리에게 그대로 이루어지기 때문입니다. 그러므로 우리들의 마음속에 두려움이 들어오거든 곧 나에게 죄가 있는 것은 아닌가 생각해 보아야 합니다. 그리고 죄가 있다면 통회 자복하여 예수 그리스도의 사랑으로 우리의 마음을 가득 채워야 합니다.

19-20절 우리가 사랑함은 그가 먼저 우리를 사랑하셨음이라 누구든지 하나님을 사랑하노라 하고 그 형제를 미워하면 이는 거짓말하는 자니 보는바 그 형제를 사랑하지 아니하는 자는 보지 못하는바 하나님을 사랑할 수 없느니라

우리가 주님을 사랑하게 된 것은 먼저 주님께서 우리를 사랑해 주셨기 때문입니다.

우리 속에 하나님의 사랑이 있다면 우리들은 하나님을 사랑하고 형제를 사랑하게 됩니다. 그런데 하나님을 사랑한다고 하면서 형제를 미워한다면 그것은 사랑하는 것이라고 말할 수 없습니다. 눈에 보이는 부모나 형제, 친척, 친구를 사랑으로 섬기지 못하면서 하나님을 사랑한다고 말한다면 그 말은 거짓이고 위선입니다.

21절 우리가 이 계명을 주께 받았나니 하나님을 사랑하는 자는 또한 그 형제를 사랑할지니라

예수 그리스도를 믿고 구원받은 사람들이라면 계명을 중심으로 하는 사랑을 해야만 합니다. 계명을 떠난 사랑은 있을 수 없습니다. 하나님께서는 우리에게 사랑의 계명을 주셨습니다. 그러므로 이 계명을 받은 우리들은 하나님을 사랑하고 형제와 이웃을 사랑해야 하는 것입니다.

제 5 장

영원한 **생명**

A COMMENTARY
ON THE FIRST EPISTLE OF
JOHN

본 장에서는 영생이 예수 그리스도께 있음을 말해 주고 있습니다. 이 진리는 성령께서 친히 증언하셨고 하나님께서 확증해 주셨으며 누구든지 이 진리를 받아들이기만 하면 예수 그리스도를 통해 영생을 소유하게 된다는 사실을 증명해 주고 있습니다. 또한 영생을 소유한 하나님의 자녀들이 어떠한 신앙생활을 해야 하는가에 대하여 말을 하고 있습니다.

1. 계명과 사랑에 관한 교훈(5:1-3)

1. 예수께서 그리스도이심을 믿는 자마다 하나님께로부터 난 자니 또한 낳으신 이를 사랑하는 자마다 그에게서 난 자를 사랑하느니라 2. 우리가 하나님을 사랑하고 그의 계명들을 지킬 때에 이로써 우리가 하나님의 자녀를 사랑하는 줄을 아느니라 3. 하나님을 사랑하는 것은 이것이니 우리가 그의 계명들을 지키는 것이라 그의 계명들은 무거운 것이 아니로다

1절 예수께서 그리스도이심을 믿는 자마다 하나님께로부터 난 자니 또한 낳으신 이를 사랑하는 자마다 그에게서 난 자를 사랑하느니라

사도 요한이 이 편지를 쓸 당시는 그노시스 학파(영지주의)가 있던 때였습니다. 그노시스 학파는 "그리스도가 초월적인 하나님이시며 동시

에 하나님의 아들이신데 어떻게 인간의 육체를 입고 이 땅에 오실 수 있겠는가?" 라는 의문을 제기하며 예수님의 인성을 부인하는 자들이었습니다. 그들은 예수님이 요단 강에서 침례 받으실 때 그리스도의 영이 예수님께 잠시 임하여 계셨으나 예수님이 십자가에 못 박혀 돌아가실 때 떠나가 버렸다고 주장하는 이단 종파입니다.

이런 이단들 때문에 사도 요한은 예수 그리스도에 대해 더욱 강조하고 있는 것입니다. '예수' 란 이름은 예수님의 인성을 말하고 '그리스도' 는 예수님께서 육신을 입고 오신 역사적 인물인 동시에 하나님의 기름 부음을 받은 자이며 또 하나님의 아들이라는 사실을 거듭 말해 주고 있습니다. 이 사실을 믿는 자 모두가 하나님께로부터 난 자들이며 이것은 오늘날 우리들에게도 동일하게 적용됩니다.

또 하나님께서 우리를 사랑하시기 때문에 예수님을 이 땅에 보내 주셨다는 사실을 믿고 그 하나님을 사랑하는 사람이라면 예수님 안에서 믿는 형제자매들을 사랑하게 됩니다. 이 말은 하나님을 사랑하는 자가 그 형제도 사랑할 수 있다는 말입니다.

2절 우리가 하나님을 사랑하고 그의 계명들을 지킬 때에 이로써 우리가 하나님의 자녀를 사랑하는 줄을 아느니라

우리가 하나님을 사랑한다고 아무리 입으로 외칠지라도 하나님께서 주신 계명을 지키지 않는다면 그것은 참된 사랑이라고 할 수 없습니다.

요즘 '상황 윤리' 라고 하여 자기 편리한 대로 합리화시키는 윤리관이 유행하고 있는데 이것은 성경적으로 볼 때 올바른 윤리관이라 할 수 없습니다. 물론 계명을 지킴으로 구원받는 것은 아닙니다. 구원은 오직 예수

그리스도를 믿는 믿음으로 말미암아 얻는 것입니다. 하지만 구원받은 사람은 자연히 하나님을 사랑하고 하나님께서 주신 계명을 열심히 지키게 됩니다.

그러므로 계명을 열심히 지키는 자가 하나님을 사랑하는 자라고 말할 수 있는 것입니다. 만약 계명을 전혀 지키지 않는 사람이 있다면 그 사람은 아직 거듭나지 못한 사람입니다. 중생한 사람이라면 비록 정도의 차이는 있을지라도 하나님이 주신 계명을 지키기 때문입니다. 이러므로 성경은 "너희가 나를 사랑하면 나의 계명을 지키리라" (요 14:15)고 말씀하고 있습니다.

하지만 구원이 계명으로부터 오는 것은 아닙니다. 우리가 예수 그리스도를 믿고 구원받아 하나님을 사랑하는 사람이라면 반드시 계명을 지켜야 한다는 것입니다. 계명을 지키는 것이 곧 하나님을 사랑하는 척도가 되기 때문입니다. 그러므로 사랑과 계명은 항상 함께한다는 것을 잊지 말아야 합니다.

3절 하나님을 사랑하는 것은 이것이니 우리가 그의 계명들을 지키는 것이라 그의 계명들은 무거운 것이 아니로다

우리가 하나님을 사랑한다고 하는 말은 계명을 지킬 때에야 비로소 증명이 됩니다. 그러므로 하나님을 사랑한다고 말하면서 주일을 지키지 않고 십일조도 드리지 않는다면 그것은 하나님을 사랑하는 것이 아닙니다. 또 십일조는 드리면서 주일을 지키지 않는다면 이것도 참된 사랑의 증거가 될 수 없습니다. 물론 주일에 생명을 살리기 위해서 일하는 것은 어쩔 수 없지만 개인의 영리를 위해서 성수 주일을 하지 않는다면 그것

은 계명을 어기는 것이 됩니다.

많은 사람들이 예수님을 믿으려 해도 지켜야 될 사항이 너무 많아 부담스럽다고 합니다. 그러나 예수님께서 주시는 계명은 결코 무거운 것이 아닙니다. 예수님을 믿지 않는 사람이 볼 때는 이 계명이 힘들어 보이지만 예수님을 믿는 사람에게는 예수님께서 이미 모두 다 이겨 놓으신 싸움을 싸우는 것이요, 계명을 지킬 수 있는 능력이 있는 성령께서 우리 속에 거하셔서 우리를 붙잡아 주시기 때문에 결코 무겁지 않은 것입니다.

2. 성령과 물과 피의 증거(5:4-12)

**4. 무릇 하나님께로부터 난 자마다 세상을 이기느니라 세상을 이기
는 승리는 이것이니 우리의 믿음이니라 5. 예수께서 하나님의 아들
이심을 믿는 자가 아니면 세상을 이기는 자가 누구냐 6. 이는 물과
피로 임하신 이시니 곧 예수 그리스도시라 물로만 아니요 물과 피로
임하셨고 증언하는 이는 성령이시니 성령은 진리니라 7. 증언하는
이가 셋이니 8. 성령과 물과 피라 또한 이 셋은 합하여 하나이니라
9. 만일 우리가 사람들의 증언을 받을진대 하나님의 증거는 더욱 크
도다 하나님의 증거는 이것이니 그의 아들에 대하여 증언하신 것이
니라 10. 하나님의 아들을 믿는 자는 자기 안에 증거가 있고 하나님
을 믿지 아니하는 자는 하나님을 거짓말하는 자로 만드나니 이는 하**

나님께서 그 아들에 대하여 증언하신 증거를 믿지 아니하였음이라
11. 또 증거는 이것이니 하나님이 우리에게 영생을 주신 것과 이 생
명이 그의 아들 안에 있는 그것이니라 12. 아들이 있는 자에게는 생
명이 있고 하나님의 아들이 없는 자에게는 생명이 없느니라

4절 무릇 하나님께로부터 난 자마다 세상을 이기느니라 세상을 이기는 승리는 이것이니 우리의 믿음이니라

하나님께로부터 난 자들은 세상을 이깁니다. 그것은 하나님의 아들인 예수님께서 이 세상을 이기셨기 때문입니다. 예수님께서는 죄와 마귀와 질병과 저주를 다 이기셨습니다. 성령으로 우리 가운데 오셔서 우리 안에 계신 예수 그리스도께서는 세상에 있는 자보다 크시기 때문입니다. 하나님께로부터 나지 않은 사람들은 자기 힘으로 세상을 이기려고 하지만 도저히 불가능합니다. 세상을 이길 수 있는 힘은 오직 예수님께서 세상을 이기셨다는 사실을 믿음으로 소유하는 자에게만 주어지는 것입니다.

5절 예수께서 하나님의 아들이심을 믿는 자가 아니면 세상을 이기는 자가 누구냐

예수님께서 하나님의 아들이시고 우리를 위해 십자가에서 세상과 마귀를 이기셨다는 사실을 믿는 사람은 이 세상을 이길 수 있습니다. 그러나 예수님께서 하나님의 아들이시라는 것을 믿지 않는 사람들은 죄, 마귀, 저주, 질병, 절망, 죽음 등을 이겨낼 힘이 없는 것입니다.

6절 이는 물과 피로 임하신 이시니 곧 예수 그리스도시라 물로만 아니요 물과 피로 임하셨고 증언하는 이는 성령이시니 성령은 진리니라

예수님께서 숨을 거두실 때 "다 이루었다" 고 하시고 "내 영혼을 아버지께 부탁하나이다" 라는 말씀을 끝내시는 순간 예루살렘 성전에 있는 지성소와 성소 사이의 휘장이 위에서부터 아래까지 단번에 찢어졌습니다(눅 23:45-46; 요 19:30). 이 사건 이전에는 하나님께서 허락하신 자들 외에는 아무도 지성소 안에 들어갈 수가 없었습니다. 왜냐하면 허락하신 자들 이외의 사람들이 지성소 안에 들어가면 하나님께 죽임을 당했기 때문이었습니다.

그러나 이제는 예수 그리스도의 흘리신 피가 하나님과 사람 사이의 담을 헐어 버렸기 때문에 누구든지 예수 그리스도의 피 공로를 믿고 하나님께 나아오는 자는 주님의 은혜로 하나님과 직접 교제를 나누며 은총을 체험할 수가 있게 되었습니다. 이와 같이 위의 사건은 아무도 부인할 수 없는 위대한 증거가 되는 것입니다.

7절 증언하는 이가 셋이니

물과 피의 증언 외에도 성령께서 직접 증언해 주시는데, 그것은 우리가 물과 피의 증언을 믿을 때에 성령께서 우리의 마음속에 '이것이 참이다.' 라고 확신을 주심으로 증언해 주시는 것을 말합니다.

8절 성령과 물과 피라 또한 이 셋은 합하여 하나이니라

예수님께서 하나님의 아들이시며 우리의 구주가 되신다는 증거는 세

가지가 있습니다. 첫째, 요단 강에서 침례를 받으실 때 성령이 비둘기같이 임하심으로 증언해 주셨고 둘째, 예수님께서 침례를 받고 물에서 나오실 때 하나님께서 친히 음성으로 '내 사랑하는 아들' 이라고 말씀하심으로 증언해 주셨으며 셋째, 예수님께서 십자가에서 피 흘려 죽으시고 사망을 이기고 부활·승천하심으로 친히 증언해 주셨습니다. 그로 인해 예루살렘 성전의 휘장이 찢어짐으로 우리와 하나님과의 막힌 담이 무너져 화목한 사이가 되었습니다.

이러한 사건들이 예수님께서 우리의 구주이심을 증언해 주고 있으며, 세 가지 증거인 성령과 물과 피가 오직 예수 그리스도 한 분만을 증언함으로 이 셋이 곧 하나가 되는 것입니다.

9절 만일 우리가 사람들의 증언을 받을진대 하나님의 증거는 더욱 크도다 하나님의 증거는 이것이니 그의 아들에 대하여 증언하신 것이니라

사람들은 문제가 발생하여 재판을 받을 때 자신들의 문제를 입증하기 위해 증인을 세웁니다. 이와 같이 사람의 일은 사람이 증언하게 됩니다. 그러나 예수님은 하나님께서 직접 증언해 주셨습니다. 하나님은 예수님께서 침례 받으실 때 자신의 사랑하는 아들이심을 소리로 증언하셨고 또 십자가에 못 박혀 돌아가실 때 성전의 휘장을 찢으심으로 하나님의 아들이심을 증언해 주셨습니다. 그리고 오순절날 다락방에서 120문도가 기도할 때 하늘에서 급하고 강한 바람 같은 소리가 나고 불의 혀같이 갈라지는 것이 각 사람 머리 위에 임하고 모두 다 성령의 충만함을 받고 성령의 말하게 하심을 따라 각기 다른 방언으로 말함으로 성령의 증거를 보

여 주셨습니다. 그러므로 하나님께서 증언해 주신 이 세 가지 증거는 우리가 부인하려고 해도 부인할 수 없는 사실인 것입니다.

기독교의 신앙은 성령님을 통해서 예수 그리스도에 대한 증언을 받음으로 하나님의 사랑 안에서 두려움 없이 담대한 신앙생활을 하는 것입니다.

10절 하나님의 아들을 믿는 자는 자기 안에 증거가 있고 하나님을 믿지 아니하는 자는 하나님을 거짓말하는 자로 만드나니 이는 하나님께서 그 아들에 대하여 증언하신 증거를 믿지 아니하였음이라

예수님을 믿고 중생한 사람은 성령께서 그 마음에 확신의 증거를 주시기 때문에 성령이 임하시게 되면 믿음이 자라면서 의심하던 모든 것들이 일시에 사라집니다. 그렇게 되면 예수 안에서 천국과 영생에 대한 소망이 생기고 하나님과 이웃에 대한 사랑이 생기며 죄를 멀리하고 성화되면서 기쁨과 평안의 삶을 살게 됩니다.

그러나 하나님을 믿지 않는 자들은 하나님을 거짓말하는 분으로 만들어 버립니다. 왜냐하면 하나님께서 증언해 주신 모든 것을 거짓으로 만들기 때문입니다. 이러한 자들은 꿈도 소망도 없으며 결국 하나님과의 관계가 끊어져 버림으로 영원한 멸망을 당하게 됩니다.

11절 또 증거는 이것이니 하나님이 우리에게 영생을 주신 것과 이 생명이 그의 아들 안에 있는 그것이니라

하나님께서 증언해 주심으로 말미암아 우리는 하나님께서 주신 영생,

즉 하나님의 아들 예수 그리스도 안에 있는 생명을 얻게 된 것입니다.

12절 아들이 있는 자에게는 생명이 있고 하나님의 아들이 없는 자에게는 생명이 없느니라

하나님의 아들이신 예수 그리스도는 생명 그 자체이시기 때문에 예수 그리스도를 모신 사람은 하나님의 영원한 생명을 소유할 수 있게 됩니다.

그런데 예수 그리스도를 믿지 않는 사람들은 하나님의 영원한 생명과는 관계가 없습니다. 우리 인간의 영원한 삶과 죽음이 예수 그리스도와의 관계에 의한다는 것을 깨달아야 합니다. 예수 그리스도를 믿는 자에게는 하나님의 생명이 함께하지만 예수 그리스도를 믿지 않는 자에게는 하나님의 생명이 있을 수 없기 때문입니다.

이러므로 우리가 살아도 주를 위해 살고 죽어도 주를 위해 죽겠다는 마음으로 예수님과 동행하는 삶을 사는 것이 가장 보람되고 가치 있는 삶입니다(롬 14:8).

3. 우리의 담대한 신앙(5:13-15)

13. 내가 하나님의 아들의 이름을 믿는 너희에게 이것을 쓰는 것은 너희로 하여금 너희에게 영생이 있음을 알게 하려 함이라 14. 그를 향하여 우리가 가진바 담대함이 이것이니 그의 뜻대로 무엇을 구하면 들으심이라 15. 우리가 무엇이든지 구하는 바를 들으시는 줄을 안즉 우리가 그에게 구한 그것을 얻은 줄을 또한 아느니라

13절 내가 하나님의 아들의 이름을 믿는 너희에게 이것을 쓰는 것은 너희로 하여금 너희에게 영생이 있음을 알게 하려 함이라

하나님의 아들의 이름을 믿는 사람들에게는 영생의 소유권이 있습니다. 그러나 예수 그리스도를 구주로 믿는다고 하면서도 "지금 당장 죽어도 천국에 갈 자신이 있습니까?" 라는 질문에 확신 있게 대답하지 못한다면 그 사람은 하나님의 말씀을 잘 모르고 있는 것입니다. 이 서신을 기록할 당시에도 이런 사람들이 많이 있었기 때문에 사도 요한은 이들에게 바른 하나님의 말씀을 심어 주기 위해 이같이 기록한 것입니다.

14-15절 그를 향하여 우리가 가진바 담대함이 이것이니 그의 뜻대로 무엇을 구하면 들으심이라 우리가 무엇이든지 구하는 바를 들으시는 줄을 안즉 우리가 그에게 구한 그것을 얻은 줄을 또한

아느니라

세상에 소망을 두고 살아가는 믿지 않는 사람들은 무엇을 먹을까, 무엇을 입을까, 무엇을 마실까 고민하며 살아가기 때문에 늘 마음이 불안한 상태에 있습니다. 그러나 예수 그리스도를 믿는 우리들은 평안과 기쁨과 담대함을 가지고 자신 있게 생활할 수 있습니다. 왜냐하면 우리의 아버지 되시는 하나님께서 그분의 뜻대로 무엇을 구할 때에는 항상 우리의 기도를 들어주신다는 것을 알고 있기 때문입니다.

그러나 우리는 기도하기 전에 먼저 하나님의 뜻을 분별해야 합니다. 우리의 기도가 하나님의 뜻에 합당한지 하나님의 말씀을 통해 확인한 후 기도하면 담대한 기도를 드릴 수 있게 되고, 또 그렇게 할 때 하나님께서 주시는 놀라운 기도 응답을 체험할 수 있기 때문입니다.

4. 사망에 이르는 죄(5:16-17)

16. 누구든지 형제가 사망에 이르지 아니하는 죄 범하는 것을 보거든 구하라 그리하면 사망에 이르지 아니하는 범죄자들을 위하여 그에게 생명을 주시리라 사망에 이르는 죄가 있으니 이에 관하여 나는 구하라 하지 않노라
17. 모든 불의가 죄로되 사망에 이르지 아니하는 죄도 있도다

16절 누구든지 형제가 사망에 이르지 아니하는 죄 범하는 것을 보거든 구하라 그리하면 사망에 이르지 아니하는 범죄자들을 위하여 그에게 생명을 주시리라 사망에 이르는 죄가 있으니 이에 관하여 나는 구하라 하지 않노라

우리가 죄를 범하였을지라도 그 죄 사함을 받기 위해 간절히 기도하면 하나님께서 그 기도에 응답해 주십니다. 그러나 사망에 이르는 죄는 예외입니다. 사망에 이르는 죄란 예수 그리스도를 구주로 믿고 중생하여 하나님의 은혜를 체험한 자가 사리사욕에 급급하여 사람들 앞에서 예수 그리스도가 하나님의 아들이신 것을 부인하는 것을 말합니다. 또한 성령을 부인하거나 거역하는 죄도 마찬가지입니다. 성령을 거스리는 죄란 분명히 성령의 역사인 줄 알면서도 의도적으로 성령의 역사를 훼방하거나 부인하는 것을 말합니다. 이러한 죄들은 금세나 내세에 있어서 용서를 받지 못합니다.

17절 모든 불의가 죄로되 사망에 이르지 아니하는 죄도 있도다

사망에 이르지 아니하는 죄란 우리가 일반적으로 짓는 죄를 말합니다. 이것은 하나님의 용서를 받을 수 있는 죄입니다. 성경은 "죄의 삯은 사망"(롬 6:23)이라고 분명히 말하고 있습니다. 그러나 하나님은 진실하고 의로운 분이시므로 우리가 죄를 고백하면 용서해 주시고 모든 불의를 제하여 깨끗하게 해 주십니다. 그리하여 우리가 사망에 이르지 않게 되는 것입니다.

5. 하나님께로부터 난 자(5:18-21)

18. 하나님께로부터 난 자는 다 범죄하지 아니하는 줄을 우리가 아노라 하나님께로부터 나신 자가 그를 지키시매 악한 자가 그를 만지지도 못하느니라 19. 또 아는 것은 우리는 하나님께 속하고 온 세상은 악한 자 안에 처한 것이며 20. 또 아는 것은 하나님의 아들이 이르러 우리에게 지각을 주사 우리로 참된 자를 알게 하신 것과 또한 우리가 참된 자 곧 그의 아들 예수 그리스도 안에 있는 것이니 그는 참하나님이시요 영생이시라 21. 자녀들아 너희 자신을 지켜 우상에게서 멀리하라

18절 하나님께로부터 난 자는 다 범죄하지 아니하는 줄을 우리가 아노라 하나님께로부터 나신 자가 그를 지키시매 악한 자가 그를 만지지도 못하느니라

하나님께로부터 난 자마다 범죄하지 않는다는 것은 죄를 전혀 짓지 않는다는 의미가 아니라 상습적으로 죄짓지 아니한다는 말입니다. 만약에 믿음이 있다 하면서 언제나 음란하고 방탕한 생활을 하며 거짓말하고 도둑질한다면 그것은 가짜 신자입니다. 예수님을 믿는 사람은 상습적으로 죄를 짓지 않습니다. 예수 그리스도를 믿어 하나님의 생명에 동참한 자는 죄를 지은 후 마음에 심한 고통을 느끼기 때문에 상습적으로 죄를 짓지 못합니다. 뿐만 아니라 하나님께로부터 오신 예수 그리스도께서 우

리를 지켜 주시기 때문에 마귀가 우리를 넘어뜨리지 못합니다. 우리가 예수님의 품 안에 있을 때는 세상을 이기신 예수님의 권세가 우리와 함께 하므로 원수 마귀가 접근할 수 없습니다. 그러나 우리가 예수님의 품에서 떠나게 되면 그때부터 악한 마귀는 우리를 도둑질하고 죽이고 멸망시키기 위해 온갖 악행을 저지르며 우리에게 다가오는 것입니다.

19절 또 아는 것은 우리는 하나님께 속하고 온 세상은 악한 자 안에 처한 것이며

이 세상은 원래 하나님께서 아담에게 주셨습니다. 그러나 아담은 죄로 말미암아 이 세상을 마귀에게 내어 주고 말았습니다. 그래서 우리가 살고 있는 이 세상을 마귀가 점령해서 다스리고 있는 것입니다. 그러나 예수 그리스도를 믿는 우리들만큼은 세상에 속해 있어도 마귀에게 예속된 사람이 아니고 하나님께 속해 있는 사람들입니다.

20절 또 아는 것은 하나님의 아들이 이르러 우리에게 지각을 주사 우리로 참된 자를 알게 하신 것과 또한 우리가 참된 자 곧 그의 아들 예수 그리스도 안에 있는 것이니 그는 참하나님이시요 영생이시라

하나님의 아들이신 예수님께서는 우리를 위하여 이 땅에 오셨고, 우주만물을 지으신 우리의 참아버지 되시는 하나님과 우리가 교통할 수 있도록 다리가 되어 주셨습니다. 그러므로 예수 그리스도는 참하나님이시며 참영생이십니다. 예수님 이외에 세상의 모든 것은 육신의 정욕과 안목의 정욕과 이 세상의 자랑밖에 없습니다. 모든 인생은 풀과 같고 그 영화는

풀의 꽃과 같아서 풀이 시들고 꽃이 떨어져 버린 후에는 영원한 지옥 불에 던져지게 됩니다. 그러나 우리 믿음의 형제자매들은 오직 참하나님을 모시고 예수 그리스도와 동행하며 성령님의 인도하심을 따라 살기 때문에 영원할 삶을 소유할 수 있게 되는 것입니다.

21절 자녀들아 너희 자신을 지켜 우상에게서 멀리하라

성부 하나님과 그 아들 예수 그리스도와 보혜사 성령, 삼위일체 하나님만이 우리의 참하나님이십니다. 그 외에 다른 어떤 종교가 우리를 구원한다고 말한다면 그것은 거짓입니다. 우리는 오직 천지 만물을 창조하신 하나님 아버지와 그 아들 예수 그리스도와 보혜사 성령님의 인도대로 살아가기 위해 자신을 비우면서 늘 기도에 힘쓰는 생활을 해야 할 것입니다.

A Commentary on the Second Epistle of John

요한이서

제1장 이단에 대한 경계

서론 | 요한이서
Preface

1. 주제 및 기록 목적

요한이서의 주제는 '이단에 대한 경고' 입니다. 본 서신을 기록할 때에도 요한일서의 기록 당시와 마찬가지로 이단 사상인 영지주의가 머리를 들고 있었습니다. 그러므로 사도 요한은 그리스도인들이 어떻게 행하여야 하며, 또 진리 안에서의 행함은 어떠한 것인가를 가르쳐 주기 위하여 이 서신을 기록하였습니다.

2. 기록자 및 수신자

본 서신의 기록자는 사도 요한입니다. 왜냐하면 문체나 쓰인 단어들이 요한일서와 비슷하기 때문입니다. 이 서신의 수신자는 일차적으로는 '택하심을 받은 부녀와 그의 자녀들' (1절)이며, 더 나아가서는 '예수 그리스도를 믿는 모든 성도들과 그의 교회' 라고 볼 수 있습니다.

3. 기록 연대 및 기록 장소

본 서신은 요한일서와 마찬가지로 주후 80년대 말이나 90년대 초에 에베소에서 기록되었습니다.

4. 특징

요한이서는 신약 중에서도 가장 짧은 서신이지만 그 속에는 요한일서에서 말하는 주요 사상이 모두 함축되어 있습니다. 즉, 이단 사상을 멀리해야 한다는 것과 그리스도 안에서 형제 사랑을 실천하며 늘 진리 안에서 행하여야 한다는 것 등이 기록되어 있습니다.

제 1 장

이단에 대한 경계

인사	1:1-3
이단에 대한 경계	1:4-11
소원과 문안	1:12-13

A COMMENTARY ON THE SECOND EPISTLE OF JOHN

택하심을 받은 부녀와 그의 자녀들에게 보내진 이 개인적인 서신은 요한일서의 내용과 거의 흡사한 내용을 가지고 있는데 진리와 사랑에 대해 다시 한번 강조하는 한편, 거짓 선생들을 경계하여 진리에서 떠나는 일이 없도록 권면하는 내용으로 구성되어 있습니다.

1. 인사(1:1-3)

1. 장로인 나는 택하심을 받은 부녀와 그의 자녀들에게 편지하노니 내가 참으로 사랑하는 자요 나뿐 아니라 진리를 아는 모든 자도 그리 하는 것은 2. 우리 안에 거하여 영원히 우리와 함께할 진리로 말미 암음이로다 3. 은혜와 긍휼과 평강이 하나님 아버지와 아버지의 아 들 예수 그리스도께로부터 진리와 사랑 가운데서 우리와 함께 있으 리라

1절 장로인 나는 택하심을 받은 부녀와 그의 자녀들에게 편지하노니 내가 참으로 사랑하는 자요 나뿐 아니라 진리를 아는 모든 자도 그리하는 것은

사도 요한은 자신을 '장로'라고 지칭했습니다. 또한 "장로인 나는 택하심을 받은 부녀와 그의 자녀들에게 편지하노니"라고 말한 것으로 보

아 이 편지를 받은 교회가 주로 부녀자들이 중심이 되어서 세운 교회라는 것을 짐작할 수 있습니다.

하나님께서는 하와로 말미암아 타락한 인생들을 하와의 자손인 여자들을 통해 다시 구원하려고 계획하신 것입니다. 여인이 먼저 타락했으므로 구원도 여인이 먼저 받는 경우가 많습니다. 따라서 여인의 역할이 매우 중요하다는 것을 알 수 있습니다.

진정으로 예수님을 믿는 사람이라면 하나님을 사랑함과 동시에 형제도 사랑합니다. 육신의 형제들이 서로 사랑하는 것같이 한 성령 안에 거하고 있는 우리들도 육신의 형제들보다 더욱 깊은 사랑을 나누게 됩니다. 그러므로 진리를 아는 모든 자들끼리는 서로 사랑할 수밖에 없습니다. 진실로 하나님을 사랑하는 사람이라면 예수님을 믿는 형제 간에 미워할 수 없습니다. 오히려 형제가 결점과 잘못이 많을지라도 정죄보다는 성령 안에서 사랑으로 기도하며 권면해 주게 되는 것입니다.

2절 우리 안에 거하여 영원히 우리와 함께할 진리로 말미암음이로다

예수님을 믿는 우리들이 사랑할 수밖에 없는 이유는 무엇일까요? 그것은 우리 안에 거하며 영원히 우리와 함께해 주실 진리가 있기 때문입니다. 예수 그리스도를 믿으면 우리 안에 예수님께서 영원히 거해 주십니다. 이러므로 참으로 중생의 체험을 한 사람이라면 일시적인 타락은 있을지 몰라도 결코 멸망에 이르는 타락은 할 수가 없습니다. 왜냐하면 예수 그리스도께서 잠시 동안만 우리와 함께 계신 것이 아니고 영원히 우리 안에 거하시기 때문입니다. 예수님께서는 "너희를 내게 주신 내 아버지는 만물보다 크시매 내 손에서 너희를 빼앗을 자가 없다." 고 말씀하셨습

니다(요 10:28-29). 이 말씀과 같이 영원히 우리와 함께해 주시는 진리로 인하여 우리들은 마귀의 유혹이나 세상의 풍파에도 결코 넘어지지 않고 종국에 가서는 구원을 받아 천국에 들어가게 되는 것입니다.

3절 은혜와 긍휼과 평강이 하나님 아버지와 아버지의 아들 예수 그리스도께로부터 진리와 사랑 가운데서 우리와 함께 있으리라

예수님을 믿는 사람에겐 은혜와 긍휼과 평강, 이 세 가지가 항상 동행합니다. '은혜' 라는 것은 하나님께서 그 아들 예수 그리스도를 통해서 우리에게 값없이 주시는 복을 말합니다. 우리가 죄짓고 불의하고 추악하며 버림받아야 마땅함에도 불구하고 하나님의 아들 예수 그리스도께서 우리 대신 십자가를 지고 피 흘리셔서 죄의 값을 대속해 주셨습니다. 이 때문에 이제 우리들은 모든 죄를 사함받고 영생을 얻으며 성령 충만해지는 하나님의 은총을 입게 되었는데 이것이 바로 은혜인 것입니다. '긍휼' 이란 불쌍히 여겨 동정한다는 뜻인데, 이는 하나님께서 우리들의 죄악을 율법으로 정죄하지 않으시고 불쌍히 여기셔서 친히 우리의 모든 죄의 문제를 해결해 주신 데에 잘 나타나 있습니다. 인류 가운데 죄를 범하지 아니한 사람은 한 사람도 없습니다. 그렇기 때문에 율법으로 죄의 문제를 해결한다면 모두 다 정죄를 받고 지옥으로 떨어져야 마땅합니다. 그렇지만 하나님께서 우리를 긍휼히 여겨 무조건적 은혜를 내려 주심으로 말미암아 우리는 '평강' 을 얻게 된 것입니다.

은혜와 긍휼과 평강은 하나님 아버지가 그 아들 예수 그리스도께로부터 보낸 것입니다. 이러므로 예수님을 믿으면서도 생활이 거짓과 미움으로 꽉 들어차 있다면 이것은 참된 신앙생활이 아니며 이러한 신앙생활

에 의해서는 참평안을 누릴 수 없습니다. 그러므로 우리들이 진리와 사랑 안에서 올바른 신앙생활을 하게 될 때 평강이 넘치는 신앙생활을 할 수 있습니다.

2. 이단에 대한 경계(1:4-11)

4. 너의 자녀들 중에 우리가 아버지께 받은 계명대로 진리를 행하는 자를 내가 보니 심히 기쁘도다 5. 부녀여, 내가 이제 네게 구하노니 서로 사랑하자 이는 새 계명같이 네게 쓰는 것이 아니요 처음부터 우리가 가진 것이라 6. 또 사랑은 이것이니 우리가 그 계명을 따라 행하는 것이요 계명은 이것이니 너희가 처음부터 들은 바와 같이 그 가운데서 행하라 하심이라 7. 미혹하는 자가 세상에 많이 나왔나니 이는 예수 그리스도께서 육체로 오심을 부인하는 자라 이런 자가 미혹하는 자요 적그리스도니 8. 너희는 스스로 삼가 우리가 일한 것을 잃지 말고 오직 온전한 상을 받으라 9. 지나쳐 그리스도의 교훈 안에 거하지 아니하는 자는 다 하나님을 모시지 못하되 교훈 안에 거하는 그 사람은 아버지와 아들을 모시느니라 10. 누구든지 이 교훈을 가지지 않고 너희에게 나아가거든 그를 집에 들이지도 말고 인사도 하지 말라 11. 그에게 인사하는 자는 그 악한 일에 참여하는 자임이라

4절 너의 자녀들 중에 우리가 아버지께 받은 계명대로 진리를 행하

는 자를 내가 보니 심히 기쁘도다

사도 요한은 교회를 세운 부녀들이 하나님 아버지께로부터 받은 계명대로 진리 안에서 행하는 것을 보니 참으로 기쁘다고 말하고 있습니다. 하나님의 계명 가운데 가장 큰 것은 예수 그리스도를 구주로 모시는 것이요, 그다음은 하나님을 사랑하고 내 이웃을 내 몸같이 사랑하는 것입니다. 십계명은 하나님을 사랑하고 이웃을 자기 몸같이 사랑하라는 말로 귀결됩니다. 우리는 이 구절을 통해 요한의 편지를 받는 이 교회의 부녀들과 자녀들이 아버지의 계명대로 예수님 안에서 행하고 있었던 것을 알 수가 있습니다.

복음을 전하는 사람은 그 복음을 받은 사람들이 예수 그리스도의 진리 가운데 굳게 서서 하나님을 사랑하고 순종하며 이웃을 사랑하고 섬기는 생활을 하는 것을 볼 때 기쁘지 않을 수가 없는 것입니다.

5절 부녀여, 내가 이제 네게 구하노니 서로 사랑하자 이는 새 계명같이 네게 쓰는 것이 아니요 처음부터 우리가 가진 것이라

사도 요한은 우리가 사랑의 영인 하나님의 영을 받았으니 "서로 사랑하자." 고 권면하고 있습니다. 이 것은 새로운 계명이 아닙니다. 옛날 구약 시대부터 "마음을 다하고 뜻을 다하고 힘을 다하여 네 하나님 야훼를 사랑하라"(신 6:5)고 말씀해 주셨기 때문입니다. 하나님께서는 옛날에도 사랑의 하나님이셨고 오늘날에도 사랑의 하나님이시기 때문에 이 계명은 창세전부터 있었고 지금도 있으며 앞으로도 계속될 하나님의 인격 그 자체와도 같은 것입니다.

6절 또 사랑은 이것이니 우리가 그 계명을 따라 행하는 것이요 계명은 이것이니 너희가 처음부터 들은 바와 같이 그 가운데서 행하라 하심이라

계명을 지키는 사랑이 참사랑이지 계명을 어기면서 참사랑을 한다는 것은 있을 수 없는 일입니다. 남편이 아내를 사랑하는 것도 계명을 좇아 사랑해야 하고 아내가 남편을 사랑하는 것도 계명을 좇아 사랑해야 합니다.

예수님을 믿지 않는 자들은 계명을 지킬 수 없지만 예수님을 믿는 사람들은 지킬 수가 있습니다. 왜냐하면 죄를 이기신 예수님께서 계명을 지킬 수 있도록 성령을 통해 도와주시기 때문입니다. 이렇게 예수님께서 죄를 멸하셨고, 또 계명을 능히 지킬 수 있는 능력의 근원이 되시는 성령을 보내 주셨기 때문에 우리가 계명대로 살기로 마음에 결심하고 성령을 의지하면 계명을 능히 지키며 살아갈 수가 있습니다. 그러므로 우리는 계명을 지키고 이웃 사랑을 실천하는 것이 곧 하나님을 사랑하는 것임을 알고 그 사랑을 실천하는 데 열심을 다해야 할 것입니다.

7절 미혹하는 자가 세상에 많이 나왔나니 이는 예수 그리스도께서 육체로 오심을 부인하는 자라 이런 자가 미혹하는 자요 적그리스도니

사도 요한이 활동하던 시대에는 예수님이 육체로 오시지 않았다고 주장하는 영지주의자들이 있었습니다. 그 누구든지 예수님께서 육체로 오신 것을 부인하는 자들은 이단입니다. 예수님은 육신을 입으시고 동정녀 마리아의 몸에서 태어나셔서 이 땅에서 33년 동안 사시다가 십자가에 못

박혀 죽으시고 장사된 지 사흘 만에 부활, 승천하시고 하나님의 보좌 우편에 앉으신 참하나님이시며 동시에 참사람이십니다. 또한 예수님께서는 이 땅에서 구원받은 인류의 첫 열매가 되십니다. 예수님께서 사람으로 된 첫 열매이시기 때문에 하나님께서 "오늘 내가 너를 낳았도다"(시 2:7)라고 말씀하신 것입니다. 하나님께서는 성자 하나님(예수님)께서 육신을 입고 이 땅에 오신 것과 다시 하나님이 되어 하늘로 올라가심으로써 사람으로서 하나님이 된 첫 열매가 되셨기 때문에 "오늘 내가 너를 낳았도다"라고 말씀하신 것입니다.

그러므로 이 사실을 통해서 우리들도 예수님과 같이 부활할 때에 하나님의 자녀로서 하나님 나라에 들어갈 수 있게 된다는 것을 확신할 수 있는 것입니다.

사도 요한 당시에는 영지주의자들과 같은 적그리스도들이 활동하고 있었지만 오늘날에도 수많은 적그리스도가 활동하고 있습니다. 요즈음 우리 주변에서 자신을 '재림주'라고 말하는 사람이 얼마나 많은지 모릅니다. 그러나 우리에게는 오직 한 분 주 예수 그리스도만 있을 뿐입니다. 길이요, 진리요, 생명이 되시는 나사렛 예수그리스도 외에 다른 주는 있을 수 없습니다. 그렇기 때문에 우리는 누가 뭐라고 할지라도 예수 그리스도를 떠나 영적 간음을 범할 수 없는 것입니다. 예수 그리스도, 그분만이 우리 신앙의 본체시요, 우리의 참된 친구이시며, 우리의 참된 구주가 되십니다.

8절 너희는 스스로 삼가 우리가 일한 것을 잃지 말고 오직 온전한 상을 받으라 우리가 열심히 예수님을 전하다가 거짓 선생들의 말을 듣고 미혹의 영에게 넘어가게 된다면 우리가 열심히 일했던 모든 것들이 수포로 돌아가고 천국의 구원과 영광의 상마저 잃어버리게 됩니다. 그러므로 예수 그리스도의 진리 가운데 굳게 서서 미혹하는 말에 귀를 기울이지 말아야 합니다. 그러려면 우리 자신을 쳐서 복종시키고 말씀 안에서 근신하며 깨어 있어야 할 것입니다.

9절 지나쳐 그리스도의 교훈 안에 거하지 아니하는 자는 다 하나님을 모시지 못하되 교훈 안에 거하는 그 사람은 아버지와 아들을 모시느니라

하나님께서는 우리들과 같은 평범한 인간들을 구원하시기 위해서 평범한 계시를 주셨습니다. 즉, 모두가 다 알아들을 수 있는 '복음의 계시'입니다. "하나님이 세상을 이처럼 사랑하사 독생자를 주셨으니 이는 그를 믿는 자마다 멸망하지 않고 영생을 얻게 하려 하심이라"(요 3:16)는 말씀은 아주 평범한 계시입니다. 그럼에도 불구하고 이단들은 보통 사람이 알 수 없는 깊은 계시를 받았으니 자기들에게로 올 때만이 구원을 받을 수 있다고 말합니다. 이것은 마귀의 장난이요, 거짓입니다. 이 복음을 넘어서서 평범한 복음보다 더 깊은 진리를 안다는 사람이나 단체가 있다면 늘 경계해야 합니다.

10절 누구든지 이 교훈을 가지지 않고 너희에게 나아가거든 그를 집에 들이지도 말고 인사도 하지 말라

이단 종파는 예수 그리스도의 복음이 아닌 거짓 복음을 가지고 옵니

다. 몰몬교, 여호와의 증인, 통일교 등 여러 가지 이단 종파가 그들의 교리를 가지고 올 때 이러한 자들을 집에 들이지도 말고 인사도 하지 말아야 합니다. 사도 요한이 이렇게 강하게 명령한 것은 이단을 일단 집에 들여 놓거나 인사를 하면 그때부터 그들은 입을 열어 성도들을 유혹하기 때문입니다. 이렇게 되면 미혹의 영으로 하여금 우리를 유혹하는 계기를 만들어 주게 됩니다. 그러다 보면 그때부터 마음이 산란해지고 번뇌가 다가오며 신앙이 식어지고 마음에 의심이 생기기 시작합니다.

그러므로 신앙이 돈독하고 하나님의 말씀으로 충만하여 어떤 이단 종파와도 싸워 능히 이길 만한 자신이 없으면 아예 이단 종파를 집에 들이지도 말고 인사도 하지 말아야 합니다.

11절 그에게 인사하는 자는 그 악한 일에 참여하는 자임이라

이단 종파는 영적으로는 우리의 원수가 됩니다. 예수 그리스도를 무시하고 하나님의 일을 짓밟는 것은 하나님과 원수 되는 것이며 우리들과도 원수가 됩니다. 그런데도 하나님의 원수를 집에 받아들이고 또 인사한다면 그것은 악한 일에 동참하는 것과 다를 바가 없습니다. 성경에 "원수를 사랑하라"(마 5:44)고 한 것은 인간적으로 대립된 원수를 사랑하라는 말이지 이단, 즉 하나님과 원수 된 자, 즉 마귀에 속한 자들도 사랑하라는 말은 아닙니다. 이단은 마귀이며 적그리스도입니다. 이러므로 이단을 집에 들이거나 인사하는 자는 그가 하는 악한 일에 동참하는 것입니다.

3. 소원과 문안(1:12-13)

12. 내가 너희에게 쓸 것이 많으나 종이와 먹으로 쓰기를 원하지 아니하고 오히려 너희에게 가서 대면하여 말하려 하니 이는 너희 기쁨을 충만하게 하려 함이라 13. 택하심을 받은 네 자매의 자녀들이 네게 문안하느니라

12절 내가 너희에게 쓸 것이 많으나 종이와 먹으로 쓰기를 원하지 아니하고 오히려 너희에게 가서 대면하여 말하려 하니 이는 너희 기쁨을 충만하게 하려 함이라

사도 요한은 이처럼 먹이나 종이로 간단히 썼지만 실제는 편지보다도 직접 만나 이야기하기를 더 원한다고 말합니다. 사람들은 마음이 통하는 좋은 친구끼리 이야기할 때는 꿈과 소망과 위로를 받습니다. 그러나 때로는 친구와 이야기하고 나면 오히려 마음에 상처를 받기도 합니다. 반면 예수님을 믿는 성도들끼리 모여서 은혜받은 이야기로 간증하며 서로 기도하고 찬송 부르면 마음속에 기쁨이 충만해집니다. 슬픔은 나누면 나눌수록 가벼워지고 기쁨은 나누면 나눌수록 더 커집니다. 이러므로 사도 요한은 편지를 쓰는 것보다 직접 만나 이야기함으로 더 큰 기쁨을 나누고 싶다는 뜻을 표현한 것입니다.

13절 택하심을 받은 네 자매의 자녀들이 네게 문안하느니라

이 말로 미루어 보아 사도 요한이 머물러 있는 교회도 부녀자들이 중심이 되어 세운 교회인 것을 알 수 있습니다. 이러므로 교회에서 부녀자들을 무시해서는 안 됩니다. 부녀자들은 언제나 교회 개척의 선두 주자 역할을 감당했기 때문입니다. 한 예를 들면 빌립보 교회에 루디아라는 자색 옷감 장사가 있었는데, 그녀는 솔선수범하여 그 교회가 세워지는데 큰 역할을 감당하였습니다. 이처럼 교회를 세울 때나 전도할 때 앞장서서 일하는 성도의 대부분은 부녀자들임을 알 수 있습니다. 아울러 사도 요한은 자신의 편지를 읽고 교훈받을 모든 교회 성도들에게 자신이 머물러 있던 교회 성도들의 문안을 전하면서 끝맺는 인사를 하고 있습니다.

A Commentary on the Third Epistle of John

요한삼서

제1장 하나님의 선을 본받으라

서론 | 요한삼서

Preface

1. 주제 및 기록 목적

요한삼서는 '하나님의 선하심을 본받아 그리스도인들을 잘 영접하라' 는 내용을 주제로 하고 있습니다. 또한 본 서신을 기록한 목적은 사도 요한이 '사랑하는 가이오' 에게 악을 본받지 말고 하나님의 선을 본받을 것을 가르치기 위함입니다.

2. 기록자 및 수신자

요한삼서의 기록자는 요한일·이서와 마찬가지로 사도 요한입니다. 이 서신을 받는 수신자는 사도 요한이 사랑하는 가이오입니다(1절). 그러나 당시 '가이오' 란 이름은 매우 흔한 이름이었기 때문에 이 가이오가 누구인지는 확실히 알 수가 없습니다. 단지 당시의 교회에서 성실하게 신앙생활을 하던 성도들 중의 한 사람일 것이라고 추측할 뿐입니다.

3. 기록 연대 및 기록 장소

요한삼서는 요한일·이서보다 약간 후에 기록된 것으로 보입니다. 왜냐하면 요한일·이서에서 거듭 강조했던 영지주의에 대한 기록이 본 서신에는 나타나 있지 않기 때문입니다. 그러므로 본서가 주후 90년대 중반에 에베소에서 기록된 것으로 보는 것이 가장 합당합니다.

4. 특징

사도 요한은 요한복음 외에도 요한계시록을 포함한 4개의 서신을 기록했습니다. 본 서신은 사도 요한이 기록한 세 번째의 서신으로 요한삼서라고 불리며 신약 성경의 25번째 책에 해당됩니다. 본 서신에서 사도 요한은 선행자와 악행자의 이름을 구체적으로 들어가면서 하나님의 백성이 선을 행하여야 함을 이야기하고 특히 "하나님의 선을 본받으라." 고 강조하고 있습니다.

제 1 장

하나님의 선을 본받으라

인사	1:1-4
전도자에 대한 접대	1:5-8
악한 자에 대한 경고	1:9-12
축복과 문안	1:13-15

A COMMENTARY ON THE THIRD EPISTLE OF JOHN

교회의 성도들 중 한 사람인 가이오에게 보내진 이 서신에는 복음 사역을 위해 교회를 방문하는 순회 전도자들을 잘 영접할 것을 권면하면서 디오드레베의 교만한 행위에 대해 책망하는 내용과 한편, 하나님의 전인적인 구원의 메시지가 제시되어 있습니다.

1. 인사(1:1-4)

1. 장로인 나는 사랑하는 가이오 곧 내가 참으로 사랑하는 자에게 편지하노라 2. 사랑하는 자여 네 영혼이 잘됨같이 네가 범사에 잘되고 강건하기를 내가 간구하노라 3. 형제들이 와서 네게 있는 진리를 증언하되 네가 진리 안에서 행한다 하니 내가 심히 기뻐하노라 4. 내가 내 자녀들이 진리 안에서 행한다 함을 듣는 것보다 더 기쁜 일이 없도다

1절 장로인 나는 사랑하는 가이오 곧 내가 참으로 사랑하는 자에게 편지하노라

사도 요한은 요한이서의 서두와 마찬가지로 자신을 '장로'라고 지칭했습니다. 그리고 수신인은 '사랑하는 가이오'라고 밝히고 있습니다. 가이오란 이름은 그 당시 너무 흔한 이름이었기 때문에 정확히 누구를

말하는지에 대해서는 알 수 없습니다.

2절 사랑하는 자여 네 영혼이 잘됨같이 네가 범사에 잘되고 강건하기를 내가 간구하노라

하나님께서는 우리의 영혼이 먼저 잘되기를 바라고 계십니다. 우리의 영혼이 잘되어야 복도 받고 건강도 누릴 수 있습니다. 만일 하나님께서 영혼이 잘못된 사람에게 큰 복을 주신다면 오히려 그 영혼이 더 잘못된 길로 가게 되는 결과를 초래하기 때문입니다. 그러므로 삼중축복에서 가장 중요한 것은 먼저 영혼이 잘되어야 한다는 것입니다. 이는 조건부라고도 볼 수 있는데, 마태복음 6장 33절의 말씀과도 같은 의미입니다. 즉, "먼저 그의 나라와 그의 의를 구하라 그리하면 이 모든 것을 너희에게 더하시리라"는 말씀도 역시 조건부입니다. 그러므로 우리는 먼저 할 것을 먼저 할 줄 아는 바른 신앙인이 되어야 합니다.

어떤 목사님께서 나에게 아주 격렬한 어조로 공격하는 편지를 보내신 적이 있는데, 그 내용은 "요한삼서는 가이오라는 한 특정인에게 쓴 것이지 우리에게 쓴 것이 아니지 않느냐?"는 것이었습니다. 만약 요한삼서를 그 당시 2천 년 전에 특정 인사에게 한 편지이므로 현재 우리들에게는 해당이 되지 않는다고 삭제해 버린다면, 로마서는 로마 성도들에게만 쓴 것이므로 후대 사람들에게는 필요 없다고 생각해서 삭제해야 할 것입니다. 이렇게 하다 보면 결국 성경 안에 남아 있을 말씀이 얼마나 있겠습니까? 성경은 당시 성경을 기록한 사람이나 편집한 사람들 모두가 성령의 감동을 받아 적은 것이며, 성경 66권 모두는 후대 사람들에게 꼭 필요하여 읽혀져야 한다고 생각되기에 정경으로 채택된 것입니다. 그러므로 요

한삼서가 가이오에게 보내진 편지이므로 그 의미가 가이오에게만 한정되었고 현재 우리들과는 무관하다는 주장은 타당하지 않습니다.

하나님께서는 가이오를 사랑하시듯 모든 사람을 공평하게 사랑하시는 분이십니다. 따라서 하나님께서 요한으로 하여금 가이오라는 한 특정인을 대상으로 이 편지를 쓰게 하셨지만 편지에 담겨진 뜻은 우리 모두에게 적용된다는 것을 알아야 합니다. 가이오를 향한 축복의 말씀은 우리 모두를 향한 하나님의 축복의 말씀입니다.

우리 인간을 향한 하나님의 뜻은 십자가를 통해서 잘 나타났는데 십자가를 통한 하나님의 뜻은 삼중축복이 주는 의미와 일맥상통합니다. 예수님께서 십자가에 달려 피 흘려 죽으심으로 우리의 영혼이 구원받고, 저주의 가시관을 쓰심으로 우리가 모든 저주와 가난으로부터 해방되었으며, 채찍에 맞으심으로 우리가 모든 질병으로부터 해방되었기 때문입니다. 그러므로 영혼이 잘됨같이 범사에 잘되고 강건하게 된다는 삼중축복은 십자가가 우리에게 주는 의미와 동일하다는 것을 알 수 있습니다.

복음이 '십자가의 의미를 전하는 것' 이라고 할 수 있다면 삼중축복의 메시지가 곧 복음이라고도 할 수 있습니다. 왜냐하면 십자가가 주는 의미가 삼중축복이 주는 의미와 같기 때문입니다. 그러므로 우리 믿는 성도들은 삼중축복의 메시지를 전달함으로 그리스도의 전인적인 복음을 증언해야 합니다. 생활이 궁핍하고 가난하고 헐벗고 굶주려야 신령한 것이며 병이 들어 신음과 고통 중에 있어야만 훌륭한 성도가 된다고 말하는 것은 성경이 우리에게 주는 소식이 아닙니다. 만약 이렇게 복음을 전한다면 어느 누가 예수님을 믿을 마음이 생기겠습니까? 하나님의 역사는 오직 성경의 본문 말씀 그대로를 믿음으로 받아들일 때만 체험할 수 있습니다.

3절 형제들이 와서 네게 있는 진리를 증언하되 네가 진리 안에서 행한다 하니 내가 심히 기뻐하노라

믿음의 형제들이, 가이오가 하나님 중심으로 사는 것을 보고 와서 사도 요한에게 증언하니 사도 요한의 마음이 매우 기뻤습니다. 우리들도 가이오와 같이 하나님 중심으로 살게 되면 주위 사람들이 우리를 아는 믿는 형제들에게 기쁨을 나눠 주게 되며 또한 하나님께 영광을 돌리게 되는 것입니다.

4절 내가 내 자녀들이 진리 안에서 행한다 함을 듣는 것보다 더 기쁜 일이 없도다

이것이 당연한 것인데도 요사이는 그렇지 못한 경우가 많습니다. 오늘날 하나님의 말씀을 전하는 입장에 선 모든 주의 종들은 교회 내에서 자신이 누리고 있는 존경이나 대우 그리고 사회적 명예 등을 통해 기쁨과 만족을 찾으려 해서는 안 됩니다. 주의 종들은 사도 요한과 같이 자신의 양 무리들이 진리에 굳게 서 있는 것을 보는 데서 참된 기쁨을 찾아야 할 것입니다.

2. 전도자에 대한 접대(1:5-8)

5. 사랑하는 자여 네가 무엇이든지 형제 곧 나그네 된 자들에게 행하는 것은 신실한 일이니 6. 그들이 교회 앞에서 너의 사랑을 증언하였느니라 네가 하나님께 합당하게 그들을 전송하면 좋으리로다
7. 이는 그들이 주의 이름을 위하여 나가서 이방인에게 아무것도 받지 아니함이라 8. 그러므로 우리가 이 같은 자들을 영접하는 것이 마땅하니 이는 우리로 진리를 위하여 함께 일하는 자가 되게 하려 함이라

5절 사랑하는 자여 네가 무엇이든지 형제 곧 나그네 된 자들에게 행하는 것은 신실한 일이니

사도 요한은 성도들에게 전도자들을 잘 대접하고 그들을 도와줄 것을 당부했습니다. 당시에는 요즘의 부흥사와 같은 전도자들이 많이 있었습니다. 바울과 바나바, 빌립 등이 그와 같은 전도자들이었습니다. 그런데 가이오는 이런 나그네와 같은 전도자들을 후대하였고, 또 그들을 위해 봉사도 잘 하였습니다. 우리들도 가이오처럼 복음 전도자들을 잘 대접해야만 합니다. 복음은 우리가 직접 전도하는 것뿐 아니라 복음 전도자들을 돕는 것을 통해서도 전파되기 때문입니다.

6절 그들이 교회 앞에서 너의 사랑을 증언하였느니라 네가 하나님

께 합당하게 그들을 전송하면 좋으리로다

말씀을 전하는 전도자들을 잘 대접하는 것을 하나님께서는 아름답고 합당한 일로 여기십니다.

7절 이는 그들이 주의 이름을 위하여 나가서 이방인에게 아무것도 받지 아니함이라

그 당시의 전도자들은 일정한 사례비를 받거나 또 어떤 계약을 맺어서 복음을 전한 것이 아닙니다. 그러므로 성도들은 전도자들을 더욱 잘 돌봐 줘야 했던 것입니다.

8절 그러므로 우리가 이같은 자들을 영접하는 것이 마땅하니 이는 우리로 진리를 위하여 함께 일하는 자가 되게 하려 함이라

전도자들을 잘 대접하고 후원해 주는 것이 곧 진리를 외치며 전도하는 것입니다. 왜냐하면 전도자들이 아무리 복음을 전하고 싶어도 뒤에서 기도와 물질로 도와주는 사람이 없다면 복음을 전할 수가 없기 때문입니다. 그러므로 우리는 각자의 위치에서, 자신이 할 수 있는 범위 내에서 전도자들을 잘 돕는 것이 복음 전파 사역에 동참하는 것이라는 사실을 잊지 말고 그분들을 잘 대접하고 돕는 일에 힘써야 할 것입니다.

3. 악한 자에 대한 경고(1:9-12)

9. 내가 두어 자를 교회에 썼으나 그들 중에 으뜸 되기를 좋아하는 디오드레베가 우리를 맞아들이지 아니하니 10. 그러므로 내가 가면 그 행한 일을 잊지 아니하리라 그가 악한 말로 우리를 비방하고도 오히려 부족하여 형제들을 맞아들이지도 아니하고 맞아들이고자 하는 자를 금하여 교회에서 내쫓는도다 11. 사랑하는 자여 악한 것을 본받지 말고 선한 것을 본받으라 선을 행하는 자는 하나님께 속하고 악을 행하는 자는 하나님을 뵈옵지 못하였느니라 12. 데메드리오는 뭇 사람에게도, 진리에게서도 증거를 받았으매 우리도 증언하노니 너는 우리의 증언이 참된 줄을 아느니라

9절 내가 두어 자를 교회에 썼으나 그들 중에 으뜸 되기를 좋아하는 디오드레베가 우리를 맞아들이지 아니하니

사도 요한은 이전에 자신이 파송한 전도자들을 잘 대접해 주고 무사히 복음을 전할 수 있도록 기도와 물질로써 뒷받침해 주기 바라는 당부의 편지를 보낸 적이 있습니다. 그런데 그 당시 편지를 받은 교회에서 으뜸 되기를 좋아하는 디오드레베란 사람이 그 전도자들을 잘 대접하지도 않고 오히려 그분들을 대접하는 사람들마저 교회에서 쫓아내 버렸습니다. 이 사람은 자신이 교회의 머리가 되어 교회를 자기 혼자서 좌지우지하려고 했던 사람인데, 사도 요한이 자기를 통하지 않고 직접 교회에다 편지

를 쓴 것이 못마땅해서 이런 못된 일을 행한 것입니다.

교회의 머리는 오직 예수 그리스도 한 분뿐입니다. 그 외의 어느 누구라도 자신을 스스로 낮추며 남을 나보다 낫게 여기는 겸손의 생활을 하여야 합니다. 자신이 교회의 머리가 되려는 것은 교만이요, 예수 그리스도께서 교회의 머리 되심을 부인하는 것입니다. 이러한 사람은 결코 교회를 받들어 섬길 수 없습니다.

10절 그러므로 내가 가면 그 행한 일을 잊지 아니하리라 그가 악한 말로 우리를 비방하고도 오히려 부족하여 형제들을 맞아들이지도 아니하고 맞아들이고자 하는 자를 금하여 교회에서 내쫓는도다

디오드레베는 전도자들을 접대하기는커녕 오히려 접대하려는 사람들마저 교회에서 쫓아내 버리고, 편지를 써서 부탁한 사도 요한까지 헐뜯고 무례한 말로 비방했습니다.

이 사실을 알게 된 사도 요한은 자신이 그 교회에 갈 때에 반드시 디오드레베를 만나 책망하겠다는 것입니다. 이로 미루어 보건대 사도 요한에게는 디오드레베를 꾸짖을 수 있는 하나님의 권위가 주어졌던 것을 알 수 있습니다.

11절 사랑하는 자여 악한 것을 본받지 말고 선한 것을 본받으라 선을 행하는 자는 하나님께 속하고 악을 행하는 자는 하나님을 뵈옵지 못하였느니라

하나님은 선한 분이시므로 하나님께 속한 사람들은 선을 행할 수밖에

없습니다. 즉, 악을 행하는 사람은 하나님께 속한 것이 아닙니다. 좋은 나무가 좋은 열매를 맺는 것같이 선하신 하나님께 속한 자가 선한 열매를 맺는 것은 당연한 것입니다. 그렇다고 해서 선한 행위로써 구원을 받는다는 뜻은 아닙니다. 다만 참된 믿음을 소유한 사람은 그 행위가 믿지 않는 자와는 달라야 한다는 것입니다.

12절 데메드리오는 뭇사람에게도, 진리에게서도 증거를 받았으매 우리도 증언하노니 너는 우리의 증언이 참된 줄을 아느니라

데메드리오는 하나님과 모든 성도들이 인정할 만큼 선한 사람이었습니다. 그래서 사도 요한은 디오드레베와 데메드리오를 비교하면서 악한 자를 본받지 말고 선한 사람을 본받으라고 가이오에게 당부하고 있는 것입니다.

4. 축복과 문안(1:13-15)

13. 내가 네게 쓸 것이 많으나 먹과 붓으로 쓰기를 원하지 아니하고 14. 속히 보기를 바라노니 또한 우리가 대면하여 말하리라 15. 평강이 네게 있을지어다 여러 친구가 네게 문안하느니라 너는 친구들의

이름을 들어 문안하라

13-14절 내가 네게 쓸 것이 많으나 먹과 붓으로 쓰기를 원하지 아니하고 속히 보기를 바라노니 또한 우리가 대면하여 말하리라

사도 요한은 편지로 쓰는 것보다 성도들을 직접 만나 보기를 원했습니다. 편지보다는 직접 만나서 이야기하는 것이 더 기쁘고 반갑기 때문입니다.

15절 평강이 네게 있을지어다 여러 친구가 네게 문안하느니라 너는 친구들의 이름을 들어 문안하라

13절부터 15절까지의 내용은 요한삼서의 결론 부분입니다. 여기서 사도 요한은 가이오에게 하나님의 평강이 넘치기를 축복하고 믿음의 친구들의 인사를 전하면서 자신의 문안을 각 성도들에게 전해 줄 것을 당부합니다.

남을 축복할 수 있는 사람은 더 큰 복을 받을 수 있는 사람입니다. 이러한 사람은 남이 잘되기를 늘 기도합니다. 하지만 악한 사람은 오히려 남이 잘되는 것을 시기하며 훼방합니다. 여기서 볼 때 가이오는 여러 친구들이 문안할 만큼 친구 간에 신의가 두터웠고 믿음 안에서의 우정도 깊었음을 알 수 있습니다.

또한 이 말씀 속에서 우리는 예수님 안에서의 교제란 서로 겸손해야 한다는 것을 알 수 있습니다. 사도 요한은 교회의 가장 낮은 자에

이르기까지 문안할 것을 당부합니다. 천국에 함께 거하기를 바라는 성도들이라면 피차간에 겸손한 문안과 인사를 늘 잊지 말아야 할 것입니다.

A Commentary on the Epistle of Jude

유다서

제1장 믿음을 위한 선한 싸움

서론 | 유다서

Preface

1. 주제 및 기록 목적

본 서신의 주제는 '믿음을 위한 선한 싸움' 입니다. 이 서신을 기록한 목적은 '가만히 들어온 사람' (4절), 즉 이단자들에 대하여 경고하고 믿음의 선한 싸움을 하는 성도들을 격려하기 위함입니다.

2. 기록자 및 수신자

본 서신의 기록자는 '예수 그리스도의 종이요 야고보의 형제인 유다' (1절)입니다. 신약 성경에는 모두 7명의 유다가 나옵니다. 그중에 본 서신의 기록자는 자신을 '야고보의 형제' 라고 했습니다. 7명의 유다 중에서 야고보의 형제 유다는 단 한 명뿐인데 그는 예수님의 형제입니다(마 13:55; 막 6:3). 따라서 본 서신의 기록자 유다와 예수님의 관계는 육신의 형제임을 알 수 있습니다. 또한 수신자를 '부르심을 받은 자' (1절)라고 표현한 것으로 보아 어떤 특정한 인물이 아닌 당시의 예수 그리스도를 믿는 모든 성도들을 가리키는 것이며 오늘날의 모든 성도들까지도 포함하고 있는 것으로 볼 수 있습니다.

3. 특징

유다서는 공동서신 중의 하나로서 베드로후서 2장과 비슷한 내용을 취하고 있습니다. 이 서신들은 둘 다 거짓 선지자와 이단에 대하여 경고하는 내용을 다루고 있습니다. 특히 유다서는 성경의 다른 곳에서 볼 수 없는 내용인 모세의 시체에 대한 변론(9절)과 에녹의 예언(14-15절) 등을 유일하게 기록하고 있는 것이 특징으로 나타납니다. 반복되는 중심 단어로는 '지키다' (3번)가 있습니다.

제 1 장

믿음을 위한 **선한 싸움**

인사의 말씀	1:1-2
기록 동기	1:3-4
사도의 경고	1:5-16
성도에 대한 권면	1:17-23
축도	1:24-25

A COMMENTARY
ON THE EPISTLE OF
JUDE

"단번에 주신 믿음의 도를 위하여 힘써 싸우라"고 촉구하고 있는 이 서신은 교회에 침투한 이단을 경계하기 위하여 역사적인 실례를 들어가며 거짓된 무리들을 준엄하게 질책하고 아울러 그에 대한 대비책을 제시하면서(17-23절) 끝까지 믿음을 지켜 나가도록 권면하고 있습니다.

1. 인사의 말씀(1:1-2)

1. 예수 그리스도의 종이요 야고보의 형제인 유다는 부르심을 받은 자 곧 하나님 아버지 안에서 사랑을 얻고 예수 그리스도를 위하여 지키심을 받은 자들에게 편지하노라 2. 긍휼과 평강과 사랑이 너희에게 더욱 많을지어다

1절 예수 그리스도의 종이요 야고보의 형제인 유다는 부르심을 받은 자 곧 하나님 아버지 안에서 사랑을 얻고 예수 그리스도를 위하여 지키심을 받은 자들에게 편지하노라

유다는 자신이 야고보의 형제이며 예수 그리스도의 종이라고 소개하고 있습니다. 우리들도 모두 예수 그리스도의 종입니다. 왜냐하면 예수 그리스도께서 몸 찢기고 피 흘려 하나님께 대가를 지불하고 마귀의 종 된 우리를 사 주셨기 때문입니다. 그러나 예수님께서 마귀에게서 우리

를 산 것은 아닙니다. 예수님께서 흘리신 피는 하나님 앞에서 대가를 지불한 것이지 마귀에게 핏값을 주고 산 것은 아닙니다. 아담과 하와가 쫓겨났던 것도 하나님 앞에서 죄를 범했기 때문이었고 예수님께서 우리를 위해 피 흘리신 것도 하나님께 죗값을 지불하기 위해서였던 것입니다. 이러므로 우리들은 스스로 자원해서 예수님의 종이 되어야 합니다.

구약 시대에는 일생을 완전히 종으로 내어 맡기는 사람이 있었습니다. 자기가 주인집에 있기를 즐거워해서 일평생을 주인의 종으로 있기를 원하면 주인은 이 종의 귀를 성전 기둥에 대고 송곳으로 구멍을 뚫어 줍니다. 그러면 그때부터 이 사람은 주인의 소유물이 되어 평생 동안 주인을 섬기게 되는 것입니다. 이 종은 자진해서 된 것이지 억지로 시켜서 된 것이 아닙니다. 일단 종이 되면 종은 오직 주인을 위해서 살아야 합니다. 사도 바울이 말한 것처럼 "우리가 살아도 주를 위하여 살고 죽어도 주를 위하여 죽나니 그러므로 사나 죽으나 우리가 주의 것이로다"(롬 14:8)라는 헌신이 우리에게도 있어야 합니다.

유다는 이어서 '부르심을 받은 자들' 에게 편지한다고 말하고 있습니다. 우리 모두는 스스로 자원해서 하나님의 자녀가 된 것이 아닙니다. 하나님의 자녀가 되는 것은 반드시 하나님의 부르심이 있어야만 하기 때문입니다. 그러므로 하나님의 부르심을 받은 자들은 모두 다 하나님의 특별한 사랑을 받은 자라는 것을 알고 감사할 줄 알아야 합니다.

또한 우리는 예수 그리스도를 위하여 지키심을 입은 자임을 알아야 합니다. 우리는 예수 그리스도의 신부이기 때문에 신랑 되신 예수님을 위해 하나님께서 성령을 보내 주셔서 우리가 믿음에 굳게 설 수 있도록 도와주시며 예수님 앞에 설 때까지 지켜 주시는 것입니다.

2절　긍휼과 평강과 사랑이 너희에게 더욱 많을지어다

이 세상에는 두 가지 종교가 있습니다. 하나는 자력 종교요, 다른 하나는 타력 종교입니다. 자력 종교란 불교와 같이 인간 스스로 수양과 도덕을 쌓아 자기의 힘으로 열반의 경지에 들어갈 수 있다고 주장하는 종교를 말합니다. 이에 반해 타력 종교는 인간 스스로는 의와 거룩함과 성결함에 이를 수 없고 영생을 소유할 수도 없다는 것입니다. 오직 기독교만이 예수 그리스도의 긍휼(불쌍히 여김)을 힘입어 십자가에서 피 흘리신 주님의 공로를 의지할 때에만 구원받을 수 있는데 이것이 바로 타력 종교입니다. 그래서 예수 그리스도의 긍휼을 체험한 사람에게는 하나님의 성령이 내주하심으로 평강과 사랑이 넘쳐 나게 된다는 것입니다.

2. 기록 동기(1:3-4)

3. 사랑하는 자들아 우리가 일반으로 받은 구원에 관하여 내가 너희에게 편지하려는 생각이 간절하던 차에 성도에게 단번에 주신 믿음의 도를 위하여 힘써 싸우라는 편지로 너희를 권하여야 할 필요를 느꼈노니 4. 이는 가만히 들어온 사람 몇이 있음이라 그들은 옛적부터 이 판결을 받기로 미리 기록된 자니 경건하지 아니하여 우리 하나님의 은혜를 도리어 방탕한 것으로 바꾸고 홀로 하나이신 주재 곧 우리 주 예수 그리스도를 부인하는 자니라

3절 사랑하는 자들아 우리가 일반으로 받은 구원에 관하여 내가 너희에게 편지하려는 생각이 간절하던 차에 성도에게 단번에 주신 믿음의 도를 위하여 힘써 싸우라는 편지로 너희를 권하여야 할 필요를 느꼈노니

사도 유다는 성도들에게 일반적으로 얻은 구원, 즉 인간이 하나님 앞에서 공평하게 얻은 구원에 대해 말하고 있습니다. 당시 교회에 이단들이 들어와서 풍파를 일으키는 것을 보고 구원의 의미에 대해 자세히 설명해 주어야 할 필요를 느꼈기 때문입니다.

구원이란 어떤 사람에게는 많이 주어지고 또 어떤 사람에게는 적게 주어지는 것이 아닙니다. 구원은 모든 사람에게 동일하게 주어지는 공평한 것입니다. 여기서 말하는 '단번에 주신 믿음의 도'는 예수 그리스도께서 이루신 구원 사역의 일회성을 의미합니다. 하나님께서 사람을 지으실 때도 단번에 지으셨던 것처럼 구원하실 때에도 단번에 구원을 이루어 주신 것입니다. 누구든지 성령의 깨닫게 하심을 따라 자신이 죄인임을 고백하고 예수 그리스도를 구주로 모셔 들이는 순간 구원을 받게 되는 것입니다.

4절 이는 가만히 들어온 사람 몇이 있음이라 그들은 옛적부터 이 판결을 받기로 미리 기록된 자니 경건하지 아니하여 우리 하나님의 은혜를 도리어 방탕한 것으로 바꾸고 홀로 하나이신 주재 곧 우리 주 예수 그리스도를 부인하는 자니라

유다가 이 두 가지 진리 곧 구원 사역의 일회성과 구원의 공평함을 언급한 것은 교회 안에 가만히 들어 온 사람 몇이 있었기 때문입니다.

이단과 마귀는 이미 옛적부터 심판을 받기로 작정되어 있었는데, 이들이 적그리스도의 영을 가지고 교회에 들어와서 성도들의 마음속에 '이미 우리들은 모두 구원받았으니 마음대로 행동해도 좋다. 계명을 안 지켜도 상관없다.' 고 하는 생각을 넣어 주었습니다. 그리하여 하나님을 두려워하지도 않고 음란하고 방탕한 생활을 하여 하나님의 은혜를 오히려 방탕한 것으로 바꾸어 버리게 했던 것입니다. 또한 이들은 홀로 하나이신 주재, 즉 우리 주 예수 그리스도의 신성을 부인합니다. 이러한 자들은 이미 옛적부터 하나님의 판결을 받기로 작정되어 있는 자들입니다.

우리가 구원은 값없이 받았을지라도 신앙생활만큼은 늘 율법과 계명을 따라 살면서 자신을 쳐서 복종시킴으로 예수 그리스도의 형상을 닮아가야만 합니다.

3. 사도의 경고(1:5-16)

5. 너희가 본래 모든 사실을 알고 있으나 내가 너희로 다시 생각나게 하고자 하노라 주께서 백성을 애굽에서 구원하여 내시고 후에 믿지 아니하는 자들을 멸하셨으며 6. 또 자기 지위를 지키지 아니하고 자기 처소를 떠난 천사들을 큰 날의 심판까지 영원한 결박으로 흑암에 가두셨으며 7. 소돔과 고모라와 그 이웃 도시들도 그들과 같은 행동으로 음란하며 다른 육체를 따라 가다가 영원한 불의 형벌을 받음으

로 거울이 되었느니라 8. 그러한데 꿈꾸는 이 사람들도 그와 같이 육
체를 더럽히며 권위를 업신여기며 영광을 비방하는도다 9. 천사장
미가엘이 모세의 시체에 관하여 마귀와 다투어 변론할 때에 감히 비
방하는 판결을 내리지 못하고 다만 말하되 주께서 너를 꾸짖으시기
를 원하노라 하였거늘 10. 이 사람들은 무엇이든지 그 알지 못하는
것을 비방하는도다 또 그들은 이성 없는 짐승같이 본능으로 아는 그
것으로 멸망하느니라 11. 화 있을진저 이 사람들이여, 가인의 길에
행하였으며 삯을 위하여 발람의 어그러진 길로 몰려갔으며 고라의
패역을 따라 멸망을 받았도다 12. 그들은 기탄없이 너희와 함께 먹
으니 너희의 애찬에 암초요 자기 몸만 기르는 목자요 바람에 불려가
는 물 없는 구름이요 죽고 또 죽어 뿌리까지 뽑힌 열매 없는 가을 나
무요 13. 자기 수치의 거품을 뿜는 바다의 거친 물결이요 영원히 예
비된 캄캄한 흑암으로 돌아갈 유리하는 별들이라 14. 아담의 칠대
손 에녹이 이 사람들에 대하여도 예언하여 이르되 보라 주께서 그 수
만의 거룩한 자와 함께 임하셨나니 15. 이는 뭇사람을 심판하사 모
든 경건하지 않은 자가 경건하지 않게 행한 모든 경건하지 않은 일과
또 경건하지 않은 죄인들이 주를 거슬러 한 모든 완악한 말로 말미암
아 그들을 정죄하려 하심이라 하였느니라 16. 이 사람들은 원망하는
자며 불만을 토하는 자며 그 정욕대로 행하는 자라 그 입으로 자랑하
는 말을 하며 이익을 위하여 아첨하느니라

5절 너희가 본래 모든 사실을 알고 있으나 내가 너희로 다시 생각나게 하고자 하노라 주께서 백성을 애굽에서 구원하여 내시고 후에 믿지 아니하는 자들을 멸하셨으며

"모든 사실을 알고 있었다."는 것은 구약과 신약의 가르침을 이미 배워서 알고 있다는 말입니다. 하나님처럼 전지전능하게 다 알고 있다는

의미가 아니고 일반적인 신앙의 규범을 알고 있다는 뜻입니다. 하지만 달리는 말에 더 채찍질을 가하는 것처럼 더 생생히 기억나게 하기 위해서 권면의 말씀을 한 것입니다.

하나님께서 애굽에서 종살이하던 이스라엘 백성들을 구출해 주셨음에도 불구하고 그들은 하나님을 믿고 하나님의 인도하심대로 따르지 않고 오히려 하나님을 시험하고 배반했습니다. 그러자 하나님께서는 이들을 광야에서 방황하게 하다가 마침내 광야에서 죽음을 맞게 하셨습니다. 마찬가지로 주께서 마귀의 포로가 되어 종살이하던 우리들을 구원해 주셨음에도 불구하고 불순종하고 타락한 생활을 계속 한다면 택함 받았을지라도 죽임을 당하게 된다는 것입니다.

그러므로 진정 하나님의 부르심을 받고 택함을 받은 사람이라면 철저히 하나님께 순종하는 삶을 살아야 합니다. 그렇지 않고 형식적으로 교회에 다니기만 한다면 그 사람은 예수 그리스도를 믿는 것이 아니요, 단지 종교를 가지고 있는 사람에 불과합니다. 이런 사람들은 하나님께 대한 믿음과 순종이 없으며 결국 추수 때에 가서는 가라지가 뽑힘같이 모두 하나님께 버림을 당하고 말 것입니다.

6절 또 자기 지위를 지키지 아니하고 자기 처소를 떠난 천사들을 큰 날의 심판까지 영원한 결박으로 흑암에 가두셨으며

루시퍼는 원래 천사장이었는데 이사야 14장에서는 계명성이라고도 표현했습니다. 루시퍼는 자기의 아름다움과 권세 당당함에 도취되어 스스로 교만해져서 하나님과 같이 되려 하여 자기의 지위를 지키지 아니하고 하나님을 대적함으로 결국 마귀가 되고 말았습니다. 이때 루시퍼를

따랐던 천사들이 있었는데 이들 중 일부는 공중 권세 잡은 마귀의 수하가 되었고 또 일부는 자신들의 행동 반경을 넘어 하나님의 권세에까지 대항하다가 결국 영원한 흑암인 무저갱 속에 갇혀 있게 되었습니다. 이제 마귀와 그의 수하인 남은 타락한 천사들도 그들의 기한이 차게 되면 역시 영원한 흑암에 갇히게 될 것입니다.

7절 소돔과 고모라와 그 이웃 도시들도 그들과 같은 행동으로 음란하며 다른 육체를 따라 가다가 영원한 불의 형벌을 받음으로 거울이 되었느니라

지중해 연안에 있는 소돔과 고모라 성은 아브라함의 조카 롯이 살았던 성입니다. 그 성에 있던 사람들이 잘 먹고 잘 입고 잘살게 되자 점점 타락하게 되어 남자는 남자끼리 여자는 여자끼리 음란한 행위를 했으며, 심지어 사람이 짐승과도 음란한 행위를 하였습니다. 결국 하나님께서는 이들을 멸하셨습니다.

오늘날도 이런 죄가 세상에 팽배해 있습니다. 세상은 점점 음란해지고 방탕해져서 옛날 소돔과 고모라 성과 같이 동성연애는 날로 늘어만 가고 있습니다.

하나님께서 타락한 소돔과 고모라를 불로 멸하셨던 것처럼 오늘날도 머지않은 장래에 하나님의 심판이 도래하게 될 것입니다. 하지만 하나님께서 소돔과 고모라 성을 멸하시기 전에 하나님의 백성인 우리들을 먼저 이 땅에서 불러내실 것입니다. 왜냐하면 하나님께서 선택한 백성들은 결코 심판을 받지 않기 때문입니다. 그 예로 하나님과 동행했던 에녹이 홍수 심판 전에 이미 천국으로 옮겨졌으며 노아와 그의 식구들도 홍수가 오

기 전에 미리 방주로 옮겨졌습니다. 에녹이나 노아와 노아의 식구들은 오늘날의 교회와 교인들을 상징합니다. 예수 그리스도의 피로 구원받은 우리들은 칠년 환난의 심판이 있기 전에 미리 휴거하게 되므로 심판을 받지 않게 되는 것입니다.

8절 **그러한데 꿈꾸는 이 사람들도 그와 같이 육체를 더럽히며 권위를 업신여기며 영광을 비방하는도다**

'꿈꾸는 이 사람들' 이란 음란하고 방탕하고 호색하며 늘 육체를 따라 사는 것만을 생각하는 사람들을 가리킵니다. 이들은 육체를 따라 살고 하나님의 권세를 업신여기면서 삽니다. 더구나 "하나님이 어디 있느냐?" 고 소리치며 인간의 전능을 주장하고 있습니다. 오늘날의 세대도 꼭 이와 같습니다. 자녀들은 부모의 권세를 인정하지 않고 오히려 부모가 자식에게 복종하기를 바랍니다. 이 모든 것이 하나님의 영광을 가리고 하나님의 권위를 업신여기는 행위입니다.

9절 **천사장 미가엘이 모세의 시체에 관하여 마귀와 다투어 변론할 때에 감히 비방하는 판결을 내리지 못하고 다만 말하되 주께서 너를 꾸짖으시기를 원하노라 하였거늘**

이스라엘 백성의 지도자였던 모세는 느보 산에서 임종을 맞이했습니다. 그때 하나님께서는 모세의 시신을 감추셨습니다. 그 이유는 모세가 너무나 탁월한 지도자였고 하나님의 놀라운 권능을 나타내었기 때문에 이스라엘 백성들이 모세를 신격화해서 우상으로 섬길 우려가 있었기 때문입니다. 하나님께서는 천사장 미가엘을 보내 모세의 시신을 숨기라고 명령하셨습니다. 그런데 마귀는 그 시신을 빼앗으려고 했습니다. 모세의 시신을 백성들이 보는 앞에서 무덤 속에 넣어 그곳을 우상화하려 했기 때문입니다. 이때 천사장 미가엘은 자기 스스로의 권위로 마귀를 꾸짖지 않고 "하나님께서 친히 꾸짖으시기를 원한다." 고 말함으로 철저히 하나님께 순복하는 모습을 보여 주었습니다. 이 모습은 오직 모든 권세가 하나님께만 있으며 마귀를 꾸짖는 일까지도 하나님께서 하신다는 것을 잘 나타내 주고 있는 것입니다.

10절 이 사람들은 무엇이든지 그 알지 못하는 것을 비방하는도다 또 그들은 이성 없는 짐승같이 본능으로 아는 그것으로 멸망하느니라

이단 사설의 교리를 가지고 오는 사람들은 기독교의 진리가 무엇인지 알지도 못하면서 진리를 훼방하고 자신들의 교리를 내세웁니다. 하나님께서는 다른 죄는 다 용서해 주시지만 하나님의 권위에 도전하며 성령을 훼방하는 죄만큼은 용서하시지 않습니다. 마귀가 하나님처럼 되고자 하며 하나님의 권위에 도전하자 천사장의 자리에서 쫓아내 버리셨습니다. 또 아담과 하와가 하나님처럼 되려고 하나님의 권위에 도전할 때에도 그들을 에덴동산 밖으로 쫓아내 버리셨습니다. 우리가 여러 가지 죄를 지었어도 회개하면 모두 용서함을 받지만 하나님의 권세에 도전하는 죄만큼은 용서받을 수 없는 것입니다.

또 본문은 "그들은 이성 없는 짐승과도 같아 본능대로 행하며 이것으로 인해 멸망한다." 고 말합니다. 오늘날도 이성 없이 자기 육체의 본능대로 행하는 사람들이 많이 있습니다. 소위 '종교' 라는 허울을 쓰고 있으면

서도 계명을 어기고 자기 마음대로 행하여 이성 없는 짐승같이 행하면서도 천국에 간다고 큰 소리를 치고 있습니다. 하지만 그들의 종국에는 파멸만이 기다리고 있을 뿐입니다.

11절 화 있을진저 이 사람들이여, 가인의 길에 행하였으며 삯을 위하여 발람의 어그러진 길로 몰려갔으며 고라의 패역을 따라 멸망을 받았도다

가인이 그 동생 아벨을 질투해서 죽인 것처럼 이들도 잘되는 사람들을 보면 끊임없는 질투를 합니다. 그러므로 가인이 저주를 받은 것처럼 이들도 멸망을 당하게 되는 것입니다.

발람은 이방인 선지자였는데 모압 왕 발락이 이스라엘을 망하게 하려고 돈을 주면서 이스라엘을 저주해 달라고 부탁하자 돈에 유혹되어 하나님의 명령을 어기고 이스라엘을 저주하러 떠났습니다. 가는 길에 나귀의 경고와 천사의 견책을 받고 오히려 이스라엘을 세 번이나 축복하게 됩니다. 그러나 후에는 이스라엘 자손을 범죄하게 한 죄로 죽임을 당하게 됩니다. 고라는 이스라엘 제사장의 자손인데도 하나님께서 백성의 지도자로 세운 모세와 아론을 대적했습니다. 그의 이러한 행위는 곧 하나님께 대한 대적과도 같습니다. 왜냐하면 모든 권세는 하나님으로부터 나지 않은 것이 없기 때문입니다(롬 13:1). 이때 모세가 하나님께 기도하니 하나님께서 고라의 자손들을 모든 사람이 보는 앞에서 멸해 버리셨습니다. 이러므로 권세에 대한 도전이 얼마나 무서운 결과를 초래하는가를 알고 문제가 있을 때에는 차라리 엎드려 기도함으로써 하나님의 응답을 받는 우리들이 되어야 할 것입니다.

12절 그들은 기탄없이 너희와 함께 먹으니 너희의 애찬에 암초요 자기 몸만 기르는 목자요 바람에 불려 가는 물 없는 구름이요 죽고 또 죽어 뿌리까지 뽑힌 열매 없는 가을 나무요

이단들은 교회에 살짝 들어와 교인인 척하며 성도들과 함께 먹고 마시면서 교제를 나눕니다. 더구나 예수 그리스도를 믿고 회개한 사람들만 참여하는 성찬 예식에도 함께 참여하여 성찬 음식을 아무런 의미도 없이 마음대로 먹고 마십니다. 이것을 유다는 '애찬에 암초' 라고 표현했습니다. 왜냐하면 이러한 자들은 항해하는 배와도 같은 교회를 파선시키는 암초 역할을 하기 때문입니다.

'자기 몸만 기르는 목자' 란 교인들은 내버려 두고 자기의 부귀영화와 공명만을 도모하는 교역자들을 가리키며, '바람에 불려 가는 물 없는 구름' 이란 비를 내리지도 못하면서 하늘에 떠 있기만 하는 쓸데없는 구름을 의미합니다.

또한 '죽고 또 죽어 뿌리까지 뽑힌 열매 없는 가을 나무' 란 표현은 이 중에서도 가장 격렬한 표현인데 글자 그대로 가장 최악의 상태를 말합니다.

13절 자기 수치의 거품을 뿜는 바다의 거친 물결이요 영원히 예비된 캄캄한 흑암으로 돌아갈 유리하는 별들이라

본 절은 바다의 거센 파도가 흰 거품을 뿜으면서 밀려오는 모습을 통해 잘난 척하고 교만한 자들의 상태를 잘 묘사하고 있습니다. 거센 파도가 바위에 부딪치고 나면 산산이 부서져 그 위력이 온데간데없어지는 것처럼 교만한 자들이 바로 아무 내실도 없는 그런 수치스러운 자들이라는

것입니다. 그리고 '영원히 예비된 캄캄한 흑암에 돌아갈 유리하는 별들'이란 궤도를 벗어난 별들의 모습을 표현한 것인데 이것은 하나님을 떠나 자기 마음대로 행하는 자들을 묘사한 것입니다. 이러한 자들은 궤도를 따라 돌지 않기 때문에 부딪쳐 깨져 버리고 결국은 지옥에 떨어져 버릴 사람들인 것입니다.

유다는 이런 여러 가지 비유들을 통해 이단 사설의 교리를 갖고 성도들을 미혹하는 자들의 최후가 어떠하다는 것을 말해 주고 있습니다.

14절 아담의 칠대 손 에녹이 이 사람들에 대하여도 예언하여 이르되 보라 주께서 그 수만의 거룩한 자와 함께 임하셨나니

에녹은 선지자였는데 당시의 사람들에게 "보라 주께서 그 수만의 거룩한 자와 함께 임하셨나니"라고 예언했다는 것입니다. '거룩한 자'란 구원받은 사람을 말합니다. 에녹은 지금으로부터 약 6천 년 전의 사람인데 하나님의 환상을 통해 미리 후대의 일을 보았습니다. 예수님께서 구원받은 성도들과 함께 이 땅을 심판하기 위해 임하시는 모습을 벌써 6천 년 전에 보았던 것입니다.

15절 이는 뭇사람을 심판하사 모든 경건하지 않은 자가 경건하지 않게 행한 모든 경건하지 않은 일과 또 경건하지 않은 죄인들이 주를 거슬러 한 모든 완악한 말로 말미암아 그들을 정죄하려 하심이라 하였느니라

'뭇사람을 심판하신다' 는 말은 칠년 환난이 끝나고 천년왕국에 들어가기 전에 주께서 오셔서 심판하실 것을 말합니다. 본문 말씀은 짧은 한

구절이지만 '경건' 이란 단어가 4번이나 나옵니다. '경건' 이란 말은 계명을 좇아 사는 거룩한 생활을 의미합니다. 그러므로 하나님의 말씀인 계명대로 살지 않고 반율법적으로 살며 자기 멋대로 사는 사람들은 경건할 수가 없습니다. 이런 사람들은 경건치 않은 일을 행하고 경건치 않은 말을 하면서 경건치 않은 삶을 삽니다.

에녹은 벌써 6천 년 전에 구원받은 성도들이 예수님과 함께 이러한 자들을 심판하러 올 것이라는 것을 예언해 놓았던 것입니다.

16절 이 사람들은 원망하는 자며 불만을 토하는 자며 그 정욕대로 행하는 자라 그 입으로 자랑하는 말을 하며 이익을 위하여 아첨하느니라

'이 사람들' 이란 이단 사설을 가지고 교회에 살짝 들어와 교회를 파괴시키려는 자들을 말합니다. 이들은 하나님을 원망하고 교회의 지도층을 원망하고 인생을 원망하면서 불만을 늘어놓습니다. 성도들에게 불만의 씨앗을 심어 주며 교회를 분리시킵니다. 이런 자들의 소행은 마치 마귀가 하는 일과도 같습니다. 원망, 불평하게 하고 교만하여 자신을 내세우고 자랑하게 합니다. 또 자기 이익이 있을 때는 온갖 말을 다 하면서 아첨합니다. 이러한 것들을 자신만 행할 뿐 아니라 남도 그렇게 하게 만듭니다.

유다는 하나님께서 장차 수많은 성도들을 데리고 오셔서 심판하실 때에 이러한 이단자들과 불경건한 자들을 심판하실 것이라고 말해 주고 있는 것입니다.

4. 성도에 대한 권면(1:17-23)

17. 사랑하는 자들아 너희는 우리 주 예수 그리스도의 사도들이 미리
한 말을 기억하라 18. 그들이 너희에게 말하기를 마지막 때에 자기
의 경건하지 않은 정욕대로 행하며 조롱하는 자들이 있으리라 하였
나니 19. 이 사람들은 분열을 일으키는 자며 육에 속한 자며 성령이
없는 자니라 20. 사랑하는 자들아 너희는 너희의 지극히 거룩한 믿
음 위에 자신을 세우며 성령으로 기도하며 21. 하나님의 사랑 안에
서 자신을 지키며 영생에 이르도록 우리 주 예수 그리스도의 긍휼을
기다리라 22. 어떤 의심하는 자들을 긍휼히 여기라 23. 또 어떤 자
를 불에서 끌어내어 구원하라 또 어떤 자를 그 육체로 더럽힌 옷까지
도 미워하되 두려움으로 긍휼히 여기라

17-18절 사랑하는 자들아 너희는 우리 주 예수 그리스도의 사도들이 미리 한 말을 기억하라 그들이 너희에게 말하기를 마지막 때에 자기의 경건하지 않은 정욕대로 행하며 조롱하는 자들이 있으리라 하였나니

유다는 본문을 통하여 성도들이 사도들의 가르침을 기억하여 따를 것을 권면하고 있습니다. 마지막 때가 되면 자기의 정욕대로 살면서 불경건한 행동을 하며 성도를 조롱하는 자들이 있을 것이라고 말합니다. 그 당시도 그랬지만 오늘날도 많은 사람들이 "너희가 믿는 하나님은 어디

있느냐? 어떻게 예수가 재림한다는 말이냐? 최후의 심판이 어디 있느냐?" 라고 외치며 믿는 자들을 조롱하고 있습니다. 이럴 때 우리는 사도들의 말씀을 기억하고 시험을 이겨 나가야 합니다.

19절 이 사람들은 분열을 일으키는 자며 육에 속한 자며 성령이 없는 자니라

이단들뿐만 아니라 예수님을 섬기는 교회 안에도 이러한 자들이 포함되어 있습니다. 현대주의나 신신학자들은 천국도 지옥도 없고 소위 사회복음이라고 해서 이 사회를 잘살게 하는 것이 기독교의 본질이라고 말합니다. 이들은 데모를 선동하고 정치에 참여하면서 파당을 짓습니다. 이들은 성령이 없는 자들이며 육에 속한 자들로 종교의 이름으로 사람들을 당 짓게 하고 싸우게 만드는 자들입니다.

예수님을 믿는다고 하면서도 성령이 없는 것은 큰 문제가 아닐 수 없습니다. 예수 그리스도를 구주로 모신 곳에는 성령께서 함께 하시지만 예수님을 구주로 인정하지 않고 기독교의 껍데기인 종교성만 있는 곳에는 성령이 역사하시지 않습니다. 이들은 성령을 인정하지 않고 거부하기 때문입니다.

20절 사랑하는 자들아 너희는 너희의 지극히 거룩한 믿음 위에 자신을 세우며 성령으로 기도하며

성도들은 예수 그리스도를 구주로 믿는 거룩한 믿음 위에 자기를 건축해야 합니다. 그리고 죄악된 생활에 미혹되지 않도록 굳센 믿음을 가지고 성령의 능력을 힘입어 기도해야 합니다. 성령으로 기도한다는 것은

방언으로 기도하는 것을 말합니다. 성령의 충만함에 의해 영으로 기도하고 찬미하는 것이 방언 기도이기 때문입니다.

21절 하나님의 사랑 안에서 자신을 지키며 영생에 이르도록 우리 주 예수 그리스도의 긍휼을 기다리라

하나님의 사랑은 그 아들 예수 그리스도를 통해 우리에게 나타났습니다. 그러므로 예수 그리스도를 믿는 믿음 안에서 주신 계명을 지키는 것이 곧 자신을 지키는 것이 됩니다. 그러나 우리가 계명을 지키며 경건한 생활을 하는 것도 중요하지만 우리가 영생에 이르는 것은 우리의 행위에 의한 것이 아니고 예수 그리스도께서 우리를 긍휼히 여겨 주시기 때문이라는 것을 알아야만 합니다. 우리들은 자신이 경건한 생활을 하는 것으로 만족하지 말고 늘 예수 그리스도의 긍휼을 기다리며 의지하는 신앙생활을 해야 할 것입니다.

22-23절 어떤 의심하는 자들을 긍휼히 여기라 또 어떤 자를 불에서 끌어내어 구원하라 또 어떤 자를 그 육체로 더럽힌 옷까지도 미워하되 두려움으로 긍휼히 여기라

믿음이 있는 사람들 중에서도 자꾸 말씀을 의심하는 자들이 있습니다. 유다는 이러한 자들을 긍휼히 여기는 마음으로 도와주라고 권면합니다. 또 죄악 세상에서 멸망의 불구덩이 속으로 빠져 들어가는 자들도 긍휼히 여기는 마음을 가지고 그들을 찾아가서 전도하라고 말합니다. 전도할 때 그들의 더러운 죄가 옮겨 와서 오히려 전도자가 죄에 빠질 우려가 있으니 조심스런 마음으로, 마치 아주 더러운 옷에 손을 댈 때 조심

스럽고 두려운 마음으로 만지는 것처럼 전도하라는 것입니다. 하지만 "죄는 미워하되 죄인은 사랑해야 한다."는 말처럼 그들을 긍휼히 여기는 마음으로 전도에 임해야 한다고 권면합니다.

5. 축도(1:24-25)

24. 능히 너희를 보호하사 거침이 없게 하시고 너희로 그 영광 앞에 흠이 없이 기쁨으로 서게 하실 이 25. 곧 우리 구주 홀로 하나이신 하나님께 우리 주 예수 그리스도로 말미암아 영광과 위엄과 권력과 권세가 영원전부터 이제와 영원토록 있을지어다 아멘

24절 능히 너희를 보호하사 거침이 없게 하시고 너희로 그 영광 앞에 흠이 없이 기쁨으로 서게 하실 이

하나님께서는 우리를 보호하사 거침이 없게 하시고 그리스도 앞에 흠이 없이 즐거움으로 서게 하시기 위해 성령을 보내 주셨습니다. 성령께서는 우리를 끊임없이 경고하시고 때로는 채찍질하시면서 우리를 다스려 주십니다. 이 때문에 우리가 참다운 신앙에서 벗어나지 않고 늘 하나님께서 기뻐하시는 삶을 살아갈 수가 있는 것입니다.

25절 곧 우리 구주 홀로 하나이신 하나님께 우리 주 예수 그리스도로 말미암아 영광과 위엄과 권력과 권세가 영원전부터 이제와 영원토록 있을지어다 아멘

유다는 편지의 마지막 부분인 24절부터 25절까지의 내용에서 하나님과 예수 그리스도를 찬양하면서 끝을 맺고 있습니다.

하나님께서는 우리의 믿음을 보호하시며 넘어지지 않도록 해 주십니다. 또한 우리가 그리스도의 형상을 닮아갈 수 있도록 성화시켜 주십니다. 하나님께서는 홀로 하나이신 참신이십니다. 그분께서는 예수 그리스도로 말미암아 영광과 위엄과 권력과 권세를 받으신 분입니다. 그러므로 하나님의 자녀 된 우리들은 영원토록 하나님께 영광을 돌려야 할 것입니다.

본문을 통해 우리는 유다의 신앙이 철저한 신본주의, 즉 하나님 중심의 신앙인 것을 볼 수 있습니다. 이와 같이 성도들은 하나님의 영광을 위해 지음 받았으며 하나님의 영광을 위해 죽을 수 있어야 합니다.

오늘날 하나님을 믿지 않고 살아가는 사람들은 모두 허수아비와 같은 인생을 살고 있습니다. 겉모양은 있으나 속 알맹이가 없는 헛된 삶을 살고 있는 것입니다. 우리 인간은 하나님의 형상과 모양대로 지음을 받았습니다. 그러나 형상과 모양이 같다고 할지라도 속에 하나님을 모시지 않으면 알맹이가 없는 껍데기에 불과합니다. 이것은 허수아비와도 같은 것입니다. 우리가 예수 그리스도를 구주로 믿고 하나님 아버지를 받아들일 때 성령께서 우리 안에 내주하십니다. 그러므로 예수 그리스도를 믿어 하나님의 자녀가 될 때 비로소 완전한 인간이 되는 것입니다. 허수

아비의 인생을 사느냐 알찬 인생을 사느냐는 예수 그리스도를 구주로 믿느냐 믿지 않느냐에 달려 있습니다. 우리 모두는 예수 그리스도를 믿어 알차고 보람된 삶을 살아야 합니다. 하나님 중심으로 살면서 하나님께 영광 돌리는 삶을 살아야 하는 것입니다.